HANNE K. GÖTZE
Kinder brauchen Mütter

Hanne K. Götze

Kinder brauchen Mütter

Die Risiken der Krippenbetreuung –
Was Kinder wirklich stark macht

2. Auflage

ARES VERLAG

Umschlaggestaltung: DSR – Digitalstudio Rypka/Thomas Hofer, Dobl
Umschlagabb. Vorderseite: APA-PictureDesk

Bibliographische Information der Deutschen Nationalbibliothek
Die Deutsche Nationalbibliothek verzeichnet diese Publikation in der Deutschen Nationalbibliographie; detaillierte bibliographische Daten sind im Internet unter http://dnb.d-nb.de abrufbar.

Hinweis:
Dieses Buch wurde auf chlorfrei gebleichtem Papier gedruckt. Die zum Schutz vor Verschmutzung verwendete Einschweißfolie ist aus Polyethylen chlor- und schwefelfrei hergestellt. Diese umweltfreundliche Folie verhält sich grundwasserneutral, ist voll recyclingfähig und verbrennt in Müllverbrennungsanlagen völlig ungiftig.

Auf Wunsch senden wir Ihnen gerne kostenlos unser Verlagsverzeichnis zu:
Ares Verlag GmbH
Hofgasse 5 / Postfach 438
A-8011 Graz
Tel.: +43 (0)316/82 16 36
Fax: +43 (0)316/83 56 12
E-Mail: ares-verlag@ares-verlag.com
www.ares-verlag.com

ISBN 978-3-902475-94-7

Alle Rechte der Verbreitung, auch durch Film, Funk und Fernsehen, fotomechanische Wiedergabe, Tonträger jeder Art, auszugsweisen Nachdruck oder Einspeicherung und Rückgewinnung in Datenverarbeitungsanlagen aller Art, sind vorbehalten.

© Copyright by Ares Verlag, Graz 2011; 2. Auflage 2012
Layout: Ecotext-Verlag, Mag. G. Schneeweiß-Arnoldstein, Wien
Gesamtherstellung: Druckerei Theiss GmbH, 9431 St. Stefan
Printed in Austria

Inhalt

Vorwort von Wolfgang Bergmann 9
Vorwort der Autorin 11

1. Wenn der Staat nach den Kindern greift:
   Die „Klimaabkühlung" für Mutter und Kind 13

   Den Anfang macht das erste Kind:
   Ein Wunder und viele Fragen 13
   „Wenn ich ein Vöglein wär ...": Erinnerungen an meine
   eigene Krippenzeit 17
   Kinderkrippen: Alte Argumente „neu aufgegossen" 24

2. Wonach sich kleine Kinder sehnen oder:
   Was ist eigentlich Mütterlichkeit? 28

   Gestillt zu werden 30
   Getragen zu werden 41
   Liebevoll angeschaut zu werden 46
   Gut angesprochen zu werden 48
   Zärtlich berührt zu werden 52
   Bei Mama schlafen zu dürfen 53
   Vertrauen in eine verlässliche Liebe zu bekommen 60

3. Warum Muttersein keine Rolle, sondern eine
   Notwendigkeit ist 65

   Warum die Mutter normalerweise die „erste Wahl" für
   die Betreuung ihres Kindes ist 66
   Was die Mama hat und der Papa nicht – und umgekehrt 69

4. Warum Fremdbetreuung die Sehnsucht kleiner Kinder
   nicht stillen kann 84

   Die notwendige Perspektive: Was bedeutet die Fremdbetreuung in Krippen für ein kleines Kind? 84
   Die verdrängte Erinnerung: Die Situation kleiner Kinder
   und ihrer Mütter in der DDR 99

Einige wissenschaftliche Erkenntnisse der Bindungsforschung
und anderer Fachgebiete 111

5. Die Folgen der Krippenbetreuung 124

Unsere Kinder „hängen durch" 129
Jugendliche außer „Rand und Band" 138
Wenn Krippenkinder selber Eltern werden 152

6. „Und was habe ich davon?" – Über Lebensglück und Muttersein 160

7. Mütter unter Druck oder die „gefesselte" Mütterlichkeit 175

„Hauptsache Arbeit":
   Der hohe Stellenwert der Berufstätigkeit 179
Das „liebe Geld": Die finanzielle Situation 182
Das „gebrochene Herz":
   Die instabilen und zerbrochenen Beziehungen 184
Der „schwere Rucksack": Seelische Defizite und
   Verletzungen in der Vorgeschichte der Mutter 186
Die „Götter in Weiß":
   Die Rolle der medizinischen Fachleute 197
„Guter Rat ist teuer" – Unwissenheit und Desinformation ... 203
„Wie zwei Königskinder":
   Die fehlende Nähe zwischen Mutter und Kind 204
„Mutterseelenallein":
   Die fehlende Kultur des Bemutterns der Mutter 205
„Du bist nichts wert":
   Die mangelnde Anerkennung des Mutterseins 208

8. Was wir glauben sollen 223

„Du verwöhnst dein Kind" 224
„Du versauerst am Herd" 225
„Selbstverwirklichung ist Sinnerfüllung" 229
„Gleichberechtigung heißt gleiche Würde" 231
„Die Vereinbarkeit von Beruf und Kindern" 232
„Alles ist nur eine Frage der Organisation" 234
„Der Mythos Mutter" 235
„Qualitätszeiten reichen" 238
„Nur die zufriedene Mutter ist eine gute Mutter" 239

"Krippen steigern die Geburtenrate" 240
"Krippen sind gut für sozial benachteiligte Kinder" –
"Krippen sind Bildungseinrichtungen" 242
"Erzieherinnen mit Ausbildung sind besser als Mütter" 244
"Im Ausland gibt es längst Krippen – Deutschland muss
diesbezüglich aufholen" 246

9. Wie sollten die gesellschaftlichen Rahmenbedingungen aussehen? 249

Steuergerechtigkeit und Erziehungsgehalt 250
Die Verantwortung der Medien:
Information und Aufklärung in der Öffentlichkeit 253
Die Förderung des Stillens 254
Auf Liebe und Erziehung einstimmen:
Die Verbesserung der Elternkompetenz 255
Seelische Wunden heilen – Verletzungen vorbeugen:
Beratende und therapeutische Begleitung und Hilfe
für Eltern 257
Die praktische Familienhilfe 258
Die Erleichterung des beruflichen Wiedereinstiegs von
Müttern 260

Schlusswort 262

Anhang 265

Anmerkungen 265
Weiterführende Literatur zum Thema Stillen 276
Abbildungen 276

„Mit einer Kindheit voll Liebe kann man ein halbes Leben hindurch die kalte Welt aushalten."

(Jean Paul)

Ich danke allen, die mir geholfen und mich ermutigt haben, dieses Buch zu schreiben.
Meiner Familie danke ich vor allem für ihre Geduld.

Vorwort von Wolfgang Bergmann

In der Familien- und Sozialpolitik erleben wir zur Zeit einen dramatischen Wandel. Ganz offensichtlich zielen die entscheidenden Institutionen in unserem Land darauf ab, dass Kinder möglichst früh aus der Familie raus und in den Einfluss staatlicher Institutionen geschickt werden. Politik lässt sich dabei von wissenschaftlichen Gesellschaften und akademischen Einrichtungen unterstützen und legitimieren, die ihre wissenschaftlich-empirischen Ergebnisse entweder auf diese politische Intention hin ausrichten oder ihnen bedingungslos zustimmen. Damit treten weite Bereiche der Sozial- und Familienpolitik ebenso wie die der Forschung in einen klaren Widerspruch zur Bedürftigkeit kleiner Kinder.

Es ist einfach nicht wahr, wie immer wieder behauptet wird, dass Kinder im ersten Lebensjahr solidarisch und sozial lernen. Sie sind in dieser Lebensspanne noch gar nicht in der Lage, zwischen sich und anderen zu unterscheiden, und erst recht nicht dazu, ein bewusstes soziales Leben zu führen. Das liegt für jedermann klar auf der Hand. Was Kinder in den frühesten Lebensjahren benötigen, ist nach Auskunft der aufklärerischen Philosophie, der Tiefenpsychologie, der Verhaltens- und Bindungsforschung und seit einigen Jahren zunehmend auch der Gehirnforschung vielmehr Folgendes: Kinder brauchen eine unbestreitbare Gefühlsgewissheit, die sich auf ihre Familien richtet, um sich in einer für sie befremdlichen und sie oft ängstigenden Welt zurechtzufinden.

Nur auf der Grundlage des tiefen urvertrauten Verhältnisses, zu Mama, Papa und der Welt insgesamt, können Kinder die ausreichende emotionale und kreative Kraft entfalten, um sich mit der natürlichen Lebensfreude und Abenteuerlust von Kindern auf die Erkundung der Welt einzulassen. Nur so können sie zu starken selbstständigen Personen, zu einem sozialmoralischen Verhalten und zu einer tiefen, emotional empfundenen Erkenntnis der Welt durchdringen. Wissenschaft in allen relevanten analytischen Disziplinen weiß dies, gleichwohl wird es von den oben genannten politischen Einrichtungen und akademischen Institutionen geleugnet, oft unter Verkehrung der bereits gefundenen empirischen Einsichten.

Frau Götze hält diesen manipulativen Versuchen ein fundiertes Wissen der frühkindlichen Bindung und die Notwendigkeit einer ursprünglichen Liebe entgegen. Sie tut dies detailreich und in genauer Kenntnis neuerer wissenschaftlicher und pädagogisch-praktischer Erfahrungen. Sie folgt den natürlichen Entwicklungsschritten, die ein Kind hin zum selbstbestimmten „Ich" in den ersten fünf Lebensjahren durchläuft. Auf Grundlage dieser präzisen Erkenntnisse erweist sich ein umlaufender Mainstream in der politischen Diskussion, der die Bedeutung von Familie zurückdrängt und die Macht staatlicher Einflüsse vermehren will, als eine Beschädigung der kindlichen Entwicklung. Dies alles wird mit großer Sorgfalt und detailreich vorgetragen. Zugleich verbindet die Autorin die objektiven Einsichten mit subjektiven, ganz persönlichen Erfahrungen. Das intensive Wechselspiel zwischen objektiver Erkenntnis und subjektivem Erleben macht die Wahrhaftigkeit dieses Buches aus.

Wolfgang Bergmann
im Februar 2011

Vorwort der Autorin

Seit vielen Jahren, eigentlich, seitdem ich Mutter bin, liegt mir das Wohl und Wehe kleiner Kinder, aber auch ihrer Mütter am Herzen. Durch mein Erinnerungsvermögen an meine eigene Kleinkindzeit, durch die Beobachtung meiner eigenen vier Kinder, durch meine Stillgruppentätigkeit, aber auch durch viele Gespräche mit Erwachsenen erkannte ich, dass der Mensch mit einer Grundsehnsucht zur Welt kommt.

So bewegten mich immer wieder die Fragen: Wie können wir diese Sehnsucht der kleinen Kinder erfüllen? Was steht uns dabei im Weg? Was bringt es, diese Sehnsucht zu erfüllen? Und was hängt von ihrer Erfüllung ab?

Dieses Buch handelt von den Erfahrungen, Erlebnissen und Erkenntnissen, die ich diesbezüglich sammeln konnte. Da ich in der DDR groß geworden bin, meine ersten eigenen Erfahrungen als Mutter noch in dieser Zeit machen konnte und nach wie vor im Osten der Bundesrepublik lebe, basieren meine Ausführungen besonders auf der ostdeutsch geprägten Situation von kleinen Kindern und ihren Müttern.

Neben meinen eigenen Erlebnissen sind viele persönliche Erfahrungen anderer Menschen mit eingeflossen; selbstverständlich habe ich die Identität aller Personen anonymisiert. Dabei treffen „Geschichten, die das Leben geschrieben hat", auf die Erkenntnisse der entsprechenden Wissenschaftsgebiete, die mir meine Beobachtungen und Vorahnungen zu verschiedenen Aspekten immer wieder bestätigten und vertieften.

Ich versuche in diesem Buch, sowohl meinem Bedauern über jene Menschen, die durch die Bedingungen ihrer Kleinkindheit oft lebenslang beeinträchtigt sind, Ausdruck zu verleihen, als auch meiner Sorge darüber, wie wenig das Kindeswohl familienpolitisch in Deutschland derzeit Beachtung findet. Gleichzeitig handelt es von unseren natürlichen Möglichkeiten, die Grundsehnsucht unserer kleinen Kinder zu stillen.

Meine Ausführungen wollen keine wissenschaftliche Abhandlung sein, obwohl wissenschaftliche Erkenntnisse zur Sprache kommen. Sie wollen auch kein Ratgeber zur Kleinkindbetreuung im klassischen Sinne sein. Sie wollen aber einen geeigneten Blickwinkel für das schenken, was wesentlich und tragfähig ist, damit unsere Kinder gedeihen und glücklich werden können. Damit wird die elterliche Erziehung insgesamt erleichtert. Von dieser Warte aus versteht sich dieses Buch auch als ein Diskussionsbeitrag zu einer zukunftsfähigen Kinderbetreuung.*

Hanne-K. Götze
im Januar 2011

---

* Hinweis: Das Symbol ➤ im Text verweist auf entsprechende Ausführungen in anderen Kapiteln.

1. Wenn der Staat nach den Kindern greift: Die „Klimaabkühlung" für Mutter und Kind

Eine Mutter und ihr Kind – ein Urbild für Liebe, Glück und Wärme. Auch heute noch. Wie die Mutter-Kind-Beziehung in der Menschheitsgeschichte gelebt wurde, unterlag im Detail verschiedenen kulturellen Einflüssen und Veränderungen. Über die Bedeutung dieses elementaren Lebenszusammenhanges für den Fortbestand und die Zukunft eines Volkes war man sich, seitdem die Menschheit besteht, offensichtlich einig. Erstmals ab dem 20. Jahrhundert trat hier in unserem Kulturkreis ein Wandel ein: Zwei schwere Kriege bedeuteten unter dem Strich Arbeitskräftemangel in der Industrie, und das Fehlen der Männer als Ernährer der Familien erforderte das Nachrücken der Frauen in die Berufstätigkeit. Außerdem waren totalitäre Regime entstanden, die ein Interesse an der massenhaften Manipulation der Menschen hatten, unter anderem aus Gründen des Machterhalts. Man wusste, dass die Kinder immer am leichtesten zu beeinflussen sind. So begann „Vater Staat" nach den Kindern zu greifen: Er übernahm selbst die Erziehung, indem er finanziellen Druck und ideologische Kunstgriffe einzusetzen wusste, um die Mütter früh von ihren Kindern zu trennen. So kam die Mutter-Kind-Beziehung immer mehr ins Abseits. Der Staat selbst hatte ein Interesse daran, diese Beziehung zu stören, um seine eigenen Interessen an den Kindern durchzusetzen und sie „nach seinem Bilde" zu formen. Unter diesen Umständen wird es für Mutter und Kind immer schwerer, zueinander zu finden und sich aneinander zu binden, weil es unweigerlich zu einer gesamtgesellschaftlichen „Klimaabkühlung" für die Mutter-Kind-Beziehung kommt. Es wird hart für beide. Sowohl als Mutter als auch kleines Kind habe ich damit persönliche Schlüsselerfahrungen gemacht. Diese haben nicht nur mein weiteres Leben nachhaltig beeinflusst, sondern sind auch die Ausgangspunkte dieses Buches.

Den Anfang macht das erste Kind: Ein Wunder und viele Fragen

Mutter wird man mit dem ersten Kind, und das ist wohl eine der nachhaltigsten Umstellungen im Leben einer Frau. Schon in der Schwangerschaft habe ich es so empfunden: Neues Leben in mir! Ich begann in einer völlig anderen Dimension zu denken und zu handeln, nämlich immer für zwei: Ich liebte dieses Kind und wünschte ihm nur das Allerbeste. Jeder hat schließlich seine Kindheit nur einmal. Ich spürte, dass meine Verantwortung und die meines Mannes größer sein würden, als uns lieb sein konnte. Viele Fragen beschäftigten mich: Wie würde wohl die Geburt werden, würde ich stillen können, kann ich überhaupt mit Kindern umgehen – ich hatte da so meine Zweifel, weil es in meinem unmittelbaren Umfeld kaum Babys gab – bzw. kann bzw. sollte man Babys schon erziehen?

So wie es meine Art ist, mich auf wichtige Dinge gut vorzubereiten, ging ich auch in diesem Fall vor: Ich suchte Bücher zur Geburtsvorbereitung und Babypflege. Mitte der 1980er Jahre, als noch „tiefste DDR" war, war zu diesen Themen nicht viel zu finden; nur ein Buch schien mir überhaupt brauchbar zu sein, weil es wenigstens einen kleinen Abschnitt zum Thema Stillen enthielt. Trotz intensiver Lektüre und Austausch mit meiner Mutter kam ich mir vor, als sollte ich zu einer Prüfung gehen, für die ich nicht nur nicht vorbereitet war, sondern für die ich nicht einmal den Prüfungsstoff kannte.

Heute, unter bundesdeutschen Verhältnissen, hat sich die Lage vollkommen geändert. Man kann sich vor Ratgebern zwar kaum mehr retten, verwirrend sind aber die Fülle und die verschiedenen Meinungen. Viele Mütter stehen heute noch fast genauso ratlos da, wie ich in DDR-Zeiten. Da ihnen gute Vorbilder häufig fehlen und sie dadurch meist keinen Maßstab zur Beurteilung dessen haben, was sie über Kinder und das Muttersein lesen oder hören, fällt es ihnen schwer, zu erkennen, was denn wirklich wesentlich und tragfähig ist. Ich habe im Laufe der Jahre feststellen dürfen, dass wir als Mütter keine Übermenschen sein müssen, sondern dass wir eigentlich nur „das Normale" tun müssen. Was „das Normale" ist und warum es uns oft so schwer fällt, es zu tun, darauf werde ich noch ausführlich eingehen.

Damals wusste ich nur zwei Dinge genau: Erstens wollte ich mein Kind stillen und zweitens wollte ich es nicht in die Krippe bringen. Bereits das erste Anliegen stellte sich als schwierig heraus. Heute weiß ich, dass nicht nur die schwere Geburt an sich, sondern die Tatsache, dass ich mein Kind erst ca. zwölf Stunden später das erste Mal im Arm halten und stillen durfte sowie der straffe Vier-Stunden-Stillrhythmus im Krankenhaus – wobei man die Kinder für zwanzig Minuten zum Stillen bei sich hatte –, die Milchbildung nicht recht in Gang kommen ließen. Abnabeln auf dem Bauch der Mutter, warten, bis das Baby von selbst an die Brust robbt, ständiges Rooming-in (Praxis in Krankenhäusern, mit der es Eltern ermöglicht wird, mit ihrem Kind im selben Zimmer aufgenommen zu werden und dadurch durchgehend anwesend zu sein), Stillen nach Bedarf oder Schlafen bei der Mama im Bett – kurz, alles was die so unendlich wichtige „erste Bindung" zwischen Mutter und Kind erzeugt – gab es meines Wissens nach nirgends in der DDR.

Aber von all dem wusste ich damals noch nichts. Ich war unglücklich, weil ich zu wenig Milch hatte; ich kam mir regelrecht fehlkonstruiert vor. Bei der Entlassung aus der Klinik hatte ich das Gefühl, mit einem fremden Kind entlassen zu werden. Ich wollte mir das aber nicht eingestehen; ja, ich schämte mich für solche Gefühle. Schließlich darf einem doch das eigene Kind nicht fremd sein? Heute weiß ich, dass es vielen Müttern so erging und oft immer noch so ergeht, wenn das Krankenhausregime so ist, dass Mutter und Kind es schwer haben, sich aufeinander einzustellen.

Erst zu Hause, als ich endlich mehr mit meinem Kind zusammen sein konnte, kam in mir ein tiefes Glücksgefühl auf: Dieses kleine Kind, mein Kind, unser Kind ... alles so fein gebildet ... aus nur zwei Zellen entfaltet – ein Wunder! Der Reichtum der ganzen Welt schien sich in diesem kleinen Bündel zu vereinigen. Die Stillschwierigkeiten aber blieben. Alles was ich wusste, war, dass ich stillen wollte und dass man nach Bedarf stillen sollte. Der Kleine schien aber keinen Bedarf zu haben; er schlief fast nur, und ich war ratlos. Da er nicht zunahm, wurde er mit vier Wochen in die Kinderklinik eingewiesen. An eine Einweisung auch für mich war unter den damaligen Verhältnissen nicht zu denken. Unter Aufbietung meiner ganzen (geringen) Kraft als Wöchnerin setzte ich durch, dass ich wenigstens dreimal am Tag zum Stillen kommen durfte. Eine Schwester warf mir die Bemerkung zu: „Mit den 50 g (Muttermilch) können Sie keinen Blumentopp gewinnen. Es gibt eben welche, die wollen unbedingt stillen ... Manche sind sogar so verrückt, die wollen auch noch drei Jahre zu Hause bleiben." Bei diesen Worten verlor ich fast die Fassung. Ich wurde hier für „verrückt" erklärt, weil ich einfach für mein Kind da sein wollte. Die Tränen liefen. Es tobte in mir eine Mischung aus Angst, dass meine Milch noch mehr zurückgehen könnte, und ohnmächtiger Wut. Wut auf ein Regime, eine Ideologie, deren Ziel es war, Müttern ihre Kinder quasi aus der Hand zu nehmen, um selbst gleich die Hand darauf zu haben. Wut auf ein Regime, das Menschen wie diese Schwester so geprägt hat, dass sie auch noch von der Richtigkeit ihrer Ansichten überzeugt waren.

Meinem Kind wurde dann Zwiemilchernährung verordnet. Ich fügte mich, weil ich nichts anderes kannte. Es war einfach keiner da, der es besser wusste oder den man hätte fragen können. Erst in der zweiten Schwangerschaft – etwa zur Wende – fiel mir ein Stillbuch in die Hände, das kurz zuvor noch in der DDR erschienen war. Hier fand ich diejenigen Informationen, die ich gebraucht hätte, um voll stillen zu können. Hochmotiviert begann ich meine neugeborene kleine Tochter zu stillen. Mit den entsprechenden Informationen ausgerüstet, klappte es diesmal wunderbar, und ich erlebte mit meinem Kind eine lange, wunderbare Stillzeit. Bereits auf der Entbindungsstation gab ich mein Wissen an andere Mütter weiter. Weil ich es selbst erlebt hatte, wie deprimierend es ist, wenn man niemanden fragen kann, wurde ich später ehrenamtliche Stillberaterin.

Das Nächste, was mir dann bei meinem ersten Kind arg zusetzte, war die im fünften Monat fällige Krippenanmeldung. Mein Kind in die Krippe bringen, das wollte ich auf keinen Fall. Jede Faser sträubte sich mir dagegen. Ich schickte Stoßgebete zum Himmel, denn mir war völlig unklar, wie ich mich beim Rat der Stadt (Stadtverwaltung) verhalten sollte. Immerhin trat man ja, wenn man sein Kind nicht in eine Krippe bringen wollte, letztlich offen gegen die herrschende Ideologie und den sozialistischen Staat an, und das konnte, je nachdem, wie „linientreu" diese Amtsperson sein würde, sehr unangenehm werden. Aber ich wurde angenehm überrascht: Die Sachbearbeiterin sah meine zögerliche Haltung und meinte: „Wissen Sie, ich habe ohnehin zu wenig Krippenplätze" – das war in kleineren Orten häufig der Fall –, „da drehe ich das so, wie jeder möchte. Ich war übrigens auch bei jedem Kind drei Jahre zu Hause, und ich würde es wieder tun. Das haben Sie später wieder."

So stellte sie mir eine Bescheinigung für meine Arbeitsstelle aus, dass sie im nächsten halben Jahr keinen Krippenplatz für mein Kind zur Verfügung stellen könne. Diese Bescheinigung erhielt ich von ihr jedes halbe Jahr. Das war (fast) die einzige „moralisch" unangreifbare Möglichkeit, als Mutter mit dem kleinen Kind drei Jahre zu Hause zu bleiben und es selbst zu betreuen. Gleichzeitig blieb der Arbeitsplatz für diese Zeit gesichert.

Überglücklich und dankbar verließ ich das Amt, denn so würde ich unbehelligt meinen Weg gehen können. Da auch mein Mann in diesem Punkt voll hinter mir stand, mich in den alltäglichen Dingen unterstützte und ich außerdem Freude an meinem Kind hatte, hätte es eigentlich keine Probleme mehr geben dürfen. Und doch gab es phasenweise auch solche Gefühle: Einkaufen, Kochen, Saubermachen, Waschen, Öfen heizen usw. Alles so ungeistige Hausarbeit, die man nur sieht, wenn sie nicht gemacht ist, und von der man so schnell nichts mehr sieht, wenn sie gemacht ist! Wozu hatte ich eigentlich studiert? Liegen meine Begabungen bis auf Weiteres brach? Gibt es vielleicht doch ein „Versauern am Herd"? Wie ertrage ich die gewisse Einsamkeit, weil andere junge Mütter mit kleinen Kindern zum Kennenlernen und Unterhalten im Straßenbild völlig fehlten? Sie waren ja schließlich alle berufstätig. (Außerdem hatten wir, wie viele in der DDR, kein Telefon, und Handys gab es ja auch noch nicht.)

Mit Beginn der Trotzphase suchte ich auch nach tragfähigen Erziehungskonzepten. Da wir einen sehr lebhaften kleinen Jungen hatten, fragte ich mich oft: Was kann ich erlauben, was muss ich verbieten, wo und wie sollten Grenzen gesetzt werden? Was kann ich überhaupt in welchem Alter erwarten? Oder braucht man etwa doch die Fachleute aus der Krippe? Wie oft habe ich mit all diesen Dingen gerungen!

Ich kam trotzdem immer wieder zum Schluss: Arbeiten gehen und mein Kind weggeben ist keine Alternative für mich! Ich wollte die Herausforderung annehmen und das Beste daraus machen. Unterstützend wirkte, dass mein Mann von vornherein größeres Vertrauen in mich und auch zu sich hatte, dass wir das schon schaffen könnten. Wie ich diese Fragen schließlich zu beantworten gelernt habe, und dass ich hier in mancherlei Hinsicht ganz andere Blickwinkel finden durfte, auch davon handelt dieses Buch.

„Wenn ich ein Vöglein wär …": Erinnerungen an meine eigene Krippenzeit

Mein kleines Kind in eine Krippe bringen – das war für mich ein Unding. Alles in mir legte sich quer, wenn ich nur daran dachte. Dazu hätte man mich wohl abführen müssen. Ich hätte wirklich jedes erdenkliche Opfer dafür gebracht, es nicht tun zu müssen. Ich bin heute noch dankbar, dass mein Mann ebenso dazu bereit war, auf mein Gehalt zu verzichten, selbst wenn wir den sprichwörtlichen Gürtel hätten enger schnallen müssen.

Wenn ich nach dem Warum gefragt wurde, war ich mir meiner Antworten eher unsicher: dass die Kinder in der Krippe so viel krank seien, dass es mir so leid täte, wenn sie weinen, und dass ich die Entwicklungsschrittchen meines Kindes gerne selbst erleben würde. Das entsprach ja auch den Tatsachen. Den tieferliegenden Grund allerdings traute ich mir nicht zu erwähnen, nämlich die Erinnerungen an meinen eigenen Krippenbesuch. Meine Krippenzeit begann, als ich 2 ¼ Jahre alt war. Das war ein so drastischer Einschnitt für mich, dass mein bewusstes Erinnerungsvermögen bereits zu diesem frühen Zeitpunkt begonnen hat. Ursprünglich hatte ich meine Erinnerungen nur deshalb aufgeschrieben, weil ich sie aufarbeiten wollte. Ich veröffentliche sie hiermit, weil ich, da ich auch einmal ein kleines Kind war, meine Stimme für die heutigen kleinen Kinder erheben möchte, deren Grundbedürfnisse wenig wahrgenommen werden.

Erste Erinnerung

Es scheint mitten in der Nacht zu sein. Draußen ist es noch dunkel. Aber ich stehe bereits angezogen mit meinem grünen Lodenmäntelchen im Treppenhaus unseres Wohnhauses. Meine Mutti nimmt mich an der Hand, und wir gehen los. Kalt pfeift der Wind zwischen den Neubaublocks hindurch. Wir gehen über einen freien Platz. Da weht der kalte Wind bis tief in mich hinein und Verzweiflung würgt im Hals: Dort ist das Haus, in dem ich schon einmal war, und wohin ich jetzt wieder gebracht werde. Aber warum? Da sind wir auch schon an der Eingangstür. Ein Summer ertönt. Die

Tür geht auf und gibt den Blick auf eine weiße Schürze frei. Ich klammere mich an meiner Mutti fest und schreie ..., bestehe nur noch aus panischer Angst! Ein fester Griff umfängt mich. Die Tür geht zu. Die Mutti ist fort! ... Warum? Warum gibt sie mich hier ab und geht fort? Ohne mich?

Zweite Erinnerung
Ich schreie, schreie, schreie ..., schlage um mich. Vor lauter Tränen kann ich nichts sehen. Ich weiß nicht, wie ich in das Zimmer gekommen bin, in dem mich jetzt eine Frau mit freundlicher Stimme anspricht. Ich schreie weiter. Sie öffnet die Glastür eines weiß angestrichenen Schrankes und holt ein Taschentuch heraus. „Guck mal, das schenke ich dir", will sie mich ablenken und trösten. Das Taschentuch ist wunderschön: Rot, Grün und Gelb – ganz bunt. Wegen der Tränen sehe ich nicht deutlicher. Eigentlich finde ich Taschentücher toll. Aber ich will es nicht! Nicht von dieser unbekannten Frau und nicht in diesem Haus! Ich will mich nicht beruhigen! Ich schreie, bis ich nur noch erschöpft schluchze.

Dritte Erinnerung
Zusammen mit vielen anderen Kindern sitze ich an einem großen runden Tisch. Eine Erzieherin deckt ihn mit einem ebenso großen, rotkarierten Wachstuch. Jedes Kind bekommt einen farbigen Plastebecher mit Milch und ein Stück Rührkuchen dazu. Der Kuchen wird unmittelbar auf das Wachstuch gelegt und nicht auf einen Teller wie zu Hause. Ich finde das sehr eigenartig und völlig falsch. Der Kuchen schmeckt gut, aber die Milch ist viel zu kalt. Weil ich sie nicht trinken kann, bin ich „Bummelletzte". Ich soll die Milch endlich austrinken! Aber es geht einfach nicht. Man bringt mich in ein dunkles Zimmer; hier muss ich so lange bleiben, bis der Becher leer ist! Ich bin ganz allein ... Ich fürchte mich.

Vierte Erinnerung
Ich befinde mich in einem Spielzimmer: An den Wänden stehen Regale mit Spielzeug und in der Mitte befindet sich eine Holzrutsche. Alle Kinder sollen sich hintereinander anstellen, die Holzleiter hinaufklettern und herunterrutschen. Auch ich klettere hinauf. Als ich aber oben bin, traue ich mich nicht zu rutschen. Nein, es ist mir zu gefährlich. So drehe ich einfach um und klettere gegen den „Strom" der anderen wieder hinab. Dafür ernte ich einen missbilligenden Blick.

Fünfte Erinnerung
In demselben Raum: Wir rutschen nicht mehr. Die anderen Kinder toben laut um mich herum. Puppen liegen in einer Kiste. Sie sind nur halb ange-

zogen und wirken schmuddelig. Sie gucken mich mit ihren fremden Gesichtern an. Ich fühle mich verloren.

Eine Erzieherin sitzt auf einer mit rotem Kunstleder bezogenen Bank am Fenster und strickt. Ab und zu wandert ihr prüfender Blick durch den Raum. Ich setze mich vor sie hin und sehe ihr eine ganze Weile zu: Sie strickt etwas aus hellblauer Wolle, die Stricknadeln klappern, die Finger bewegen sich flink und emsig. So kommt Maschenreihe zu Maschenreihe.

Dann sehe ich einen schönen Handwagen aus Holz mit roten Rädern. Da hinein setze ich mich; ich passe genau hinein, allerdings kneifen die Seitenwände in die Beine. Ein anderes Kind fängt an, den Wagen zu ziehen: immer rundherum um die Holzrutsche. Ich gucke nur auf die Räder, wie sie sich drehen. An einer Stelle wird es interessant: Dort läuft die Rutsche aus und der Wagen muss über das auf dem Fußboden liegende Brett hinüberrollen. Und weiter geht es rundherum, ... wieder und wieder. Da wo die Seitenwände in die Beine drücken, tut es nun richtig weh, und ich rücke mich ein wenig zurecht. Ich bleibe trotzdem in dem Wagen hocken, denn die enge Begrenzung tut mir gut. Und es geht weiter rundherum ... immer und immer wieder ... ewig lange.

Sechste Erinnerung
Wir sind draußen zum Spazierengehen bzw. -fahren. Ich sitze mit fünf anderen Kindern in einem der typischen Krippenwagen; jeweils drei Kinder sitzen einander gegenüber, in der Mitte befindet sich ein Brett wie eine Art Tischplatte. Ich sehe Bäume, deren Blätter zu Boden fallen, Vögel und eine Straßenbahn. Ich genieße die frische Luft, aber gleichzeitig fröstele ich. Ich bin nur mit Strumpfhose und Strickjacke bekleidet, während ich morgens Hose und Mantel anhatte.

Siebente Erinnerung
Alle Kinder sitzen an einer langen Tafel (mehrere Tische mit rosaroter Tischplatte sind aneinandergestellt). Wir warten auf irgendetwas. Ich weiß nicht worauf, aber es dauert wieder sehr lange. Genau mir gegenüber sitzt ein Junge mit strohblonden Haaren und stumpfem Gesichtsausdruck. Die einzige Bewegung in seinem Gesicht ist das „Hochziehen" der Nase, in der dicker gelber Schnupfen hängt. Ich beobachte ihn und lauere schon auf das nächste Hochziehen. Plötzlich greift eine Hand von hinten in die blonden Haare des Jungen, dreht ihm den Kopf ruckartig zur Seite und die andere Hand putzt ihm grob und hastig die Nase. Kurzes Erschrecken blitzt in den Augen des Jungen auf, um danach sofort wieder in diesen stumpfen Gesichtsausdruck zu verfallen. Dieser Junge ist das einzige Kind, an dessen Gesicht ich mich erinnern kann.

Achte Erinnerung
Es gibt Mittagessen. Ich habe keinen Appetit; mein Hals ist wie zugeschnürt. Der Spinat und das Ei sind so salzig, dass ich nichts essen kann. Da werde ich von hinten her hart am Kopf gepackt und ein voller Löffel wird mir in den Mund gestopft. Ich schreie – der Griff wird fester –, der volle Löffel kommt erneut, wieder und wieder in meinen Mund hinein. Ich kann nicht mehr! Ich schreie, huste, ringe nach Luft – blaue und grüne Kreise tanzen vor meinen Augen … Hilfe …!

Neunte Erinnerung
Es werden kleine Pritschen aus Holz aufgestellt, denn jetzt sollen wir schlafen. Wir müssen uns darauflegen, und es hat absolute Ruhe zu herrschen. Keiner darf sich bewegen, zum Beispiel sich etwas bequemer hinlegen oder auch nur an der Nase krabbeln. Die Liegefläche ist ein Holzbrett, worüber eine einfache Decke gelegt wurde. Also liegt man sehr hart.

Meine Haarspange hat keiner aus den Haaren gelöst und ich kann es noch nicht alleine. Also muss ich auf ihr liegen. Sie drückt und tut sehr weh. Ich versuche, mich langsam und vorsichtig anders hinzulegen, sodass es nicht bemerkt wird. Schon ist ein erbostes Gesicht über mir und weist mich zurecht. Aber es tut so weh – ich kann so nicht liegen –, langsam drehe ich wenigstens den Kopf. Schlafen kann ich auf keinen Fall.

Zehnte Erinnerung
Es kommt die Zeit des Abholens – die Kinder werden angezogen. Ich ebenfalls. Ich sitze in einem Vorraum an einem Tisch. Ich weiß nicht, wie lange ich so sitze. Ich spiele mit einem Kleiderbügel und schiebe ihn über die Tischplatte: hin und her und her und hin. Aber eigentlich warte ich – so, wie ich die ganze Zeit hier nur gewartet habe –, dass endlich die Tür aufgeht und meine Mutti wieder da ist. Ein paar Mal geht die Tür auf, ohne dass es mir gilt: zuerst Freude, dann Enttäuschung! Da ich bereits meinen Wintermantel, die Stiefel, Mütze, Schal und Handschuhe anhabe, schwitze ich in dem ohnehin überheizten Raum furchtbar. Schweiß steht mir auf der Stirn; ich bin schon ganz nassgeschwitzt. Ich warte … und schwitze … ewig lange …

Da, endlich, die Mutti ist da. Ich bin zu erschöpft, um glücklich zu sein. Aber unendlich erleichtert kann ich auf ihre Arme und durch die Tür, die mich hier unerbittlich festgehalten hat, ins Freie. Eisig schlägt mir die kalte Winterluft entgegen und geht durch bis auf die Haut. Je näher wir unserem Zuhause kommen, desto mehr löst sich der Kloß in meinem Hals. Mein erstes Wort soll immer „Mimi" (Milch) gewesen sein, sobald ich unser Wohnhaus erblickte. (So erinnert sich meine Mutter.) Ich war körperlich und seelisch wie verdurstet.

Elfte Erinnerung

Ich liege zu Hause in meinem weißen Kinderbett. Ich bin krank. Hohes Fieber, schmerzende Glieder und starker Husten quälen mich. Mir tut alles weh. Aber ich bin unendlich glücklich, denn ich bin krank und kann nicht gehen. Nirgends hin! Vor allem nicht in die Krippe! Die Mutti ist da! Sie bringt Tee, macht Wadenwickel und streichelt mich. Alles ist gut!

Meine Krippenzeit dauerte offiziell nur etwa vier Monate. Tatsächlich aber war ich immer eine Woche dort und vier Wochen krank. Vor dem Krippeneintritt war ich nie krank. Vom Erwachsenenstandpunkt aus sind die wenigen Tage, die ich wirklich – und dann nur für sechs Stunden – dort war, geradezu lächerlich und völlig zu vernachlässigen. Meinem Empfinden nach aber hat diese Zeit ewig gedauert.

Kleine Kinder sind schließlich auch Menschen. Sie haben auch schon Gefühle. Aber noch mehr: Das kleine „Herz" ist noch besonders zart und verletzlich. Sie können ihre Gefühle nur noch nicht in Worte fassen; sie können nur schreien. Für mich war das Ganze wie die Vertreibung aus dem Paradies. Es war ein Gefühl großer Verlorenheit und Einsamkeit. Ich hatte keinen festen Boden mehr unter den Füßen und kam mir vor, als hinge ich über einem Abgrund und würde jeden Augenblick losgelassen. Das Schlimmste war nicht das teilweise Fehlverhalten der am Anfang der 60er Jahre noch ungelernten Erzieherinnen, sondern das Verlassensein von der Mutter; ein Gefühl, hilflos ausgeliefert zu sein. Meine Welt stimmte nicht mehr! Ich fühlte mich bestraft für etwas, was ich nicht wusste. Meine Mutter sagt heute noch, dass es ihr fast das Herz zerrissen hat, wenn ich morgens beim Hinbringen sagte: „Bin doch lieb."

Man könnte mir entgegenhalten, wohl besonders sensibel zu sein. Aber keine Schwangere weiß im Voraus, wie ihr Kind sein wird und was es unbeschadet verkraftet. Obwohl ich in meiner weiteren Kindheit und Jugend äußerlich sehr stabil, motiviert und leistungsfähig war, dauerte es trotzdem Jahre, bis ich den Krippenbesuch in der Tiefe und im Detail verkraftet hatte. Im Vorschulalter zum Beispiel sang meine Mutter mit mir häufig Kinderlieder; es machte uns beiden viel Freude. Zwei Lieder vertrug ich allerdings überhaupt nicht, und zwar: „Wenn ich ein Vöglein wär' ..." und „Kommt ein Vogel geflogen ...".

Beim ersten Lied heißt es in der ersten Strophe: „Wenn ich ein Vöglein wär' und auch zwei Flügel hätt', flög ich zu dir. Weil's aber nicht kann sein, weil's aber nicht kann sein, bleib ich allhier." Sofort fand ich mich in heftigem Schluchzen wieder und war untröstlich. Genauso beim zweiten Lied: „Kommt ein Vogel geflogen, setzt sich nieder auf mein' Fuß, hat ein' Zettel im Schnabel, von der Mutter einen Gruß. Lieber Vogel, fliege weiter, nimm ein' Gruß mit und ein' Kuß, denn ich kann dich nicht begleiten, weil ich hier bleiben muß."

Diese Worte lösten einen furchtbaren und tiefen Schmerz aus. Mein ganzes Ich war Schmerz! Alles war wieder da! Dieser ganze wahnsinnige Trennungsschmerz, wenn meine Mutter gegangen war und ich in der Krippe zurückblieb. Wenn ich aber ein Vöglein gewesen wäre, dann wäre ich fort aus diesem verschlossenen Haus und durch irgendein offenes Fenster zu meiner Mutti geflogen. Aber ich war dort eingesperrt und musste dort eben bleiben. Wie ein Vöglein im Käfig! Natürlich sang meine Mutter diese Lieder dann nie mehr mit mir. Selbst heute noch wird mir mulmig, wenn ich sie höre.

Bis weit in das Jugendalter hinein plagten mich immer wieder Albträume des gleichen Musters: Ich war in mir unbekannten Häusern gefangen und wurde von unsichtbaren Verfolgern über Treppen und Flure gejagt. Es gab kein Entrinnen, bis ich schließlich, in Schweiß gebadet, laut schreiend, erwachte. Weiter hatte ich extreme Probleme mit dem Essen. Bis etwa zum zehnten Lebensjahr fürchtete ich mich buchstäblich vor jeder Mahlzeit. Nicht, dass ich keinen Hunger bzw. Appetit gehabt hätte. Ich saß vor dem Essen wie mit zugeschnürter Kehle. Die Bissen blieben mir regelrecht im Halse stecken, und das Schlucken war wie blockiert. Das brachte natürlich mit sich, dass ich sehr zart und anfällig wurde bzw. blieb. Mit viel Liebe und Geduld versuchte meine Mutter mit allen erdenklichen kräftigenden und appetitanregenden Mitteln meine Abwehrkräfte zu stärken. Trotzdem war ich sehr viel krank; immer wieder Bronchitis. Diesen Schwachpunkt habe ich ins Leben mitgenommen; ich brauche heute täglich Medikamente gegen Asthma.

Seelische Narbenschmerzen spüre ich auch heute noch, und zwar sobald mir zum Beispiel eine Frau erzählt, dass ihr Kind jetzt auch in die „Einrichtung" oder Krippe geht, oder wenn Politiker davon schwärmen, dass sie auch im Westen flächendeckend Krippen schaffen wollen, oder dann, wenn ich die Situation des „Abgebens" und das Schreien des Kindes miterleben muss. Dann spüre ich, wie das an meinem Innersten zerrt.

Das erste Mal, als mir das bewusst wurde, war ich noch Studentin: In dem damaligen Ost-Berliner Neubaugebiet Berlin-Marzahn hatte ich eine Studienaufgabe zu erfüllen. Da es zu diesem Zeitpunkt in diesem noch im Bau befindlichen Stadtteil weder befestigte Straßen noch Straßenbezeichnungen gegeben hat, verirrte ich mich völlig. Einige Schulen waren schon in Betrieb, und da es schließlich noch keine Handys gab, entschloss ich mich, einfach in der nächstliegenden Schule nach dem Weg zu fragen. Im Eingangsbereich dieser Schule spielte sich Folgendes ab: Da es in diesem Stadtteil noch keine Kindereinrichtungen gab, hatte man eine solche vorläufig im Erdgeschoss untergebracht. Ein Vater wollte sein etwa dreijähriges Kind in der Einrichtung abgeben. Aber das Kind wollte nicht hineingehen; es sträubte sich und wimmerte. Vater und Kind rangelten an der Glastür hin und her. Der Vater schrie das Kind an, es solle endlich gehen, endlich „abhauen". Unter Schluchzen bat das Kind den Vater, er möge es doch wenigstens hineinbringen. Aber es half ihm nichts: Der Vater riss mit einem Ruck die Tür auf und schubste das verzweifelt schluchzende Kind in den Raum. Die Tür knallte zu, und er ging mit kalter Miene weg. Ich weiß nicht, was an diesem Tag sonst noch vorfiel. Ich hörte ständig dieses furchtbare Schreien. Es verfolgte mich tagelang. Ich war auf das Tiefste erschüttert. Ich war aufgewühlt und gleichzeitig wie gelähmt. Das Schreien dieses Kindes hatte in mir einen wunden Punkt getroffen: mein eigenes Schreien beim Abgeben in der Krippe, meine eigene Verzweiflung als kleines zweijähriges Mädchen. Alles war wieder da, und alles schrie in mir. Spätestens in diesem Augenblick habe ich mir geschworen, dass ich keines meiner Kinder einmal in eine Krippe bringen würde, koste es, was es wolle. Das wollte ich ihnen ersparen.

Wie schon erwähnt, beendete meine Mutter ihre Erwerbstätigkeit nach etwa vier Monaten wieder, als ich wieder einmal so krank war, dass es bereits lebensbedrohlich wurde. Sie hat unter der Situation, mich abgeben zu müssen, ebenso gelitten wie ich. Auch heute noch empfindet sie diese Zeit als eine der schwärzesten ihres Lebens. Sie erzählt immer davon, dass ihr morgens die Tränen übers Gesicht liefen, bis sie an ihrem Arbeitsplatz angekommen war. Dort arbeitete sie ohne Frühstücks- und Mittagspause durch, um mich so schnell wie möglich wieder abholen zu können. Auch kam ihr das, was sie dort zu tun hatte, belanglos vor, obwohl es objektiv eine interessante und erfüllende Arbeit war. Sie fühlte sich einfach zur falschen Zeit am falschen Platz. Bei ihren Kolleginnen fand sie keinerlei Verständnis. Wenn meine Mutter auch nur andeutete, dass ich unter der Situation litte, und dass sie sich nicht vorstellen könne, dass das gut sei, ging es auf sie nieder: „Da muss man hart bleiben ... Wenn Sie so weitermachen, da kriegen Sie die [damit war ich gemeint] nie los. Die wird Ihnen ewig am Rockzipfel hängen!"

Um wieder „aussteigen" zu können, kam der traurige Umstand des Todes meines Großvaters zu Hilfe. Meine Großmutter erkrankte schwer und bedurfte der Pflege. Merkwürdigerweise hatte man dafür Verständnis; die Not eines kleinen Mädchens zählte nicht. Im wahrsten Sinne des Wortes aufatmend genossen meine Mutter und ich, dass wir wieder beieinanderbleiben konnten. Ich danke meinen Eltern sehr herzlich dafür, dass sie die Liebe und Kraft hatten, auf ihrem eingeschlagenen Weg umzukehren und mich wieder zu Hause zu behalten. Ich glaube kaum, dass ich heute so gefestigt wäre, wenn sie weiter DDR-typisch gelebt hätten. Das hätte für mich bedeutet: weiter Krippe, dann Kindergarten – beides möglichst ganztägig – und schließlich Schulhort.

Trotz des geringen Einkommens meines Vaters, trotz des allgegenwärtigen Drucks, der Schikanen und Nachteile, die er als Lehrer einer EOS (Erweiterte Oberschule = Abiturstufe, sog. „sozialistische Kaderschmiede") wegen seines „bürgerlichen" Lebensstils hinnehmen musste, und trotz der Bemerkungen, die sie aus ihrem Umfeld zu hören bekamen, haben sich meine Eltern von ihrer Entscheidung durch nichts mehr abbringen lassen. Was das im Einzelnen bedeutet, kann nur jemand nachvollziehen, der in einer Diktatur gelebt hat, und zwar nicht angepasst. Meine Eltern haben mir und meiner Schwester eine glückliche Kindheit mit einer liebevollen Familienatmosphäre – ein warmes „Nest" in einer kalten Zeit – geschenkt.

Kinderkrippen: Alte Argumente „neu aufgegossen"

Nach der Wende hatte ich die große Hoffnung, dass mit dem Zusammenbruch des sozialistischen Regimes alles Systemimmanente mit verschwinden würde. Und die Krippen zählte ich unbedingt dazu. Auch wenn es anfangs danach aussah, regte sich zu meinem allergrößten Erstaunen bald zäher Widerstand, wenn es um das Antasten oder Infragestellen des Krippensystems ging. Ich konnte mir das lange nicht erklären, zumal ich mich erinnern konnte, dass in der DDR-Zeit in Gesprächen durchaus Kritik an den Krippen geäußert wurde. Noch mehr indes befremdeten mich die „Töne", die sich zunehmend aus dem Westen vernehmen ließen: „Die Krippen seien unter anderem doch das Beste an der DDR gewesen. Die müsse man doch erhalten. Davon könne man doch lernen." Ich traute meinen Ohren nicht. Ich schrieb Briefe an Zeitungen, Sender und Ministerien. Sie mussten doch erfahren, was die Trennung für ein kleines Kind bedeutet. Ich konnte mir nicht vorstellen, dass eine Gesellschaft, die Recht, Freiheit und Humanität in ihrer Verfassung verankert hat – alles, wovon ich immer geträumt hatte –, so etwas wie Krippen auch nur ansatzweise befürworten konnte.

Dass man das Krippensystem nicht nur im Osten unreflektiert weitergeführt hat, sondern dass man es als neuesten „Schrei" moderner Familienpolitik auch im Westen einführt, ist für mich die bitterste „Pille" der Entwicklung nach der Wende. Das CDU-geführte Familienministerium hat sich zum Ziel gesetzt, 500.000 neue Krippenplätze bis 2013 zu schaffen.[1] Jedes dritte Kind unter drei Jahren soll in einer Kindereinrichtung (bzw. bei einer Tagesmutter) betreut werden. Ab 2013 soll es ferner einen Rechtsanspruch auf einen Betreuungsplatz vom vollendeten ersten bis zum dritten Lebensjahr geben.

Über alle Parteigrenzen hinweg hört man unisono die gleichen Argumente: Im Westen Deutschlands müsse man in der Betreuungsfrage endlich aufholen und die Kinderbetreuung für die unter Dreijährigen ausbauen, damit sich die Entwicklungschancen der Frauen in Beruf und Karriere denen der Männer anglichen. Außerdem müsse die Vereinbarkeit von Beruf und Familie deutlich verbessert werden. Das sei insbesondere für hochqualifizierte Frauen von Bedeutung. Schließlich könne in Deutschland nur so die Geburtenrate gesteigert werden, was ja dringend nötig sei, da aufgrund der Überalterung der Bevölkerung sämtliche Sozialsysteme zu kippen drohen. Ferner gäbe es immer mehr Alleinerziehende und Familien, die aus finanziellen Gründen berufstätig sein müssten. Außerdem hätten die Kleinen nur in den Kindereinrichtungen die gleichen Chancen auf Bildung, frühe Förderung bzw., durch den Kontakt mit anderen Kindern, die Chance auf die Entwicklung von Sozialkompetenz, und zwar unabhängig vom familiären Hintergrund.

Alles schöne Worte. Der kleinste Zweifel scheint hier völlig inakzeptabel. Die Einigkeit ist fast unheimlich. In mir steigt jedes Mal das blanke Grauen hoch. Zum einen, weil ich mich erinnern kann. Zum anderen, weil mir das alles so bekannt vorkommt:

> Für die volle Durchsetzung der Gleichberechtigung der Frau haben unsere Kindereinrichtungen einen wesentlichen Beitrag zu liefern, weil sie der Mutter weitgehend die Ausübung ihres Berufes, ihre berufliche und kulturelle Qualifizierung und ihre Teilnahme am gesellschaftlichen Leben ermöglichen. Die Tages- und Wochenkrippen für Kinder der ersten drei Lebensjahre dienen nicht allein der Entlastung unserer Mütter, sondern stellen eine wertvolle und wirksame Ergänzung der Familienerziehung dar.[2]

So steht es in einer 1972 in der DDR publizierten Säuglingsfibel. Man kann sicher sein, dass das die offizielle „Lesart" war, denn sonst hätte dieses Buch nie erscheinen dürfen. Und heute? Folgendes steht in einem an mich gerichteten Antwortschreiben aus dem deutschen Familienministerium im Jahre 2007:

> ... Gerade junge Frauen wollen heute ganz selbstverständlich, was für Männer schon immer möglich war, nämlich ihre berufliche Qualifikation nutzen, finanziell unabhängig bleiben und trotzdem nicht auf Familie verzichten ... Kindertagesstätten bieten ein komplementäres – und bei problembelasteten Familien ein kompensatorisches – Angebot zur Erziehung und Bildung in der Familie.

Wie abgeschrieben! Es drängt sich der Eindruck auf, dass man in der bundesdeutschen Familienpolitik manche geistige Tradition der DDR offenbar weiterzuführen beabsichtigt. Während es nicht einmal in der totalitären DDR ein Gesetz gegeben hat, das eine Krippen- oder Kindergartenpflicht festlegte, gibt es heute unter freiheitlich-rechtlichen Verhältnissen einflussreiche Kräfte in der Politik, die laut über die Einführung einer derartigen

Pflicht nachdenken. So forderte zum Beispiel die Bürgermeisterin einer norddeutschen Stadt kürzlich eine Krippenpflicht bei gleichzeitiger Streichung des Kindergeldes. Gleichfalls forderte die Vizevorsitzende des DGB, Ingrid Sehrbrock (CDU), eine Krippenpflicht (sowie eine Kindergarten- und Ganztagsschulpflicht), was die Grünen begrüßten.[3] Die CDU strebt in ihrem Grundsatzprogramm eine Kindergartenpflicht für das letzte Kindergartenjahr an. Eine Einrichtungspflicht für *alle*! Sollte uns das nicht hellhörig machen?

Wer Krippen als allgemein übliches Betreuungsmodell favorisiert, der sollte sich bewusst sein, dass er die Trennungsangst der Kleinen und alle damit verbundenen Risiken einkalkuliert. Die SPD muss sich fragen lassen, was es Unsozialeres, und die Grünen, was es Unnatürlicheres gibt, als ein kleines Kind von seiner Mutter zu trennen ... – und die CDU muss sich an dem „C" in ihrem Namen messen lassen.

Man präsentiert die Krippen momentan als eine Art „Königsweg" zur Lösung gleich mehrerer sozialer Probleme; um mit ihnen sozusagen „gleich mehrere Fliegen mit einer Klappe schlagen zu können".[4] Kinder optimal von klein an zu fördern, das ist an sich zu begrüßen. Nur: Können die Krippen das leisten? Selbst die politischen Krippenbefürworter müssten doch Zweifel daran haben. Denn ein Blick in die neuen Bundesländer – das Gebiet der ehemaligen DDR –, seit ca. 50 Jahren *das* „Krippenland" Europas, müsste genügen, um jedem klarzumachen: Krippen lösen die oben geschilderten sozialen Probleme nicht. Ansonsten müssten wir im Osten der Bundesrepublik ja geradezu paradiesische Verhältnisse haben; zum Beispiel hinsichtlich der Geburtenrate, hinsichtlich der Sozialkompetenz, hinsichtlich der Lern- und Verhaltenssituation der Kinder, hinsichtlich der Jugendprobleme usw. Wir haben sie aber nicht. Im Gegenteil: Die negativen Spätfolgen der frühen Trennung von Mutter und Kind sind deutlich erkennbar. Diese Folgen sind mittlerweile offenbar auch in „klassischen" Krippenländern wie Schweden und Frankreich erkannt worden, denn diese Länder „schrauben" ihre alleinige Krippenpolitik bereits wieder „zurück" und unterstützen die Betreuung in der Familie wieder mehr. Die Tschechoslowakei begann damit schon in den 1970er Jahren.

In Wissenschaft und Forschung sind hinreichend Erkenntnisse darüber zusammengetragen worden, wie Kinder idealerweise aufwachsen sollten und welche Risiken ein deutliches Abweichen davon, wie es die Fremdbetreuung in Krippen darstellt, für das spätere Leben bedeutet. Das alles wurde der deutschen Regierung in Expertenanhörungen vorgelegt, blieb aber bisher nicht nennenswert beachtet. Bleibt also zu fragen, warum die bundesdeutsche Familienpolitik an einem Irrweg festhält; an einem System, was dem Menschen nicht entspricht, das ideologisch fragwürdig und von den Experten für untauglich oder zumindest für risikoreich gehalten wird.

Um das Wohl von Kindern geht es der Politik jedenfalls nicht, um das von Frauen übrigens auch nicht. Worum geht es also dann? Dieser Frage wird das Buch genauso nachgehen wie den Fragen: Warum sind Krippen als gängiges Betreuungsmodell für kleine Kinder mit Risiken behaftet? bzw. Warum braucht das kleine Kind normalerweise seine Mutter? Um hierauf antworten zu können, bedarf es zunächst Antworten auf folgende Fragen: Was braucht ein kleines Kind, um gedeihen zu können? Welche elementaren Grundbedürfnisse bringt es mit auf die Welt? Wonach sehnt es sich? Und wie lauten die adäquaten Antworten auf seine Bedürfnisse? Alles das wird im nächsten Kapitel behandelt.

2. Wonach sich kleine Kinder sehnen oder: Was ist eigentlich Mütterlichkeit?

Immer, wenn ich wieder ein Neugeborenes im Arm halten konnte und in sein Gesichtchen sah, dachte ich, es schaut so ernst und eindringlich, als wüsste es ganz genau, wonach es sich sehnt. Es kann es bloß noch nicht in Worte fassen.

Der Mensch kommt mit einer großen Grundsehnsucht zur Welt. Diese Grundsehnsucht ist die Liebe. Eine Liebe, die ihn annimmt und die ihm bedingungslos geschenkt wird. Eigentlich wissen wir es alle tief in unserem Herzen, dass Liebe unser Lebensfundament ist, und dass wir ohne sie in keiner Lebensphase gut zurechtkommen. Ganz besonders aber benötigen wir sie gerade am Lebensanfang! Liebe ist nicht etwas, was theoretisch vorausgesetzt oder formuliert werden kann, um empfunden zu werden. *Liebe muss ankommen.*

Ich erinnere mich an einen Familientherapeuten, der in einem Vortrag von den schlimmsten Momenten während einer Therapie sprach. Das sei immer dann der Fall, wenn die Eltern zum Kind sagten, wir haben doch alles für dich getan und immer nur das Beste gewollt, und das Kind darauf erwiderte: „Und ich bin nie geliebt worden." Man halte sich hier Folgendes vor Augen: Die Eltern haben weder Kraft noch Mühen gescheut, damit das Kind die besten Entwicklungsmöglichkeiten hat; sie haben von klein an die beste Kindereinrichtung und später die beste Schule gewählt. Sie haben jede nur erkennbare Begabung ihres Kindes gefördert, sie haben ihr Kind überall hingefahren, sie waren möglicherweise sogar Elternsprecher, sie haben die Klassenfeste organisiert und sind zu Klassenfahrten mitgefahren. Kurz, sie haben eigentlich wirklich alles getan – und dann kommt so eine Antwort. Welch eine Tragik!

Die Basis für das Gedeihen einer tragfähigen Liebesbeziehung zwischen Eltern und Kind scheint mir ebenfalls am Lebensanfang zu liegen, und zwar in der Frage: Wird das Liebesband geknüpft – oder kommt es nicht recht zustande bzw. erhält Brüche?

Wenn sich unser Kind geliebt fühlen soll, muss die Liebe wirklich ankommen, sie muss unter die Haut gehen und direkt ins Herz treffen. Das Kind muss sie hautnah, mit allen Sinnen und mit allen Fasern spüren. Das passiert dann, wenn die instinktiven und elementaren Lebensbedürfnisse des Kindes erfüllt werden. Es ist durch neun Monate während Schwangerschaft auf eine vollkommen umschließende Geborgenheit der Mutter geprägt und an sie gewöhnt. Ich glaube, es kennt uns viel besser als wir das Kind. Und nach der Geburt in eine kalte, helle, laute und unendlich weite Welt – der Ent-Bindung – braucht es sofort wieder Bindung: Es braucht umgehend die unmittelbare *Nähe* zu genau dieser Person, zu seiner Mutter. Es braucht die Wärme *ihres* Körpers, das Umschlossensein in *ihren* Armen, *ihre* Haut, *ihren* Herzschlag, den Klang *ihrer* Stimme und – was neu ist – die gute warme *Milch aus ihrer Brust* für das bis dahin unbekannte Hungergefühl im Bauch. Schließlich braucht es *ihr* liebes Gesicht. Dann „weiß" das Kleine, dass alles gut ist. Es wird wieder still und friedlich. Sein Körper und seine Seele, die in dieser Phase noch total eins sind, fühlen sich wohl. In seinem Innersten kommt die Botschaft an: *Ich werde geliebt.*

Damit sich diese Botschaft dauerhaft in seiner Seele verankern kann, muss dieses Wohlgefühl immer und immer wiederhergestellt werden. Die *im* Körper der Mutter begonnene körperliche und emotionale Entwicklung kann nur *an* ihrem Körper fortgesetzt werden. Die sensorischen Impulse, die das kindliche Gehirn bereits im Mutterleib empfangen hat, müssen für seine optimale Entfaltung fortwirken können. Das Kind braucht die elementare körperliche Mutterwahrnehmung.[5] Man kann es auch so sagen: Das kleine Kind sehnt sich nach der *Mütterlichkeit* seiner Mutter. *Mütterlichkeit ist* – so meine persönliche Definition – *die emotionale Fähigkeit und die Motivation einer Mutter, die elementaren Grundbedürfnisse ihres Kindes zu erfüllen.* Es ist unsere mütterliche Fähigkeit, unsere Kinder aus der Sicht unseres Herzens zu umgeben und zu betreuen. Diese Fähigkeit ist ebenfalls bereits in uns Frauen angelegt, sie erwacht in uns – sofern sie nicht durch verschiedene Faktoren blockiert wird (➤ Kap. 7) – durch Schwangerschaft, Geburt sowie durch die unmittelbare Nähe zum Kind nach der Geburt, insbesondere durch die dadurch ausgeschütteten speziellen Hormone.

Mütterlichkeit ist die Antwort auf die Sehnsucht kleiner Kinder. Sie wird gelebt, indem die Mutter spontan und aus der Intuition heraus immer wieder erspürt, was ihr Kind gerade braucht: Sie reagiert auf die Signale des Kindes mit Stillen, Tragen, liebevoller Schlafbegleitung, Liebkosen sowie liebevollem Ansehen, Ansprechen und treuem und verlässlichem Dasein. Es ist meine grundlegende Erkenntnis und Lebenserfahrung, dass es genau dieses einfache, alte – so alt wie die Menschheit selbst – und damit zeitlos moderne Tun ist, das unser Kind braucht, um sich geliebt zu fühlen und in jeder Beziehung optimal zu gedeihen. Das Wissen darum ist mir so wertvoll geworden, dass ich im Einzelnen darauf eingehen möchte.

Gestillt zu werden

Wenn ich an meinen recht kläglichen Stillbeginn beim ersten Kind zurückdenke und mir meine damalige Unsicherheit, die Selbstzweifel und mein Unvermögen vor Augen führe, dann ist es schon erstaunlich, dass mich dieses Thema noch immer bewegt. Als ich dann aufgrund eines eher beiläufigen Tipps beim zweiten Kind zu einer rundum glücklichen Stillbeziehung fand, war ich hellauf begeistert. Es war Begeisterung und Glück pur, dass ich es tatsächlich mit meinen Körperkräften schaffte, mein Kind satt und zufrieden zu machen.

Je mehr ich mich mit dem Phänomen „Stillen und Muttermilch" auch theoretisch beschäftigte und anfing, etwas von den darin steckenden Gesetzen des Lebens (wörtlich: Bio-logie) zu erahnen, umso mehr war ich fasziniert. Was können wir Mütter doch unseren Kindern Gutes geben, ohne dass wir uns dabei um Details den Kopf zerbrechen müssen!

Die Muttermilch allein ist schon „ein besonderer Saft". Sie ist immer keimfrei, frisch, in der richtigen Temperatur, jeder Zeit verfügbar und – wie ein begeisterter Vater einmal bemerkte – so wunderschön „verpackt". Ihre Zusammensetzung ist optimal; sie „wächst" zum Beispiel mit dem Kind mit. So ist sie anders beim Neugeboren als beim fünf Monate alten Baby und beim neun Monate alten Krabbelkind, und selbst für die Frühchen ist gesorgt. Die optimale Zusammensetzung bewirkt eine ebenso optimale Aufnahme und Verarbeitung im Körper, denn Muttermilch ist eine quasi körpereigene Nahrung, die zum Beispiel auch von der Bronchialschleimhaut aufgenommen werden kann, sollte einmal etwas in die „falsche Kehle" geraten sein.

Stillen gleicht jedes Mal einem festlichen Drei-Gänge-Menü: erst die durstlöschende Vorspeise, dann der Hauptgang und zum Schluss das „Dessert mit viel Sahne". Dabei gibt es noch die Variierung nach Tages- und sogar nach Jahreszeit; so ist die Muttermilch am frühen Nachmittag fettreicher als zu anderen Tageszeiten und nachts sowie in der wärmeren Jahreszeit (bzw. an heißeren Tagen) dünnflüssiger und durstlöschender als in der kühleren. Gerade an heißen Tagen möchte ein Baby möglicherweise besonders häufig gestillt werden. Es trinkt instinktiv immer nur den zuerst kommenden dünnflüssigeren Anteil der Muttermilch – das sogenannte Dursttrinken.

Auch mengenmäßig kann die Muttermilch ständig optimiert werden: Wird nach Bedarf gestillt, funktioniert das Zusammenspiel von Brustdrüse und Gehirn wie ein gut geführtes Unternehmen – Angebot und Nachfrage pendeln sich aufeinander ein; wir brauchen nicht einmal abzumessen, zu wiegen oder Kalorien zu zählen. Das Wissen darum ist vor allem wegen der Wachstumsschübe eines Babys (ca. 10. Tag, 6.–8. Woche, 12. Woche und

5 Monate) wichtig. Das sind meiner Erfahrung nach die klassischen Abstillzeiten, weil eine Mutter, die noch immer vom Vier-Stunden-Rhythmus ausgeht, meint zufüttern zu müssen. Zufüttern leitet oftmals das Abstillen ein. Dabei braucht es oft nur ein paar Tage mehr Anlegen sowie Geduld, Gelassenheit und Vertrauen zu sich selbst und das Kleine wird wieder satt und zufrieden.

Zum optimalen Verhältnis von Wasser, Eiweißen, Fetten und Kohlehydraten kommen noch Vitamine, Mineralstoffe – wichtig ist hier die ausgewogene Ernährung der Mutter – und Abwehrstoffe hinzu. Letztere sind zunächst im Kolostrum (Vormilch) und dann in der Muttermilch eines Krabbelkindes besonders hoch. Sie enthalten Immunglobuline und sogar lebende Zellen. Und wenn man weiter bedenkt, dass das kindliche Immunsystem erst mit drei Jahren als ausgereift gilt, kann man schon von daher die Bedeutung des Stillens bis in die Kleinkindzeit nicht hoch genug einschätzen. Wunderbarerweise werden die Abwehrstoffe entsprechend der Erreger gebildet, mit denen die Mutter zusammenkommt. Das Kleine ist dadurch ebenso gegen Familieninfekte geschützt (bzw. übersteht sie leichter und schneller) wie auch gegen Erreger, die außer Haus Mutter und Kind „umwehen". Auch hier wird deutlich, wie wichtig der beständige Kontakt und die gelebte Nähe von Mutter und Kind in einem gemeinsamen Umfeld für die Gesundheit des Kindes sind. Muttermilch unterstützt auf dieser ganz körperlichen Ebene den natürlichen, mütterlichen Schutzimpuls. Es entstehen bereits hier symbiotische Verhältnisse.

Muttermilch ist unnachahmlich und optimal für das kleine Menschenkind, ihr Wert kann von keiner Ersatznahrung erreicht werden – es ist eben die ganz spezielle Milch einer individuellen Mama für ihr ganz individuelles Kind. Vergleicht man die Muttermilch hinsichtlich ihrer Zusammensetzung mit der Milch der Säuger aus dem Tierreich, ergibt sich ein signifikanter Unterschied: *Muttermilch ist auf Gehirnentwicklung ausgerichtet.* So beträgt das Neugeborenengehirn bei der Geburt 1/3 des ausgewachsenen Zustandes und nach einem Jahr bereits 2/3. Die Kuhmilch dagegen ist eine ideale Milch für das Kalb, denn sie fördert das Muskelwachstum. In der Robbenmilch bewirkt der hohe Fettanteil wiederum den Aufbau von viel Fettgewebe, das den kleinen Robben das Überleben in der kühlen und nassen Umgebung sichert.

Die Eiweiße in der Milch sind hauptsächlich Kasein und Lactalbumin. Kasein ist ein klumpig gerinnendes Eiweiß, Lactalbumin ist sehr viel feiner strukturiert. In der Muttermilch beträgt das Verhältnis Kasein zu Lactalbumin 2:3, in der Kuhmilch 12:3. Das heißt, Kuhmilch und die darauf basierende Ersatznahrung enthalten einen hohen Anteil schwer verdaulichen Eiweißes, das durch seine Neigung, zähe Klumpen zu bilden, die Verdauung der Babys erheblich belasten kann (zum Beispiel Verstopfung).

Vor Jahren erzählte mir eine Frau sogar, dass sie eines Tages Angst hatte, ihr Baby sterbe ihr unter den Händen weg. Dadurch dass sie noch vor der Wende ihr Baby bekommen hat, ging es ihr wie mir beim ersten Kind; sie hatte keine Information bzw. Beratung für ihr Stillen. Es klappte einfach nicht, und sie hat zwangläufig zu künstlicher Nahrung gegriffen. Kurz nach der vollständigen Umstellung auf die Flasche passierte es. Eines Nachmittags fing das Baby furchtbar zu schreien an. Immer wieder würgte es, so als „wollte" es ersticken. Als sie dann kurz davor war, den Notdienst zu rufen, erbrach das Baby einen großen gummiartigen Klumpen. Danach war alles gut und es schlief erschöpft ein. Sie bedauerte schon aufgrund dieses Erlebnisses sehr, dass sie nicht stillen konnte.

Der hier geschilderten Verklumpung versucht man bei künstlicher Babynahrung mit einem höheren Wasseranteil und Schleimzusatz beizukommen. Muttermilcheiweiß wird dagegen vollkommen vom Baby aufgenommen. Der hohe Lactalbuminanteil ist leicht, aber auch schneller verdaulich. Das empfinden leider manche Leute als Nachteil, denn dadurch wollen die Kinder zunächst häufiger gestillt werden. Sie brauchen häufiger kleine Mahlzeiten, als es für Flaschenkinder vorgesehen ist. So kommt es leider auch aufgrund mangelnden Wissens dazu, dass eine junge Mutter sich selbst unter Druck setzt oder von anderen unter Druck gesetzt wird, weil man für die Betreuung des Babys zeitlich nur den Vier-Stunden-Rhythmus einplant, während ein Stillkind einfach auch einmal häufiger seine Bedürfnisse „anmeldet". Ein wunderbarer Nebeneffekt des häufigeren Anlegens sollte aber nicht übersehen werden: Das Baby erhält automatisch häufiger Zuwendung und dadurch auch häufiger positive Entwicklungsreize für das kleine Gehirn.

Muttermilch enthält ca. 4 % Fette. Muttermilchfett ist deutlich anders als zum Beispiel Kuhmilchfett aufgebaut. Sie enthält wesentlich mehr langkettige, ungesättigte Fettsäuren, während die Kuhmilch Butterfett enthält, das ein Baby nur schlecht verwerten kann. Die Hersteller der Flaschennahrung haben daher zum Beispiel pflanzliche Öle zugesetzt und eine der Muttermilch ähnliche Fettsäure entwickelt. Die menschlichen Fettsäuren bleiben allerdings unnachahmlich. Neben dem Aufbau der Zellmembranen und der Entwicklung der Augen sind diese Fettsäuren wiederum auf Gehirnwachstum und die Reifung des gesamten Nervensystems und damit auf Intelligenz und Lernfähigkeit ausgerichtet. Ein in der Muttermilch enthaltenes Enzym, die Lipase, hilft dem Kind bei der Verwertung der Fette für den Energiehaushalt und beim Aufbau der Fettpölsterchen. Ein süßes Baby reizt uns förmlich zum Knuddeln und Schmusen. Damit verbunden sind immer wieder positive Anreize für die Gehirnentwicklung.

Muttermilch und Stillen sind eine Zukunftsinvestition. Die Fettsäuren haben nicht nur für unser Gehirn eine optimale Wirkung und schützen vor

Infektionen, sondern senken überdies lebenslang die Risiken für Herz- und Gefäßerkrankungen, Multiple Sklerose oder Krebs.

Der zweitwichtigste Energielieferant ist der *Milchzuckeranteil* (Laktose) in der Muttermilch. Er ist in der Muttermilch doppelt so hoch wie in der Kuhmilch. Und es ist wiederum interessant, dass dieser Anteil umso größer ist, je größer das Gehirn einer Gattung ist. Laktose ist also ebenfalls auf Gehirnwachstum ausgerichtet. Sie fördert ferner die Verwertung bestimmter Mineralstoffe (zum Beispiel Kalzium) für den Aufbau von Knochen und Zähnen. Also ist auch hier eine positive Langzeitwirkung festzustellen!

Während der Laktoseanteil für die Flaschennahrung dem der Muttermilch entsprechend angeglichen werden kann, können andere Zuckeranteile nicht nachgeahmt werden. Eine ganz besondere Rolle spielt hier der sogenannte *Bifidusfaktor*; er bewirkt das Gedeihen des *Lactobazillus bifidus* in der Darmflora des Kindes. Das dadurch entstehende „saure Milieu" wirkt der Ausbreitung von Krankheitserregern wie Kolibakterien und Streptokokken (Angina- und Masernerreger) entgegen. Das ist der beste Schutz gegen die damit verbundenen Krankheiten. Die Säuglingsenteritis (Durchfall) zum Beispiel kann durch die beim Säugling relativ schnell entstehende Entwässerung lebensbedrohlich werden.

Muttermilch ist daher – sollte sich ein Stillkind einen Darminfekt zugezogen haben – auch die beste Heilnahrung. Hier macht es sich wirklich bezahlt, wenn zum Beispiel auch ein Kleinkind noch gestillt wird. Oft sind die Kleinen gleich so unstimmig und unwohl, dass sie jede andere Nahrung verweigern, aber instinktiv die Muttermilch – verbunden mit der wohltuenden und tröstenden Nähe der Mutter – annehmen. Damit ist die Gefahr des Zusammenbruchs des Mineralstoff- und Wasserhaushaltes meist gebannt und der Infekt insgesamt schnell überstanden.

Auch Vitamine und Mineralstoffe sind in der Muttermilch in optimaler Menge und Aufbereitung vorhanden. Obwohl sie darin in geringerer Menge als zum Beispiel in der Kuhmilch enthalten sind, werden sie vollkommen aufgenommen, während die größere Menge in künstlicher Nahrung teilweise ungenutzt wieder ausgeschieden wird und unter Umständen den kindlichen Körper zusätzlich belastet. Der hohe Mineralstoffanteil der Kuhmilch belastet zusätzlich den Flüssigkeitshaushalt und die Nieren.

Schon bei diesen wenigen Ausführungen über die Muttermilch wird eines deutlich: Muttermilch ist der Natur-Schutz für unser Kind. Im Umkehrschluss heißt das: Ohne Stillen erhöhen sich die gesundheitlichen Risiken für unsere Kinder, und zwar möglicherweise lebenslang. Kinder, die künstliche Nahrung bekommen, erkranken zum Beispiel doppelt so häufig an *Mittelohrinfektionen* wie Kinder, die das erste Lebensjahr gestillt werden. Geschätzte Behandlungskosten für Erstere belaufen sich in den USA auf 660 Millionen Dollar im Jahr. *Magen- und Darmerkrankungen* treten bei nichtgestillten Kindern mehr als doppelt so oft auf als bei gestillten. Allein die hierfür anfallenden Behandlungskosten werden auf jährlich 291 Millionen Dollar geschätzt. Wenn Säuglinge nur 15 Wochen gestillt werden, bietet die Muttermilch immerhin sieben Jahre lang einen erhöhten Schutz vor *Atemwegsinfektionen*. In den USA fallen allein dafür 225 Millionen Dollar zusätzliche Behandlungskosten an.

Ferner verringert sich durch Muttermilch die Gefahr der *Übergewichtigkeit* und der *Fettsucht*, denn der gesamte Gewebeaufbau ist anders. Der Stoffwechsel wird gesund aufgebaut und der natürliche Rhythmus von Hunger- und Sättigungsgefühl kann sich entfalten. Nichtgestillte Kinder sind mit sechs Jahren doppelt so häufig übergewichtig und drei Mal so oft fettleibiger als Kinder, die länger als ein Jahr gestillt wurden. Wenn man bedenkt, dass in Deutschland etwa 10 bis 15 % der Kinder bereits zum Zeitpunkt der Einschulung übergewichtig sind – bei steigender Tendenz –, sollte uns einmal mehr auffallen, wie viele unserer aktuellen Sorgen und Nöte auf einen ungünstigen Lebensanfang zurückzuführen sind. Wie das Statistische Bundesamt mitteilt, waren im Jahr 2005 58 % der erwachsenen Männer und 42 % der erwachsenen Frauen übergewichtig. Wir alle sind (ich meine die meisten Erwachsenen) aufgrund der Falschberatung unserer Mütter eine kaum gestillte Generation.

Das Risiko von späteren Herz-Kreislauf-Krankheiten von nichtgestillten Kindern gegenüber gestillten ist ebenfalls höher, denn die Muttermilchzusammensetzung hat eine unmittelbar verringernde Wirkung auf den Blutdruck: Eine Studie an der englischen Bristol University[6] ergab einen um durchschnittlich 0,8 mmHg niedrigeren systolischen und einen um durchschnittlich 0,6 mmHg niedrigeren diastolischen Druck bei gestillten Kindern. Je länger ein Kind gestillt wurde, desto größer waren die Auswirkungen auf den diastolischen Druck. Es waren 4763 Kinder von 0 bis 7 Jahren untersucht worden. Diese Ergebnisse blieben auch gleich, als weitere Parameter wie Geburtsgewicht und Herkunft der Mutter berücksichtigt wurden. Die Wissenschaftler nehmen an, dass Blutdruckwerte schon sehr früh festgelegt werden und dass dadurch der positive Langzeiteffekt des Stillens eintritt.

Ohne Muttermilch besteht die Gefahr, später *Allergien* zu entwickeln. Dass Allergien inzwischen leider eine Volkskrankheit sind, kann einen nicht wundern, denn die meisten von uns kamen allzu früh mit Flaschennahrung in Berührung. Leider ist es so, dass bereits der erste frühe Kontakt mit Fremdeiweißen das zarte, unreife Immunsystem des Babys sensibilisiert.

D. h., die erste Flasche, die unter Umständen ohne Zustimmung und Wissen der Mutter nachts auf einer Entbindungsstation verabreicht wird, reicht, um diese Schwächung zu erzielen. Der Grund: Die hochmolekularen Fremdeiweiße werden im jungen Darm ungenügend aufgespalten und wandern ungehemmt durch die Darmschleimhaut – deren Zellen noch nicht fest miteinander verbunden sind – in die Blutbahn, was die Sensibilisierung auslöst.[7] Untersuchungen haben gezeigt: Wird vor dem Ende des vierten Lebensmonats eine andere Milchnahrung als Muttermilch verabreicht, steigt das Erkrankungsrisiko für Kinder für *Asthma* im engeren Sinn um 25 %; für mehrfach auftretende asthmatische Symptome wie keuchender Husten bzw. Atmung um 41 %. Die Basis für diese asthmatischen Beschwerden sind Atemwegsallergien, erzeugt zum Beispiel durch Pollen und Hausstaub.[8]

Ein weiteres gesundheitliches Risiko der künstlichen Ernährung entsteht nicht nur durch ihre Inhaltsstoffe, die dem Menschen nicht entsprechen, sondern durch die Plastikflaschen selbst, die an die Stelle der Glasflaschen getreten sind. Vor einiger Zeit ging eine Meldung durch die Medien (16. September 2008), wonach die in dem Plastikflaschenmaterial enthaltene Substanz Bisphenol A in die Nahrung übergeht und das Gehirn des Kindes schädigen kann. Erhebliche Risiken künstlicher Milch können ferner auch dann entstehen, wenn diese zum Beispiel durch Überlagerung Krankheitserreger enthält oder bei der Herstellung Stoffe beigemengt werden, die sich als Gifte herausstellen. So wurde im September 2008 in den Medien berichtet, dass in China der Flaschennahrung Melamin beigemengt worden war. Über tausend Babys erkrankten daran und vier starben.

Während im Ausland Studien über die Folgen des Nichtstillens existieren, gibt es in Deutschland nicht eine einzige darüber. Zwar können wir auch bei uns einen Anstieg des Stillens seit der Studie Stillen und Säuglingsernährung (SuSe) von 1997 (13 % der Mütter stillten mindestens sechs Monate voll) feststellen. So ergab die KiGGS-Studie, die die Geburtsjahrgänge von 1985 bis 2005 betrachtete, dass die Quote für sechs Monate vollen Stillens jetzt für ganz Deutschland immerhin bei 37 % liegt. Dabei ist diese Quote im Osten der Bundesrepublik mit 29 Prozent deutlich niedriger als in Westdeutschland mit 39 Prozent. Die KiGGS-Studie zeigte aber leider auch, dass die Stilldauer ab dem Geburtsjahr 2000 gesunken ist.[9] Es gibt also im Hinblick auf die Stillförderung noch viel zu tun, zumal wir von der entsprechenden Stillquote der skandinavischen Länder mit 70 % noch recht weit entfernt sind.

So sehr Stillen etwas Intimes ist, so sehr sollte es dessen ungeachtet von öffentlichem Interesse sein, weil es nicht zu unterschätzende wirtschaftliche Folgen hat: Stillen reduziert – aufgrund der oben genannten Sachlage – nachweislich die Gesundheitskosten eines Landes. Gestillte Kinder müssen während ihres ersten Lebensjahres zum Beispiel zehn Mal weniger stationär behandelt werden. In den USA wird geschätzt, dass ca. 600 Millionen Dollar Sozialhilfe und Gesundheitskosten eingespart werden könnten, würden die Kinder gestillt. Insgesamt müssen US-Krankenversicherungen jährlich 3,6 Mrd. Dollar für die Behandlung von Krankheiten und Vorsorgeaufwendungen zahlen, die durch das Stillen verhindert werden könnten.[10] Das können wir wohl getrost auch auf Deutschland übertragen. Es bleibt ein Rätsel, warum das Stillen vor dem Hintergrund der angespannten Finanzlage der deutschen Krankenkassen so wenig allgemeine Aufmersamkeit erfährt. Doch nicht nur das: Je bemühter eine Mutter in punkto Stillen ist, desto mehr wird sie von ihrem Umfeld und manchmal auch von den medizinischen Fachleuten mit Missbilligungen konfrontiert. Aber auch sonst lautet die Botschaft nicht selten: Stillen ist dümmlich, muffig, unmodern und archaisch ... Und natürlich wird auch dieses Meinungsklima von handfesten Profitinteressen flankiert, nämlich der der Babynahrungshersteller. Würde die Mehrheit der Mütter den natürlichen Weg gehen, nämlich von der Muttermilch zum Familientisch, und zwar ohne Umweg über Flaschennahrung und Fertigbreie, müsste diese Industrie wohl mit empfindlichen Einbußen rechnen. Von der Umsetzung der WHO-Resolution vom 18. Mai 2001 sind wir in Deutschland noch meilenweit entfernt. Sie plädiert für eine Vollstillzeit von sechs Monaten und danach für die allmähliche Einführung von Beikost; sie empfiehlt weiterzustillen, bis sich das Kind selbst entwöhnt, sei es 2 ½ Jahre oder länger. Der Verband der US-Kinderärzte zum Beispiel schloss sich dem an und empfiehlt eine Stillzeit von mindestens 12 Monaten und mehr, so lange es Mutter und Kind wünschen.

Stillen, betrachtet als „Wirtschaftsfaktor", erschöpft sich aber nicht nur in den unmittelbaren Einsparungen bei Krankheitskosten, sondern auch in langfristigen Einsparungen. Es wäre schon interessant, einmal die Kosten für die Behandlung von Allergien, Herz-Kreislauf- Krankheiten, Diabetes, psychosomatischen Beschwerden, Süchten, Depressionen usw. zusammenzurechnen. Immerhin gaben die deutschen Krankenkassen laut einer Meldung des ZDF (am 2. April 2008) im Jahr 2007 625 Millionen Euro für Antidepressiva aus. Da Stillen neben der seelischen Gesundheit und der Beziehungsfähigkeit auch die Intelligenz fördert – der IQ ist bei jungen Erwachsenen, die 7 bis 9 Monate gestillt wurden, um 6 Punkte höher[11] –, bedeutet Nichtstillen logischerweise nicht nur steigende Kosten im Gesundheitsbereich, sondern eine langfristige Schädigung des Wirtschaftsstandortes Deutschland insgesamt. Denn eine hochtechnisierte und -spezialisierte Wirtschaft braucht mit schöpferischer Intelligenz ausgestattete, motivierte sowie seelisch und nervlich stabile Mitarbeiter. Stillen und Bindung legen bei den kleinen Kindern – den zukünftigen Mitarbeitern – den Grundstein für solche herausragenden Eigenschaften.

Aber nicht allein die Muttermilch mit ihrer einzigartigen Zusammensetzung erzielt die phänomenale Wirkung für unsere Kinder, sondern auch die Art und Weise der Nahrungsaufnahme, nämlich das Saugen. Das Baby kommt mit dem Saugbedürfnis zur Welt und kann über Monate überhaupt nur schlucken, kombiniert mit Saugen. Der Überlebensinstinkt des Saugens wird nur adäquat „beantwortet" beim intensiven Saugen an dem dafür von der Natur aus vorgesehenen Ort, nämlich der Mutterbrust. Zum einen wird nur so die Milchbildung dem Bedarf entsprechend geregelt, zum anderen kann keine andere Fütterungsart (zum Beispiel auch keine Flasche mit abgepumpter Muttermilch, was rein stofflich fast genauso gut ist) und kein Nuckel das intensive Saugbedürfnis befriedigen. Wird dem kleinen Kind das Saugbedürfnis in der ersten Lebenszeit, in der eben das Saugen dran ist, befriedigt – das heißt: wirklich *gesättigt und gestillt* –, dann ist dieses Bedürfnis lebenslang gesättigt und gestillt. Damit ist im Wesentlichen auch das Risiko einer oralen Sucht (Rauchen, Alkohol …) lebenslang gebannt (➤ auch Kap. 5). Diese Zusammenhänge sind kaum bekannt!

Das intensive Saugen bedeutet intensive Ausformung der gesamten Gesichtsmuskulatur und der Zunge. Darauf baut die Mimik und die Sprache auf, sprich: die Artikulationsfähigkeit mit dem Zusammenspiel von Muskeln und Nervenimpulsen. Der Kiefer erhält gleichfalls eine gesunde Formung als Basis für eine ordentliche Zahnstellung. Umgekehrt erhöht sich bei einem Kind, das sein Saugbedürfnis vorwiegend mit diversen Saugern und Schnullern zu befriedigen versucht, das Risiko deutlich, einen verformten Kiefer zu bekommen. Die teure und unangenehme Prozedur einer Spange bleibt einem dann meist nicht erspart.

Ein meist wenig bekannter Aspekt des Saugens ist die Entfaltung des Lymphabflusses im Gesicht. Das Saugen wirkt jedes Mal ähnlich einer Lymphdrainage. Am Lymphabfluss hängen die Abwehr und die Bewältigung von Erkältungsinfekten. Funktioniert dieser gut, bleibt jeder Schnupfen eher eine harmlose Sache und das „Auswachsen" zu schmerzhaften Ohrenentzündungen bei Kindern bzw. später zu Nasennebenhöhleninfektionen ist meist gebannt.

Eine weitere nicht zu vernachlässigende Wirkung des intensiven Saugens an der Mutterbrust ist wiederum seelischer Natur. Bei der Mama zu stillen heißt nämlich, mit großer Lust sowie in Erwartung eines süßen Lohnes und des wunderbaren Wohlgefühls eines gefüllten Bäuchleins das anstrengende Saugen in Angriff zu nehmen. Hier wird die Basis für so wichtige Eigenschaften wie Elan, Motivation, beherztes Anpacken einer lohnenswerten Aufgabe sowie Anstrengungsbereitschaft, Beharrlichkeit und Durchhaltevermögen gelegt (➤ Kap. 5). Wie dringend brauchen wir diese Eigenschaften, um später unsere Lebensaufgaben meistern zu können. Die früh geprägte Anstrengungsbereitschaft legt zum Beispiel den Grundstein für den gesamten Bereich des Lernens und der Lernbereitschaft. Das Risiko von Depressionen entsteht unter anderem dadurch, dass das Stillen nicht oder zu wenig getätigt werden konnte. Eine Depression ist schließlich ein Zustand tiefster Elanlosigkeit. Ich gehe im Kapitel 4 noch einmal ausführlicher darauf ein.

Die Frage, wie lange ein Baby gestillt werden sollte, löst oft selbst bei Leuten, die eigentlich das Stillen befürworten, unangenehme Diskussionen aus. Da in unserem Kulturkreis im Verlauf der Geschichte die von Experten empfohlene Stilldauer systematisch verkürzt wurde, hält man eben im Allgemeinen nur eine Stilldauer von ein paar Wochen oder Monaten für normal. Das kann man eigentlich niemandem verübeln, denn das, was man so oder so kennengelernt hat, hält man einfach für normal. Nur ist es so, dass das, was als sogenanntes Langzeitstillen als übertrieben empfunden wird, das eigentlich Normale bzw. das Natürliche und Artgerechte ist, was uns regelrecht abgewöhnt wurde. Aber wir leben in einer Zeit, in der in vielerlei Hinsicht das eigentlich Normale unnormal bzw. unüblich geworden ist. Das, was unüblich geworden ist, gilt dann als unnormal. Interessant ist, dass es erst in dem historisch kurzen Zeitraum des 20. Jahrhunderts zu einer so drastischen Verkürzung der empfohlenen Stilldauer gekommen ist, wie wir sie heute als gängig empfinden. Noch bis ins 19. Jahrhundert hinein waren, wie man aus alten Schriften weiß, durchaus Stillzeiten von drei bis vier Jahren (natürlich dann flankiert von Beikost) üblich.

Interessant ist in diesem Zusammenhang, dass zum Beispiel im Lateinischen (und damit in der medizinischen Fachsprache) die Brustdrüse „Mamma" heißt. Ich nehme an, dass die alten Römer einfach die Bezeichnung gewählt haben, die ihre kleinen Kinder dafür hatten, die offenbar noch gestillt wurden, als sie schon die ersten Worte sprechen konnten. Noch um die Jahrhundertwende vom 19. zum 20. Jahrhundert galt in Deutschland immerhin noch eine Stillzeit von einem Jahr als normal und empfehlenswert; dieser bereits kurze Zeitraum wurde später, nämlich in den 30er Jahren – nicht zufällig in der NS-Zeit – auf drei Monate verkürzt. Obwohl die WHO inzwischen ausdrücklich sechs Monate Vollstillen und dann Weiterstillen über das 2. Lebensjahr hinaus empfiehlt, wird im deutschen Gesundheitswesen immer noch empfohlen, ab dem 4. oder 5. Monat mit künstlicher Milchnahrung zu füttern bzw. vier bis sechs Monate zu stillen, aber darüber hinaus nicht.[12]

Im Weltmaßstab wird auch heute noch *durchschnittlich* 2½ Jahre gestillt, was rein rechnerisch bedeutet, dass die die geringe Stillrate und -dauer in unserem Kulturkreis den Weltdurchschnitt erheblich drückt. Das, was bei uns als normal gilt, ist somit eher ein Kurzzeitstillen. Was also für die Babys in der ganzen Welt für gut gehalten wird, gilt offenbar für deutsche Babys nicht.

Wie ich bereits andeutete, hat das Stillen bis in die Kleinkindzeit hinein durchaus einen hohen gesundheitlichen Wert für das körperliche und seelische Gedeihen bzw. Wohlbefinden. Die Weltgesundheitsorganisation empfiehlt es nicht umsonst ausdrücklich. Immerhin haben die Kleinen oft auch noch bis weit in die Kleinkindzeit hinein bis hin zur Dreijährigkeit ein Saugbedürfnis, was man schon daran sieht, wie lange manche noch Schnuller und Flasche brauchen. (Das wird gesellschaftlich eher akzeptiert, obwohl es zum Beispiel den Kiefer und die Zähne schädigt, während das Stillen auch in der Kleinkindzeit nicht schadet.)

Selbst die Muttermilch an sich bringt noch etwas! Im Einzelnen sieht das so aus[13]: Ein Kleinkind kann durch Muttermilch noch 95 % des Vitamin C-Bedarfs, 100 % des Vitamin A-Bedarfs, 44 % des Kalziumbedarfs, 41 % des Niacinbedarfs, 41 % des Folsäurebedarfs, 21 % des Riboflavinbedarfs und 50 % des Eisenbedarfs decken. In der Kleinkindzeit deckt Muttermilch insgesamt 38 % des Eiweißbedarfs und 31 % des Energiebedarfs. Das merkt man tatsächlich! Ich empfand es immer wieder sowohl faszinierend als auch im Alltag mit einem Kleinkind ungeheuer erleichternd, was das Stillen auch in diesem Lebensalter für einen unmittelbaren Kraftschub bedeutet. Man stelle sich vor, das Kind ist quengelig, müde, hungrig, durstig bzw. der Liebestank ist leer, der Einkauf war anstrengend, und der Arztbesuch mit dem kranken Geschwisterchen hat länger gedauert: Dann, wo es auch sei, ein ruhiges Eckchen gesucht, oder am besten zu Hause schnell als Erstes zehn Minuten oder eine Viertelstunde bei Mama an der Brust „abtauchen". Das Bäuchlein fürs Erste füllen und die Seele baumeln lassen. Liebe und Kraft wieder auftanken. Entweder schläft das Kleine gleich erst einmal friedlich ein oder es „taucht" wie neu geboren wieder „auf" und geht ausgeglichen und fit zu neuen Taten über. „Wie der Zaubertrank im Trickfilm von Asterix und Obelix", so dachte ich oft. Und mit einem Kind, das man auf diese einfache Weise immer wieder glücklich und ausgeglichen machen kann, lebt es sich einfach leichter. Auch manches, was als Trotz empfunden wird, hat seine Ursache oft nur in den leeren „Tanks" und „Batterien" der Kinder.

Beeindruckend ist ebenfalls, wie die Muttermilch die Abwehr des Kindes gegen Infektionen stärkt: So ist die Vitamin C-Konzentration in der Muttermilch ca. drei Mal so hoch wie im Blutplasma der Mutter; bei einem Blutplasma mit niedrigem Vitamin C-Gehalt sogar 6 bis 12 Mal so hoch. Das ist mit keiner anderen Nahrung zu erreichen. Die Immunglobuline (IgA und IgG) steigen ab dem Krabbelalter auf die Mengen, wie sie im Kolostrum (Vormilch) während der Neugeborenenphase enthalten sind. Genau dann, wenn die Kleinen mit vielen Keimen in Berührung kommen, eben weil sie krabbeln und, um die „Welt" zu begreifen, alles in den Mund stecken, genau dann haben wir besonders viel Natur-Schutz aus der Muttermilch. Einfach faszinierend!

2. Wonach sich kleine Kinder sehnen – Was ist eigentlich Mütterlichkeit?

Die Kinder, die immer noch gerne gestillt werden wollen, empfinden diese Zeiten in engster Nähe der Mutter als durch nichts anderes ersetzbar und als höchstes Glück. Das haben mich meine Kinder gelehrt. Als ich zum Beispiel eins (etwa 2½ Jahre alt) einmal scherzhaft fragte, ob denn das bei der Mama immer noch schmecke, antwortete es: „Schmeckt so gut, schmeckt so lieb …" Da durchflutet es einen warm, da wird man reich beschenkt. Da spürt man, dass es sich lohnt, zu stillen, und zwar allen unangenehmen Äußerungen aus dem eigenen Umfeld zum Trotz. Ich weiß, dass viele Frauen nicht so lange stillen wollen und sie werden sicher ihre Gründe dafür haben. Ich wollte meinen Kindern dieses höchste Glück nicht von mir aus verkürzen, nur weil es unsere Welt als unnormal, falsch und wer weiß was noch alles definiert hat – und nicht einmal sachliche Argumente dafür liefern kann. Ich habe es bis heute nicht bereut, so lange gestillt zu haben, wie es meine Kinder brauchten, und kann es deshalb sehr empfehlen.

Stillen befriedigt nicht nur das Hungergefühl und das Saugbedürfnis, sondern auch das Grundbedürfnis nach nächster Nähe zur Mama: nach ihrer Körperwärme, ihrer weichen Haut, ihrem Atemrhythmus, ihrem Herzschlag und dem Blick in ihre freundlichen Augen. Wenn unser Kind schreit, dann sehnt es sich nach alledem. Und wir be*fried*igen es – es wird wieder zufrieden und still, indem wir es stillen. *Stillen* – wir haben im Deutschen ein so wunderbares Wort für dieses Geschehen, welches die ersten menschlichen Sehnsüchte so besonders und überwältigend erfüllt und *stillt*.

Mit dem Stillen haben wir damit gleichfalls die effektivste Möglichkeit, unser Kind zu trösten; wir erretten es nicht nur aus der Not seines Hungers, sondern wir können auch sonstigen Kummer und Schmerz stillen. So stellten zum Beispiel französische Ärzte fest, dass Säuglingen, denen sie Blut abnehmen mussten, deutlich geringere Anzeichen von Schmerzen zeigten, wenn sie während des Eingriffes bei ihrer Mutter stillen durften. Die Autoren des Artikels im „British Medical Journal" schreiben, dass ihre Befunde von klinischer Bedeutung seien, da sie zeigen, dass durch Brustfütterung während medizinischer Eingriffe natürliche Schutzmechanismen aktiviert werden können. Welche biochemischen Vorgänge dabei ablaufen, sei noch nicht bekannt.[14] Auch hier wird deutlich, dass die Mama unmittelbar da sein muss, wenn das Kind sich zum Beispiel gestoßen hat und Trost braucht. Man kann es nicht vertrösten und meinen, dies abends oder irgendwann am Wochenende nachholen zu können. Denn jetzt schreit es, und der natürliche mütterliche Impuls ist sofort, sich seiner anzunehmen und ihm die intensivste Nähe zu schenken, die möglich ist, nämlich es zu stillen. Wenn wir stillen, wird unser Kind wieder still. *Stillen ist einfach die elementarste Form des Muttertrostes, vielleicht die elementarste Form menschlichen Trostes überhaupt.* Wer solchen Muttertrost erfahren hat, geht reich beschenkt, zufrieden und stark ins Leben.

Stillen ist ständige Interaktion zwischen Mutter und Kind und funktioniert auch meist nur so reibungslos. Es heißt Ver-Bindung mit allen Fasern. Es heißt für das Kind, sich nach Herzenslust laben zu dürfen, Liebe in sich hineinzusaugen! Da geht Liebe ganz unmittelbar durch den Magen. Jeder Schluck heißt: Ich werde geliebt, ich bin angenommen, ich werde getröstet. Hier entsteht das Urvertrauen. Hier entsteht das gute Selbstwertgefühl.

Wir können beim Stillen Laute des Wohlbehagens hören und zärtlich patschende Händchen spüren. Meist sehen wir hier das erste Lächeln und hören das erste Plappern. Die Kleinen jauchzen manchmal sogar. Sie werden ganz still und schlafen friedlich ein oder ihre Augen strahlen. Welch ein Glück ist es, jemanden so glücklich zu machen!

Zu solch einem Stillglück zu kommen, ist manchmal nicht leicht und gelingt leider noch viel zu oft nicht, da die Stillkultur in unserer Gesellschaft fast zerschlagen ist. Da ich in einem weiteren Kapitel noch einmal ausführlich darauf eingehen werde, hier nur so viel: Jeder Mutter, die gerne stillen möchte, sollte so viel Unterstützung wie möglich zukommen. Ich empfehle ihr, ein stillfreundliches Krankenhaus, eventuell auch eine Hausgeburt für die Entbindung und einen optimalen Stillstart in Erwägung zu ziehen.

Wichtig sind auch ausreichende Informationen zum Thema „Stillen", die man durch ein gutes Stillbuch oder über das Internet erlangen kann. Schon in der Schwangerschaft, auf jeden Fall aber, wenn das Kleine dann da ist, kann auch der Besuch einer Stillgruppe hilfreich und ermutigend sein. Wenn akute Probleme auftreten, aber auch bei sonstigen Fragen, kann man sich gleich per Telefon an eine Stillberaterin (der AFS [Arbeitsgemeinschaft Freier Stillgruppen] oder der LLL [La Leche Liga]) wenden.

Getragen zu werden

Wenn ich jetzt noch einmal mit meinem ersten Kind beginnen könnte, dann würde ich es auf jeden Fall tragen, gut gebunden in einem Tragetuch. Leider kann man die Zeit nicht noch einmal zurückdrehen. Ich musste auch bei mir feststellen, wie sehr ich durch unseren Kulturkreis geprägt war: Schon als kleines Mädchen schob ich begeistert meinen Puppenwagen und später dann auch den Kinderwagen. Es wäre mir tatsächlich gar nicht anders in den Sinn gekommen. Die Tragekultur ist uns Europäern wohl noch radikaler abhanden gekommen als die Stillkultur. Wir haben sie regelrecht vergessen, sodass wir uns auch nicht mehr darauf verstehen. Auch ich habe mich immer wieder schwer damit getan, das Binden des Tragetuches so hinzubekommen, dass das Kind richtig saß und es auch mir bequem war. Wie gut, dass es heute Trageberaterinnen gibt.

Über längere Zeit (in den 40er bis 60er Jahren des 20. Jahrhunderts und oftmals bis heute) hinweg überwog die Vorstellung, der Mensch sei ein Nesthocker, weil er so lange braucht, bis er eigenständig leben kann.[15] Und doch ist der Mensch verhaltensbiologisch nicht nur ein Säugling, sondern auch ein Tragling. Auf das feste Umgebensein, Getragenwerden sowie das sanfte Hin- und Herwiegen von der Mutter in der Schwangerschaft eingestellt, tragen wir Menschen, wenn wir auf die Welt kommen, eine tiefe Sehnsucht nach dem (Weiter-)Getragenwerden im Herzen. Ohne die uns *bewegende* Nähe unserer Mama kommen wir schlecht in dieser Welt – außerhalb ihres Körpers – zurecht.

Vor Jahren hatte ich diesbezüglich ein Erlebnis, das mich tief berührt hat. Ich trug eines meiner Kinder im Tragetuch und stand gerade bei Rot an der Ampel. Neben mir stand ein Mann, den ich vom Sehen kannte und der mir wiederholt durch seinen angetrunkenen Zustand aufgefallen war. Sein Blick wich nicht von dem selig schlafenden Baby. Da sagte er plötzlich: „Ja, das hat's gut. So gut möchte ich's auch mal haben ..." Wie viel unerfüllte Sehnsucht nach Geborgenheit lag doch in diesen wenigen Worten! Wenn sie erfüllt worden wäre, so denke ich mir, müsste er sie nicht immer wieder mit Alkohol versuchen zu stillen. Es lief mir kalt den Rücken herunter. Wie tat mir dieser arme Mann leid!

Weil der Mensch ein Tragling ist, macht uns das Ab- und Weglegen unserer Kinder – ohne dass die meisten von uns das ahnen – so viel Schwierigkeiten, unser alltägliches Pensum mit den Bedürfnissen eines Babys zu vereinbaren. Das Baby sucht unsere Nähe; es will uns spüren, und zwar häufiger, als wir es oft vermuten. Es braucht die Signale unserer Anwesenheit, und diese reichen zunächst nur so weit, wie Auge und Ohr des Kleinen, eigentlich aber nur so weit die Ärmchen reichen, um uns zu fühlen. Fehlen die beständigen Signale unserer Anwesenheit, gerät das Kind – je kleiner es ist, umso schneller – in Existenznot.

Unsere alltägliche Arbeit brauche ich nicht weiter zu erläutern; gerade mit Kindern fällt da eine ganze Menge an. Und da wir Deutschen auch auf diesem Gebiet zu Genauigkeit, um nicht zu sagen, zu Perfektionismus neigen, geraten viele Mütter unter Umständen in einen gehörigen Zwiespalt zwischen den Bedürfnissen des Babys und dem, was getan werden muss. Das kann Stress pur werden. Wir alle sind von der Vorstellung geprägt, dass das Baby, wenn es gestillt und trockengelegt ist, zufrieden sein müsste. Es soll möglichst zwei bis drei Stunden schlafen oder uns so lange möglichst nicht behelligen, damit wir unsere Arbeit schaffen. Weil aber die meisten Babys so nicht sind, hat sich mit dem Verblassen der Kultur des Tragens ein ganzes Panorama von Alternativen entwickelt, die dem Baby die (unmittelbare körperliche) Anwesenheit der Mutter vorgaukeln: Wiege und Mohnnuckel bereits in früheren Jahrhunderten; mundgerechte Beruhigungssauger, Schmusetücher, Schafffell, Baby-Wasserbett und Babywippe, Kassette mit Herztönen, Kuscheltiere usw. sind heute im Trend. Sogar Psychologen sind noch vielfach der Meinung, dass ein Kind solche, wie sie sie nennen, Übergangsobjekte brauchen, eben als Übergang zur weiteren Loslösung von der Mutter. Ich persönlich war zunächst erstaunt, dass meine Kinder überhaupt keinen Drang danach verspürten. Ich erklärte mir das schon vor Jahren damit, dass sie eben mich zum Schmusen hätten. Dann fand ich die Bestätigung auch in der entsprechenden Literatur.[16] So praktisch und, weil wir darauf geprägt sind, so normal es uns erscheint, dass wir solche Dinge für unser Baby haben, so sehr muss man bei genauem Hinsehen feststellen, dass wir unsere Kinder darauf prägen, ihre Grundbedürfnisse mit Dingen zu befriedigen. Diese Dinge vergrößern aber die Distanz zwischen Mutter und Kind und können damit das mütterliche Einfühlungsvermögen schmälern.

Wenn wir umdächten und uns auf das Tragen besinnen würden – ein Tragetuch ist, nebenbei bemerkt, auch finanziell viel günstiger als die oben genannten Dinge, vom Kinderwagen ganz zu schweigen –, könnten wir mit einem Wohlfühl- und Glücksgewinn für Kind und Mama die Situation deutlich entspannen.

Was bringt das Tragen? Da wäre zunächst der kurzfristige *Beruhigungseffekt:* Wenn das Baby nach dem Stillen und Wickeln im Tragetuch mit der Mama verbunden ist, kann es noch einiges Interessantes beobachten, was die Mama gerade macht. Das letzte „Bäuerchen", das noch drückt, kann noch kommen. Dann kann das Kleine entspannt in mutterleibsähnlicher Haltung, indem es ebenfalls wie dort durch die Bewegungen der Mutter gewiegt wird, in den Schlaf sinken. Die Mama kann – ebenfalls die wohltuende Nähe des Kindes spürend – bereits wieder die sonst noch nötigen Dinge tun, und zwar ohne inneren Stress.

Das, was man immer wieder beobachten kann, zeigte sich ebenfalls bereits in Untersuchungen Ende der 1980er Jahre: Säuglinge, die etwa vier Stunden pro Tag in aufrechter Haltung getragen wurden, weinten ab der dritten Woche auffallend weniger als die Kinder der Kontrollgruppe. Sie wiesen zudem längere Wachphasen in zufriedener Stimmung auf.[17] *So ist der mütterliche Körper – bzw. die Arme und der Schoß der Mutter – die eigentliche Wiege des Menschenkindes.*

Langfristig bringt das Tragen viel für das körperliche, seelische und geistige Gedeihen: Da wäre zunächst die *Unterstützung der Verdauung,* insbesondere der Darmfunktion, zu nennen. Der menschliche Darm ist auf die Senkrechte ausgerichtet. Das heißt, er braucht, um gut funktionieren zu können, die Schwerkraft der Erde. Auch Erwachsene können das noch zu spüren bekommen, wenn sie krankheitshalber länger liegen müssen. Wenn wir unsere Kinder vorwiegend hinlegen, kann das volle Bäuchlein im wahrsten Sinne des Wortes nicht richtig sacken. Es drückt, und unser Baby schreit. Das kann unter anderem auch eine der Ursachen der bei vielen Babys zu beobachtenden abendlichen Unruhe bzw. Schreiphase sein, vor allem dann, wenn das Baby tagsüber viel getrunken hat und möglicherweise außerdem Blähstoffe aus der Nahrung der Mutter ihre Wirkung zeigen. So kann man in jedem guten Stillbuch[18, 19, 20] den Hinweis finden, dass die aufrechte Haltung des Babys, kombiniert mit der Körperwärme und dem leichten Hin- und Herwiegen[21], wie wir es beim Tragen haben, hier gute Linderung und Abhilfe schafft. Für Babys, die generell zu Blähungen oder Koliken neigen, und, nicht zu vergessen, für deren Mamas und die ganze Familie ist das Tragen deshalb unübertroffen.

Ferner unterstützt das Tragen die *Entwicklung des Stütz- und Bewegungsapparates*[22], denn beim Tragen – Voraussetzung ist das richtige Binden des Tuches bzw. ein entsprechender Tragesack – hat das Kind eine mutterleibsähnliche Haltung, nämlich *rund und mittig*. Dadurch ist die ideale Spreiz-Beuge-Stellung der Beinchen für die Ausprägung der Beckenschaufeln vorhanden, und wir brauchen uns um Hüftprobleme nur noch wenig Sorgen zu machen. Der Rücken ist fest gebunden und damit gut abgestützt, die Schultern sind leicht nach vorne gebogen, sodass die Ärmchen bzw. Händchen entspannt (mittig) gehalten werden. Der Kopf ist frei beweglich, der Hinterkopf kann sich voll entwickeln und es gibt keine einseitigen Abplattungen.

Durch das ständige leichte Durchbewegen des kindlichen Körpers aufgrund der mütterlichen Bewegungen wird die Rückenmuskulatur des Kindes gestärkt. Da sind vor allem die sogenannten autochthonen Muskeln – kleinste Muskeln, die unmittelbar neben den einzelnen Wirbeln liegen, die diese stützen und die von unserem Willen nicht direkt angesprochen werden können. Gerade diese für die Aufrechterhaltung unserer Wirbelsäule so wichtigen Muskeln können so bereits in einer frühen Lebensphase angeregt werden. Ich frage mich, ob nicht die vielen Rückenschmerzen unserer Zeitgenossen ihre erste Ursache darin haben könnten, dass wir alle nicht getragen worden sind?

Ein dritter Aspekt ist der *Abbau der Neugeborenenreflexe*. Das Neugeborene überstreckt seinen Körper, und seine Ärmchen nehmen die sogenannte Fechterstellung ein, wenn man es beispielsweise hochnimmt. Um die Arme zusammenbringen und mit den Händen greifen zu können und um sich später umdrehen und krabbeln zu können, müssen diese Neugeborenenreflexe vorher, und zwar bis spätestens zum 5. Monat, abgebaut sein. Die runde und mittige Haltung beim Tragen erledigt das und bereitet somit die *Motorik*, also die Bewegungsabläufe, vor. Nebenbei bemerkt können bei einem Säugling, der im Bettchen oder Kinderwagen flach hingelegt wird, die Neugeborenenreflexe so unbequem und quälend sein, dass sich ein unruhiges Schreikind entwickelt. Ich habe selbst bei einem meiner Kinder diese Erfahrung gemacht und war froh, von einer Physiotherapeutin den Hinweis auf die für den Säugling entspannende Haltung zu bekommen.

Beim Tragen wird die Motorik gleichfalls durch das ständige passive, diagonale Hin- und Herbewegen vorbereitet. Letztlich haben wir bei einem guten physiologischen Laufstil auch eine diagonale Gegenbewegung der Arme und Beine (gut sichtbar beim Nordic Walking). Für unseren aufrechten Gang brauchen wir weiterhin ein gut funktionierendes Gleichgewichtssystem – auch das wird durch das Hin- und Herbewegen und -drehen entwickelt.

Das Hin- und Herbewegen erleichtert außerdem das *Verknüpfen der rechten und linken Gehirnhälfte*. Doch nicht nur das: Das Tragen fördert insgesamt die *Gehirnentwicklung*. Viele positive und angenehme Reize lassen die Synapsen „sprießen" und besetzen sie mit ersten Erkenntnissen und guten Empfindungen (➤ Kap. 4). Es geht also auch hier wieder um die kognitive und emotionale Entwicklung! Da ist zunächst die Mutternähe, ihre Körperwärme, ihr Herzschlag, ihr Gesicht, ihre Stimme, ihre Mimik, ihre Sprache (die Muttersprache) über viele Stunden des Tages hinweg. Es gibt so viel zu sehen und die Mama erzählt noch etwas dazu. Hier haben wir wieder den engen Zusammenhang von Bindung und Bildung; das sich entwickelnde kleine Gehirn ist ungeheuer lernbereit, wenn sich das Kind bei der Mama geborgen fühlt. Umgekehrt behindern (Verlassenheits-) Ängste und Stress diese Prozesse.

Was bedeutet das Tragen eigentlich emotional? *Getragenwerden heißt Getragensein*. Es heißt, ich bin gut aufgehoben. Weg von den Problemen da *unten*, wo ich zum Beispiel müde oder hungrig war oder mich gestoßen habe. Wie tröstend ist bereits das Hochnehmen für kleine Kinder. Sie wissen einfach, nun wird alles gut. Getragen werden bedeutet: ich werde geliebt, ich bin gewollt und *ich gehöre dazu*. Aus der empfundenen Liebe entstehen Ausgeglichenheit, Glück und ein hoher Selbstwert als Lebensgefühl.

Bei einem Mutter-Kind-Paar, das vor einigen Jahren unsere Stillgruppe besuchte, war das beispielhaft zu beobachten. Dieses Kind hatte offenbar einen besonders hohen Bedürfnispegel. Möglicherweise litt es aber auch an dem sogenannten Kiss-Syndrom, wovon wir zu dieser Zeit allerdings noch nichts wussten. Jedenfalls schrie es entsetzlich, sobald man es ablegen wollte. Da es das Jüngste von drei Kindern war, kann man sich den Stress für die Mutter vorstellen. So trug sie das Baby faktisch ständig. Das ging volle sechs Monate so. Aber dieser Einsatz, zusammen mit einer langen Stillzeit und stabilem Dasein der Mutter in den ersten Jahren, hat sich gelohnt. Dieses extrem anstrengende Schreikind ist ein ausgeglichenes Schulkind und Teenager mit einem auffallend sonnigen Gemüt geworden.

Daraus können wir schließen: *Wer ins Leben getragen wird, geht glücklich ins Leben.* Wer fest gehalten wird, hat etwas zum Festhalten und wird deshalb nicht haltlos werden. Und wenn man das Kind, das man neun Monate *unter* dem Herzen getragen hat, weiter viel *am* Herzen trägt, dann wird es einem *ans* Herz wachsen. Der enge Kontakt zum Kind lässt aus dem mütterlichen Einfühlungsvermögen aber auch ein unmittelbares Glücksgefühl wachsen.

Eine wunderbare Erfahrung!

Liebevoll angeschaut zu werden

Es ist einer der spannendsten und großartigsten Momente, wenn man nach der Geburt zum ersten Mal in das Gesicht seines Kindes sieht. So sieht es also aus, das Kleine, auf das man neun Monate gewartet hat. Die feinen Züge, die zarte Haut, das kleine Näschen ... Ich war jedes Mal entzückt und tief berührt von dem kleinen Wunder, das ich in meinen Armen hielt. Es gibt nichts Schöneres; ich mochte den Blick gar nicht von ihm wenden. Und mein Baby schaute zurück und war dabei so auf mich fixiert, als wollte es sich sofort und für alle Zeiten mein Gesicht einprägen: Das ist also die Mama, die ich schon so lange kenne; das ist sie, die für mich da ist. Der Blick des Babys in das Gesicht seiner Mutter wird in den ersten Wochen immer intensiver und lang anhaltender. Wenn dann das erste Lächeln das Gesichtchen verzaubert, dann sind wir tief beglückt; wir spüren einen Widerhall unserer Zugewandtheit, unseres Blickes in seinem Gesicht und damit in seiner Seele.

Bindung geschieht über die Verbundenheit mit allen „Fasern" und mit allen Sinnen. Der tiefe Blick in die Augen will den anderen wahrnehmen. Die Bindung, die Liebesbeziehung, entsteht also auch durch die Zugewandtheit des Gesichtes und den immer wiederhergestellten Blickkontakt: Wir lassen uns nicht aus den Augen; wir haben einander im Blick!

In diesem Prozess vollzieht sich nicht nur die erste Bindung, sondern auch die allererste Erkenntnis. René Spitz, der österreichisch-amerikanische Psychoanalytiker, der sich besondere Verdienste in der Säuglingsforschung und Entwicklungspsychologie erwarb, merkte hierzu an:

> Lange bevor der Säugling sein Lieblingsspielzeug unter anderen ... wiedererkennen kann, ist er fähig, eine Auswahl unter Menschen zu treffen, Menschen wiederzuerkennen. Der erste solche Mensch ist begreiflicherweise die Mutter.[23]

Erkennen, sprich: Vergleichen und Unterscheiden, ist die Basis für jeden Erkenntnisprozess und für die weitere Erkenntnisfähigkeit. Beschauliches

Betrachten, intensives Beobachten, beharrliche Konzentration auf eine bestimmte Sache, das Interesse, etwas Neues zu entdecken oder zu erfahren, das Ausrichten auf eine Person und die Aufnahme dessen, was sie sagt, kurz: das Sehen, das Erkennen und das Erforschen hängen eng mit dem ersten Immer-wieder-Erkennen der Mama und der Bindung zu ihr zusammen. Das Sprechenlernen und die Lernfähigkeit überhaupt bauen logischerweise darauf auf.

Das Kind sieht, was die Mutter tut und wie sie es tut; es sieht ihre Reaktionen in Mimik und Gestik. Man hält es gar nicht für möglich, wie scharf und intensiv unsere Kinder uns beobachten. Mir wurde das bei folgendem Erlebnis einmal mehr bewusst: Eines meiner Kinder war ca. fünf Monate alt. Ich trug es gerade auf dem Arm, als es an der Wohnungstür klingelte. Eine Bekannte stand vor der Tür. Während ich sie begrüßte und die ersten Worte wechselte, spürte ich, wie konzentriert mein Kind das Ganze verfolgte. Ich fühlte mich tatsächlich beobachtet und dachte, so ist das also, ich bin eigentlich unter Dauerbeobachtung. Bin ich mir eigentlich dieser Verantwortung bewusst? Ist mir eigentlich klar, dass ich durch mein Verhalten bereits Werte vermittle? Unser Kind macht sich ein Bild von uns, denn es will uns nachahmen. Wir werden so zum Vor-Bild.

Ein kleines Kind kann das innere Bild, das es sich von seiner Mutter gemacht hat, nur kurze Zeit aufrechterhalten. Auch deshalb braucht es unser verlässliches Dasein, damit wir zu seinem Vor-Bild werden und es auch bleiben. Gehirnforscher sagen:

> ... dass dieses Gesicht [der Mutter] das Weltbild der Kleinen ist. Und wenn dieses Weltbild zu früh variiert, wird das Kind in seinem noch unausgebildeten Gehirn überfordert, gerät in eine Stresssituation, die dann seine Entwicklung zur Motorik, zur Sprache und zur sozialen Begegnung erschwert.[24]

Im Blickkontakt werden viele erste Botschaften und emotionale Färbungen zwischen Mutter und Kind ausgetauscht. Manche Kleinkinder schauen, wie ihre Mutter schaut, wenn sie etwas Bestimmtes tun. Manche reagieren sogar sofort auf den strengeren Blick, falls sie das gerade nicht tun sollen, was sie da vorhaben.

Der Mutter hilft der Blickkontakt, ganz buchstäblich zu *sehen*, wie es ihrem Kind geht. Unser kleines Kind kann schließlich noch nicht (oder erst wenig) sprechen, und wir müssen lernen, es noch ohne Worte zu verstehen. Wir müssen *sehen*, was ihm fehlt; wir müssen das Kind „lesen" lernen: Mimik, Gestik und Körpersprache deuten lernen. Wenn wir darin Übung haben, sind sie für uns meist wie ein „offenes Buch", denn die Kleinen reagieren noch völlig unverstellt. Dadurch kann eine Mutter die kleinste Veränderung, auch Dinge, die vielleicht nicht in Ordnung sind, eher erkennen als jeder andere und ehe sie unter Umständen medizinisch messbar sind. Wenn wir *sehen*, was unserem Kind fehlt und was es gerade braucht, können wir entsprechend darauf reagieren.

Strahlende Kinderaugen sind etwas Wunderbares: ihr Blick ist so unmittelbar, unverfälscht und klar. Er ist so voller Annahme. Mein Kind strahlt mich an, egal wie ich gerade aussehe oder ob ich besonders toll bin, einfach nur, weil ich da bin und weil ich ich bin. Wer nimmt einen schon so bedingungslos und bedenkenlos an? Selbst für fremde Erwachsene ist ein strahlendes Kindergesicht oft wie ein Licht-Blick im Dunkel. Mit einem liebevollen Blick sage ich meinem Kind: Du bist gut so, wie du bist. Ich habe dich lieb. Du bist unendlich kostbar in meinen Augen.

Gut angesprochen zu werden

Hier wird die Liebe über das Hören unseres gesprochenen Wortes ins Herz unseres Kindes transportiert. Bereits im Mutterleib hört das Baby die Mama reden. Es hört die Worte, die Sprachmelodie und den Klang ihrer Stimme. Da es ihre Stimme bereits kennt, wenn es zur Welt kommt, lässt es sich auch durch ihre Stimme am besten beruhigen. Aber nicht nur das. Das liebevolle Ansprechen, verbunden mit dem liebevollen Blick, ist tatsächlich (über)lebensnotwendig. Das grausige Experiment des Staufferkönigs Friedrich II. (1194–1250), das er laut der Chronik des Mönches Salimbene von Parma durchführen ließ, zeigte es auf eindrucksvolle Weise: Er wollte wissen, ob es so etwas wie eine Ursprache gäbe, die die Kinder dann sprechen würden, wenn sie in keiner anderen Sprache angesprochen würden. So wies er die Pflegerinnen eines Waisenhauses an, die Babys nur zu versorgen, sie aber nicht anzusprechen. Aber die Kinder starben, noch bevor sie hätten sprechen lernen können.[25]

Spricht die Mutter mit ihrem Kind, dann sprießen die Synapsen im Gehirn millionenfach, auch wenn es die Worte noch nicht versteht. Gerade für die helle Frauenstimme der Mutter ist das Gehirn besonders empfänglich; das junge, zarte Ohr offenbar ebenfalls. Die helle Stimme der Mutter korrespondiert besonders gut mit der hellen Kinderstimme, so als wolle sie selbst durch die Tonhöhe dem Kind liebevolle Annahme signalisieren.

Vor einiger Zeit wurde im Kinderzentrum München das Interaktionsverhalten von Säugling und Mutter analysiert. Nicht selten geht der Dialog auch vom Baby aus. Es sendet Signale aus, die der präverbalen Sprachentwicklung (vor der Phase der richtigen Wortbildung liegend) entsprechen. Die Mutter antwortet auf dieses Signal, indem sie ihr Gesicht zum Säugling richtet und mit einer Art Grußreaktion das Signal in gleicher Weise zurückgibt. Dabei hebt sie ihre ohnehin helle Stimme intuitiv noch etwa um eine weitere Oktave an.[26] Das Sprechenlernen beginnt also lange, bevor wir das als solches wahrnehmen.

Die Möglichkeit, sprechen zu lernen, bringen wir mit auf die Welt. Wie gut uns das gelingt – die Größe des Wortschatzes, das Beherrschen der Facetten der sprachlichen Ausdrucksmöglichkeiten und die Sprechweise –, hängt sehr stark von den natürlichen Entfaltungsbedingungen des Sprechenlernens ab. Engster Kontakt, Verbundenheit und Nähe zwischen Mutter und Kind, die tiefe Geborgenheit, wie sie entsteht, wenn man die in diesem Kapitel aufgezeigten Punkte beherzigt, befähigen das Gehirn und unseren Mund zum Erwerb der Sprache. Ich verweise noch einmal auf das Stillen, durch das das Kind automatisch intensiven Blickkontakt mit seiner Mutter hat, und das die Gesichtsmuskulatur und die Zungenbeweglichkeit wunderbar auf die Wortbildung vorbereitet. Um das Sprechen anzubahnen, braucht bereits der junge Säugling das Schauen in das mütterliche Gesicht, kombiniert mit den Sinnesreizen des Hörens für das Gehirn, wenn sie mit dem Kind redet. Durch eine videogestützte Feinanalyse des Interaktionsverhaltens zwischen Säugling und Mutter stellte Prof. Hellbrügge Folgendes fest:

> Jede, auch die geringste mimische Veränderung im Gesicht der Mutter wird von dem Säugling wahrgenommen und imitiert ... Man kann fast sagen, die erste Sprache geschieht über die visuelle Kommunikation zwischen Mutter und Kind.[27]

Auf der Basis dieser Erkenntnis fordert er eine Früherkennung von Hörschädigungen bereits in der Neugeborenenphase und bietet im Kinderzentrum München eine Entwicklungsrehabilitation hörgeschädigter Kinder ab dem frühen Säuglingsalter an. Das Geheimnis seines Erfolges beruht darauf, dass die Mutter (eventuell eine andere sichere Bindungsperson) die eigentliche Therapeutin ihres Kindes ist und die Fachleute dabei nur anleitende Funktion haben.

Wir erlernen das Sprechen also durch das beständige Hören des Sprechens unserer Mutter. Und weil wir sie auch in ihrem Reden nachahmen wollen, beginnt die Lautbildung des Mundes. Erst kommen die Tönchen der Babysprache, und ab dem ersten Geburtstag beginnt eine gezieltere Wortbildung. Es ist Musik in unseren Ohren, wenn wir unser Kind zum ersten Mal „Mama" und „Papa" sagen hören. Der kleine Mund steht nicht still, und es ist meist ein Zeichen des Wohlfühlens, wenn den ganzen Tag süßes Babygeplapper ertönt. Es scheint so, als wollten sie dann ganz schnell alles sagen können, was sie sich denken, um es uns mitzuteilen. Das Kleine erwartet, dass wir ihm zuhören, es verstehen und ihm antworten. Mutter und Kind kommen auf diese Weise miteinander ins Gespräch – eine Basis, lebenslang gut miteinander im Gespräch zu bleiben und sich im wahrsten Sinne des Wortes gut zu verstehen. So erlernt das Kind seine *Mutter*sprache.

2. Wonach sich kleine Kinder sehnen – Was ist eigentlich Mütterlichkeit?

Prof. Hellbrügge hat in Langzeitstudien die Fähigkeiten von Krippenkindern mit denen derjenigen Kinder verglichen, die bei der Mutter aufwachsen. Die Ergebnisse waren eindeutig. „Was Sprache, soziales Verhalten und selbst die motorische Entwicklung betrifft, waren Kinder, die in den ersten Jahren bei der Mutter blieben, ihren Altersgenossen weit voraus."[28] Ich habe das immer wieder auch in meinem persönlichen Umfeld bestätigt gesehen: Sowohl bei meinen Kindern als auch bei denen aus befreundeten Familien, deren Kinder ebenfalls in der Familie betreut wurden. Da können sich dann Vierjährige bereits besser ausdrücken als viele Grundschüler, denn sie beherrschen neben einem großen Wortschatz zum Beispiel selbst die Sprachmöglichkeiten aller Vergangenheitsformen und des Konjunktivs (Möglichkeitsform) perfekt. Dass sich das dann positiv auf das Lesen- und Schreibenlernen auswirkt, liegt auf der Hand. Ferner hängt auch die Denkfähigkeit davon ab, denn wir denken ja ständig mit den Worten unserer Muttersprache.

Der Erwerb der Muttersprache ist demnach stark mit der ungebrochenen Bindung an die Mutter verknüpft. Selbst ausgefeilteste frühkindliche Bildungsprogramme in Einrichtungen können das nicht leisten, geschweige denn übertreffen. Eine Chancengleichheit zu Kindern mit einer sicheren Mutterbindung können sie nicht herstellen.

Ahmt das Kind das Sprechen seiner Mutter nach, dann lernt es seine Muttersprache sowohl im Sinne seiner Nationalität, in unserem Falle die deutsche Sprache, als auch im Sinne der ganz konkreten Sprechweise der Mutter. Es werden der Tonfall, die konkrete Aussprache der Laute, der Dialekt, die Wortwahl, die Redewendungen sowie die dazugehörige Mimik, ja selbst bestimmte Redewendungen in bestimmten Situationen nachgeahmt.

Dass das Kind seine Muttersprache und den Dialekt perfekt und akzentfrei sprechen lernt, hat seine Ursache auch in der Beschaffenheit des frühkindlichen Kehlkopfes. Er ist noch weich und plastisch. Er ist in dieser Phase noch in der Lage, sich den Tönen und der Lautbildung anzupassen, die dem Klang der Muttersprache entspricht. Er durchläuft einen Prozess, der wissenschaftlich als „Lautkontraktion" bzw. „Tonschrumpfung" bezeichnet wird, wodurch er für das ganze weitere Leben festgelegt wird. So ist in der Kleinkindzeit phonetisch alles noch möglich, während man in der Regel später einen anderen Dialekt oder eine Fremdsprache nicht akzentfrei hinkriegt.[29] Über Tonfall, Mimik und Gestik transportiert die Mutter gleichfalls ihre Bewertung eines Sachverhaltes. Hier werden Werte weitergegeben, denn die Kinder hören heraus, was uns gefällt und was wir gut finden, aber ebenso, was wir ablehnen oder gering schätzen. Das Kind hört, was wir sagen und wie wir es sagen. Weil es sich durch gute Bindung an uns orientiert, hört es uns nicht nur akustisch, sondern es hört auch auf uns. Es folgt den Worten seiner Mutter, weil *sie* sie sagt. (Daran ändert auch die Trotzphase grundsätzlich nichts.) Dass das Kind auf uns hört, ist schon zu seinem Schutz notwendig.

Deshalb sollten wir Mütter mit unseren Kindern reden, reden, reden: einfach die Dinge, die wir tun, kommentieren. Lustige Reime selbst erfinden. Wörter nicht nur reden, sondern auch singen. Selbst, wenn wir denken, nicht besonders gut singen zu können, unserem Kind wird es gefallen. Unsere Kultur ist so reich an Kinderliedern und Wiegenliedern. Ich habe mit meinen Kindern gern und viel gesungen, besonders abends. Eines meiner Kinder sagte einmal kurz vor dem Einschlafen, ich solle wieder Lieder mit „hoher Stimme" singen. Wenn wir viel singen, lernt unser Kind die Sprache; sein Gehirn entwickelt sich und wir geben bereits ein Stück wertvoller Kultur weiter.

Sehen wir mit ihnen oft Bilderbücher an! (bzw. lesen später aus ihnen vor) Ich weiß nicht, wie viel ich bisher vorgelesen habe; es war jedenfalls so viel, dass meine Kinder vieles auswendig kannten und, als sie dann schon sprechen konnten, ich korrigiert wurde, wenn ich mich einmal verlesen hatte.

Muttersprache ist nicht nur die Sprache, die das Kind von der Mutter lernt, sondern es ist auch die Sprache, die zunächst die Mutter am besten versteht. Eines meiner Kinder erfand für die Kleinkindsprache den Ausdruck „babysch". Um einige dieser oft urkomischen Wortschöpfungen meiner Kinder für später festzuhalten, habe ich einmal ein kleines „Wörterbuch" „Babysch" – Deutsch aufgeschrieben: Wörter, die nur ich im Normalfall verstand und den anderen Familienmitgliedern häufig erst übersetzen musste. Hier einige Kostproben: Kaftala, Micheau, puttedet, Sockensade, hui, wonnteks usw. Wie wichtig ist auch in diesem Zusammenhang, dass das Kind in der Familienbindung bleiben kann, wo man es kennt und – auch im ursprünglichen Sinne des Wortes – am besten versteht.

Liebevolles Ansprechen, das ist Ansprechen, kombiniert mit allen Handlungen liebevoller Mütterlichkeit. Zuwendung hat etwas ganz Wörtliches: Ich reagiere auf die Lebensäußerungen meines Kindes, indem ich mich ihm zu*wende*, es ansehe, es anspreche, ihm meine körperliche Nähe gewähre usw. Spreche ich mein Kind so an, dann fühlt es sich im wahrsten Sinn des Wortes *angesprochen*. Es wird *meine* Art zu reden lernen: seine Muttersprache. Es versteht dann die Worte „Ich habe dich lieb". Wenn wir so miteinander reden lernen, werden wir nicht nur hören, was der andere sagt, sondern einander auch verstehen lernen, und zwar auch mit unserem Herzen.

Zärtlich berührt zu werden

Unsere Haut ist ein faszinierendes Organ, das uns neben einer Vielzahl von physiologischen Funktionen die Möglichkeit gibt, zu fühlen, zu tasten und zu begreifen. Stillen, Tragen, gemeinsames Schlafen – das bringt uns in engsten Hautkontakt mit unserem Baby. Beim Stillen ist der Hautkontakt besonders stark, weil wir Menschen gerade mit dem Mund so intensiv fühlen können. Wir spüren es beim Küssen.

Eine meiner Freundinnen erlebte dazu Folgendes: Sie war von jemandem schwer gekränkt und verletzt worden, so sehr, dass sie sich ganz elend fühlte. Wie ein Häufchen Unglück hätte sie auf ihrem Sofa gehockt und nur noch geweint. Da hätte sich ihr Mann neben sie gesetzt und hätte angefangen, ein paar Nüsse zu knacken, die gerade auf dem Couchtisch standen. Um ihr etwas Gutes zu tun, steckte er ihr ab und zu eine in den Mund und berührte dabei unwillkürlich ihre Lippen. Als er das eine Zeit lang so getan hatte, merkte sie, wie sie sich deutlich besser fühlte, und sich ihre geknickte Seele wieder „aufrichtete". Es sei ihr ein Schlüsselerlebnis gewesen, wie direkt unsere seelische Befindlichkeit mit dem Mund verbunden sei. Nicht umsonst haben so viele Menschen seelische Probleme, die die frühkindliche Mundbefriedigung nicht erfahren haben. Nicht umsonst stecken sich zum Beispiel Raucher unter Stress besonders häufig eine Zigarette in den Mund (➤ Kap. 5).

Welche Rolle das Fühlen über den Mund spielt, zeigt sich bei kleinen Kindern auch noch in anderer Hinsicht: sie stecken alles in den Mund, nachdem sie es mit den Händchen ergriffen haben. Sie müssen die Dinge dieser Welt einfach mit dem Mund und mit den Händen be-greifen, damit sie sie begreifen.

Da die Haut, die feinporige Babyhaut insbesondere, über und über mit Nervenzellen übersät ist, liefert sie bei jeder liebevollen Berührung die so wichtigen sensorischen Impulse für die Gehirnentwicklung. Jede Handreichung am Kind sollte mit liebevoller Zartheit geschehen und von vielen Streicheleinheiten begleitet sein. Normalerweise fällt einem das nicht schwer, denn die süßen Fettpölsterchen und die wunderbar zarte Babyhaut reizen einen geradezu, immer wieder mit ihm zu schmusen. Manche Mütter wollen auch ganz gezielt ihrem Kind etwas Gutes tun und lassen sich in einem Kurs in Babymassage anleiten. Andere lassen sich einfach aber auch immer wieder nur von ihren Herzen führen. Meistens zeigen es einem die Babys schon, was ihnen besonders gut gefällt, wenn sie gestreichelt werden.

Eine Stillberaterin von IBCLC (Ausbildungszentrum Laktation und Stillen) sprach in einem Vortrag davon, dass sie gerade besonders schwierige Stillsituationen mittels „Haut auf Haut" angeht und guten Erfolg damit hat. Das Baby wird nackt auf die Haut der Mutter gelegt. Das Baby fühlt sich wohl, und bei der Mutter sorgt die permanente Berührungsmeldung im Gehirn für die Ausschüttung großer Mengen der Stillhormone Prolaktin und Oxytocin. Eine schwierige Mutter-Kind-Situation kann so harmonisiert werden; das Einander-Fühlen bewirkt eine enge Bezogenheit aufeinander – selbst die Körperfunktionen spiegeln das wider: Bei der Mutter steigt die Milchproduktion und das Baby kann besser saugen. In fortschrittlichen Kliniken macht man sich das mit der sogenannten Känguruh-Methode bei der Frühchenbehandlung zunutze: Der Hautkontakt ist das Lebenselixier für das zu früh geborene Baby.

Bei jedem Hautkontakt bzw. bei jeder liebevollen Berührung wird immer wieder das Wohlgefühl des Mutterleibs hergestellt, wo ja ständig rundum Hautkontakt bestand. Liebe wird *auf* der Haut gefühlt und geht dabei „unter" die Haut". Beim Kind (und bei der Mutter) werden Glückshormone ausgeschüttet. Für das Kind heißt das: Ich werde geliebt. Ich fühle mich wohl in meiner Haut.

Bei Mama schlafen zu dürfen

„Der Schlaf ist der Freund des Menschen", so sagten schon die alten Griechen. Wie wichtig der Schlaf für uns ist, merken wir oft, wenn er gestört ist. Mütter und Väter von kleinen Kindern können ein Lied davon singen. Wenn uns der Schlaf fehlt, sind wir nicht zu gebrauchen, wir fühlen uns überfordert und manchmal regelrecht krank. Kurz, wir sind „einfach kein Mensch". So ging es mir beim ersten Kind. Ab dem 8. Monat bis etwa zum Alter von 1 ½ Jahren schlief unser Kind extrem unruhig. Es war so schlimm, dass ich mich schon tagsüber vor der nächsten Nacht fürchtete. Ich wurde immer aus dem Tiefschlaf gerissen und fühlte mich morgens mehr tot als lebendig. Bald war ich völlig erschöpft.

Als dann mein zweites Kind unterwegs war, fürchtete ich mich am meisten vor solchen Nächten. Als es geboren war, schaffte ich es nicht mehr, es nach dem nächtlichen Stillen in sein Körbchen zurückzulegen, sondern wir beide schliefen gleich nebeneinander weiter. Mein erstes Kind hatte ich meist der „Ordnung" halber wieder zurückgelegt, wenn ich nicht zu müde gewesen war. Inzwischen hatte ich eine stillerfahrene Mutter kennengelernt, die mich bestärkte, indem sie bemerkte, dass das gemeinsame Schlafen im Elternbett eigentlich etwas ganz Normales sei. Das war für mich wie ein Befreiungsschlag! Weil unsere Schlafsituation beengt war, rückten wir das Kinderbett ans Elternbett, stellten die Liegefläche so ein, dass es eine Ebene mit unserem Bett ergab und nahmen die Gitterstäbe nach unserer Seite heraus. Das Zusammen-Schlafen hat uns so viel gebracht, dass wir es auch bei den weiteren Kindern von Anfang an praktiziert haben. So kam es, dass ich beim vierten Kind ausgeschlafener, fitter und leistungsfähiger war als beim ersten. Auch der Papa hatte sehr viel davon. Oft fragte er mich, ob unser Kleinstes „heute Nacht mal da war" und war erstaunt, wenn es so war; er hatte von dessen Trinkgelüsten meist gar nichts bemerkt.

So sehr ich das gemeinsame Schlafen (engl. co- oder social-sleeping) als entlastend empfand, umso mehr war ich erstaunt, dass selbst in Stillgruppen diese Form des Schlafens ein heiß umkämpftes Thema ist. Auch bei Leuten, die ansonsten sehr viel von Bindung halten, stößt man damit zuweilen auf Ablehnung. Genauso wie beim Tragen ist uns in der westlichen Welt die Kultur gemeinsamen Schlafens abhanden gekommen. Bereits im Mittelalter wurde die Schlaftrennung empfohlen und die Wiege kam auf. Doch kam es bis ins 19. Jahrhundert durchaus noch vor, dass Mutter und Kind zusammen schliefen. Erst im 20. Jahrhundert setzte sich das getrennte Schlafen – von manchen Experten sogar empfohlen – vollkommen durch.[30] Genauso wie das Weglegen bei Tag macht auch das getrennte Schlafen bei Nacht die Nutzung von Mutterersatzmitteln (vgl. Abschnitt „Tragen" S. 41 ff.) erforderlich, die dem Kind die Anwesenheit der Mutter suggerieren.

Weil viele Erwachsene es als Kind nicht erlebt haben, bei den Eltern zu schlafen, erwarten sie auch von ihren Kindern, dass sie unabhängig von ihnen einschlafen und vor allem möglichst bald durchschlafen. Und das, obwohl sie selbst nach wie vor nicht gerne alleine schlafen.

Im europäischen (vor allem im deutschsprachigen) Raum wird von vielen Eltern ein Einschlafen um etwa 19.00 Uhr begrüßt; auf diese Weise hat man dann noch etwas vom Abend. Da schließlich der Vater den ganzen Tag meist außer Haus war, fürchtet man auch eine Belastung der Beziehung der Eltern zueinander, wenn sich das Einschlafen beim Stillen zu lange hinzieht. Dabei steht uns meines Erachtens wiederum unsere ganze kulturelle Prägung im Weg. Da ist einerseits der Irrtum, dass alle Babys bzw. Kleinkinder viel schlafen müssten und dass sie um diese Zeit generell müde seien bzw. dringend schon zu schlafen hätten, um zu gedeihen. Da ist andererseits unsere Vorstellung von Freizeit und Erholung nach einem anstrengenden Tag, die scheinbar nur möglich ist, wenn das Kind abwesend ist. Mein Mann und ich hatten diese Dinge auch so im Kopf; wir haben sie aber beim zweiten Kind über Bord geworfen. Denn oft haben gerade die Stillkinder ungeheuer viel Energie und ein überaus aufnahmebegieriges Gehirn, sodass sie gar nicht so viel schlafen. Sie wollen einfach nichts verpassen, schon gar nicht, wenn der Papa abends da ist und es noch einmal richtig interessant wird. Also bin ich immer mehr dahingekommen, meine Jüngsten immer erst dann in den Schlaf zu begleiten, wenn sie wirklich müde waren. Man kann als Elternpaar zusammen mit einem fröhlichen kleinen Kind als Drittem im Bunde durchaus einen schönen Abend verleben. Was hindert uns denn daran, uns in den Arm zu nehmen und uns auch einmal tief in die Augen zu sehen? Die Kinder freuen sich, wenn sie sehen, dass ihre Eltern sich lieben.

Interessant ist auch, dass wir in unserem westlichen Kulturkreis mit unserer Schlafkultur ziemlich alleine dastehen. Denn in fast allen anderen Kulturen rund um den Globus schlafen Babys zusammen mit ihren Eltern (bzw. mit ihrer Mutter) und ältere Kinder mit ihren Geschwistern. Aus einer Untersuchung in 186 nichtindustriellen Gesellschaften geht hervor, dass 46 % der Kinder im selben Bett wie ihre Eltern und 21 % mindestens im selben Raum schlafen. Das heißt: 67 % praktizieren Schlafnähe. In keiner der untersuchten Kulturen schlafen die Kinder vor ihrem ersten Geburtstag alleine. Diese Einstellung findet man auch bei Einwanderern aus der „Dritten Welt" zum Beispiel in die USA.[31] Interessant ist ferner, dass es dort offenbar keine Schlafprobleme gibt und auch das gemeinsame Schlafen als solches nicht als problematisch, sondern als normal empfunden wird. Während wir hier ein ganzes Arsenal von Ratgebern haben, die uns Tricks und Methoden vermitteln, wie wir unsere Babys dazu bringen, so ein- und durchzuschlafen, wie wir denken, dass sie es tun müssten, gehen andere Völker da ganz natürlich heran. Maya-Eltern zum Beispiel lassen ihre Babys einfach einschlafen, wenn sie müde sind. Als ein Forscher Maya-Müttern erklärte,

> wie Babys in den USA ins Bett gebracht werden, reagierten diese entsetzt und brachten ihre Missbilligung und ihr Mitleid mit den amerikanischen Babys zum Ausdruck, die alleine schlafen müssen ... Es machte ihnen nichts aus, dass sie kein Privatleben hatten ... die Nähe zwischen Mutter und Kind auch während der Nacht gehörte für sie ganz selbstverständlich zum Elternsein dazu.[32]

Bei uns hat sich bis heute die gängige Expertenmeinung allerdings nicht geändert. So sieht zum Beispiel der Bundesverband der deutschen Kinder- und Jugendärzte, neben der Rückenlage auf fester Matratze und der Rauchfreiheit, das unabhängige Schlafen eines kleinen Kindes im eigenen Bett als *die* Vorsichtsmaßnahme gegen das Ersticken und den Plötzlichen Kindstod an.[33] Andere Fachleute meinen, das unabhängige Schlafen sei eine wichtige Voraussetzung für das Selbstständigwerden an sich. Leider wird hier Selbstständigkeit so verstanden, dass das Kind lernt, im Wesentlichen ohne die Eltern auszukommen. Das sollte allerdings nicht mit der echten Selbstständigkeit einer stabilen Persönlichkeit, so wie wir uns unsere Kinder später wünschen, verwechselt werden.

Stillkinder schlafen schon aufgrund der leichteren Verdaulichkeit der Muttermilch anders als Flaschenkinder. In einem Vortrag fand ich es sehr treffend formuliert, das gemeinsame Schlafen sei das Kleingedruckte bei einem „Stillvertrag". Ich persönlich nehme an, dass die Schlafprobleme dann besonders krass empfunden werden, wenn man einerseits stillt und andererseits das getrennte Schlafen bzw. das eigenständige Einschlafen unhinterfragt praktiziert – oder wenn man, völlig verwirrt und übernächtigt, gar nicht mehr weiß, was man machen soll. Leider spukt uns auch noch die Vorstellung im Kopf herum, dass ein Durchschlafen erst dann stattfindet, wenn ein Baby acht Stunden am Stück schläft. (Die Still- und Pflegeanweisungen für unsere Eltern und Großeltern verordneten ja auch eine strikte achtstündige Nachtpause.) Natürlich und realistisch betrachtet schläft ein Baby bereits durch, wenn es ohne sich zu melden vier bis sechs Stunden schläft.

Da wir, wie gesagt, die natürliche Lösung des Problems weitgehend vergessen haben, konnten leider Techniken und Kunstgriffe, wie sie von dem amerikanischen Kinderarzt Richard Ferber entwickelt wurden, in den Elternherzen Eingang finden. Diese Methoden unterdrücken ihrerseits die guten mütterlichen Impulse, weil man verlernt hat, ihnen zu vertrauen; sie vertiefen die ohnedies weit verbreitete Befürchtung, das Kind unangemessen zu verwöhnen. Die Verknüpfung von Stillen und Schlafen sowie das nächtliche Stillen werden als Kardinalfehler dargestellt.[34] Wenn das Kind nachts aufwacht, so soll man alles Mögliche tun – vom Herumtragen, Lichtanschalten bis zum Einschalten des Fernsehers[35] –, nur nicht das Gegebene, Natürliche, Nächstliegende und Notwendige, nämlich das Stillen (natürlich weiter im Dunkeln und in Weiterschlafposition neben der Mama im Bett). Dabei müsste einem schon die Logik sagen, dass das höchste Ziel des Stillens das Stillwerden und das intensivste Stillwerden das Einschlafen ist. Selbst bei der Mutter lösen die Stillhormone Ruhigwerden und Schläfrigkeit aus.

Das Einschlaftraining ist der wichtigste Teil der Empfehlungen: Man legt das Kind ins Bett, geht aus dem Zimmer und geht fünf Minuten lang – bei gestelltem Wecker – nicht hinein, auch wenn das Kind schreit. Man steigert dies pro Tag, bis das Kind endlich ohne Mama einschläft. Nur gibt es Kinder, aber auch Eltern, die sich nicht „ferberisieren" lassen wollen. Ich hörte von diesem Schlaftraining zum ersten Mal von einer Freundin. Sie hatte ein Buch mit der deutschen Version dieser Methode[36] von Bekannten empfohlen bekommen und hatte es bei ihrem zehn Monate alten Kind probiert. Aber ihr Kind hat so verzweifelt und verloren geschrien, dass sie, ehe sie sich versah, wieder bei ihrem Kind war, um es zu trösten. Sie hatte noch nicht einmal den Wecker gestellt. Ihr mütterlicher Instinkt – ihr Herz – war zu stark für solche Methoden, und heute ist sie sehr froh darüber.

Ich war sehr erfreut, davon zu lesen, dass Dr. Ferber seine Aussagen widerrufen hat.[37] In seinem Buch heißt es:

> Obwohl es vernünftig sein kann, Ihr Kind für ein bis zwei Nächte mit zu sich ins Bett zu nehmen, falls es krank oder wegen irgendetwas verängstigt ist, ist

es doch meistens keine gute Idee. Und: Allein schlafen zu lernen ist wichtig für das Kind, damit es lernt, ohne Ängste von Ihnen getrennt zu sein und sich als ein unabhängiges Individuum zu betrachten.[38]

Er sagte dazu in einem Interview:

> *Ich wünschte, ich hätte diese Sätze nicht geschrieben* [Hervorhebung von der Verf.]. Sie stammen aus der herkömmlichen Literatur. Es sind Pauschalaussagen, die einfach nicht stimmen. Es gibt viele Beispiele, in denen das Familienbett funktioniert ...[39]

Auch findet er selbst, dass es schrecklich und grausam sei, wenn Kinder auf Grund dieser Methode nächtelang schreien.[40] Ich bin heute noch dankbar, dass ich in der entscheidenden Zeit meines Mutterseins von diesen Büchern nichts wusste, sondern zuvor schon, zum Beispiel durch William Sears Buch „Schlafen und Wachen"[41], in meiner Meinung bestätigt wurde. Darin findet man dann die Antwort darauf, warum das gemeinsame Schlafen der Schlüssel des Schlafproblems ist, mit dem keiner der Beteiligten zu kurz kommt. Das Geheimnis des gemeinsamen Schlafens ist die *Harmonisierung der Schlafphasen* von Mutter und Kind. Jeder Mensch erlebt während seines Nachtschlafes tiefe und flache Schlafphasen. Es wurde sogar festgestellt, dass auch Erwachsene mehrfach in der Nacht, ohne es wahrzunehmen, kurzzeitig wach werden, sodass man also eigentlich auch bei uns nicht von einem Durchschlafen reden kann.

Unausgeschlafenheit und Übermüdung entstehen dann, wenn wir immer wieder aus unseren Tiefschlafphasen herausgerissen werden und immer wieder aufstehen und richtig wach werden müssen.

Das passiert zum Beispiel, wenn das Baby gerade in seiner flachen Schlafphase ist und seine Bedürfnisse anmeldet, denn in dieser Phase spürt es sein Bäuchlein oder es sehnt sich nach seiner Mama. Die disharmonischen Schlafrhythmen von Mutter und Kind, die sich aus unserer Schlaftrennung ergeben, schaffen uns die Probleme. Schlafen wir allerdings von Anfang an zusammen, können sich die Schlafrhythmen durch den engen Körperkontakt aufeinander einpegeln, sodass dann, wenn das Baby sich regt, auch die Mama gerade in einer flachen Schlafphase ist. Ich habe es oft erlebt, das ich bereits „wach", also in dieser Phase war, als mein Kind sich zu melden begann. Dadurch konnte ich, ohne selbst richtig wach werden zu müssen, bereits die ersten Hunger- bzw. Bedürfnissignale beantworten. Auch das Baby muss nicht richtig wach werden, weil es keine lauteren Signale aussenden muss. Da alle liegen bleiben, weiterschlafen und keiner Licht anmacht, wird dem Baby signalisiert, und zwar viel besser und vor allem liebevoller als mit irgendwelchen künstlichen Erziehungsmethoden, dass es Nacht ist und alle schlafen wollen.

Ich habe beobachtet, dass sich der Schlafrhythmus meiner Kinder im Zusammenhang mit Familieninfekten, stressigen Familiensituationen, Zahnen, sommerlichen Hitzeperioden, bevorstehenden Entwicklungsschüben und Ähnlichem veränderte, wodurch die Nächte natürlich für mich unruhiger wurden, bis sich wieder alles einpegelte. So konnte ich aber auch aus dem Verlauf der Nächte meine Schlüsse ziehen, nämlich dass zum Beispiel irgendetwas im Gange war oder dass ich in die gesamte Familiensituation wieder mehr Ruhe einkehren lassen musste. So wuchs meine Instinktsicherheit im Umgang mit meinen Kindern spürbar.

Durch die nächtliche Körpernähe schüttet der mütterliche Organismus entsprechend mehr mütterliche Hormone (die Stillhormone Prolaktin und Oxitocin) aus, die ihrerseits das mütterliche Einfühlungsvermögen fördern. Natürlich verbessern sie zuallererst die Stillfähigkeit. Man stellte in Untersuchungen fest, dass Mütter, die zusammen mit ihren Kindern schlafen, länger stillen als solche, die getrennt schlafen.[42]

Obwohl noch immer behauptet wird, ein Kind sei durch das Schlafen in Rückenlage im eigenen Bett am besten vor dem Plötzlichen Kindstod (SIDS) geschützt – dabei wird oftmals der Plötzliche Kindstod mit dem Tod durch Ersticken vermischt –, spricht eigentlich alles dafür, dass es gerade durch das gemeinsame Schlafen davor geschützt wird. Vorausgesetzt allerdings, die Eltern rauchen nicht und befinden sich nicht in einem Alkohol- bzw. Drogenrausch.

Plötzlicher Kindestod ist aus Kulturen, die ihre Kinder stillen und mit ihnen schlafen, nicht bekannt. Warum? Der Körperkontakt zur Mutter, d. h. ihre Schlafbewegungen, ihre Atembewegung, der Hautkontakt und das Stillen nach Bedarf, liefert sensorische Impulse für das kindliche Gehirn und schützt das Kind davor, zu lange in einen Tiefschlaf zu verfallen, aus dem es möglicherweise nicht mehr erwacht. Denn die frühkindliche Selbstregulation der Atmung ist vielfach noch nicht stabil. *Der mütterliche Körper hindert also das Kind daran, mit der Atmung auszusetzen und schubst es wieder an. Da die Schlafrhythmen angeglichen sind, kann die Mutter außerdem Warnsignale leichter wahrnehmen und darauf reagieren.*[43] Ich bin ganz besonders glücklich darüber, dass die Weitergabe dieses Wissens innerhalb „meiner" Stillgruppe immerhin zwei Babys das Leben gerettet hat. Ihre Mütter befolgten die Empfehlung des gemeinsamen Schlafens und erwachten, weil ihre Kinder nicht mehr atmeten. Sie konnten sie sofort ins Leben zurückholen. (Natürlich erhielten beide Kinder daraufhin zur zusätzlichen Sicherheit Überwachungsgeräte.)

Untersuchungen haben zu der Annahme geführt, dass sich der Hautkontakt gleichfalls regulierend auf die Körpertemperatur des Kindes auswirkt.[44] Ich erinnere mich daran, dass ich zum Beispiel in meinen flachen Schlafphasen die Bettdecke weiter zurückschob, wenn mir mein Kind zu warm erschien.

Andere Behauptungen, aber auch Sorgen von Eltern, betreffen die Gefährdung des Kindes durch Ersticken oder Erdrücken im Familienbett. Hier müssen unbedingt auch die Schlafbedingungen einbezogen und selbstverständlich einige *Sicherheitsvorkehrungen* getroffen werden. Ich erwähnte bereits, dass die Eltern nicht rauchen sollten bzw. von Alkohol oder Drogen berauscht sein dürfen, wenn sie mit ihrem Baby schlafen, weil dann ihre Wahrnehmung getrübt ist. Die Zimmertemperatur sollte nicht zu hoch und die Zudecke nicht zu warm und schwer sein. Es sollte genügend Platz für jedes Familienmitglied vorhanden sein. Es darf keine Ritzen zwischen Wand und Bett und zwischen Bett und Matratze geben, damit das Baby nicht eingeklemmt werden kann – und es sollten sich auch keine losen Kissen über seinem Kopf befinden. Vor einem seitlichen Herausrollen sollten das Kind ein handelsübliches Bettgitter, das Kinderbett, Balkonbettchen oder ein geeignetes Möbelstück schützen.

Der natürliche Schutz ist indes die instinktive Zugewandtheit der Mutter zu ihrem Kind. In Schlaflaboren konnte man Folgendes beobachten: Die Mutter liegt meist auf einer Seite, die Beine angewinkelt, den einen Arm auf der Matratze rechtwinklig vom Körper ausgestreckt bzw. entspannt abgerundet und den andern Arm am oder auf dem Kind. Das Baby liegt also in dem sich dadurch ergebenden Zwischenraum: mit dem Köpfchen an dem unteren Arm, mit den Füßchen an den Oberschenkeln der Mutter. Es kann so weder nach oben noch nach unten unter die Decke rutschen. Es liegt zudem entweder in Rückenlage oder der Mutter zugewandt in Seitenlage und kann nicht in die hinsichtlich SIDS gefährliche Bauchlage rollen. Auch ist die mütterliche Lage so stabil, dass sie nicht auf ihr Kind rollt. Außerdem hat sie – obwohl sie schläft – einen wachen Instinkt, ein tiefes Wissen um die Anwesenheit ihres Kindes, sodass nichts passieren kann.[45] Die Untersuchungen in den Schlaflaboren ergaben weiter, dass diese instinktive Schutzhaltung von Müttern, die die Flasche geben, aber auch von den Vätern *nicht* eingenommen wird.

Der ständige Haut- und Körperkontakt und das wiederholte nächtliche Saugen sind außerdem für die *Gehirnentwicklung* des Kindes von unschätzbarem Wert. Die bereits erwähnten positiven sensorischen Impulse und die richtige Gehirnnahrung Muttermilch lassen die Synapsen wachsen und sich vernetzen. Gerade auch bei dem älteren Baby, das immer mehr Sinnesreize am Tag aufnimmt, wird vieles in der Nacht verarbeitet. Die nächtliche Suche nach Nähe und das Saugenwollen sind gleichfalls eine wichtige Form der Rückversicherung. Wird sie gewährt, erfährt das Kind eine tiefe Geborgenheit und ein wunderbares Geliebtwerden. Urvertrauen und ein hohes Selbstwertgefühl werden aufgebaut. Gemeinsames Schlafen heißt somit für das Kind: Auch in der dunklen Nacht brauche ich mich nicht zu fürchten, die Mama – und der Papa – sind ja da. Ich gehöre dazu. Alles ist gut. Das ist „Nestwärme" ganz wörtlich genommen.

Wenn das Kleine nach einer eventuell unruhigeren Nacht morgens neben uns mit einem geradezu seligen Gesichtsausdruck aufwacht, dann zeigt es uns – auch wenn wir das vielleicht gar nicht recht begreifen können –, dass es sozusagen im „siebenten Himmel" schwebt. Als mir das klar geworden war, konnte ich auch die anstrengenderen Nächte leichter akzeptieren.

Das nächtliche Kinderglück nehmen die Kinder mit ins weitere Leben. Neben der Persönlichkeitsstabilisierung insgesamt scheint für sie das Bett immer ein Ort der Geborgenheit und nie der Angst zu sein. Ich vermute, dass das auch Schlafstörungen jeder Art vorbeugt.

Vertrauen in eine verlässliche Liebe zu bekommen

Als meine Tochter klein war, hatte sie eine Zeit lang die Angewohnheit, immer wieder zu sagen: „Mama da ... Mama da ... Mama da ..." So als hätte sie einen „Ohrwurm", wiederholte sie das ständig und durch alle möglichen Tonhöhen. Ich dachte, sie hat recht, das ist es.

Alles, was ich in den vorangehenden Abschnitten beschrieben habe, braucht eine Voraussetzung: *Die Mama muss da sein.* Sie muss anwesend sein, denn nur aus der Nähe heraus kann die Mutter die kindlichen Äußerungen wahrnehmen, richtig einschätzen und entsprechend befriedigen. Das Kind verträgt keine längere Trennung, weil es die annehmende Reaktion der Mutter *sofort* braucht; je jünger es ist, umso schneller. Theodor Hellbrügge stellte fest, dass junge Säuglinge bereits nach 0,2 Sekunden mit Frustration reagieren, wenn ihre Mutter nicht auf ihre Lautäußerung eingeht.[46] Die vielen sofortigen Reaktionen bedeuten verlässliches Dasein. Es macht dem Kind das Gefühl der Geborgenheit gewiss. Das ist die Treue als zweite Seite der Liebe.

Es sei an dieser Stelle unbedingt erwähnt, dass es mit dem Dasein ähnlich wie in der Mathematik ist. Dort spricht man von notwendigen und hinreichenden Bedingungen. Übertragen auf unseren Fall heißt das: Das verlässliche Dasein ist eine *notwendige Bedingung,* damit Mutter und Kind in ständiger Zwiesprache sein können. Ist das Dasein nur das Gegenteil von Wegsein, dann ist das alleine noch nicht *hinreichend,* also nicht ausreichend für das Gedeihen eines Kindes und seine spätere seelische Gesundheit. Ein Kind kann durchaus Schaden nehmen, wenn die Mutter zwar da, aber nicht wirklich innerlich anwesend und einfühlend ist und die Grundbedürfnisse stillt. Soll also das Dasein der Mutter eine hinreichende Bedingung erfüllen, muss es ein waches, zugewandtes, empathisches Dasein sein. Wenn die Mutter die kindlichen Gefühle (Schreien, Jauchzen,

Strampeln usw.) bejaht, indem sie entsprechend reagiert, dann kommt das Kind in Kontakt mit sich selbst und lernt sich selbst zu bejahen.[47]

Resümierend kann demnach festgehalten werden: Ich bin als Mutter für mein kleines Kind

- die Anwältin seiner Anliegen und Bedürfnisse;
- seine Lebens- und Existenzgrundlage – ich ernähre und sättige es an Leib und Seele;
- seine „Schutzburg", seine Rückzugsmöglichkeit in unbekannten Situationen und bei fremden Menschen (man beobachte Kleinkinder beim Spielen auf einem Spielplatz. Der rückversichernde Blick „Ist die Mama noch da?" gibt die Sicherheit, denn zur Not kann es sich bei ihr verbergen.);
- seine Möglichkeit zur Identifikation; es gehört zu mir und ich zu ihm, es möchte mich nachahmen, sein wie ich, alles tun wie ich;
- sein Orientierungspunkt in Raum und Zeit: Bin ich nicht da, verliert es im unmittelbaren und im übertragenen Sinne seine Orientierung und die Möglichkeit, sich zurechtzufinden;
- seine Trösterin bei allem, was weh tut, was kaputt geht, was unmöglich und unerreichbar ist. Trösten heißt hier: Ja, das hat sehr wehgetan ... Dein Kummer ist groß ... Ich verstehe Deinen Schmerz ... Ich halte dein Schreien deswegen aus ... Wenn es in meiner Macht liegt, beseitige ich die Ursache deines Problems ... Ich gebe dir Nähe und Halt ... Ich stille dich.

Trösten, Beruhigen, Stillen, in allen Dingen und auf alle Fälle da sein, das scheint mir das tiefste mütterliche Ziel zu sein. Mütterlichkeit will instinktiv alles Ängstigen, will Beunruhigung und Aufregung, also inneren Stress, wie er zum Beispiel auch bei Trennung oder Nichtreagieren entsteht, vermeiden. Denn durch Stress und Angst wird, wie schon erwähnt, die kindliche Gehirnentwicklung gehemmt. Mütterlichkeit will *da sein*, um das *kleine zarte Gemüt zu schützen*. Aus dieser immer wieder erfahrenen und mit Wohlgefühl verbundenen Verlässlichkeit, aus diesem treuen Dasein entsteht das *Urvertrauen*. Aus dieser äußeren Sicherheit erwächst *innere Sicherheit: die Mama ist da, alles wird gut*. Es entsteht die Bindung an sie, die Verwurzelung in ihr. Zwischen der Mutter und ihrem kleinen Kind entsteht in gewisser Weise eine Symbiose-Beziehung – eine Beziehung zum gegenseitigen Vorteil. Der Vorteil für das Kind liegt auf der Hand: es wächst und gedeiht. Dass wir als Mütter damit auch reichlich beschenkt werden, wird viel zu wenig beachtet und von vielen Müttern auch gar nicht erwartet. Deshalb werde ich darauf noch einmal ausführlich eingehen (➤ Kap. 6).

2. Wonach sich kleine Kinder sehnen – Was ist eigentlich Mütterlichkeit?

Viele Leute befürchten, dass eine solche enge frühkindliche Mutterbindung ein Kind durch und durch verwöhnt und möglicherweise für immer in Unselbstständigkeit verharren lässt. Man hält deshalb mütterliches Distanzhalten (auch einmal schreien lassen, alleine schlafen lassen, Trennungen jeder Art) für eine Art Selbstständigkeitstraining. Man will den Kindern von klein an Selbstständigkeit *beibringen*.

Doch so paradox es klingt, je besser und je sicherer ein Kind sich binden kann, desto sicherer und selbstständiger (kommt von: selbst stehen) wird es werden.[48] Gerade wenn das Kind nichts tun muss, um an Liebe und Geborgenheit satt zu werden, dann wird es sich frei und sicher hervorwagen und die Welt entdecken *wollen*. Es findet dann faktisch *von selbst* in eine immer größere Selbstständigkeit und Unabhängigkeit. Echte Selbstständigkeit ist ein seelischer Reifeprozess, den man nicht von außen überstülpen kann, sondern er wächst sozusagen gratis bei guten Bindungsverhältnissen. Jedes Kind hat da einen eigenen inneren Entfaltungsmodus. Der Radius, um den sich ein Kind von sich aus von seiner Mutter wegbewegt, vergrößert sich nur Schritt für Schritt und mit Sichtweite (▶ Kap. 4). Erst im Alter von drei bis vier Jahren ist ein Kind emotional so reif, dass es eine (wohldosierte) Trennung von der Mama aushält. Der individuelle Zeitpunkt, an dem ein Kind diese Reife erlangt hat, ist der Moment, an dem unser Kind uns offiziell sein Herz schenkt und uns seine Liebe gesteht.[49] Es sind übrigens die schönsten Momente, die man sich vorstellen kann. Eine der deftigsten Liebeserklärungen eines meiner Kinder war: „Mama, ich habe dich scheißlieb! Was kochste denn heute Ekelhaftes?" Und das mit dem strahlendsten Gesicht der Welt (und mit gerade neu gehörten Wörtern). Das ist der Moment, wo sein Geist und sein Gefühl soweit sind, dass es sich seiner Mutter sicher ist, auch wenn sie gerade nicht da ist. Dann kann das Kind das innere Bild von seiner Mutter aufrechterhalten.

Auch der Beziehungsaufbau zu anderen Personen als der Mutter ist ein solcher Reifeprozess. Zunächst sind das der Vater und eventuelle Geschwister oder Großeltern, wenn sie in einer häuslichen Umgebung wohnen. Das Kind beginnt etwa mit dem achten Monat die vertrauten von den unvertrauten Personen zu unterscheiden. Die Mama hat normalerweise die herausragende Stellung der Primärbindung (wird deutlich, wenn sie stillt, denn das bedeutet Ernährung, Existenz und Überleben). *Wenn das Kind eine gute Beziehung der Mama zu einer anderen bekannten Person spürt, dann „erlaubt" es dieser Person, dass es auch einmal von ihr betreut wird.* Ich hatte häufig den Eindruck, dass ein Kind eine solche Person, zum Beispiel auch den Papa, zunächst eben als zu ihr gehörig einordnet. Wird einem Kleinkind eine andere Betreuungsperson sozusagen übergestülpt, indem man das nicht beachtet, ruft das unter Umständen heftige Angst- und Abwehrreaktionen hervor.

Ein Kleinkind braucht, wenn man sich außerhalb des unmittelbaren, täglich gewohnten Familienkreises bewegt, noch immer die Mama oder den Papa als Rückendeckung, als sichere Position, wenn es mit anderen Menschen (andere Kinder, Nachbarn usw.) Kontakt aufnimmt, zum Beispiel in Form eines „Winke, Winke" zur netten Verkäuferin. Es braucht dringend das „Am-Rockzipfel-(oder am Hosenbein)-Hängen". Man merkt deutlich, dass mit Vollendung des dritten bis vierten Lebensjahres die Fähigkeit zur selbstständigen Beziehungsaufnahme eine völlig neue Qualität erreicht. Dann ist der Zeitpunkt gekommen, an dem unser Kind fragt, ob es zum Nachbarskind spielen gehen darf; dann ist es „auf einmal" in der Lage, tatsächlich *mit* ihm zu spielen und nicht nur *neben* ihm her (➤ Kap. 4). *Der Beziehungsaufbau vollzieht sich also von innen (mit der Mutterbindung als Basis) nach außen.*

Besieht man nicht nur diesen, sondern alle anderen Fakten und Zusammenhänge, dann ist es logisch, dass, wie oben bereits festgestellt, ein *kleines Kind mindestens drei Jahre die verlässliche Nähe der Mutter braucht.* Es ist seine *biologische* und damit seine *psychologische und soziale Erwartung.* Dabei ist die Dreijährigkeit meines Erachtens die Untergrenze für eine Fremdbetreuung. An dieser Stelle sei der Blick auf unsere nächsten „Verwandten" im Tierreich geworfen: Ein Schimpansenjunges wird von seiner Mutter überall mit hingetragen. Das Junge ist lange Zeit völlig von seiner Mutter abhängig. Erst mit vier Jahren wird es langsam selbstständig.[50] Und das sollte bei uns Menschen, wo sich ein noch viel komplizierteres Gehirn entfalten muss, nicht ähnlich sein?

Bei den vielen kleinen Kindern, die ich bisher beobachten durfte, waren vielleicht zwei, bei denen ich das Gefühl hatte, sie verkraften eine Trennung vielleicht schon mit 2 ½ Jahren. Aber damit kann man nicht rechnen. Das sind eher die Ausnahmen. Wäre es nicht gut, liebevoll abzuwarten, bis unser Kind diese innere Reife erlangt hat? Wäre es nicht an der Zeit, gesamtgesellschaftlich die Rahmenbedingungen dafür zu schaffen, diese Entwicklung in Ruhe abwarten zu können? Wenn wir noch genug Liebe hätten, würden wir gar nichts anderes in Betracht ziehen.

Bauen wir eine feste Bindung zu unseren (kleinen) Kindern auf, dann können wir sie auch erziehen. Wir sind dann nämlich in der Lage, und zwar aufgrund der gelebten Nähe, eine echte, individuelle Erziehungskompetenz zu entwickeln, so wie wir sie in keinem Erziehungsratgeber vorfinden. (Nicht umsonst sagen manche Eltern scherzhaft, ihr Kind habe dieses oder jenes Buch wohl nicht gelesen.) Erziehung ist in erster Linie Beziehung und erst in zweiter Linie die Summe von Regeln, pädagogischen Methoden und Techniken. Weil das Kind eine gute Beziehung zur mir hat – weil es mich liebt –, wird es auf mich hören und es mir im Wesentlichen auch recht machen wollen. Auf den Vorteil der Erziehungserleichterung durch gute Bindung und wie ich ihn ganz persönlich empfinde, gehe ich an anderer Stelle noch einmal ausführlicher ein. Hier nur noch so viel: Bei einer guten Bindung können auch Werte vermittelt werden. Denn das Kind orientiert sich automatisch an seinen Eltern. Weil es Gelegenheit hat, uns nachzuahmen, weil es uns vor Augen hat, können wir so universelle Werte wie Liebe, Treue, Muttersein, Vatersein, Ehe und Familie, den Umgang miteinander, die Liebe zur Natur, zur Musik usw. vermitteln. Denn wir leben sie automatisch, eingebettet in die alltäglichsten Handlungen, eben in unserem Lebensstil. Wenn wir *mit* unseren Kindern leben, erleben sie uns eben zum Beispiel beim Einkaufen und beim Geldausgeben; sie spüren dabei unsere Wertmaßstäbe heraus. Die Erfahrungen der Kleinkindheit und die damit verbundenen Wertevermittlungen sind nicht umsonst die prägendsten. „Man hat etwas mit der Muttermilch aufgesaugt", heißt es in einer alten Redensart. Der große Pädagoge Johann Amos Comenius spricht in diesem Zusammenhang von der „Mutterschule".[51]

Bin ich für mein Kind da, dann teile ich mein Leben mit ihm, denn es möchte auch sein Leben mit mir teilen. Es will bei mir sein. Es möchte alles mit mir mitmachen und mir helfen (soweit es das schon kann). Bin ich für mein Kind da, spürt mein Kind, dass ich mich verbindlich verantwortlich fühle. Das heißt: Komme, was da wolle und was es sei, ich bin da für dich. Du kannst dich jederzeit auf mich verlassen. Bin ich für mein Kind da, dann ist das ein Ja auch zu der Belastung, der Erschöpfung und der Herausforderung, die sein Dasein für mich bereithält. Bin ich für mein Kind da, schenke ich ihm das Wertvollste, was ich habe, nämlich ein Stück meiner (Lebens)Zeit. Weil es mir das wert ist! Mein Da-Sein bejaht mein Kind in seinem Dasein.

Resümierend möchte ich an dieser Stelle festhalten: Ein kleines Kind sehnt sich nach der Mütterlichkeit seiner Mutter. Dieses Gedeihprogramm hat zum Ziel, das kleine Menschenkind an Liebe so richtig satt zu machen. Das Kind, das dies so erfährt, das wird in der Tiefe seiner Persönlichkeit verankern – nämlich in seiner prägbarsten Zeit –, dass es wertvoll und liebenswert ist. Dieses Kind hat im späteren Leben die allerbesten Chancen, seine geistigen Anlagen voll zu entfalten, sich anzunehmen und seelisch stabil die „Stürme" seines Lebens bestehen können. Die Basis für ein gelingendes Leben ist gelegt!

3. Warum Muttersein keine Rolle, sondern eine Notwendigkeit ist

Nach dem vorangegangenen Kapitel müsste sich diese Feststellung eigentlich erübrigen. Aber wir leben in einer Zeit, in der das Natürliche und Normale entweder verwischt und erst wieder neu erkannt werden muss oder aber hartnäckig negiert wird, obwohl inzwischen hinreichend Faktenwissen angehäuft ist. Man spricht von der sozialen Rolle, von der Mutterrolle, die man nicht mehr traditionell zu leben brauche, denn dieses Rollenverständnis sei nicht mehr zeitgemäß. Man müsse sich davon lösen usw. Gewiss ist es bei genauer Betrachtung so, dass wir uns von einigen ungünstigen Traditionen, die das Muttersein und die Bindung erschweren, tatsächlich lösen sollten. Aber das ist bei dieser „Rollen"-Diskussion nicht gemeint. Worum es dabei geht, können wir nur feststellen, wenn wir fragen, was eine „Rolle" eigentlich ist. Der Rollenbegriff ist laut dem Internetlexikon Wikipedia eine der „zentralen Grundkategorien der Soziologie". Danach beinhaltet die soziale Rolle die Erwartungen an den Träger einer sozialen Position bezüglich seines Verhaltens. Die Einhaltung dieser Rollenmuster wird von den entsprechenden Interaktionspartnern erwartet. Aus Sicht der Soziologie sind die Rollenerwartungen kulturell in hohem Maße vorgegeben. Der deutsche Soziologe Ralf Dahrendorf, der Anfang der 1950er Jahre den Rollenbegriff in der europäischen soziologischen Forschung etablierte, sah in der Rolle eine Einschränkung der persönlichen Freiheitsverwirklichung des Einzelnen. Nun ist es zweifellos so, dass vieles in unserem Verhalten und vieles, was von uns erwartet wird, sozial und kulturell geprägt ist. Aber bei Weitem nicht alles. Wie mit allen wissenschaftlichen Modellen verhält es sich auch mit dem Rollenbegriff; er gibt die komplexe Realität nur vereinfacht und manches vernachlässigend wieder. Mit Blick auf das Muttersein kann er meines Erachtens nicht direkt angewendet werden, denn der Hauptinteraktionspartner der Mutter, das Kind, hat Erwartungen, die ihm primär instinktgemäß und nicht kulturell vorgegeben sind. Seine ursozialen Erwartungen sind Stillen und Bindung. Diese ursozialen Erwartungen sind zunächst körperlich-existenzielle Erwartungen bzw. basieren auf ihnen.

Den Begriff „Mutterrolle" empfinde ich als einen kalten, unpersönlichen Begriff, weil er die liebevolle Bindung zwischen Mutter und Kind nicht berücksichtigt. Denn Rollenmuster und -verhalten hält man ja für veränderbar bzw. für etwas, wovon man sich selbst lösen kann. Im Falle der Mutterrolle gilt gerade die verlässliche liebevolle Bindung für kulturell und sozial veraltet. Aber aus der Sicht eines Babys ist sie das nicht! *Das Baby kann sich nämlich seinerseits aus seiner „Rolle" und seinen „Rollenerwartungen" als Baby nicht lösen. Selbst wenn ich als Mutter mit ihm schon darüber diskutieren könnte: es wäre nicht fähig, seine eigenen Grundbedürfnisse dahingehend zu beeinflussen, dass ich mich infolgedessen meinerseits aus meinem „Rollenverhalten" als Mutter ohne Weiteres und ohne Folgen lösen kann.* Muttersein ist deshalb nicht einfach nur eine „Rolle", sondern eine notwendige und wichtige Aufgabe, wenn nicht sogar noch viel mehr, nämlich eine Lebens-Aufgabe. Die Frage ist nur, inwieweit unsere Kultur bzw. Gesellschaft die Mutter in dieser Aufgabe wieder wahrnimmt und akzeptiert. Im Moment sieht es eher so aus, dass die gesellschaftlich-kulturelle Erwartung an das „Rollen"-Verhalten einer Mutter dem Muttersein, so wie sie das Kind erwartet, im hohen Maße entgegensteht (➤ auch Kap. 7). Das liegt wiederum daran, dass man diese, ihre mütterliche Lebens-Aufgabe zumindest für nachrangig erklärt hat.

Warum die Mutter normalerweise die „erste Wahl" für die Betreuung ihres Kindes ist

Kommt ein Baby auf die Welt, will es (über)leben. Der Lebenswille ist in seinen instinktiven Grundbedürfnissen, die es mitbringt, verankert. Dass diese erfüllt werden, ist seine unbedingte Erwartung. Es strebt immer wieder das Wohlgefühl des Mutterleibs an. Es sehnt sich nach Liebe. Wird dieses Wohlgefühl hergestellt, fühlt es sich geliebt. Wer könnte ihm dieses Wohlgefühl, diese Liebe, wohl besser schenken als seine Mutter? Lebt sie ihre Mütterlichkeit mit etwa der Blickrichtung, wie im Vorangegangenen beschrieben, wird sie zur *kompetentesten Person* für ihr Kind: sie lebt mit „allen Fasern" mit ihm verbunden, sie lernt es „lesen", sogar ihre mütterlichen Körperfunktionen lassen ihre Liebe wachsen. Niemand anders, auch nicht der Vater, die Oma oder eine Krippentante, können eine solche einzigartige, auf dieses individuelle Kind eingestimmte Kompetenz erlangen.

Ich bin mir bewusst, dass auch andere Personen die Primärbindung (bzw. eine parallele Bindung) zu einem Kind aufbauen und die „Mutterstelle vertreten" können. Viele Fachleute betonen zu Recht, dass schon viel Gutes gewonnen ist, wenn ein Kind überhaupt eine solche Bindung aufbauen kann. Ich will auch nicht die Liebe und die Leistung anderer Bezugspersonen schmälern – wie oft sind gerade sie aus Liebe in schwierigen Lebenssituationen eingesprungen. Ich denke da zum Beispiel an eine Bekannte, die ihr Enkelkind voll verantwortlich an Kindes statt aufgenommen hat, als ihre Tochter im Teenageralter mit einem Baby noch vollkommen überfordert war. Da ist die Oma wie die Mama und die leibliche Mutter wie eine große Schwester. Es ist gut, dass bei uns Menschen solche Hilfs-„Programme" möglich sind. Dann, wenn die Mutter ihre Aufgabe nicht erfüllen kann, sind der Vater, die Oma, die Tante oder auch eine Tagesmutter für das Kind deutlich besser, weil individueller, familiärer und bindender als eine Kindereinrichtung.

Ich möchte mit meinen Ausführungen die vielgeschmähten Mütter zu einer solchen emphatisch gelebten Mütterlichkeit ermutigen und sie darin bestätigen. Sie können das Optimale für ihre Kinder tun, indem sie das Natürliche bzw. Normale leben. Ihr Einsatz ist ein großer Dienst am Nächsten, denn ihr Kind ist ihr Allernächstes.

Ich möchte mich ferner einem ebenso häufig geäußerten Denkansatz entgegenstellen, der uns glauben machen will, die Mutter sei generell ersetzbar und jedwedes andere Betreuungsmodell sei dem Mutterbindungsmodell ohne Abstriche für das Gedeihen des Kindes risikolos gleichwertig. Folgt man nämlich den meisten öffentlichen Verlautbarungen, dann klingt es so, als könnte man sich nach Gutdünken aus einer großen Angebotskiste irgendetwas heraussuchen. Hört man Krippenbefürworter in der Öffentlichkeit reden, dann hat man das Gefühl, sie wollten herausfinden, mit wie wenig „Mutter" ein kleines Kind so auskommt. Wir Menschen haben das große Glück, zur Not auch bei etwas weniger optimalen Bedingungen zu überleben. Aber die Grenzen weg vom Optimalen sind nicht unendlich erweiterbar.

In unserer Gesellschaft gelten überall höchste Qualitätsstandards. Nur bei der Kinderbetreuung, da scheint oft nicht einmal mehr Mittelmaß angestrebt zu werden. *Gäbe es einen TÜV dafür, dann würde der Qualitätsstandard für die Kinderbetreuung die einfühlsame, natürliche Mütterlichkeit mit Stillen und Bindung sein.* Nur in Zwangslagen kämen Notprogramme zur Anwendung; Maßstab wäre aber immer das Wohl des Kindes. Im Moment aber scheint unsere Gesellschaft die Notprogramme zum Standard, zur Norm erklärt zu haben (➤ Kap. 4, 7, 8). Das schon von daher die Mütter in ihrer Mütterlichkeit heute wenig anerkannt oder unterstützt werden, ist traurig, aber logisch.

Halten wir die Mütter heute vielleicht deshalb für so ersetzbar, weil uns in unserem Kulturkreis so viel von der natürlich gelebten Mütterlichkeit – zum Beispiel das Stillen als Selbstverständnis – abhanden gekommen ist? Die Flasche kann schließlich auch jeder andere geben: Wird in einer Gesellschaft nicht mehr gestillt, erscheint die Mutter für ihr Kind ersetzbar. Erkennt man den Wert des Mutterseins vielleicht deshalb nicht mehr, weil viele Erwachsene als Kind an Mutterliebe nicht wirklich satt geworden sind?[52] Hält man vielleicht auch deshalb den Wert des Mutterseins für einen „Mythos", etwas Unrealistisches aus dem Reich der Märchen? Wird

Muttersein vielleicht gerade deshalb mit häufig Putzen gleichgesetzt[53], weil im deutschen Kulturkreis eine gute Mutter und Hausfrau vielfach am Hochglanz ihres Haushaltes festgemacht worden ist? (➤ Kap. 7) Oder denken wir möglicherweise, ohne Mütterlichkeit auskommen zu können, weil wir heute eine moderne Medizin haben, die die Krankheiten, die durch Flaschennahrung und Fremdbetreuung entstehen, so behandeln kann, dass die Kinder sie überleben? (Ich hätte die schweren Lungenentzündungen während meiner Krippenzeit ohne Antibiotika eventuell nicht überlebt.)

Die Menschheit wäre vermutlich bereits in ihrer Frühgeschichte ausgestorben, hätten unsere Vorfahren in dieser Zeit bereits so wenig unmittelbare Mutternähe gelebt, wie es heute bisweilen propagiert und vielfach praktiziert wird. Die Kinder wären ohne Muttermilch verhungert, an Nahrungsunverträglichkeiten oder an der nächstbesten Infektionskrankheit gestorben bzw. durch die fehlende Körperwärme erfroren, von wilden Tieren gefressen worden usw. *Mütterlichkeit ist eine der elementarsten weiblichen Begabungen, die die Menschheit bis heute überleben lassen hat.* Das relativiert so manche Position, dass Frauen in der Menschheitsgeschichte eine eher nachrangige Rolle gespielt hätten (➤ Kap. 7).

Das moderne Baby ist auch nicht anders als das frühgeschichtliche, denn es hat die gleichen Bedürfnisse und braucht die gleichen Gedeihbedingungen. Deshalb ist Mütterlichkeit auch nichts Überkommenes, sondern ist nach wie vor gültig und tragfähig. Wir brauchen sie dringend für unsere moderne Welt, die immer komplizierter, hektischer und unüberschaubarer wird, denn sie macht unsere Kinder stark genug, später in dieser Welt zu bestehen und die Kraft zu haben, sich manch unheilvollem Sog der Moderne zu entziehen bzw. sich ihm entgegenzustellen. *Demzufolge ist normalerweise die Mutter die erste Wahl für die Betreuung ihres Kindes, alles andere ist zweite und dritte Wahl.*

Der ostdeutsche Psychiater Hans-Joachim Maaz stellt in seinem Buch „Der Lilithkomplex" fest:

> In den ersten drei Lebensjahren des Kindes ist die Mutter die wichtigste Bezugsperson in jeder Hinsicht – durch nichts und niemanden wirklich zu ersetzen und ohne Schädigung des Kindes auch nicht zu kompensieren … In dieser Zeit der wesentlichen Strukturbildung der Persönlichkeit bilden sich ganz basale Fähigkeiten von Welterfahrung heraus: Urvertrauen und Urmisstrauen, Gewissheit oder Zweifel, Selbstsicherheit oder Selbstunsicherheit, Selbstbewusstsein oder Minderwertigkeitsgefühle. Auch die Wurzeln für Sinnerfahrung, Beziehungsfähigkeit und Realitätsbezug gegen Sinnlosigkeit, Kontaktangst, Irrationalität entfalten sich in dieser Zeit. *So entscheidet die Mutter auf das nachhaltigste über die Zukunft ihres Kindes. Sie sollte also in dieser Prägungsphase am besten immer präsent sein* …[54] [Hervorh. von der Verf.]

Nehmen wir uns also am Lebensanfang die Zeit für Mütterlichkeit, investieren wir in die Zukunft. Wie bei jedem Großprojekt wiegen gerade die Entscheidungen am Anfang später doppelt schwer. Deshalb zahlen sich gute Entscheidungen und äußerste Sorgfalt gleich zu Anfang hundertfach wieder aus. Gesellschaftliche Rahmenbedingungen für das Wohl von Kindern müssten von daher zuallererst gute Rahmen- und Entfaltungsbedingungen für die Mütterlichkeit und darüber hinaus für gute Familienbindungsverhältnisse insgesamt sein (➤ Kap. 9). Das wäre die angemessene Art und Weise, ihre Kinder in ihrer Einzigartigkeit und Würde, in ihrer Bedürftigkeit und Verletzlichkeit anzunehmen. Denn die Kinder sind unser kostbarstes Gut. Das sollten sie uns wert sein.

Was die Mama hat und der Papa nicht – und umgekehrt

Wenn ich bisher so ausführlich auf Mütterlichkeit eingegangen bin, dann heißt das nicht, dass Kinder nicht auch ihre Väter brauchen. Durch den Trend unserer Zeit haben wir es heute vermehrt mit Ehescheidung, Trennung, aber auch mit der Beziehungsunfähigkeit, emotionaler und kommunikativer Schwäche sowie mit dem geringeren Gefühl für Verantwortlichkeit von Vätern zu tun. Aber auch Vätern, die ein guter Vater sein wollen, wird es heute vielfach schwer gemacht, das auch zu leben. Die Väter, die arbeitslos oder geringverdienend sind, leiden darunter, nicht besser für ihre Familie sorgen zu können. Und die, die Arbeit haben, sind an ihrem Arbeitsplatz durch ein ständig wachsendes Pensum bzw. Leistungsdruck oft so überlastet, dass kaum noch Zeit für ihre Familie bleibt. Auch bei Selbstständigen ist der Druck ungeheuer groß. Viele – das betrifft besonders den Osten des heutigen Deutschlands – arbeiten, um eben überhaupt Arbeit zu haben, in den alten Bundesländern und können so die Woche über überhaupt nicht für ihre Kinder da sein. Eine große Belastung für alle Beteiligten! Angesichts dieses Vatermangels wird immer deutlicher: Auch Väter sind unersetzlich.

Bei unvoreingenommener Betrachtung scheint der Vorstoß des Familienministeriums mit der „Väterzeit" dieser Tatsache zumindest im Ansatz Rechnung zu tragen. Sieht man allerdings genauer hin, dann soll wohl der Vater offenbar nicht einfach nur mehr bei seiner Familie sein und unter anderem seine Frau unterstützen und entlasten, sondern er soll wie in einer Art Schichtwechsel die Mutter ersetzen und dabei ebenfalls quasi mütterliche Fähigkeiten entwickeln. In der Broschüre der Bundeszentrale für gesundheitliche Aufklärung „Ich bin dabei! – Vater werden" heißt es zwar zunächst, dass die stillende Mutter die „MIP, also die Most Important Person" für ihr Baby ist. Wenn allerdings der Vater „das regelmäßige Füttern des Kindes übernimmt, wird er die MIP sein ... Väter können Babys keineswegs *von Natur aus* schlechter versorgen".⁵⁵ Ganz davon abgesehen, dass die Aussagen schon in sich unlogisch sind, kann man dem insofern recht geben, dass Väter natürlich auch in der Lage sind, zum Beispiel ein Baby zu wickeln und mit ihrem Baby zu schmusen. Sie sollten es unbedingt auch tun, um eine liebevolle Bindung aufzubauen. Aber *„von Natur aus" führt das Schmusen der Väter nicht zur Milchbildung und damit nicht zu der „von Natur aus" vorgesehenen Existenzgrundlage eines Menschenkindes.* Väter haben nun mal keine Mutterbrust und kein weibliches Gehirn, das die entsprechenden Signale (Saugen, Hautkontakt) des Kindes verarbeitet und damit nicht die sich dadurch einstellende Hormonlage, Milch zu produzieren. Und trotzdem soll der „neue" Vater offenbar eine *Still*haltung gegenüber seinem Kind entwickeln. So ist in der Broschüre folgende Aussage eines Vaters zu lesen:

> Nach zwei Monaten Mutterschutz bin ich in die Elternzeit eingestiegen. Morgens und abends bekam die Kleine die Brust meiner Frau, tagsüber gab es abgepumpte Muttermilch aus der Flasche. Das klappte alles ganz wunderbar.⁵⁶

Es ist alles also nur eine Frage der „Absprachen" und der Organisation. Kein Wort dazu, dass nicht jedes kleine Kind einen solchen Wechsel vom Saugen an der Brust zum Saugen an der Flasche und den fast unvermeidlichen Stress der Gesamtsituation mitmacht, dass sich nicht jede Brust zum länger andauernden Abpumpen eignet bzw. darüber, dass durch den beruflichen Stress, den mangelnden Körperkontakt zum Kind und durch die Flasche, die unter Umständen dazu führt, dass das Kind „saugfauler" wird, die Milchbildung zurückgehen kann. Man fragt sich, wieso denn die Mutter ohne Not und Ausnahmesituation mit voller Brust und Milchpumpe zur Arbeit in den Betrieb gehen, und der Vater beim Kind bleiben und die abgepumpte Muttermilch mit Flasche füttern soll. (Unter Umständen ist es bald künstliche Nahrung.)

In der Broschüre heißt es weiter, dass auch die Väter weiterhin Teilzeit arbeiten können (wer gibt denn dann die Flasche …?) und dass diese

> besonders motiviert und zufrieden sind, zumal sie bei der Erziehungs- und Hausarbeit unschätzbare Qualifikationen in den Bereichen Organisation und Stressbewältigung erwerben … Nicht zuletzt kann die Elternzeit auch für Väter eine wertvolle „Auszeit" sein, in der sie mit etwas Abstand vom Beruf vieles neu überdenken und möglicherweise eine neue berufliche Weiche stellen können.⁵⁷

Ich habe meinen Augen nicht getraut: Da wird doch tatsächlich das, was hinsichtlich der Mütter in Abrede gestellt wird und als „Versauern" gilt, bei Vätern auf einmal als Persönlichkeitsentfaltung bewertet.

Wozu soll es scheinbar normal werden, dass der für das Stillen unbegabte Vater das „Stillen" übernimmt? Und warum wird der menschliche

Intellekt dazu benutzt, die Dinge derartig zu verkomplizieren, noch dazu bei sich verschlechternder Qualität? Damit die Frauen schneller wieder berufstätig sein können und damit der Mann endlich auch einmal merkt, wie anstrengend der Alltag mit einem Kleinkind sein kann?

Die Antwort lautet „Gender" bzw. „Gender Mainstreaming". Der englische Begriff „Gender" bezeichnet das sogenannte soziale Geschlecht. Ob ein Mann ein Mann oder eine Frau eine Frau ist, hängt – so der Ansatz der Gender-These – nicht mit ihrem biologischen Geschlecht zusammen, sondern mit dem sozial geprägten Rollenverständnis.

> Unter dem Deckmantel der Gleichberechtigung stürmen Anhänger des Gender Mainstreamings in die Ministerien, in Firmen und Kommunen, um ein für allemal mit dem Unterschied zwischen Mann und Frau aufzuräumen.[58]

Gender ist die neue Zielrichtung des Feminismus, dem eine „einfache" Gleichberechtigung bzw. Gleichstellung längst nicht mehr ausreicht. Es geht jetzt um nicht mehr und nicht weniger als um die Schaffung des neuen Gender-Menschen, der sich aussuchen können soll, ob er als Mann oder Frau leben will. Es geht um die vollständige „Zerstörung der traditionellen Geschlechtsrollen. Schon aus diesem Grund muss das als Zwangsbegriff verneinte *Geschlecht* durch *Gender* ersetzt werden".[59] Wer das alles für einen schlechten Scherz hält, der wird staunen, dass dieser Begriff bereits seit 1999 Regierungs- und EU-Leitlinie ist. So heißt es auf der Internetseite des Familienministeriums: „Diese (Geschlechterrollen) sind – anders als das biologische Geschlecht – erlernt und damit auch veränderbar." [!] Da der Mensch aber je jünger desto prägbarer ist, muss man möglichst früh mit der geistigen Geschlechtsumwandlung beginnen. Für diesen ideologischen Wahn braucht man die „Lufthoheit über die Kinderbetten", wie es in SPD-Kreisen heißt. *Gender ist das neue ideologische Ziel der Krippen*: Einerseits geschlechtsneutrale Behandlung von Jungen und Mädchen, andererseits Frühsexualisierung bereits der Kleinsten. Wer es nicht glaubt, kann sich darüber ausführlich auf den Internetseiten der Bundeszentrale für gesundheitliche Aufklärung, die hinsichtlich der Sexualaufklärung dem Familienministerium untersteht, unter www.gender.de sowie durch weiterführende Literatur[60, 61] informieren. Ich mag mir gar nicht vorstellen, in welches innere Chaos die Heranwachsenden, die schon jetzt oft nicht wissen, wer sie sind, durch eine solche Desorientierung hineinmanipuliert werden. Abgesehen davon ist das in einem Volk mit sinkender Geburtenrate geradezu selbstmörderisch.

Festzuhalten bleibt, dass die Gender-Ideologie, die auch in der marxistischen Ideologie wurzelt, darauf hinausläuft, uns Menschen in unserer elementarsten Daseinsweise, eben als Mann oder Frau, in Frage zu stellen. Außerdem kommt sie schleichend durch die „Hintertür", ohne von einer breiten Öffentlichkeit in ihren Konsequenzen wahrgenommen zu werden. Der Sozialismus in der DDR hingegen war offensichtlich. Da wussten wir noch genau, wo unser (ideologischer) Feind steht.

Mir drängt sich der Eindruck auf, dass letztlich *alle* Bereiche des Lebens gender-tauglich umgestaltet werden sollen. In einer Dokumentation des Nachrichtenmagazins „idea" aus dem Jahre 2008 stand zum Beispiel zu lesen:

> Gender-Kompetenz-Zentren grübeln über geschlechtergerechte Formulierungen, Wissenschaftler verdienen ihr Geld mit Studien über Geschlechterbenachteiligungen in irgendeinem Bereich des öffentlichen Lebens, und Politiker finanzieren geschlechterkorrekte Spielplätze und Stadtbibliotheken ... Erklärtes Ziel ist die feministische Umgestaltung der Sprache und eine Abschaffung sozialer Geschlechterunterschiede.[62]

Dass das Unsummen unserer Steuergelder verschlingt, sei nur nebenbei bemerkt.

Wenn aber Mann und Frau letztlich gleich(gemacht) sind, dann sind sie auch als Vater und Mutter in ihrer „Rolle" gegeneinander austauschbar. So die Logik dieser ver-rückten Ideologie.

Schon seit der 68er-Revolte im Westen, aber auch im Sozialismus, ging man davon aus, dass Mann und Frau im Prinzip gleich seien, bis auf die Gebärfähigkeit. Gleichberechtigung heißt dann: Befreiung der Frau von den Folgen der Gebärfähigkeit bzw. vom Muttersein. „Pille" und Abtreibung sowie in gewisser Weise auch Flaschennahrung und Kindereinrichtungen werden heute als die modernen „Befreiungen" vom Muttersein dargestellt und oft auch so empfunden. Aber sind Mann und Frau wirklich gleich bis auf die Gebärfähigkeit? Es gibt inzwischen viele wissenschaftliche Erkenntnisse darüber, dass Mann und Frau sich nicht nur hinsichtlich der Gebärfähigkeit unterscheiden. Ich hatte eigentlich gehofft, dass damit die Gleichmacherei-Ideologien endgültig überwunden wären.

Erkennt man eine Spezifik von Mann und Frau an, geht es eben nicht um ein Plattmachen der individuellen Einzigartigkeit eines jeden Menschen, noch um ein künstliches Aufdrücken von Klischees, sondern es geht um Typisches. Es geht um Elementares, das auch, wenn es durch verschiedene Kulturen modifiziert ist, in uns wirksam ist, seitdem die Menschheit existiert. Es hat uns zum Beispiel auch in Form der sogenannten *natürlichen Arbeitsteilung*[63] über einen langen Zeitraum der Menschheitsgeschichte hinweg überleben lassen.

Frauen und Männer unterscheiden sich bis in jede Körperzelle hinein, sodass man bei der Untersuchung von Zellgewebe herausfinden kann, ob die Zellen von einer Frau oder einem Mann stammen. Abgesehen davon hat die amerikanische Hirnforschung entdeckt, dass es deutliche geschlechtsspezifische Unterschiede des Gehirns von Männern und Frauen gibt, die sich keineswegs nur auf Strukturen beschränken, die mit dem Fortpflanzungsverhalten zu tun haben.

> Eine ganze Wissenschaftlergeneration reifte in dem Glauben heran ... Als Irrtum entlarvt wurde dies mittlerweile durch eine Flut von Ergebnissen, die den Einfluss des Geschlechtes auf viele Bereiche der Kognition und des Verhaltens herausstreichen. Dazu gehören Gedächtnis, Emotionen, Sehen, Hören, das Verarbeiten von Gesichtern und die Reaktion des Gehirns auf Stresshormone... Die verbreitete hirnanatomische Ungleichheit zwischen Frauen und Männern lässt ... vermuten, dass das Geschlecht tatsächlich die Funktionsweise des Organs beeinflusst.[64]

So stellte man zum Beispiel fest,

> dass Teile der Stirnrinde, Sitz vieler höherer kognitiver Funktionen, bei Frauen massiger (im Verhältnis zur Größe des jeweiligen Gehirns) sind als bei Männern – ebenso Teile des limbischen Cortex, der bei *emotionalen* Reaktionen mitwirkt. Bei Männern hingegen sind Bereiche des Schläfenlappens, mit zuständig für *räumliche* Fähigkeiten, größer ... Selbst auf der Ebene von Zellen treten solche Sexualunterschiede auf. Zum Beispiel entdeckten [Wissenschaftler] an der McMaster-Universität in Hamilton (Kanada), dass Teile der weiblichen Schläfenrinde, die mit *Sprach*verarbeitung und -verständnis zu tun haben, eine höhere Dichte von Neuronen aufweisen ... Zu Stande kommen dürfte eine derartige anatomische Variation großenteils durch die Geschlechtshormone, in denen das Gehirn des Fetus regelrecht badet. Sie wirken lenkend auf die Organisation und Verdrahtung des sich entwickelnden Gehirns und beeinflussen Struktur und Neuronendichte verschiedener Bereiche ... Diese Korrelation zwischen der Größe einer Hirnregion bei Erwachsenen und der Wirkung von Sexualhormonen in der Gebärmutter deutet darauf hin, dass zumindest einige der *geschlechtsspezifischen Unterschiede* in den kognitiven Funktionen nicht durch kulturelle Einflüsse oder hormonelle Änderungen während der Pubertät entstehen – sie sind *von Geburt an da*.[65] [Hervorhebung von der Verf.]

Soweit Larry Cahill (Kalifornien), Professor für Neurobiologie und Verhalten. Man kann immer wieder beobachten, dass tendenziell schon kleine Jungen und Mädchen unterschiedliches Spielzeug bevorzugen: die Jungen greifen eher zu Bällen, Autos und Bausteinen, die Mädchen eher zu Püppchen, Teddys und Tüchern. Dazu ein Erlebnis in unserer Familie, worüber wir heute noch lachen: Meine Tochter hatte ihren zweiten Geburtstag und packte gerade ihre Geschenke aus. Einer ihrer Onkel, ein Ingenieur, hatte ganz bewusst einen Holzstabilbaukasten – mit dem Bild einer zusammengebauten Lok auf dem Kartondeckel – als Geschenk ausgesucht. Seine Frau hatte, eher dabei an mich denkend, noch eine hübsche Unterwäsche mit roten Schleifchen dazugelegt. Meine Kleine packt aus, griff mit einem Jubelschrei nach der Unterwäsche und rannte damit ins Schlafzimmer vor einen großen Spiegel und drehte sich davor, die Unterwäsche an sich haltend. Der Baukasten mit der bunten Lok darauf blieb von ihr völlig unbeachtet. Er wurde erst ausgepackt und kam zu Ehren, als mein drittes Kind, ein Junge, in das „Bau-Alter" kam. Ihr Onkel sagt heute noch, dass unser Mädchen ihn von der Vorstellung befreit hätte, dass viele Frauen allein deshalb weniger technisch interessiert seien, weil sie von vornherein zu wenig Zugang zu „technischem" Spielzeug hätten. Nun könnte man natürlich einwenden, dass mit zwei Jahren schon auch eine gewisse kulturelle Prägung vorhanden ist.

Um der Frage nachzugehen, ob die Vorlieben eher kulturell oder eher durch die angeborene Hirnbiologie bedingt seien, untersuchten Verhaltensforscher das Verhalten von Affenkindern. Man gab Grünen Meerkatzen eine Auswahl von Jungen-, Mädchen- und geschlechtsneutralem Spielzeug:

> Tatsächlich verbrachten männliche Meerkatzen mehr Zeit mit dem „Jungenspielzeug", als ihre weiblichen Artgenossen. Und diese wiederum befassten sich mehr mit Spielsachen, die typischerweise von Mädchen bevorzugt werden. Beide alberten gleichlang mit Bilderbüchern und anderem geschlechtsneutralen Spielzeug herum.[66]

Hier wird man ja wohl kaum behaupten können, dass die Meerkatzenkinder „kulturell geprägt" seien. Ein weiteres interessantes Ergebnis erbrachte eine Untersuchung an der Universität Cambridge: Man filmte die Reaktionen von Babys, die erst einen Tag alt waren:

> Die Kleinen sahen entweder ... in das Gesicht einer freundlichen Studentin oder [in] ein Mobile, das die Farbe, Größe und Form des Gesichtes der Studentin hatte, aber deren Gesichtszüge in einem Durcheinander zeigte. Die Forscher wussten zunächst nicht, welches Geschlecht das Baby hatte. ... die Mädchen verbrachten mehr Zeit damit, das lebende Gesicht anzuschauen, während die Jungen dem mechanischen Objekt den Vorzug gaben. D. h., den Unterschied hinsichtlich des sozialen Interesses, des Interesses am Menschen, bringen wir offensichtlich bereits mit auf die Welt.[67]

Vor Jahren erlebte ich ebenfalls etwas, was diesen Zusammenhang verdeutlicht: Ich hatte die Gelegenheit, Eltern von Zwillingen beim Stillen zu begleiten. Als die beiden Kinder, ein kleiner Junge und ein kleines Mädchen, etwa 1 ½ Jahre alt waren, gestand mir der Vater, dass diese Kinder sein Weltbild völlig umkrempeln würden. Denn obwohl sie ständig das gleiche Spielzeug zur Verfügung hätten, würde das kleine Mädchen von Anfang an deutlich die Püppchen und der kleine Junge entsprechend deutlich die Autos und Ähnliches bevorzugen. Er sei bisher der festen Überzeugung gewesen, dass das alles ausschließlich kulturell geprägt wäre.

Auch während der weiteren Kindheit bewirkt das Hormon Testosteron – das bei Jungen kurz nach der Geburt, mit vier Jahren und in der Pubertät besonders spürbar wird –, dass Jungen kräftigere Muskeln entwickeln, mehr rote Blutkörperchen haben und körperlich aktiver sind.

Es begünstigt außerdem

ein energiegeladenes, lautstarkes und ungestümes Verhalten ... Einige Unterschiede zwischen Jungen und Mädchen sind so offenkundig, dass es verwundert, dass man sie übersehen konnte.[68]

Der australische Familienpsychologe Steve Biddulph plädiert in seinem Buch „Jungen!" dafür, dass man der Spezifik der Jungen gegenüber den Mädchen sowohl in der Erziehung als auch in der Schulbildung wieder mehr Rechnung trägt, gerade damit sie nicht den Mädchen gegenüber ins Abseits geraten. Kindergärten und Schulen sind in ihren Methoden und Angeboten häufig an weiblichen Vorlieben und Grundbegabungen orientiert. Einer meiner Jungen, ein wirklich kreatives Kind, war bereits in der ersten Klasse über den Werkunterricht ziemlich frustriert. Es sei stinklangweilig, es wäre immerzu nur „Mädchen-Basteln" dran. Er wollte lieber Schiffe und Kräne aus Holz bauen. Werden die Interessen der Jungen zu wenig beachtet, verlieren sie ganz schnell das Interesse am Lernen und meinen, das sei was für Mädchen.

Doch nicht nur das. Hat das frühkindliche Jungengehirn keine guten Entfaltungsbedingungen, dann ist das für einen Jungen noch schlechter (bzw. anders schlecht) als für ein Mädchen. Das männliche Kleinkindgehirn hat es aufgrund des Testosterons noch schwerer, die rechte mit der linken Gehirnhälfte zu verknüpfen. Sind die beiden Gehirnhälften nur wenig verknüpft, wird es den Jungen später umso schwerer fallen, Dinge zu tun, an denen beide Gehirnhälften beteiligt sind, wie Lesen, Sprechen über Gefühle und die Lösung von Konflikten im ruhigen Gespräch statt mit aggressiven Handlungen.[69] *Je mehr wir also in Zukunft gute, kommunikative, beziehungsfähige Männer und Väter haben wollen, desto mehr müssen die kleinen Jungen von heute eine herzliche, empathische Mutterbindung erleben dürfen.* Sie brauchen die treue Liebe der ersten Frau in ihrem Leben, ihrer Mutter, um ein ganzer Mann zu werden. In den ersten Jahren ist er einfach „ihr" Junge, eben ein „Muttersöhnchen"; mit zunehmendem Alter kommt dann die Bedeutung des Vaters für den Jungen stetig dazu. Steve Biddulph hebt hervor, dass gerade für die kleinen Jungs eine Fremdbetreuung während der ersten drei Lebensjahre nicht gut ist: Sie brauchen eine familiäre Betreuung.[70] Im Umkehrschluss heißt das: Je mehr wir eine Kinderbetreuung nach feministischer und sozialistischer Vorstellung haben, desto weniger Männer und Väter, so wie wir Frauen sie uns wünschen, und umso mehr beziehungsgestörte Männer mit mangelnder Rücksichtnahme und Fürsorge und umso mehr problematische männliche Jugendliche mit einem Hang zur Aggressivität dürfte es in Zukunft wohl geben.[71] (➤ auch Kap. 4 und 5)

Wir Menschen kommen also durchaus geschlechtsspezifisch zur Welt, und zwar sogar in dem Maße, dass zum Beispiel die Mediziner inzwischen davon ausgehen, dass sie verschiedene Krankheiten bei Frauen und

Männern unterschiedlich behandeln müssten. Wir haben weibliche und männliche Spezifika, die uns, wie ich im Folgenden zeigen möchte, ganz besonders geeignet machen, unseren Kindern entsprechend Mutter oder Vater zu sein. Diese Spezifika sind:

- Das Stillen im Zusammenspiel der weiblichen Brust mit dem Gehirn und dem spezifisch weiblich-mütterlichen Hormonhaushalt.
- Die dichtere Vernetzung von rechter und linker Gehirnhälfte: Alles, was eine Frau tut oder sagt, hat dadurch sofort auch emotionale Färbungen. Ihre besondere Begabung ist daher Intuition und Empathie.
- Die Frau hat ein hohes Interesse an Menschen und Beziehungen. (Alle „bunten" Illustrierten leben davon.)
- Wir Frauen sind sprachbegabter (man vergleiche die Schulnoten in Deutsch und Fremdsprachen bei Jungen und Mädchen) und redseliger (die Telekom freut sich). Wir denken, indem wir reden bzw. wir können umso besser unsere Gedanken ordnen, indem wir sie aussprechen.
- Frauen können besser „mehrschichtig" denken und handeln. Wir können eben „gleichzeitig" einen Kuchen backen, unser Kind „im Auge behalten" bzw. „im Ohr" und unter Umständen nebenbei noch daran denken, wie der nächste Kindergeburtstag ablaufen soll.
- Unsere Augen haben auch organisch ein deutlich breiteres Gesichtsfeld, als es bei Männern der Fall ist, sodass wir eben auch tatsächlich – im doppelten Sinne – mehr im Blick haben können.
- Bei der Verarbeitung von erlebten bzw. gesehenen Situationen aktiviert sich bei Frauen eher die linke Hirnhemisphäre, wobei eher feine, einzelne Details einer Situation im Mittelpunkt stehen. Bei Männern wird die rechte Hemisphäre aktiviert, wobei eher zentrale Aspekte eines Geschehens eine Rolle spielen.[72] Bei der Betreuung unserer Kinder ist uns die Wahrnehmung der feinen Details und der kleinsten Veränderungen besonders nützlich, um entsprechend darauf eingehen zu können.
- Frauen halten Dauerstress eher aus als Männer.[73] Das Leben mit einem Kind oder mehreren kleinen Kindern mit seinem ständigen Gefragtsein kann man durchaus auch als Dauerstress empfinden.
- Wir Frauen haben eine hohe Stimme, eine feinporigere Haut und eine tendenziell bessere Feinmotorik.
- Bindungsforscher stellten fest, dass der mütterliche Körper bei Hautkontakt das Baby wärmt, sollte es zu kühl sein, oder aber das Baby kühlt, sollte es zu warm sein. Der Vater kann das nicht. Die mütterliche Haut wirkt wie ein Aggregat.
- Männer haben andere Hirnstrukturen und von klein an einen viel höheren Testosteronspiegel im Körper. Das macht ihre Muskeln stärker

und ihr Wesen aggressiver, offensiver und kämpferischer. Sie wollen „das Feld behalten" bei beruflichen oder sportlichen Herausforderungen oder auch bei einer Frau.
- Männern liegt die Grobmotorik meist mehr als die Feinmotorik. Schon Jungen haben oft eine schlechtere Schrift als Mädchen.
- Männer sind eher sach- und zielorientiert als beziehungsorientiert. Wenn Männer viel reden, dann meistens sachbezogen: über Sport, Computer, Politik usw.
- Männer lieben Herausforderungen, Ziele und Wettstreit; sie sind eher auf Konkurrenz aus als auf (harmonische) Beziehung, wie es bei Frauen der Fall ist.
- Männer denken und handeln meist in *einer* Sache: Sie können sich schwerer auf zwei grundsätzlich verschiedene Dinge konzentrieren. Eine Aufforderung wie zum Beispiel „Nimm doch mal das Kind hier weg, ich will jetzt hier Fenster putzen." empfinden wir Frauen oft als Provokation, weil wir das eben zusammen hinkriegen.
- Männer reden weniger; sie haben es durch die geringere Verknüpfung von rechter und linker Gehirnhälfte schwerer, ihre Gefühle in Worte zu fassen.
- Sie haben herausragende Fähigkeiten, sich räumlich bzw. im Gelände zu orientieren und konstruktiv-technisch zu denken.
- Männer sind eher gut in punktuellen Stresssituationen, während sie Dauerstress weniger gut verkraften als Frauen (s. o.).

Wir sind also, ob wir wollen oder nicht, in vielen unserer Verhaltensweisen gar nicht so modern, wie wir immer tun. Selbst in einfachen Alltagssituationen sind die Männer eher die zielbewussten, sachorientierten „Jäger" oder „Entdecker", die für die Ihrigen „kämpfen" und sie „verteidigen". Die Frauen sind die „Sammlerinnen", die ihre Augen schweifen lassen, um die Plätze mit den „leckersten Beeren" zu entdecken, um die Ihrigen zu verwöhnen bzw. es ihnen gemütlicher zu machen. Man beobachte zum Beispiel Männer und Frauen beim Einkaufen: Männer haben ein bestimmtes Ziel, Frauen gucken, auch wenn sie eins haben, schnell noch hier und da hin. Frauen haben gerne (große) Taschen, Männer haben gern die Hände frei, um „verteidigungsbereit" zu sein.[74] Diese Beispiele ließen sich beliebig vermehren.

Frauen sind nach wie vor nicht so sehr an technischen wie an zum Beispiel sozialen Berufen interessiert. Auch wollen nicht alle Frauen die Chefetagen erobern. Die Feministinnen beklagen, dass Frauen immer noch nicht 50 % der Chefsessel besetzen.[75] Frauen sind eben selbst in ihrem Arbeitsumfeld mehr auf Bindung, d. h. mehr auf harmonische Beziehungen als darauf aus, Spitzenpositionen zu erobern. Wenn man die nämlich erreichen will, kann man auf Harmonie keine Rücksicht nehmen.

Die Frauen haben im Zeitalter der Emanzipation längst bewiesen, dass sie im Berufsleben vieles genauso gut beherrschen wie Männer. *Aber eins können sie besser, nämlich Mutter sein.*

Was bei größeren Kindern undeutlicher und verwischter wird, ist bei kleinen Kindern signifikant deutlich: Sie brauchen Mütterlichkeit, und die kann eine Frau aufgrund ihrer typischen weiblichen Begabungen zu ihrem Kind entwickeln. Mütterlichkeit bedeutet, wie ich es bereits ausführlich beleuchtet habe: *Stillen* der körperlichen und seelischen Grundbedürfnisse, das *Ernähren von Leib und Seele.* Das bewirkt *Gedeihen* und *Überleben. Es geht also bei der Mütterlichkeit um die unmittelbare Lebensbasis, die Existenz eines Kindes.* Ich erwähnte es anfangs bereits: Jedes Bindungsverhalten, jeder Kontakt, jedes Schmusen bewirkt natürlicherweise *Milchbildung* und *Stillfähigkeit.* Daher neigen Mütter grundsätzlich eher dazu, dem Kind gegenüber eine *beruhigende, beschwichtigende, tröstende, die Kinderseele vor Stress schützende,* kurz: eine in jeder Weise *stillende Haltung* einzunehmen. Selbst bei Frauen, die ein fremdes Baby (meist sehr gerne) auf den Arm nehmen, kann man beobachten, dass sie das Kleine meist sofort wiegen und schuckeln. Männer tun das meiner Beobachtung nach nicht.

Wenn das Kleine von seiner Mama satt wird und gedeiht, dann wachsen mit ihm auch sein Aktionsradius und seine Neugier. Es will die Welt entdecken. Spätestens da wird auch der Vater unmittelbar wichtig. Ich habe über die Jahre auch etliche Väter immer wieder beobachten können. Sie legen deutlich weniger eine beruhigende Haltung an den Tag. Es macht ihnen Spaß, ihre Kinder zu neuen Entwicklungsschritten herauszufordern, sie tollen mit ihnen herum, sie träumen davon, mit ihren Kindern bald dieses und jenes unternehmen und ihnen zeigen zu können. *Die Haltung der Väter ist häufig offensiver, herausfordernder, entdeckender, fördernder und fordernder und auch meist konsequenter.* Es geht ihnen bewusst oder unbewusst mehr ums *Entdecken der Welt und um Lebensbehauptung.* Dafür braucht auch der Vater die Bindung zu seinem Kind. Denn nur so wird es *seiner Leitung und auf seine Stärke vertrauen.* Deshalb sollte auch der Vater mit seinem Baby schmusen, es zum Beispiel im Tragetuch tragen usw. Gerade auch, wenn die Beinchen noch nicht so lange laufen können, ist Tragen ein besonderer Liebesbeweis.

Folgendes erlebten wir mit einem unserer Jungs: Er war drei Jahre alt. Während einer Urlaubswanderung trug mein Mann ihn über weite Strecken. Als er dann abends im Bett lag, sagte er glücklich: „Wenn ich mal groß bin, werde ich ein großer Papa und ein lieber Papa und ich trage meine Kinder lange."

Auf dieser Basis entwickeln Kinder ein geradezu übergroßes Vertrauen zu ihrem Papa und dazu, wie stark er ist und was er alles kann. Wenn gerade den (kleinen) Jungs ein Spielzeug, das dem Entdeckerdrang nicht standgehalten hat, kaputt gegangen ist; der Papa kann es auf jeden Fall reparieren. „Paparieren" sagten meine Kinder unabhängig voneinander. Als mein Mann kurz vor dem Einzug in unser neues Haus als Erstes provisorisch überall Lampen anbrachte, fragte mich der Kleinste am Abend: „Mama, und wer hat die Sterne am Himmel angebracht?" Als ich zurückfragte, was er denn denke, sagte er: „Na, der Papa!" Mit dem Papa zusammen werkeln, das finden schon kleine Jungen richtig toll. Unabhängig voneinander, so etwa mit vier Jahren, meinten meine Söhne, sie spielten am liebsten Arbeiten.

Kleine Jungen brauchen den starken Papa im Rücken, wenn sie sich dann zunehmend mit anderen rangeln. Sie verweisen dann oft darauf, dass ihr Papa stark ist, auf jeden Fall stärker als der andere. Sie brauchen ihn, um von ihm einen fairen Wettstreit zu lernen und ihre großen Muskeln zu trainieren. Ich erinnere mich daran, als mein Jüngster (ca. 5 Jahre alt) und ich im Garten Ball spielten; erst Ballfangen und dann wollte er Fußball spielen. Nach kurzer Zeit meinte er, er wolle lieber mit M. (seinem älteren Bruder) oder mit dem Papa spielen, ich schösse nicht scharf genug.

Die kleinen Mädchen brauchen den Vater von Anfang an, um in ihrer Weiblichkeit und Schönheit bestätigt zu werden. Ich erinnere mich daran, wie unser ca. 1 ¼ Jahr altes Mädchen mit einem neuen Kleidchen geradewegs zu ihrem Papa lief und sich vor ihm hin- und herdrehte. Und wie strahlte sie, als er sie bewunderte. Wie wichtig ist die liebevolle Wertschätzung und Anerkennung des Vaters für eine Tochter. Schließlich ist er der erste Mann in ihrem Leben. Auch das schützt ein Mädchen davor, sich später dem Erstbesten an den Hals zu werfen, nur weil er vielleicht der Erste ist, der sie ein wenig schön findet.

Es zeigt sich in aller Deutlichkeit: *Kinder brauchen also die Mütterlichkeit ihrer Mutter und die Väterlichkeit ihres Vaters.*

Vater und Mutter wiederum brauchen einander, um sich einerseits zu ergänzen und andererseits einander gegenseitig jeweils im Vatersein und im Muttersein zu unterstützen. Gerade Alleinerziehende empfinden oft schmerzlich, dass sie den anderen Part nicht ausfüllen können. Besonders offen tritt das bei alleinerziehenden Müttern und ihren Söhnen zutage. Dann ist es gut, wenn ein Großvater oder ein anderer Verwandter diese Lücke wenigstens teilweise schließen können.

Auch so mancher Vater fühlt seine Begrenztheit, wenn mütterliche Begabungen gefragt sind. So ging es zum Beispiel Herrn M.: Als sein zweites Kind ein Jahr alt war, wollte seine Frau, nachdem sie bereits mehrere Jahre Vollzeitmutter gewesen war, den ihr noch fehlenden Berufsabschluss absolvieren; er stieg dafür in die Elternzeit ein. Jeder würde die Gesamtbedingungen als ideal betrachten: Sie brauchte dafür nur vormittags von zu Hause weg zu sein, und er war ein begeisterter Vater, der durch seine bisherige berufliche Tätigkeit tagsüber ohnehin mehr als andere Väter zu Hause gewesen war und viel Kontakt zu seinen Kindern hatte. Und doch brachte diese neue familiäre Situation so viel Stress ein – die Kinder wurden unausgeglichener, vor allem der Jüngste wurde mehr krank –, dass die Eltern sich nach einem halben Jahr entschlossen, dass die Mutter ihr Vorhaben erst einmal wieder abbrach. Auch heute noch, nach ein paar Jahren, sind beide Elternteile froh über diese Entscheidung. Der Vater, der hoch motiviert in diese Situation eingestiegen war, äußerte, es habe immer wieder Situationen mit den Kindern gegeben, vor allem mit dem Kleinsten, in denen er sich als Vater überfordert gefühlt und bei dem er gewusst habe, dass seine Frau als Mutter die Dinge intuitiv sofort erkannt und gelöst hätte; einfach weil in dem Moment Mütterlichkeit (unter anderem Stillen) gebraucht worden wäre.

Ein Vater von vier Kindern, der viel Kontakt mit seinen Kindern pflegt, meint, spätestens wenn die Mutterbrust gebraucht wird, dann wüsste man, dass man(n) hier seine Grenzen habe. Er halte die gegenseitige Ersetzbarkeit von Mutter und Vater für ziemlichen Unsinn. Ein anderer Vater, mit dem ich vor einigen Jahren ins Gespräch gekommen war, schilderte sein Empfinden so: Als Freiberufler mit Büro im eigenen Haus erlebte er den Alltag mit Zwillingen mit allen Höhen und Tiefen hautnah mit. Er sagte, dass er, wenn sie manchmal gleich beide schrien, überhaupt keinen klaren Gedanken mehr fassen konnte und am liebsten nur noch die Flucht ergriffen hätte. Seine Frau dagegen hätte in dem ganzen Chaos immer noch die Ruhe bewahren können und vor allem so irgendwie aus dem Nichts heraus einfach die richtige Idee gehabt, woran es den beiden Kleinen denn gerade fehlte. Er hätte seine Frau für ihre Intuition immer zutiefst bewundert.

Ob Frauen über den Rollentausch mit dem Vater, den sie vorab vereinbart haben, auf Dauer immer so glücklich sind, wie es ihnen in der Öffentlichkeit suggeriert wird? Hier zwei Erfahrungen, die ich machen konnte: Während einer Stillweiterbildung in Sachsen traf ich eine junge Physiotherapeutin. Ihr Kind war zehn Monate alt. Da es mit sieben Monaten schwer krank gewesen war, wäre sie gern wieder vollzeitig bei ihrem Kind geblieben – sie war seit dem fünften Monat für 25 Stunden günstigerweise unweit ihrer Wohnung berufstätig und der Vater ihres Kindes hatte offiziell die Elternzeit genommen. Aber ihr Freund wollte es nun unbedingt so beibehalten, weil sie es „nun einmal so vereinbart" hätten. (Finanzielle Gründe, dass sie zum Beispiel mehr verdient als er, spielten bei ihnen keine Rolle.)

Eine zweite Erfahrung stammt noch aus DDR-Zeiten, kurz vor der Wende. Eine Familie G. handhabte es bei ihrem ersten Kind so: Für das erste Jahr, das „Babyjahr", blieb die Mutter zu Hause. Weil für die Eltern eine Krippe nicht in Frage kam, kündigte der Vater seine Stelle, übernahm das zweite Jahr und die Mutter ging wieder voll arbeiten. In diesem zweiten Jahr wollte die Frau wieder schwanger werden, um dann das dritte Jahr wieder mit beiden Kindern zu Hause sein zu können. Das klappte auch alles wunderbar. Als ich aber danach die Mutter fragte, ob sie das beim zweiten Kind im zweiten Lebensjahr wieder so regeln wollten, verblüffte mich die Antwort: Nein, sie wolle das nie wieder so machen. Wenn sie, nachdem sie den ganzen Tag weg gewesen war, nach Hause kam, hätte sie immer das Gefühl von einem Filmriss gehabt. Sie hätte einfach nicht gewusst, was so im Einzelnen über den Tag mit dem Kleinen los gewesen sei. Es hätte sie geschmerzt, dass die Verbindung zwischen ihr und ihrem Kind irgendwie unterbrochen gewesen war. Und es hätte immer den ganzen Sonnabendvormittag gedauert, bis sie das Gefühl gehabt hatte, die Verbindung sei wiederhergestellt. Sie blieb beim zweiten Kind dann vier Jahre vollzeitlich zu Hause und suchte sich danach eine Halbtagsstelle.

Ich denke, es wäre für unsere Elternschaft gut, wenn wir uns unserer unterschiedlichen Grundbegabung als Mutter und Vater wieder mehr bewusst zu werden bzw. sie im Bewusstsein behielten, wenn wir uns in unserer Andersartigkeit annehmen und auf dieser Basis versuchen, zu einem guten Team zu werden. Wie wäre es, wenn wir uns sogar über unser Anderssein freuen könnten! Das könnte vieles erleichtern und vereinfachen. Dieses Bewusstmachen könnte, nebenbei bemerkt, auch so manche Ehe retten, denn viele Auseinandersetzungen beruhen auf den nicht erkannten Unterschieden von Mann und Frau, die dann gegeneinander gerichtet wirken, anstatt dass sie wie Puzzleteile zusammenpassen. Wäre es nicht viel besser und effektiver, wenn jeder das macht, was er am besten kann, und zwar sowohl hinsichtlich der Grundbegabungen als auch der individuellen Neigungen?

Wenn grundlegende Dinge immer wieder neu ausgehandelt werden müssen bzw. die Versorgung eines Kindes wie eine Zumutung „gerecht" verteilt wird, vergrößert sich der Zündstoff möglicherweise umso mehr. So war es zum Beispiel in folgendem Fall: Am Rande eines Vortrags kam ich mit einem älteren Herrn aus den alten Bundesländern ins Gespräch. Er erzählte mir von einem Fall, den er in seiner unmittelbaren Nachbarschaft mit einer jungen Familie miterlebt hatte: Eines Tages stand der kleine zweijährige Sohn der Familie an seinem Gartenzaun und sie plauderten ein wenig. Mein Gesprächspartner bemerkte, dass der Kleine „die Hose voll hatte". Er nahm ihn bei der Hand, um ihn schnell zu seinen Eltern zu bringen. Als sie zu seiner Mutter kamen, hätte sie ohne weiter aufzublicken zu dem kleinen Jungen gesagt: „Geh, such deinen Vater, der ist heute dran." Kaum ein Jahr später sei die Ehe geschieden gewesen. Wie muss sich wohl ein Kind fühlen, wenn es zum Gegenstand eines Schichtwechsels wird?

Ein wichtiger Teil guter Väterlichkeit kommt dem Kind zunächst sozusagen aus zweiter Hand zugute. Das ist die väterliche Fürsorge für das Mutter-Kind-Paar. Indem der Vater die Mutter in ihrer Mütterlichkeit schützt und bestätigt, ist er ein wichtiger Garant für das Stillen und die Mutter-Kind-Bindung. Er hat die große Aufgabe, diese sowohl nach innen als auch nach außen zu bewahren. Nach innen, damit meine ich, dass die Mutter Ermutigung, Wertschätzung und liebevolles Umsorgen erfährt. Ich meine damit weiter ein emotionales Auffangen, wenn zum Beispiel die Gefühle einmal völlig durcheinandergehen und die Nerven blank liegen, weil gar nichts zu klappen scheint. Ich erinnere mich daran, als ich beim zweiten Kind – gerade sechs Wochen alt – nach einem durchgestillten Tag verzweifelt weinte, weil ich glaubte, dass ich es wohl wieder nicht schaffen würde, voll zu stillen. Mein Mann meinte nur ganz ruhig, ich hätte es doch bis hierher gut geschafft. Er glaubte, dass ich es bestimmt auch weiterhin schaffen würde. Nur mit dieser einen, Mut machenden Äußerung hatte er den gordischen Knoten in meiner Seele zerschlagen. Sofort konnte ich wieder Mut fassen und die Krise überwinden. Von da an klappte es bestens.

Wichtig ist ferner die punktuelle Entlastung der Mutter hinsichtlich des Kindes; es zum Beispiel zu tragen oder mit ihm mal an die frische Luft zu gehen, damit die Mutter dazwischen etwas zu sich finden kann, sei es, um in Ruhe zu duschen, sich mit schöner Musik zu entspannen oder einmal etwas Schlaf nachzutanken. Gerade während der Wochenbettzeit, der Wachstumsschübe oder auch während des Zahnens sind das wichtige Liebesdienste des Vaters für die Mutter seines Kindes.

Zu diesen gehört auch die Entlastung bei der Bewältigung des Alltags; mein Mann hat zum Beispiel die Großeinkäufe für die wachsende Familie erledigt und mich am Wochenende damit erfreut, dass ich mich nach dem morgendlichen Stillen und Besorgen der Kinder immer an einen gedeckten Frühstückstisch setzen konnte oder schnell auch mal die Küche wieder sauber gemacht, wenn ich es einfach noch nicht geschafft hatte.

Genauso wichtig ist der Schutz der Mutter durch den Vater nach außen: Vor allem in den ersten Wochen sollte er ruhig, aber bestimmt gegen zu viel Besuch auftreten, Ärger und Stress von ihr abhalten, vor allem wenn zum Beispiel kontraproduktive Äußerungen zum Stillen und dergleichen (➤ Kap. 9) aus dem persönlichen Umfeld kommen und, wenn nötig, die Rechte von Mutter und Kind gegenüber Dritten, zum Beispiel Ärzten, vertreten. Gerade im Wochenbett ist eine Mutter meist nicht in der Lage, etwas gegenüber dem Klinikpersonal durchzusetzen. Noch längst nicht alle Krankenhäuser sind sogenannte „Still-" bzw. „Babyfreundliche Krankenhäuser". Ich erlebte es zum Beispiel, dass ich eines meiner Kinder, das mit Kaiserschnitt geholt werden musste, nach zwölf Stunden immer noch nicht zu Gesicht, geschweige denn zum Stillen bekommen hatte. Man hätte gerade keine Zeit, so hieß es. Ich war schon in völlig in Panik deswegen. Als mein Mann kam und im Schwesternzimmer energisch auftrat, hatte ich binnen fünf Minuten unser Kind im Arm.

Wenn sich eine junge Mutter in der Liebe und im Schutz ihres Mannes geborgen weiß, wenn sie sich seiner Treue, Verlässlichkeit und Verantwortung für sie und ihr Kind gewiss ist, kann sich ihre Mütterlichkeit entfalten, weil sie Kopf und Herz dafür frei hat. Das mag altmodisch klingen. Aber ich habe das tendenziell immer wieder beobachten können. Manch einer wird es vielleicht nicht glauben, aber auch in unserem emanzipierten Zeitalter scheint das die tiefste Sehnsucht der jungen Mütter, eigentlich der Frauen überhaupt, zu sein. Dass durch den Geist und die Prägung unserer Moderne so mancher junge Vater nicht ansatzweise diese Verantwortung wahrnimmt bzw. zur Beziehung fähig ist, wird schmerzlich empfunden. Vor einigen Jahren erlebte ich Folgendes in meiner Stillgruppe: Wir hatten uns zu einem gemütlichen Adventsfrühstück getroffen. Ich wollte ein paar besinnliche Gedanken zur Adventszeit in die Runde geben und hielt dazu eine Abbildung von Ernst Barlachs Skulptur „Die heilige Familie" hoch. Noch ehe ich etwas dazu sagen konnte, war ein Seufzen zu hören: „Ja, genau das wär's!" Der Joseph in Ernst Barlachs Skulptur hält seinen Mantel schützend über Maria und ihr Kind. Damit schirmt er beide von allem Bösen ab, von allem, was die Liebesbeziehung zwischen der Mutter und ihrem Kind stören könnte. Sein fürsorglicher, liebevoller Blick ruht auf den beiden. Das ist Väterlichkeit. Genau das ist es, wonach wir uns sehnen.

Genauso wie es mir beim Muttersein um eine einfühlende Mütterlichkeit geht, geht es mir um ein wirklich gutes Vatersein, wo Erziehungsverantwortung mit Güte, Fürsorge sowie Anleitung und Schutz einhergehen. Es reicht nämlich nicht aus, die Familie „nur" finanziell abzusichern und ansonsten erzieherisch passiv zu bleiben oder bei einer Trennung möglicherweise gar nicht „aufzutauchen". Insofern brauchen wir „neue" Väter. Aber wir brauchen die Väter eben als Väter und nicht als Ersatzmütter. In den elementaren Lebensfragen kann es nicht um „Rollen" gehen, die wir austauschen wie einen alten Hut, sondern darum, dass wir unsere Identität, in diesem Falle als Mutter oder Vater, annehmen und in ihr reifen.

4. Warum Fremdbetreuung die Sehnsucht kleiner Kinder nicht stillen kann

Ehe ich zum eigentlichen Inhalt dieses Kapitels komme, möchte ich einige Begriffe klären. In der DDR war die Bezeichnung für die Betreuung der unter Dreijährigen „Krippe". Die Drei- bis Sechsjährigen gingen in den Kindergarten. Der verwaltungstechnische Oberbegriff für alle Institutionen, die Kinder aufnahmen, war „Kindereinrichtung", sprachlich vielfach auch als „Einrichtung" gebräuchlich. Bis heute. Erst neuerdings lässt sich im Osten der Bundesrepublik ein neuer Trend im allgemeinen Sprachgebrauch feststellen: Man spricht nur noch vom „Kindergarten", wohin ein Kind geht, auch wenn es noch ein Kleinkind ist. Die „Krippe" kommt eigentlich gar nicht mehr vor. Warum das so ist, lässt sich nicht klar feststellen. Eine mögliche Erklärung wäre, dass jetzt viele Kindergärten im Osten auch unter Dreijährige aufnehmen.

Im bundesdeutschen Sprachgebrauch unterscheidet man im Allgemeinen zwischen Krippe und Kindergarten entsprechend den Altersgruppen. Beides zusammenfassend, wird der Begriff „Kindertagesstätte" bzw., abgekürzt, „Kita" verwendet. Ich verwende im Folgenden den Begriff „Krippe" bzw. die Oberbegriffe „Kindereinrichtung" bzw. „Kita" für die außerhäusliche bzw. Fremdbetreuung der unter dreijährigen Kinder.

Die notwendige Perspektive: Was bedeutet die Fremdbetreuung in Krippen für ein kleines Kind?

Viele Jahre versuchte ich davon auszugehen, dass die meisten kleinen Kinder vielleicht doch ihre Krippenzeit nicht so schlimm empfinden bzw. empfunden haben wie ich. Ich hoffte es einfach inständig für sie. Erst als ich selbst Kinder hatte und alles diesbezüglich wesentlich aufmerksamer zu beobachten begann, sah ich, dass es wohl eher nicht so ist. Die entsprechende Fachliteratur, an die ich nach der Wende kam, bestätigte meine Beobachtungen und meine eigenen Kindheitserfahrungen.

Ich möchte hier zunächst vorausschicken, dass sich die Risiken der Kinderbetreuung in Einrichtungen meines Erachtens nicht zuallererst oder ausschließlich am unmittelbaren, persönlichen Verhalten der Erzieherinnen festmachen lassen. Einem kleinen Kind ist es jedenfalls völlig egal, ob es zum Beispiel in einer Krippe, wie es sie in der DDR gab, oder ob es in einer modernen, durchgestylten bundesdeutschen Einrichtung mit studierten Fachkräften und schadstoffgeprüftem Spielzeug untergebracht wird.

Viele Krippenerzieherinnen waren und sind kinderlieb und wollen das Beste. Zwar halten sie es letztlich meist auch für das Beste, zum Beispiel die Eingewöhnungszeiten, selbst wenn das Kind schreit, „konsequent" durchzuhalten, denn je eher sich das Kind an alles gewöhnt hat, so meinen sie, desto besser für alle Beteiligten. Überdies gibt es immer noch die gängige Bemerkung – die natürlich jeder Faktenbasis entbehrt –, die Mama würde wohl mehr unter dem Abgeben leiden als das Kind. Und falls die Mutter den leisesten Zweifel an der Richtigkeit des Abgebens äußern sollte, wird er von ihnen wahrscheinlich eher negiert.

Aber es gibt auch Erzieherinnen, mit denen ich schon so manches gute Gespräch hatte und die mir bestätigt haben: Sie könnten sich mit den Kindern die größte Mühe geben, aber sie seien eben nicht die Mama. Sie könnten dem Kind die Mutter auch beim bestem Willen nicht ersetzen. Es läge in der Natur der Sache, dass Einrichtungsbedingungen die häusliche Atmosphäre, wo Mama immer zu sehen, zu hören und zu fühlen ist, einfach nicht nachahmen können. So manche Krippenerzieherin hat deshalb ihr eigenes Kind nicht vor dem dritten Geburtstag in die Einrichtung gegeben.

Meine folgenden Ausführungen richten sich daher ausdrücklich nicht gegen die Erzieherinnen, sondern gegen das System dieser Betreuung und gegen den Grundgedanken, die Ideologie und damit das Menschenbild, worauf dieses System beruht. Meine Ausführungen richten sich im Weiteren auch nicht gegen Eltern, die ihre Kinder in die Krippe bringen bzw. gebracht haben. Wir Menschen wachsen immer auch in ein kulturelles Umfeld hinein und sind von Sachzwängen umgeben. Wir sind davon geprägt. Auch emotional. Diese Dinge zu durchschauen, sie zu hinterfragen und sich davon lösen zu können, ist oft unendlich schwer. Gerade wir im Osten haben fast alle irgendwie in diesem System „dringehangen". Viele von uns sind davon schmerzhaft betroffen. Mancher möchte diese Dinge daher nicht berühren. Deshalb liegt es mir fern, ein schlechtes Gewissen zu machen oder gar zu verletzen, sondern es geht mir darum, aufzuklären und zu warnen vor einem Betreuungssystem, das, wenn es zur Norm wird, den Kindern, den Müttern und den Familien nicht bekommt – und dass damit, wenn man diese Zusammenhänge zu Ende denkt, auch unserem ganzen Volk nicht zuträglich ist. *Es geht mir darum, dass wir Erwachsenen aufwachen und unsere Kinder vor kinderfeindlichen Tendenzen in unserer Gesellschaft schützen.*

4. Warum Fremdbetreuung die Sehnsucht kleiner Kinder nicht stillen kann

Die meisten Kinder schreien furchtbar, wenn sie abgegeben werden und die Mutter geht. Marion S. aus einer mittelgroßen Stadt Thüringens erlebte das zum Beispiel so: Sie hätte noch zu DDR-Zeiten mehrere Jahre lang mit ihren Eltern in einem Haus gewohnt, in dessen Erdgeschoß eine Krippe untergebracht war: Jeden Morgen um 6 Uhr hätte dieses furchtbare Schreien begonnen. Es sei so schrecklich gewesen, dass sie sich geschworen hätte, niemals ein so kleines Kind wegzugeben, wenn sie selbst einmal Kinder bekäme. Sie hat das wahr gemacht, obwohl sie Ärztin wurde.

Eine andere junge Mutter erzählte, dass ihr kleiner Junge auf dem Weg zur Einrichtung im Kinderwagen bereits wimmerte: „Sittenbeiben, sittenbeiben!" [Sitzenbleiben!] Dort angekommen, hätte er sich krampfhaft am Wagen festgehalten und sich steif gemacht. Mit seiner ganzen Kraft hätte er gegen das Unvermeidliche gekämpft. Eine Frau erzählte davon, dass sich ihr Kind regelrecht in die Polster des Kinderwagens verbissen hätte, wenn es morgens in die Krippe ging. Es hätte furchtbar gebrüllt und wäre nur krank gewesen. Sie habe bis heute ein schlechtes Gewissen.

Eine Stillberaterin aus Sachsen erlebte vor ein paar Jahren Folgendes: Eine junge Mutter aus der Nachbarschaft wäre mit ihrem kleinen Jungen im Kinderwagen die Straße entlang gekommen und hätte sich mit ihr unterhalten wollen. So sei sie ein paar Schritte auf sie zugegangen, auch um mit dem Kleinen ein wenig zu schäkern. Plötzlich hätte er so panisch angefangen zu schreien und sich zu gebärden, dass sie wirklich erschrocken gewesen wäre. Denn normalerweise machte sie, so die Beraterin, eigentlich nicht einen solchen Eindruck auf kleine Kinder. Da hätte sie die Mutter aufgeklärt: „Ach, jetzt denkt er wieder, er muss in die Einrichtung." Nun wurde ihr die Reaktion des Kleinen verständlich. Auf ihren vorsichtigen Hinweis, dass er eben noch ein wenig zu klein sei, hätte die Mutter sie ungläubig angesehen und gemeint, das müsse schließlich jeder selber wissen.

Erst vor Kurzem unterhielt ich mich mit einer jungen Frau aus dem Westen, die ein Berufspraktikum bei einem großen Konzern in Frankreich absolviert hatte. Sie hatte von ihrem Büro aus die Betriebskrippe tagtäglich im Blick gehabt. „Eins schrie immer, meistens mehrere", sagte sie. Es seien ihr ernsthafte Zweifel gekommen, ob das so richtig sein könne.

Die Kopenhagener Zeitung „Politiken" berichtete kürzlich, dass die dänischen Erzieherinnen in Krippen und Kindergärten zur Vermeidung von Hörschäden und zu hoher Reizbarkeit immer häufiger einen Gehörschutz tragen, der speziell die hohen Frequenzen des Schreiens und Weinens der Kleinen herausfiltert. Immerhin sei es die Berufsgruppe mit der höchsten Lärmbelästigung. In der Notiz hieß es weiter, dass dabei allerdings unberücksichtigt bleibe, „dass Kinder genauso unter zu viel Lärm leiden und schutzbedürftig sind wie das Personal. Man müsse intelligentere Lösungen suchen".[76]

Frau L. aus Sachsen-Anhalt gab ihren Beruf als Krippenerzieherin auf, weil sie das Schreien der Kinder nicht mehr aushalten konnte. Es hätte ihr, so ihre Aussage, so in der Seele weh getan.

Das Schreien der Krippenkinder ist ein furchtbares, existenzielles Schreien. Wenn die Mutter geht bzw. das Kind seine Mutter nicht mehr sieht, heißt das, dass sie für das Kind *grundsätzlich und unwiederbringlich weg* ist. Dieses *Wegsein der Mutter löst Existenzangst aus*, denn das Kind fühlt sich instinktiv seiner Lebensgrundlage, eben seiner Mutter, die es versorgt, beraubt. Der tschechische Krippenforscher Zdenek Matejcek (1922–2004) sprach in diesem Zusammenhang auch von „Separationsangst".[77]

Eine meiner Freundinnen erlebte bei ihrem Kind sogar zuhause eine Phase, wo es passierte, dass das Kind anfing, nach ihr zu schreien, obwohl sie nur im Nebenzimmer war.

Die Kleinkinder haben weder ein ausreichendes Gefühl für Raum noch für Zeit. Ihre räumliche Erfahrung entspricht doch nur ihrem noch kleinen Aktionsradius, also den wenigen Schrittchen, die sie bis dahin eventuell schon tun können, bzw. der Reichweite, innerhalb derer sie sehen und hören können. Die Kinder können überhaupt nicht begreifen, wohin die Mutter geht.

Ein Zeitgefühl haben sie faktisch überhaupt noch nicht. Wie lange dauert es doch, bis ein Kind solche Begriffe wie „morgen", „gestern" oder „vorgestern" versteht; wie lange, bis es so etwas wie Geduld oder Pünktlichkeit lernt. Die Kleinen haben noch alle Zeit der Welt, und ihr Lebensgefühl besteht nur aus dem Augenblick, dem Jetzt. Deshalb können sie es weder geistig noch seelisch erfassen, wenn die Mama sagt, sie komme gleich oder in soundsoviel Stunden wieder. Noch viel weniger können sie es nachvollziehen, warum sie geht. Sie kennen schließlich die Welt mit den komplizierten Belangen der Erwachsenen noch nicht. *Die Kinder empfinden das Wegsein der Mutter als einen endgültigen, ewigen Fakt. Sie haben Liebeskummer, denn ihre erste große Liebe ist gegangen. Sie trauern. Und das sieht man ihnen an.*

Zum ersten Mal fiel mir das bei folgendem Erlebnis auf: Eines meiner Kinder saß im Kinderwagen und wir gingen an einer belebten Straße entlang. Mit glänzenden Augen und einem Plappermund, der nicht stillstehen wollte, kommentierte es alles, was es Interessantes zu entdecken gab: die Autos, den Hund, die Straßenbahn usw. Ich hatte meine helle Freude daran. Da kam eine Kindergruppe mit etwa zweijährigen Kindern mit ihren Erzieherinnen an uns vorbei, also Kinder, ungefähr genauso alt wie mein Kind. Alle hielten den Kopf gesenkt, keines sagte ein Wort, keine einzige Regung in den kleinen Gesichtern, obwohl es so viel zu sehen gab. So trotteten sie vor sich hin. Erschüttert sah ich ihnen nach.

Ein anderes Mal hatte ich Gelegenheit, durch ein Kindergartenfenster im Erdgeschoß eine Gruppe von etwa Eineinhalb- bis Zweijährigen zu beobachten. Sie saßen um einen runden Tisch herum und warteten der Tageszeit nach offensichtlich auf das Mittagessen. Wieder bot sich mir das gleiche Bild: Alle hielten den Kopf gesenkt, kein Wort, kein Lächeln, keine Regung. Ich nahm mir einen Moment Zeit, um festzustellen, ob das Zufall bzw. nur ein Augenblickseindruck sei. Nein, es blieb so. Es krampfte sich in mir alles zusammen! Ich fragte mich, ob denn das einfach keiner merkt, dass das nicht normal ist. Ein Kind in dem Alter muss sich doch im Wesentlichen völlig unbeschwert seines Lebens freuen und – so drücke ich es gern aus – wie „vom Himmel gefallen" gucken. Sicher, auch meine Kinder waren mal quengelig oder müde, aber das war doch kein Dauerzustand.

Frau M., die ich kürzlich bei einem Stilltreffen kennenlernte, erzählte Folgendes: Sie wäre so erschrocken darüber gewesen, wie sich bei einem kleinen Nachbarskind durch das Wegbringen der Gesichtsausdruck verändert habe. Das Kind hätte so richtige Sternchenaugen gehabt und jetzt wäre sein Blick regelrecht verloschen.

Mütter, die ihre kleinen Kinder selbst betreuen, berichten dagegen immer wieder, dass sie von Nachbarn, Bekannten, Verkäuferinnen usw. angesprochen werden: „Ach, Ihre Kinder strahlen immer. Das sind ganz freundliche? Wie kommt das bloß?" Sie strahlen einfach Zufriedenheit und Glück aus, die durch Geborgenheit entstehen. So ausgeglichene Kinder sind offensichtlich etwas Seltenes geworden.

Die Kinder, die den Trennungsschmerz erfahren haben und viele Stunden ohne Mama auskommen müssen, haben einen Gesichtsausdruck, als ob sie bereits einen schweren Schicksalsschlag hinter sich hätten. Ich kann es einfach nicht anders ausdrücken. *Die Trauer und der innere Stress verändern das Wesen der Kinder.*

Besonders traurig ist folgende Erfahrung einer jungen Familie noch zu DDR-Zeiten: Mit dem Krippeneintritt ihres einjährigen Kindes passierte Folgendes: Es wachte regelmäßig mitten in der Nacht auf und fing furchtbar an zu schreien. Es schrie stets mehrere Stunden hintereinander, bis es irgendwann gegen Morgen erschöpft einschlief. So ging das Nacht für Nacht. Man versetze sich in die furchtbare Lage der Eltern, die ja beide pünktlich morgens um 7.00 Uhr wieder im Betrieb sein mussten. Nervlich waren sie völlig am Ende. Nach einigen Wochen hat das Kind dann aufgehört zu schreien. Es saß nur noch still, blass und mit verloschenem Blick im Kinderwagen.

Nicht alle Kinder schreien anfangs. Zunächst einmal sind es die Kinder, die jünger als etwa acht Monate alt sind und noch nicht fremdeln. Frau W. erlebt das tagtäglich: Sie betreut in einem Kindergarten in einer mittelgroßen Stadt Sachsen-Anhalts die kleinen Babys. Da sie kurz vor ihrem

Ruhestand steht, wird sie immer wieder von Bekannten gefragt, ob ihr das mit den ganz Kleinen nicht langsam zu viel würde. Es würde ihr auf keinen Fall zu viel – ganz im Gegenteil, entgegnet sie jedes Mal. Wenn sie die Kinder gefüttert und gewickelt hätte, würde sie sie wieder in ihr Bettchen legen, und es wäre wieder Ruhe bis zur nächsten Mahlzeit. Meiner Erfahrung nach ist das kein Zeichen von gedeihlicher Zufriedenheit, sondern eher von schlechter emotionaler Verfassung: Die Babys scheinen in eine desinteressierte Passivität zu verfallen.

In der DDR-Zeit ist so die irrige Meinung entstanden, je eher der Krippeneintritt stattfände, desto besser sei es. Auch heute noch ist diese Vorstellung im Osten der Bundesrepublik weit verbreitet. Eine Mutter erzählte zum Beispiel, ihr erstes Kind sei mit einem Jahr in die Krippe gegangen, und es hätte so furchtbar geschrien. Wer glaubt, dass sie wohl das zweite dann sicher länger zu Hause behalten hätte, der irrt. Weil sie das nicht noch einmal mitmachen wollte, habe sie dieses dann schon mit fünf Monaten in die Einrichtung gegeben. Äußerlich betrachtet, gibt dieser Frau ihre Erfahrung Recht, denn in diesem Alter wehrt sich das Kind noch nicht. Kinderpsychiatrischen Erkenntnissen zufolge gilt jedoch folgende Faustregel: *Je eher die Fremdbetreuung beginnt und je länger sie dauert, desto schwerwiegender können die Folgen für die seelische Entwicklung des Kindes sein.*[78]

Übrigens schreien auch jene Kinder beim Abgeben in der Kindereinrichtung nicht, die sich bereits vor dem Krippeneintritt in einer sogenannten *unsicher-vermeidenden Bindung* befinden. Die Wünsche nach Nähe zur Mutter werden nicht mehr intensiv geäußert, weil sie von ihr nicht entsprechend gewährt und beantwortet wurden. Das Kind hat unter Umständen schon oft Trennungserfahrungen und Erfahrungen mit wechselnden Bezugspersonen gemacht. Ein solches Kind schreit nicht mehr. Das ist das „ideale" Krippenkind, das „gerne zu den Kindern geht". Keiner käme wohl auf die Idee, dass mit diesem unauffälligen Kind etwas nicht stimmt. Frau E. macht sich zum Beispiel Sorgen um ihre kleine zweijährige Enkelin, die mit neun Monaten in die Krippe kam: Beim Krippeneintritt gab es keinerlei Probleme. Sie sei gleich – „ohne mit der Wimper zu zucken" – zu der Erzieherin auf den Arm gegangen. Aber sie würde immer so still und in sich gekehrt sein. Sie würde kaum lachen und sich nicht trauen zu weinen. In der Einrichtung gäbe es keine Probleme. Die Erzieherinnen würden sie loben, weil es mit ihr keinerlei Schwierigkeiten gäbe. Sie sei ja so ein artiges Kind. Bereits vor dem Krippeneintritt war dieses Kind vielen verschiedenen Personen überlassen worden.

Irgendwann hören die Kinder dann auf zu schreien. Sie „gewöhnen" sich an diese Umstände, d. h. sie resignieren. Sie haben tief in ihrem kleinen Herzen begriffen, dass es zwecklos ist zu schreien. Ihr Urvertrauen und ihr seelisches Gleichgewicht sind angeschlagen, wenn nicht sogar zerschlagen.

Sie entwickeln vielfach ein Verhalten, wie ich es bereits beschrieben habe: sie werden trauriger, inaktiver und desinteressierter.

Tschechische Kinderärzte beschrieben dieses als *Deprivation* bezeichnete Phänomen bei den Krippenkindern bereits ab den 1960er Jahren. International bekannt geworden ist besonders der 1963 unter der Leitung des Kinderpsychologen Zdenek Matejcek gedrehte Film über tschechische Krippenkinder: „Kinder ohne Liebe". Von Deprivation in ihrer krassesten Form berichtete René Spitz schon nach dem Zweiten Weltkrieg aus südamerikanischen Kinderheimen. Professor Hellbrügge behandelte 1947 in München die schwer zurückgebliebenen Kinder aus den SS-Kinderheimen „Lebensborn".[79] Das Risiko der Deprivation besteht gleichfalls bei ungünstigen Krippenbedingungen, wie bei längerem Krippenaufenthalt ohne genügend persönliche Zuwendung mit den entsprechenden sensorischen und emotionalen Anregungen für jedes einzelne Kind.[80]

Matejcek beschreibt in seiner Abhandlung „Psychosoziale Bewertung von Kinderkrippen" (1990), wie sich die emotionale Situation eines Kindes auf sein Spielverhalten auswirkt:

> Die Anwesenheit der Person, zu der das Kind eine spezifische Beziehung hat [also an die es sich gebunden hat], unterstützt die forschende Aktivität des Kindes. Ohne diese Stütze erweist sich das Spiel des Kindes als weniger ausdauernd, inhaltsärmer, stereotyper. Die Krippenkinder [im Gegensatz zu Familienkindern] ... sind mehr auf das Spiel und das Spielzeug orientiert. (Es überwiegt die Orientierung auf die „Welt der Gegenstände") Sie ... versuchen mehr, es für sich zu behalten, es für sich zu schützen, aber ihr Spiel ist weniger erfindungsreich, weniger individualisiert.[81]

Bei vielen Kindern stand und steht das Kuscheltier hoch im Kurs. Schon zu DDR-Zeiten fiel es mir auf, dass die Kinder sich ganz fest an ein bestimmtes Tier banden. Schließlich war dieser Gefährte die einzige „Person", die immer treu da war und überall mit hingehen durfte. Das Kuscheltier als Ersatz für eine liebe, kuschelnde, zuverlässig anwesende Mama! Kinderpsychiater können immer wieder feststellen, dass bindungsgestörte Kinder eine ungeheure Vorliebe für weiche, flauschige Materialien haben.[82] Ist es nicht bedenklich, dass hier ähnlich wie beim Nuckel die Befriedigung menschlicher Grundbedürfnisse nach Liebe und Nähe bei Gegenständen gefunden wird? Ist es da nicht vorstellbar, dass eine solche Prägung in das weitere Leben hineinwirkt und die Befriedigung dieser Grundbedürfnisse weiterhin bei Gegenständen gesucht wird? Mit Dingen etwas auffüllen, wovon man zu wenig gehabt hat? Könnte hier nicht auch so manches Konsumdenken bis hin zur Kaufsucht oder Kleptomanie eine Basis haben?

Die Inaktivität des Spielverhaltens, die einmal aus der Ungeborgenheit kommt, scheint sich ferner auch aus einem *ständigen Warten* zu speisen. Ich erinnere mich, dass ich eigentlich nur gewartet habe, dass die Mama doch endlich wieder kommen möge. Krippenerzieherinnen teilten mir ebenfalls solche Beobachtungen mit. Manche Kinder stünden immerzu an der Tür, am Zaun oder Ähnlichem, und sie seien lustlos. Wer mit Kummer wartet, ist wenig offen für etwas Neues.

Eine weitere unmittelbare Folge der Deprivation ist die unbewusste Flucht der Kinder in die Krankheit, so wie es auch bei mir war. Im Jahr 1991 fand in Dresden ein Internationaler Familienkongress statt. Dort referierte der Neuruppiner Kinderarzt Dr. Manfred Kalz unter anderem über Untersuchungsergebnisse, wonach ein Krippenkind in der DDR durchschnittlich 70 Tage krank war.[83] Diese kamen – so erwähnte er im Vortrag – ebenfalls sofort als „Vertrauliche Dienstsache" unter Verschluss und wurden so der Öffentlichkeit vorenthalten. Weil nicht sein konnte, was nicht sein durfte!

Das entspricht dem, was beim letzten wissenschaftlichen Kongress der Gesellschaft für Kinderheilkunde der DDR 1990 festgestellt wurde, dass trotz sorgsamem Impf- und Hygieneschutz bei Krippenkindern mehr als sechs schwere Infektionskrankheiten pro Jahr auftraten.[84] Die meisten Erkrankungen betrafen die Infektion der Atmungsorgane, des HNO-Bereiches und des Verdauungstraktes. René Spitz und László Velky beschreiben die unterschiedliche Krankheitshäufigkeit der Krippenkinder gegenüber den Familienkindern so:

Epidemische Erkrankungen:	83 % gegenüber 5,0 %
Lungenerkrankungen:	11 % gegenüber 1,5 %
Mittelohrentzündungen:	22 % gegenüber 3,6 %
Grippe:	60 % gegenüber 20,0 %
Notwendige Krankenhausbetreuung:	15 % gegenüber 9,0 %[85]

Der Prager Universitätsprofessor und Kinderarzt Jiří Dunovsky beschreibt die Situation der tschechischen Krippenkinder ähnlich. Bei ihm findet sich noch eine Angabe zu den Erkrankungen des Verdauungssystems, wobei die Krippenkinder doppelt so häufig davon betroffen sind wie häuslich betreute Kinder.[86] Eine Frau erzählte mir zum Beispiel, dass ihr Sohn ca. alle drei Wochen Durchfall hatte. Es hätte mit ihm keinen Zweck in der Krippe gehabt. Der Kinderarzt hätte ihn daraufhin „krippenuntauglich" geschrieben. Bei besonderen Härtefällen war das eine ärztliche Maßnahme zum Schutz des Kindes.

Von einem ähnlichen traurigen Krankheitsfall erzählte mir eine Bekannte: Um einen bestimmten Krankheitsverdacht auszuschließen, musste sie sich erst kürzlich für ein paar Tage mit ihrem zweijährigen Kind in der Kinderabteilung einer ostdeutschen Uni-Klinik aufhalten. Dort kam sie mit der Mutter eines dreijährigen kleinen Mädchens ins Gespräch, die zur Besuchszeit kam. Diese beklagte sich bitter darüber, dass sie so ein

Sorgenkind habe. Es sei bisher ständig krank gewesen. Nun sei es hier im Krankenhaus wegen einer schwerwiegenden Komplikation einer normalerweise meist harmlos verlaufenden Kinderkrankheit. Nun dürfe ihr Kind auf keinen Fall mehr in eine Einrichtung, und sie könne deswegen nicht mehr arbeiten gehen und müsse deshalb zu Hause bleiben. Meiner Bekannten fiel das unterkühlte Verhältnis dieser Frau zu ihrem Kind auf: kein Ansprechen, kein Küsschen, kein Blickkontakt ... Das kranke kleine Mädchen hingegen hätte ständig etwas im Mund gehabt: Bonbons, Schokolade, es lutschte am Spielzeug herum usw. ... (Eine mangelnde Mundbefriedigung durch Nicht-Stillen?) Im Gespräch erfuhr sie ferner, dass dieses Kind bereits mit fünf Monaten in eine Einrichtung gekommen war. Mit seinem Kranksein hatte es sich offenbar wenigstens einen Zipfel von dem erkämpft, was seine Seele zum Überleben brauchte, nämlich die Anwesenheit der Mutter.

Die Wirkung der Trennung auf die Gesundheit von Kleinkindern konnte auch in folgendem Erlebnis sozusagen „lehrbuchreif" beobachtet werden: Frau B. war vor einiger Zeit mit ihrer Tochter zu einer Mutter-Kind-Kur in den neuen Bundesländern. Die Kinderbetreuung dort sei wie eine Krippe organisiert gewesen: Morgens um 8.00 Uhr konnten bzw. mussten die Kinder hier abgegeben werden und wurden dann den ganzen Tag versorgt, während die Mütter ihre Anwendungen erhielten. Sie sei heilfroh gewesen, dass ihr Kind schon vier Jahre alt war. Die Kleinen hätten so furchtbar geschrien. Bereits nach etwa drei Tagen sei eine große Krankheitswelle bei den Kleinkindern ausgebrochen: geradezu epidemisch seien Infektionen der oberen Luftwege, Bindehautentzündung, Rota-Viren (Durchfallerreger) und Ringelröteln aufgetreten. Einige Kinder seien so schwer erkrankt, dass ein Krankenhausaufenthalt und die Rückkehr nach Hause unumgänglich wurden.

Auf den Punkt gebracht könnte man die Situation der Krippenkinder letztlich auch so schildern: *Vor Angst „verschlägt es ihnen die Sprache", „geht ihnen die Luft aus", „geht es ihnen dünn durch den Darm" und „schlägt ihnen das Herz bis zum Halse".* Tatsächlich stellten Ahnert und Rickert bei einer Untersuchung im Jahr 2000 an 70 Kindern im Alter von 15 Monaten fest, dass sich bei Eintritt in die Einrichtungsbetreuung die Pulsfrequenz deutlich erhöht. Nach einem Monat sei der Zustand schon besser gewesen. Erst nach fünf Monaten hatte man wieder physiologische Normalwerte gemessen.[87]

Verschiedene weitere Untersuchungen belegen, dass die Trennungsbelastung der Kleinkinder beim Eintritt in die Krippe von großem wissenschaftlichem Interesse ist. Da ich hier nicht im Einzelnen darauf eingehen kann, möchte ich auf weiterführende Literatur[88-92] verweisen. Besonders sind hier die Forschungsarbeiten von Lieselotte Ahnert zu erwähnen. Darin steht neben dem Verhalten der Kinder vor allem die Frage nach der Stresssituation und -verarbeitung während der Eingewöhnungsphase im Mittelpunkt. Diese kann man heute recht einfach nachvollziehen, indem man die Cortisolspiegel im Speichel misst. Cortisol wird in der Nebennierenrinde hergestellt und gilt als *das* Stresshormon.

Man stellte fest, dass sich unter dem Stress des Trennungsgeschehens zunächst die Cortisolwerte erhöhen und nahm an, dass allein die dauerhaft erhöhte Einwirkung des Cortisolspiegels „zu einer Immunschwächung, gesundheitlichen Schäden, einer Herabsetzung von Intelligenz- und Gedächtnisleistung, vermehrter Angst sowie zu anderen irreversiblen Schäden führen".[93] Nach den jüngsten Zwischenergebnissen[94] der mit 65 Kindern zwischen 10 und 36 Monaten durchgeführten Wiener Krippenstudie stellte sich jedoch heraus, dass die unter Stress anfänglich erhöhten Cortisolspiegel der Krippenkinder, wenn die Stressbelastung anhält, langfristig wieder absinken. Damit ist allerdings keine Rückkehr zum normalen gesunden Niveau verbunden, sondern ein Absinken *unter* das normale Niveau. In diesem Zustand verläuft die Stressverarbeitung noch ungünstiger. Die Reserven des kindlichen Körpers werden diesbezüglich erschöpft. Folgt man Wilfried P. Bieger[95], kann man diesen Zustand mit dem Burnout bei Erwachsenen vergleichen. Er ist bezüglich möglicher Folgen ebenso risikoreich einzuschätzen.

Die Wiener Krippenstudie hat das Ziel, die langfristige Auswirkung der Stressbelastung für die Kinder auch bezüglich der Bindung an die Erzieherinnen zu untersuchen. Sie ergab bisher Folgendes: Der morgendliche Cortisolwert (morgens ist der Cortisolwert im menschlichen Tagesprofil normalerweise am höchsten, sprich: am erholtesten) nahm bereits nach zehn Wochen ab: „Mit fortschreitender Krippenbetreuung sinkt der morgendliche Cortisolwert, die Tagesprofile werden flacher, die Stressverarbeitung wird ungünstiger."[96] So urteilte eine wissenschaftliche Mitarbeiterin der Universität Wien laut „Frankfurter Rundschau". Besonders gestresst seien die Kinder mittags:

> Je jünger ein Kind sei, desto empfindlicher reagierte es auf Stress. Auch ein Kind, das sich sicher an seine Erzieherin gebunden fühlt, bliebe davon nicht verschont. Die Expertin erklärt das so: Die sichere Bindung in der Krippe sei etwas anderes als das Zuhause. Die Erzieherin sei emotional nicht immer verfügbar, sie müsse sich um mehrere Kinder gleichzeitig kümmern, habe Urlaub und fehle auch mal wegen Krankheit … Allerdings wiesen Kinder, die in einem engem Kontakt zu einer Erzieherin standen, … erst vier Monate nach Krippeneintritt eine ungünstige Stressverarbeitung auf – unsicher [an ihre Erzieherin] gebundene dagegen schon nach zwei Monaten.[97]

Laut Studie wurde eine variierende

> Bandbreite zwischen Gruppen mit einer Erzieherin für sechs Kinder und einer für achtzehn untersucht. Interessanterweise korrelierte die Beziehungserfahrung des Kindes nicht mit der Stressaktivität. Das heißt, ob ein Kind sicher oder unsicher gebunden war, spielte für die Stressbelastung keine große Rolle … Auffallend war aber die deutlich günstigere, noch bis zum Sonntag hin feststellbare Stressverarbeitung bei Kindern, die nur halbtags eine öffentliche Betreuung besucht hatten. Vor allem für jüngere Kinder scheint zu gelten: Lieber kürzer in die Krippe und auch nur dann, wenn der Betreuungsschlüssel optimal ist.[98]

Ahnert hält einen Betreuungsschlüssel von eins zu sieben bis acht, besser noch eins zu fünf für angemessen[99], wobei international eins zu drei bis vier als gute Qualität gilt.[100]

Neben der Trennung von der Mutter (ggf. andere Bindungsperson) und dem vertrauten häuslichen Milieu ergeben sich für die Kinder beim Eintritt in die Einrichtung weitere Stressmomente, einige davon wurden auch in der oben bereits erwähnten Auswertung angedeutet: Da sind zunächst die fremden, im ungünstigen Fall wechselnden Betreuungspersonen und die fremde Umgebung für die Kinder. Ferner müssen sie sich in eine Kindergruppe eingliedern, die durch die relative Gleichaltrigkeit unnatürlich und durch ihre Zahl für sie vielfach unübersichtlich ist.[101] In der DDR war vor allem in den Ballungsräumen eine Gruppenstärke von ca. 15 bis 18 Kindern pro Betreuerin normal. Durch Krankheit und Urlaub waren es durchaus auch mehr. Daran hat sich auch unter bundesdeutschen Verhältnissen wenig geändert. Es gibt keinen verbindlichen Betreuungsschlüssel, wie viele Kleinkinder auf eine Erzieherin kommen dürfen. Während Experten etwa 3–5 Kinder pro Erzieherin für verantwortbar halten, gibt es bundesweit wohl sogar Gruppenstärken von bis zu 14 Kindern pro Erzieherin.[102] Der Streik der Erzieherinnen im Frühsommer 2009 brachte die katastrophale personelle Situation in den Kitas voll zu Tage.

Ein weiterer Aspekt, der nicht ganz unerheblich ist: Die Kinder müssen mit Krippeneintritt ihren individuellen Lebens- und Bedürfnisrhythmus an die Einrichtungsverhältnisse sowie an den Arbeitsrhythmus und die Sachzwänge der Eltern anpassen. Zu DDR-Zeiten kam es zu einem – wie Hans-Joachim Maaz den Kleinkindalltag einschätzte – „unheilvollen Ineinander von gesellschaftlicher und familiärer Repression"[103]. (Am schlimmsten war das alles in den Wochenkrippen. Eine Krippenerzieherin erzählte, dass sie es nur kurze Zeit dort ausgehalten hätte, weil die Kinder mit zunehmenden Wochentagen nur noch geschrien oder apathisch dagelegen hätten.) Auch wenn sich die äußeren Vorzeichen und die pädagogischen Maßstäbe in vielen Punkten geändert haben, hat sich heute meines Erachtens an dem Anpassungsdruck auf die Kinder im Wesentlichen nichts geändert. Von der

Vorstellungswelt eines Erwachsenen ausgehend, könnte man auch sagen: *Frühe Fremdbetreuung bedeutet Berufsalltag und -stress von der Wiege an.* „Kinder müssen unter Kinder" oder „Mein Kind will zu Kindern" sind die gängigen Aussagen bzw. Argumente DDR-geprägter Menschen, um eine Einrichtungsbetreuung bereits unter drei Jahren für richtig zu halten. Meist hört man noch das Argument, sie müssten eben von klein an lernen, sich durchzusetzen und ordentlich „Ellenbogen" entwickeln, damit sie in dieser schrecklichen Welt nicht „unter die Räder" kämen. Das Gegenteil wollen die westlichen Krippenbefürworter erreichen. Sie behaupten, die Kinder würden so von Anfang an mehr Sozialkompetenz entwickeln. Die eine Meinung ist so irrig wie die andere.

> Kinder unter drei Jahren mögen die Gesellschaft anderer Kinder, ja sie suchen sie meistens aktiv [vor allem, wenn Mama oder Papa als sichere Rückzugsmöglichkeit dabei sind] – aber sie spielen nach eigenen Ideen und wehren sich gegen jede Störung von außen. Aber genau das tun auch die anderen Kinder in diesem zarten Alter auf der gleichen Entwicklungsstufe.[104]

Kinder sind in diesem Alter noch kleine Einzelwesen. Sie sind weder in der Lage, sich in ein anderes Kleinkind zu versetzen, noch ihre eigenen Bedürfnisse auf die eines anderen einzustellen. *Sie können sich daher in keiner Weise als Mitglied einer Gruppe fühlen* und als solches zum Beispiel ein „höheres" Gruppeninteresse verfolgen: Sie sind mental einfach noch nicht fähig, ein gemeinsames Spiel zu wollen, zu planen und zu arrangieren. Jenseits der Drei- bis Vierjährigkeit können sie das sehr wohl und nach meiner Erfahrung dann sogar besonders gut, wenn sie die drei Jahre davor individuell von der Mama zu Hause betreut worden sind.

Was Matejcek beschrieben hat, das beobachtete ich immer wieder beim Blick in den Garten einer Kindereinrichtung: *Die Vorschulkinder spielten miteinander, die Kleinkinder jedes für sich.* Sie nahmen nur dann Kontakt auf, wenn sie dem anderen kleinen „Kollegen" das Spielzeug wegnehmen wollten. Dazu noch einmal Matejcek:

> Ein charakteristischer Zug dieses Alters ist nämlich die große Suggestibilität. Tut ein Kind etwas, verspürt das andere einen unwiderstehlichen Drang, genau dasselbe zu tun. Besitzt ein Kind ein bestimmtes Spielzeug, bekommt das andere Sehnsucht danach, es ebenfalls zu besitzen, und zwar dasselbe Spielzeug im selben Moment.[105]

Es kann daher kaum gelingen, die Sozialkompetenz eines Kindes durch die Eingliederung in eine Kleinkindergruppe zu fördern, weil der Rahmen einer Gruppe dem seelisch-geistigen Entwicklungsstand eines Kleinkindes noch nicht entspricht. Gerade wenn sich meine Kinder durch zum Beispiel Zahnen, Müdigkeit oder Infekt nicht wohlfühlten, quengelten oder einfach voll „daneben" waren, da dachte ich oft: „… und das Ganze nun in der Krippe und keine Mama da, die herausfindet, wo ‚der Schuh drückt' und tröstet." Dieser Muttertrost, und zwar genau in dem Moment, in dem er gebraucht wird, ist einfach von niemandem zu ersetzen, selbst wenn er es noch so gut meint. Wegen des besonderen Zeitgefühls eines Kleinkindes ist es völlig sinnlos zu meinen, das Trösten Stunden später nachholen zu können.

Jedes „Böckchen", jedes „Weh-weh", jede Unpässlichkeit muss das Kind immer mit „Publikum" und sozusagen bei fremden Leuten durchstehen. Die Mama ist nicht da. Und bei der Krippentante ist es auch nicht sicher. Außerdem gibt es noch so viele andere kleine „Nebenbuhler", Konkurrenten auf etwas Zuwendung. Eine wirklich trostlose Situation!

Der Wechsel der Betreuungspersonen bewirkt eine weitere Verunsicherung beim Kind, weil es immer wieder mit einer anderen Art zu reden, zuzugreifen, zu reagieren, einem anderen Geruch, einer anderen Stimme, einem anderen Gesicht, kurz eben mit einer anderen Person zu tun hat. Ein Kleinkind braucht aber instinktiv die eine Person, die da ist, um sich in jeder Lebenslage an sie wenden zu können und sich ihrer sicher zu sein oder an die es sich binden kann. Das heißt also, dass eine Krippenbetreuung die Sozialkompetenz der Kinder nicht nur nicht fördert, sondern durch den gestörten Bindungsaufbau in ihrer Ausprägung hemmt. *Denn die erste Bindung an die Mutter ist faktisch die ur-soziale Kompetenz im Menschenleben. Nur auf dieser Basis kann sich eine gesunde, auf andere Personen erweiterte Sozialkompetenz entwickeln* (➤ Kap. 2).

Auch in anderer Hinsicht sieht es mit der Sozialkompetenz der Krippenkinder nicht gut aus. Der Bindungsverlust erzeugt Stress und Frustration. Sie sind deshalb oft unausgeglichen und miteinander bereits *erschreckend aggressiv*. Das fällt mir im unmittelbaren Vergleich zu gleichaltrigen Familienkindern besonders auf.

In einem 2008 in der FAZ von einer Hamburger Psychologin veröffentlichten Artikel war zum Beispiel Folgendes zu lesen:

> Der kleine David kam mit 13 Monaten in die Krippe und gilt nach nunmehr drei, vier Monaten als „gut eingewöhnt"… David reagiert auf die Abschiedsgesten seiner Mutter nicht, steht für einige Sekunden mit hängendem Kopf und hängenden Armen an der Tür. Dann steigt er auf ein rotes Plastikauto, rast, so schnell er kann, damit im Raum herum und fährt dann der Betreuerin … ans Schienbein. Sie sagt „Aua!", und David lacht. Er macht es noch mal und noch mal, das „Aua" der Erzieherin hat ihm gefallen. Offenkundig artikuliert die Betreuerin seinen Abschiedsschmerz, für den er selbst keine direkte Ausdrucksweise hatte … Später wird David ein kleines Mädchen von einem Stuhl schubsen, das zu weinen beginnt. Er wird von der Erzieherin ermahnt, das nicht zu tun. Er lacht darüber und boxt ein weiteres Kind auf den Arm. Es ist abzusehen, dass David seine tägliche Trennungsaufgabe, für die er weder Zeit noch Einfühlung bekommt, weiterhin aggressiv bewältigen wird. *Er entäußert*

sich seines Schmerzes und lindert damit seinen innerseelischen Stress.[106] [Hervorh. von der Verf.]

Ich frage mich an dieser Stelle immer wieder, wieso wir es in unserer Zeit überhaupt für einen gangbaren Weg halten, dass kleine Kinder solche „täglichen Trennungsaufgaben", wie es hier nüchtern heißt, zu bewältigen haben. Wir sollten uns vorstellen können, wo das später möglicherweise hinführt, wenn ein Kind ständig solche Verhaltensmuster entwickeln muss, um zu „überleben". Wo wird wohl David als Jugendlicher zuschlagen, in welche Krawalle wird er später verwickelt sein?

Man versucht heute, den Stress und die Belastungsmomente des Krippenaufenthaltes durch längere Eingewöhnungszeiten und geringere Gruppenstärken abzumildern. Manche Einrichtungen werben damit, dass sie die Kinder in Gruppen verschiedenen Alters, eben familiär, betreuen.

Wie gehen nun die Erzieherinnen mit dem Schreien der Kinder um? Haben sie genug Zeit und Möglichkeiten, die Not der Kinder wahrzunehmen und aufzufangen? Das ist natürlich wiederum eine Frage eines geringen Betreuungsschlüssels. Es liegt auf der Hand, dass das alleine nicht reichen kann. So beschäftigen sich zum Beispiel etliche Forschungsthemen[107], die das Projekt der Wiener Krippenstudie flankieren, mit verschiedenen Methoden, die die Trennung bewältigen helfen und damit die Belastung und die Risiken minimieren sollen. Als Beispiel wäre hier unter anderem eine Diplomarbeit zu nennen, die sich mit der Methode des Halt-Erlebens zur Trennungsbewältigung beschäftigt.[108] Eine andere Diplomarbeit beschäftigt sich mit Übergangsobjekten als Hilfe beim Krippeneintritt.[109] Das klingt theoretisch alles recht gut und einleuchtend, aber wie sieht es praktisch aus? Momentan wird wohl kaum eine Krippe personell dazu in der Lage sein. Die meisten Erzieherinnen werden bei der ihnen zugemuteten Arbeitsbelastung froh sein, wenn sie für jedes Kind ein wenig Zeit für persönliche Zuwendung finden und, wenn es schreit, es irgendwie beruhigen. Ich persönlich empfinde hinsichtlich solcher Methoden Unbehagen. Die Grenze zu Manipulation erscheint mir sehr schmal.

Hans-Joachim Maaz geht in seinem Buch „Der Gefühlstau" ausführlich darauf ein, wie zu DDR-Zeiten – wenn Ablenkung nichts half – das Weinen gerügt, lächerlich gemacht oder mit zudeckendem Trost bedacht wurde.[110] Ich habe das als Krippenkind selbst so erlebt. Elementare Gefühle, wie dieser tiefe Schmerz, wurden in diesem Fall nicht nur nicht bestätigt oder gar positiv beendet, indem die Mama wiederkam, sondern sie wurden zwangsläufig wie etwas Unberechtigtes behandelt, teilweise gar nicht beachtet und dadurch letztlich unterdrückt. Es erscheint mir daher nicht verwunderlich, dass mir immer wieder Menschen, die eine Therapie hinter sich haben, erzählen, dass sie dort zuallererst lernen mussten, ihre eigenen

Gefühle wahrzunehmen, auch negative zuzulassen bzw. überhaupt etwas zu empfinden.

Die Belastungsmomente durch Stress sowie deren Risiken für das Kind haben die Wissenschaftler hinreichend belegt. Um diese zu lindern, halten sie eine längere Eingewöhnungsphase, einen optimalen Betreuungsschlüssel, sich intensiv zuwendende Erzieherinnen und anderes mehr für notwendig. Damit zeigt sich meines Erachtens offensichtlich, dass die Einrichtungsbetreuung in keinem Fall dem natürlichen Bedürfnis eines Kleinkindes entspricht, *und dass es niemals freiwillig und selbstständig dort hingehen würde* – falls es überhaupt schon gehen kann. Die im Osten übliche Formulierung: „Mein Kind geht jetzt in die Krippe bzw. in den Kindergarten" stimmt eigentlich nicht; das Kind „geht" nicht, sondern es *wird* gebracht.

Wie weit sich ein Kind *von sich aus* von seiner Mutter entfernt, unterliegt nämlich ebenfalls einer allmählichen Entwicklung und ist stark altersabhängig. Einige Forscher haben diese Entfernung gemessen: im zweiten Jahr beträgt sie durchschnittlich 7 m, im dritten Jahr 15 m und mit 4 Jahren 21 m.

> M. Rutter sieht darin die Funktion der reiferen kognitiven Fähigkeiten des Kindes – der Fähigkeiten, die Person, mit der es durch die spezifische emotionale Bindung verbunden ist, als selbstständige und unabhängige, in Zeit und Raum existierende zu konzeptualisieren, infolgedessen die Beziehung zu ihr auch während ihrer physischen Abwesenheit überdauert.[111]

Das heißt etwas einfacher ausgedrückt: Erst etwa nach dem dritten Geburtstag kann das Kind seelisch begreifen, dass die Mama auch dann da ist (bzw. für es sorgen wird), wenn sie gerade nicht zu sehen ist. Das Kind entfernt sich von sich aus nur so weit – Schrittchen für Schrittchen – von seiner Mutter weg, wie seine Seele genau diese innere Sicherheit bereits gewonnen hat (▶ Kap. 2).

Selbst wenn sich unter bundesdeutschen Verhältnissen eine Einrichtungsbetreuung in ihrer Methodik nicht so repressiv darstellt, wie sie zu DDR-Zeiten war, lässt sich zusammenfassend feststellen, dass es schon in der Natur der Sache liegt, dass man den natürlichen Grundbedürfnissen eines kleinen Kindes nicht gerecht werden kann. Eine Mutter, die das normalerweise kann (▶ Kap. 2), ist durch die Krippe nicht adäquat zu ersetzen. Das haben die Forschungsarbeiten gezeigt. Es lässt sich im günstigsten Fall eine sichere Parallelbindung zu einer bestimmten Erzieherin aufbauen. Die Diplomandin Agnes Maria Bock zitiert in diesem Zusammenhang den Krippenforscher Martin Dornes:

> Als grundlegende Erkenntnis bleibt, dass die lang andauernde Trennung von der Mutter bei ungenügendem Ersatz ein erstrangiger Risikofaktor für die weitere gesunde, seelische Entwicklung ist.[112]

Selbst bei größter Mühe, auch bei günstigen personellen Verhältnissen in einer Krippe, erfolgt gewissermaßen ein Hineinmanipulieren in die äußerst individuelle und sich immer wieder spontan ergebende frühkindliche Befindlichkeit. Der Kinderarzt Johannes Pechstein schlussfolgert deshalb:

> Die Organisationsstruktur der Krippe mit ihrem Wechsel, ihrer Hast, ihren Ausfällen, dem Verlust an Kontinuität im Erleben der Kinder, der ungenügend verfügbaren Zeit für das einzelne Kind sind die Letztursachen dafür, dass auch bei größtem Engagement die Kinder selbst aus einfachstem Familienmilieu dem Krippenkind in der Regel überlegen sind.[113]

Ein Familienkind aus einem Elternhaus, in dem intensiv Bindung gelebt wird, ist einem Krippenkind meiner Erfahrung nach meist in allen geistigen, sprachlichen und emotionalen Bereichen um „Meilen" voraus.

Es ist für mich auffällig, dass die Psychiater die Krippe selbst in ihrem Idealfall, mit einem Betreuungsschlüssel von ca. drei Kindern pro Erzieherin – als *minimiertes Risiko und weniger als Non plus ultra* –, mit den vielen angeblichen Vorteilen für die Förderung und Bildung unserer Kinder darstellen. Den Erzieherinnen, die täglich einfühlsam den Trennungsschmerz und -stress auffangen sollen, damit er nicht schadet bzw. um das Risiko so gering wie möglich zu halten, wird damit bereits eine quasi therapeutische Aufgabe zugedacht. Abgesehen davon, dass dieser „Idealfall" in Deutschland außer in wenigen Ausnahmekrippen aus personellen Gründen nicht existiert, hat die weltweit angesehene und gut abgesicherte amerikanische Langzeitstudie NICHD ergeben, dass Langzeitrisiken bzw. -folgen, auf die ich noch ausführlich eingehen werde, *unabhängig von der Qualität der Krippenbetreuung eintreten*, also auch bei hochqualitativen Krippen.[114] Aber auch wenn man einmal all diese Ergebnisse außer Acht ließe, frage ich mich, ob der Denkansatz überhaupt und grundsätzlich verantwortbar ist, eine Betreuung zur Norm zu machen, unter der Kinder leiden und die ihren Grundbedürfnissen nicht entspricht. Und ist es nicht geradezu unklug, weiter auf ein Konzept zu setzen, das nachweislich hohe Risiken, aber keine Vorteile bringt und zudem Unsummen kostet? (… von den Folgekosten ganz zu schweigen.)

Die verdrängte Erinnerung: Die Situation kleiner Kinder und ihrer Mütter in der DDR

Obwohl in meinen ganz persönlichen Erlebnissen schon einiges anklang, möchte ich auf das System der Krippenerziehung in der DDR noch näher eingehen, um einfach noch mehr zu verdeutlichen, was die Menschen im Osten Deutschlands geprägt hat. Aber nicht nur das: Der Blick zurück kann den Blick für die Gegenwart schärfen.

4. Warum Fremdbetreuung die Sehnsucht kleiner Kinder nicht stillen kann

Etwa Ende der 50er/Anfang der 60er Jahre begann die DDR, die Krippenbetreuung als *das* System kleinkindlicher Erziehung flächendeckend aufzubauen. Neben den normalen Tageskrippen mit Öffnungszeiten von 6.00 bis 19.00 Uhr, wo die meisten Krippenkinder untergebracht waren, gab es die Wochenkrippen als Angebot zum Beispiel für Schichtarbeiter, Künstler, Studenten usw. Im Laufe der 70er und 80er Jahre hatte man es geschafft, dass in den Ballungsräumen sowie im städtischen Bereich mehr als 90 % aller Kleinkinder in der Krippe betreut wurden. Auf dem Land war der Prozentsatz nie so hoch, aber landesweit lag der durchschnittliche Betreuungsgrad bei ca. 80 %. (Das war immerhin zu der Zeit, als im sozialistischen Nachbarland bereits eine Deprivationsforschung vorlag und man in punkto Krippen zur Umkehr „geblasen" hatte. Nur wir in der DDR wussten nichts davon.)

Ziel der Kommunisten war es, auch die Frauen und vor allem die noch viel prägbareren und manipulierbareren Kinder ideologisch nach sozialistischem Bilde zu formen und zu kontrollieren. Sie wussten ganz genau, dass sie die Privatheit der Familien aufweichen und zerstören mussten, weil sie sonst nie in dem Maße, wie sie es vorhatten, die nächste Generation geistig, politisch und ideologisch in ihre Hand bekommen würden.

Die kleine, in sich relativ geschlossene gesellschaftliche Struktur der Familie wird immer – und je mehr sie mit Leben erfüllt wird, desto mehr – ein Stück individueller Kultur darstellen. Sie ist gleichzeitig der optimale Entfaltungs- und Weitergaberaum für die Kultur, die Tradition und die Werte eines Volkes. Es bestätigt sich immer wieder, dass das, was in den Familien nicht weitergegeben wird, verschwindet. Mit der Herauslösung schon der Kleinsten aus der Familie verfolgte die SED unbedingt auch die Zerstörung der Reste christlichen Glaubens und Lebens.

Gleichschalten und Gleichmachen war das Ziel. Das kommunistische Menschenbild – und so wurde es uns auch in der Schulzeit immer wieder gelehrt – besagte unter anderem, dass die Kinder eigentlich alle gleich begabt (intelligent, sportlich, musikalisch usw.) seien; nur durch ihre ungleichen Chancen durch die unterschiedliche soziale Herkunft entstünden die Unterschiede. Natürlich sind gleiche Bildungschancen gut. Wenn das aber heißt, die Individualität und Besonderheit eines jeden Menschen zu negieren, dann wird man ihm nicht gerecht. Schon gar nicht, wenn die natürlichen Entfaltungsbedingungen des menschlichen Kindergehirns – die natürlichen Familienbedingungen – missachtet und zerstört werden. Statt Familie Kollektiv, statt Mutter und Vater Erzieherinnen und Gleichaltrige!

Die besondere Bedeutung der Mutter für ihr kleines Kind wurde als bürgerlich und von gestern „vom Tisch gewischt". Die Propaganda lief auf Hochtouren. Die Frau sollte endlich von den Nachteilen der Gebärfähigkeit und des Kinderkriegens befreit werden und Zeit haben, sich anderweitig geistig und beruflich zu entfalten. Es sollte ihr eine Herzensangelegenheit sein, ihre erworbenen Fähigkeiten der sozialistischen Produktion und dem Aufbau des Sozialismus zur Verfügung zu stellen, sprich: sie sollte den notorischen Arbeitskräftemangel durch fehlende Männer und die Fluchtwelle bis zum „Mauerbau" gen Westen ausgleichen. Das entsprach der sozialistischen Ideologie der DDR.

Die Prinzipien der sozialistischen Ideologie stammen von Marx und Lenin. Deshalb bezeichnet man diese auch als Marxismus-Leninismus. Folgendes stammt von Lenin:

> Die Regierung der proletarischen Diktatur bietet ... alles auf, um die rückständige Auffassung der Männer und Frauen zu überwinden ... Eine Selbstverständlichkeit ist die volle Gleichberechtigung von Mann und Frau in der Gesetzgebung ... Wir gliedern die Frauen in die soziale Wirtschaft, Verwaltung, Gesetzgebung und Regierung ein ... Wir gründen Gemeinschaftsküchen und öffentliche Speisehäuser, Wasch- und Reparaturanstalten, Krippen, Kindergärten, Kinderheime, Erziehungsinstitute verschiedener Art ... Dadurch wird die Frau von der alten Haussklaverei und jeder Abhängigkeit vom Mann erlöst ... Die Kinder erhalten günstigere Entwicklungsmöglichkeiten als daheim.[115]

Dessen Vordenker Karl Marx verfasste 1848 in seinem „Manifest der Kommunistischen Partei" unter anderem zehn „Maßregeln" zur *gewaltsamen* Revolution bzw. Machtübernahme des Proletariats, worunter zum Beispiel die Enteignung der privaten Wirtschaft fällt. Punkt 10 dieser „Maßregeln" lautet:

> ... öffentliche und unentgeltliche Erziehung aller Kinder ... Vereinigung der Erziehung mit der materiellen Produktion.[116]

Einige Zeilen vorher schreibt er:

> Aufhebung der Familie! ... Aber, ihr sagt, wir heben die trautesten Verhältnisse auf, indem wir an die Stelle der häuslichen Erziehung die gesellschaftliche setzen ...[117]

Er rechtfertigt seine Ziele damit, dass eben ohnehin

> infolge der großen Industrie alle Familienbande für die Proletarier zerrissen und die Kinder in einfache ... Arbeitsinstrumente verwandelt werden.[118]

Ich habe das so ausführlich dargestellt, damit jedem die Parallelen zur Gegenwart ins „Auge springen": Die offiziellen Aussagen zur Familienpolitik (➤ auch Kap. 1) knüpfen an manche Prinzipien der DDR an, zugespitzt könnte man sagen, sie sind in Teilen marxistisch inspiriert. Daraus kann geschlussfolgert werden, dass *in der Familienpolitik unseres freiheitlichen Rechtsstaates Grundgedanken einer Ideologie an Einfluss gewinnen, die als „totalitär" eingestuft wird.* Das scheint nur wenigen bewusst zu sein; wahrscheinlich, weil die Allgemeinheit zu wenig davon weiß, und weil man diese Gedanken eher aus dem Feminismus kennt. Aber auch der Feminismus, dies gilt es festzuhalten, hat einen Teil seiner Wurzeln im Marxismus. Der Feminismus und der Neomarxismus waren eine, wenn nicht die wesentliche geistige Grundlage der 68er-Bewegung im Westen, deren Vertreter den „Gang durch die Institutionen" bis in höchste Partei- und Regierungsämter hinter sich gebracht haben. Ihre Ideologie haben sie im Wesentlichen beibehalten. Deshalb sind die „Vorzeichen" heute tatsächlich nur „leicht" modifiziert: Die Frauen sollen sich beruflich entfalten können, ohne von ihren Kindern daran gehindert zu werden; unter anderem deshalb, weil die Wirtschaft Arbeitskräfte braucht, heute allerdings zur *Profitsicherung* (➤ Kap. 7). Ideologisch braucht man die Kinder so früh wie möglich, um Menschen „gender-gerecht" formen zu können.

Auch heute geht es – und zwar in Westdeutschland, denn im heutigen Ostdeutschland haben wir das alles schon lange – um ein bewusstes Herausziehen der Kinder aus den Familien, nämlich durch Krippen, Ganztagsbetreuung an Kindergärten und Schulen. Es sprechen manche Indizien dafür, dass die entsprechenden ideologischen Lobbygruppen das Ziel haben, nun auch im Westen die vertikale Kultur-, Werte- und Glaubensvermittlung – da, wo sie bisher in den Familien noch funktioniert haben – in Frage zu stellen, eben um ihre „Werte", so diffus sie im Einzelnen auch sein mögen, besser „in die Köpfe der Menschen" bringen zu können. Das alles wird uns als „modern", als „moderner Lebensstil" oder als „modernes Lebensmodell" angepriesen. Wir wollen und sollen ja alle „modern" sein.

Das „Kommunistische Manifest" ist, zur Erinnerung, 1848 veröffentlicht worden. Das ist über 160 Jahre her. Die in ihm vorgetragenen Auffassungen können neuere wissenschaftliche Erkenntnisse über die frühkindliche Phase nicht kennen. „Selbstverwirklichung und Gleichberechtigung durch Arbeit" mit Hilfe der „Fremdbetreuung der Kinder" sind als Prinzipien also mindestens genauso altmodisch, überkommen und von gestern, wie das, was durch die Phrase „überkommene Mutterrolle aus dem 19. Jahrhundert" als „altmodisch" denunziert werden soll.

Selbst wenn wir alles das übersehen sollten: Die Tatsache, dass sich der Staat unserer Kinder bemächtigt, sollten wir nicht übersehen. *Mit der Favorisierung und der einseitigen finanziellen Förderung der Einrichtungsbetreuung*, noch dazu mit dem langfristigen Ziel der gesetzlichen Pflicht für alle Kinder, das führende Gruppierungen verfolgen, beginnen Staat und Gesellschaft meiner Wahrnehmung nach ihre freiheitlich-rechtliche Grundlage – *den Boden des Grundgesetzes der Bundesrepublik Deutschland* – zu verlassen. Im Grundgesetz ist die Erziehung der Kinder nämlich *als Recht und Pflicht der Eltern* verankert.

Aber zurück zu den DDR-Verhältnissen: In dieser Zeit wurde die Mutter im Hinblick auf die Betreuung ihrer Kinder zunehmend zur Randfigur, und zwar sowohl zeitlich, indem sie kaum noch für ihr kleines Kind in einem unmittelbaren Sinne greifbar war, als auch bezüglich ihrer Verantwortung und Kompetenz. Die wurde ihr quasi an der Krippentür abgenommen bzw. von ihr zwangsläufig abgegeben. So bestimmte man die Art und Weise der Kleidung der Kleinen, damit das Umkleiden so schnell wie möglich klappte. Dazu gehörte der Tagesablauf mit streng und fest geregelten Schlaf- und Essenszeiten. Dieser sollte unbedingt auch am Wochenende beibehalten werden, damit das Kind im Rhythmus blieb. (Das hieß für so manche Eltern, auch am Wochenende zwischen 5 und 6 Uhr aufstehen zu müssen, weil möglicherweise auch die Kinder auf diese Zeiten geprägt waren.) Raum für Individualität und seelische Befindlichkeiten waren schon aufgrund der personellen Situation kaum gegeben, aber sie waren politisch auch nicht erwünscht. Das ganze Erziehungskonzept, das natürlich in der Hand der Einrichtung war, sah schließlich das Einfügen ins Kollektiv vor, und zwar ohne „Extravaganzen"! Schließlich sollten sich die Kinder später auch ins sozialistische Kollektiv, in die FDJ, in die Partei einreihen, ohne etwas in Frage zu stellen.

So gab es auch erst ab 1985 gestaffelte Eingewöhnungszeiten, aber aus Gründen der hygienischen Vorschriften ohne Mutter bzw. eine andere Bindungsperson. Die Krippenpädagogik hatte, wie alles, ihre Pläne; sie waren wiederum ohne Berücksichtigung von Individualität formal festgelegt: Geregelt war, wann ein Kind sauber zu sein hatte oder wann es sich alleine anziehen können sollte, wie es gesundheitlich abgehärtet werden sollte usw. Welche Fähigkeiten und Verhaltensweisen ein Kind bereits erlernt hatte, wurde in einem sogenannten „Entwicklungsbogen" genau festgehalten. Eine Bekannte hat mir ihren eigenen von 1974 zur Verfügung gestellt. Die Dinge, die sie schon beherrschte, sind blau, die nicht beherrscht wurden, sind rot gekennzeichnet. Wie überhöht die Anforderungen waren, die in keiner Weise dem Alter des in diesem Falle 1 ½-jährigen Kindes entsprachen, zeigen die Punkte, die in diesem Bogen rot umrandet waren: „Kann alleine auf- und zuknöpfen … Putzt die Nase richtig … Beherrscht gute Tischsitten … Fädelt Perlen auf einen Kunststofffaden … Es kann beim Puppenspiel nach Vorzeigen Handlungskomplexe nachspielen …" Auf diesem Bogen steht auch, dass die Eltern dazu angehalten werden sollten, vorhandene Defizite bei ihren Kindern abzustellen, sprich: mit ihnen entsprechend zu üben. Ich erinnere mich in diesem Zusammenhang an ein Gespräch mit einer Frau, in dem sie mir ihr Leid klagte, dass die Krippenbetreuerin ihres Kindes bemängelt hatte, dass es eine bestimmte Sorte Bausteine noch nicht in eine Reihe hinlegen könnte. Es hätte eine verzögerte Entwicklung, die durch Übungen zu Hause kompensiert werden sollte. Sie erwiderte, dass sie den ganzen Tag nicht Zuhause sei und zudem nicht wüsste, wieso ein Einjähriger als das können müsste.

Zur Sauberkeit wurden die Kinder regelrecht getrietzt: Feste, regelmäßige Topfzeiten für alle Kinder gleichzeitig und möglicherweise drastische Maßnahmen, wenn es nicht klappte. Frau K. erzählte, dass es zum Beispiel in einer Krippe üblich war, die Kleinen, denen es doch wieder in die Hose gegangen war, zur Strafe mit eiskaltem Wasser abzuduschen. Frau B., wohnhaft in einer sächsischen Kleinstadt, kam, als sie ihren Jungen abholen wollte, gerade dazu, als die Erzieherin die Kinder alle im Kreis hatte aufstellen lassen und sagte: „So, nun guckt euch mal alle den an, der macht immer noch in die Hose." Alle Kinder mussten mit dem Finger auf ihn zeigen.

Als ich mit meinem ersten Kind schwanger war, hörte ich im Sender Radio DDR ein Interview mit einer Krippenerzieherin. Sie betonte, dass es ihr wichtigstes Ziel und ihr ganzer Stolz sei, dass die Kinder schnell sauber würden. (Das sollte etwa mit einem Jahr sein!) Einerseits verständlich im Zeitalter der Stoffwindeln, bei überfüllten Krippen und ohne die Kenntnis entwicklungspsychologischer Zusammenhänge! Aber ich dachte entschlossen: „Ihr kriegt mein Kind nicht!"

Der Personalmangel und die damit mancherorts verbundene große Überlastung, aber auch charakterliche Schwächen von Erzieherinnen zeigten leider Wirkung. So erzählte zum Beispiel Frau H., dass in einer Krippe in den Bettchen einfach die Kopfkissen steil hingestellt wurden, damit den Kindern die Fläschchen in die Hand gegeben werden konnten, damit sie sie allein trinken konnten. Auf diese Weise mussten sie nicht gefüttert werden. In einer anderen Krippe kam eines Tages heraus, dass, wenn es denn für die Kinder einmal Bananen gab, ihnen nur ein Bruchteil wirklich zugutekam. Der größere Teil war in die Taschen des Personals gewandert.

Frau J., jahrelang in der Küche einer Krippe tätig, erzählte:

> Für das Füttern eines Kindes waren höchstens zehn Minuten Zeit. Aß das Kind in dieser Zeit nicht oder hätte es länger gebraucht, hatte es eben Pech. So viel Mehrerei konnte man nicht um jedes Einzelne machen.

In diesem Zusammenhang ist mir auch ein tragischer Unfall bekannt. Eine Bekannte erzählte, dass in ihrer Heimatstadt in den 1980er Jahren ein Kind durch die Hektik des Fütterns an einer zu langen Nudel erstickte. Weitere tragische Unfälle passierten, die nie veröffentlicht wurden, weil so etwas einfach nicht sein durfte (➤ Kap. 8).

Übrigens fanden auch alle ärztlichen Voruntersuchungen und Impfungen in der Krippe – selbstverständlich ohne die Eltern – statt, die dadurch weder die Möglichkeit hatten, ihre Kinder zu trösten, noch den Arzt zu sprechen, noch eigene Vorstellungen geltend zu machen.

Viele Eltern fanden es – bei voller Berufstätigkeit – natürlich sehr bequem, dass man sich in der Krippe um alles kümmerte, und stellten daher nichts in Frage. Manche Mutter hat es aber auch bedauert. Eine Bekannte beklagte sich bitter darüber und empfand vieles als persönlichen Übergriff. Sie habe bei ihrem Kind kaum noch etwas zu sagen.

Wollte man das System der repressiven staatlichen Erziehung im DDR-Sozialismus, das bei der Krippenbetreuung begann, charakterisieren, so ergibt sich „das Bild eines umfassenden und kontinuierlichen Systems von Nötigung, Manipulation, Einengung, Kontrolle, Ängstigung, Strafe und Beschämung" – mit dem Ziel, die Individualität zu hemmen und den Willen zu brechen[119], wie Hans-Joachim Maaz in seinem Buch „Der Gefühlsstau" resümiert.

Bis in die 70er Jahre hinein hatte eine junge Mutter acht Wochen Wochenurlaub, danach hatte sie, gerade selbst aus den „Wochen" heraus, ungeachtet ihres zu diesem Zeitpunkt winzigen Säuglings, tagtäglich wieder an ihrem Arbeitsplatz anzutreten, ganz gleich, wie die Nacht verlaufen war und egal wie Mama und Baby sich gerade fühlten! Das Kind musste etwa um 5.00 Uhr aus dem Schlaf gerissen werden, damit man selbst um 7.00 Uhr pünktlich am Arbeitsplatz stehen konnte! Dies zu einem Zeitpunkt, an dem sich die Stillbeziehung – wenn sie denn zustande gekommen war – hätte stabilisieren können. Besonders wenn ich gerade selbst wieder ein Baby im Arm hielt, empfand ich das als ein Ding der Unmöglichkeit, als jenseits von Gut und Böse. In solchen Momenten wunderte ich mich, dass sich nicht bereits bei Einführung des Krippensystems Protest dagegen regte, die kleinen Kinder so früh in fremde Hände zu geben. Wenn ich bedenke, wie ich mich für meine Kinder immer wieder eingesetzt habe, so wie ich es für mich selbst wohl nie so getan hätte, dann bestand durchaus Grund für die Annahme, dass der natürliche Schutzinstinkt der Mütter, aber auch der Verteidigungsimpuls der Väter hier eine Revolution hätte auslösen können. Warum aber blieb sie aus?

Das Allererstaunlichste dabei ist, dass rein objektiv-rechtlich kein Mensch gezwungen war, sein Kind in die Krippe zu bringen, denn – ich erwähnte es schon – es gab in der DDR keine gesetzliche Krippenpflicht. Trotzdem sagen noch heute alle, die daraufhin angesprochen werden: „Zu DDR-Zeiten musste man das. Da war das so." Auch mir ist es erst vor Kurzem aufgefallen, dass es ein solches Gesetz gar nicht gab. Ich erkläre es mir persönlich so: Zum einen verdienten die Väter extrem wenig, oft viel zu wenig, um eine Familie zu ernähren. Der finanzielle Druck erhöhte sich spürbar, als 1958 mit dem Wegfall der Lebensmittelmarken die Preise und damit die Lebenshaltungskosten deutlich stiegen. Ferner gab es im Lohnsteuersystem der DDR keine Berücksichtigung der nichtberufstätigen Ehefrau.

Zum anderen wollte man ab Ende der 50er/Anfang der 60er Jahre auch endlich die Nachkriegszeit hinter sich lassen und wieder besser leben, wobei – und das war die gesamte DDR-Zeit über immer der Fall – der größere Wohlstand im Westen *die* unbewusste Zielgröße war. Und die hatte man allabendlich per Fernseher vor Augen.

Des Weiteren spielten innerseelische Faktoren eine Rolle, wie zum Beispiel die Probleme mit der ersten Bindung und dem Stillen in dieser Zeit sowie die Defizite und Traumata der Kriegskindergeneration, worauf ich an anderer Stelle noch ausführlicher eingehen werde.

Zu allem kam der ständig anwesende, ungeheure ideologische Druck, der eine bestimmte Verhaltensweise als die einzig wahre darstellte, eben die selbstverständliche Berufstätigkeit der Frau, um dem Sozialismus zu dienen. Konkret hieß das: im Betrieb für eine bestimmte Arbeitsaufgabe verantwortlich zu sein und dort dringend gebraucht zu werden. Damit verbunden war zwangsläufig die frühe Abgabe der Kinder. Wenn das erst einmal die Mehrheit macht, entsteht eben sehr schnell ein gesellschaftliches Klima, das wie ein vorauseilender Gehorsam und möglicherweise stärker als manches Gesetz wirkt.

Ab 1968 wurde diesbezüglich allerdings ein wichtiges Gesetz erlassen, nämlich die gesetzliche Festschreibung der „Pflicht zur Arbeit" in der Verfassung vom 9. April 1968. Da hieß es im Artikel 24. Abs. 2:

> Gesellschaftlich nützliche Tätigkeit ist eine ehrenvolle Pflicht für einen jeden arbeitsfähigen Bürger. Das Recht auf Arbeit und die Pflicht zur Arbeit bilden eine Einheit.

Als Hausfrau wurde man auf dieser Basis bei Kinderreichtum ab drei minderjährigen Kindern zwar toleriert und auch ansonsten geduldet. Aber moralisch war man „unten durch"; das Hausfrauendasein war ein „Relikt", das es unbedingt zu überwinden galt.

In den 70er Jahren erkannte offenbar selbst die SED-Führung, dass es so nicht weitergehen konnte. Die Situation war geprägt durch vermehrte Ehescheidungen, weniger Eheschließungen und das Absinken der Geburtenrate vor allem durch die Antibabypille. Auf dem VIII. Parteitag der SED 1971 beschloss man ein umfangreiches sozialpolitisches Programm zur Förderung junger Familien. Darin wurde festgelegt, dass die Mütter bis zum vollendeten 5. Lebensmonat des Kindes bezahlt (in Höhe des Krankengeldes) zu Hause bleiben konnten. Sie konnten darüber hinaus eine unbezahlte Freistellung bis zum vollendeten ersten Lebensjahr in Anspruch nehmen, wobei ihnen der bisherige Arbeitsplatz zugesichert blieb. Waren sie unverheiratet, bekamen sie das Babyjahr bezahlt. In den Folgejahren gab es noch einige weitere Verbesserungen: Das Babyjahr wurde zum Beispiel ab 1976 auch den verheirateten Frauen ab dem zweiten Kind bei *voller Lohnfortzahlung* gewährt. Ab 1986 gab es dann das Geld ab dem ersten Kind, und ab dem dritten Kind konnte man 1 ½ Jahre zu Hause bleiben.

Eine Mutter konnte bis zu drei Jahre unbezahlt freigestellt bleiben, wenn sie nachwies, dass sie in ihrem örtlichen Umfeld keinen Krippenplatz bekam. Ihr Betrieb musste sie dann wieder aufnehmen, konnte ihr allerdings einen anderen Arbeitsplatz zuweisen.[120]

Kurz vor der Wende kam mir sogar das Gerücht zu Ohren, dass man die Mütter bis zum vollendeten dritten Lebensjahr ihrer Kinder bezahlt freistellen wollte, weil durch den hohen Krankenstand der Krippenkinder die Ausfallrate der Mütter in ihren Betrieben so hoch war, dass man sie volkswirtschaftlich inzwischen mehr als schädigend denn als nützlich empfand. Was an diesem Gerücht dran war, kann ich nicht sagen; solche Gerüchte kamen regelmäßig vor Republikjubiläen oder SED-Parteitagen in Umlauf.

Eine wirkliche Steigerung der Geburtenrate trat indes nicht ein, denn die totale Freigabe der Abtreibung bis zur zwölften Schwangerschaftswoche ab 1972 hatte zur Folge, dass etwa jedes dritte Baby abgetrieben wurde. Das war das verheerende Fazit einer Dissertation, die 1988 an der Universität Jena zu diesem Thema erstellt wurde. Sie wurde deshalb sofort zur „VD" (Vertraulichen Dienstsache) und kam unter Verschluss.[121]

Das familienpolitische Programm sollte zwar junge Ehen und Familien fördern, aber in der Praxis verkehrte sich das manchmal ins Gegenteil. Der Ehekredit von 5000 (DDR-)Mark (ab 1976 7000 Mark), den es ebenfalls im Rahmen dieses Programms bis zum vollendeten 26. Lebensjahr gab, hat eben auch zu so mancher unüberlegter Heirat geführt. Oft kam auch bald ein Kind als Dritter im Bunde dazu – schließlich musste man in diesem Fall weniger Ehekredit zurückzahlen und bekam pro Kind noch einmal 1000 Mark. Außerdem konnte man einen Wohnungsantrag für eine gemeinsame Wohnung stellen. Viele junge Väter mussten meist zeitgleich für 1 ½ Jahre zur Armee. So manche junge Ehe überstand gerade diese erste Anpassungsphase nicht, zumal die NVA-Soldaten nur zweimal im halben Jahr Urlaub hatten. Auch das trug zu der hohen Scheidungsrate in der DDR bei. Dadurch gab es auch immer mehr alleinerziehende Mütter, die dann wiederum Berufstätigkeit und Einrichtungen brauchten. Egal ob Scheidung oder nicht, der Sold eines einfachen jungen Soldaten war so gering, dass seine Frau arbeiten gehen und ihr Kind wegbringen musste, wollte man nicht verhungern.

Deshalb empfinden bis heute viele Leute Krippen bzw. Kitas als *soziale Sicherheit schlechthin*, als ein *stabilisierendes Element bei allen Wechselfällen des Lebens, als das Beste aus der Zeit der DDR*. Sie setzen sich dafür ein, dass sie nicht nur erhalten, sondern noch weiter ausgebaut werden. Spricht man die eine oder andere Frau indes daraufhin an, ob es denn nicht manchmal hart war, die Kleinen so früh aus dem Schlaf zu reißen, jeden

Morgen die Hetze, die überfüllten Verkehrsmittel und am späten Nachmittag das Abholen der häufig völlig fertigen und überreizten Kinder usw., sagt die eine oder andere schon, man hätte schon recht, es wäre manchmal furchtbar gewesen. Petra B. aus Sachsen erinnert sich zum Beispiel an Folgendes:

> Als mein erstes Kind Mitte der 80er Jahre geboren wurde, musste mein Mann für 1 ½ Jahre zur „Fahne" [Grundwehrdienst der NVA], und ich stand mit dem Kleinen alleine da. Der Sold war klein, zum Leben zu wenig, zum Sterben zu viel. Als meine fünf bezahlten Monate um waren, blieb mir einfach nichts anderes übrig, als wieder voll arbeiten zu gehen. Wenn ich nach der Arbeit mit meinem Kind im Kinderwagen von der Krippe nach Hause noch etwa 20 Minuten zu Fuß stetig bergauf laufen musste, dachte ich manchmal, ich würde jeden Augenblick vor Erschöpfung zusammenbrechen. Besonders schlimm war es im Winter. Von meinem Kind hatte ich nicht viel; es war eine schreckliche Zeit. Das wünsche ich meinem ärgsten Feind nicht.

So manche Frau hat diese Härten nach dem Motto „Das war halt so" mehr oder weniger ausgeblendet, und so manche ist darüber hart geworden: „Da musste man eben durch, da wurde man gar nicht gefragt." Welche Strapazen viele Frauen in diesem Zusammenhang aushalten mussten, stand ihnen buchstäblich ins Gesicht geschrieben. Die Rückkehr in die DDR nach einer Westreise Ende der 80er Jahre – ich war eine der Glücklichen, die eine Reise zu Verwandten zweiten Grades genehmigt bekommen hatte – wirkte auf mich wie ein Schlüsselerlebnis: Neben dem Verfall, dem „Grau in Grau" in der DDR, erschütterte mich vor allem das Aussehen der Frauen – so verhärtet und abgearbeitet – im Vergleich zu ihren Zeitgenossinnen im Westen. So viel konnte eine weniger schicke Kleidung oder ein fehlendes Make-up gar nicht ausmachen!

Letztlich hing an der ganzen Situation so viel Lebensleistung, so viel Kraft, so viel Stress und andererseits so viel berufliche Anerkennung und damit persönliche Aufwertung der Frauen, dass jegliches Hinterfragen von Kindereinrichtungen schwierig und teilweise unmöglich gemacht wurde. Denn das, was so viel Einsatz gefordert und gleichzeitig so viel an Identifikation – nämlich der Frauen mit ihrer Berufstätigkeit – geschaffen hat, kann bzw. darf doch nicht falsch gewesen sein. Das ist verständlich.

Es liegt mir fern, diese Lebensleistung kleinzumachen, irgendjemanden etwas nachzuweisen oder mich auf ein „hohes Ross zu setzen"; schließlich ist keiner im Leben vor Irrtümern gefeit. Es geht mir letztlich in diesem Buch darum, ein anderes Konzept für die Erziehung kleiner Kinder aufzuzeigen. Ich glaube nämlich, dass dieses Konzept nicht nur den Kindern, sondern auch den Müttern besser bekäme.

Vielen jungen Müttern der DDR-Zeit muss man zugutehalten, dass sie versucht haben, aus der Situation das Beste zu machen: Da wurden die Kinder so schnell wie möglich abgeholt.

Die Eltern versuchten ihre Schichten so zu legen, dass das Kind nur so kurz wie möglich in der Einrichtung bleiben musste. Einige versuchten, auch halbtags zu arbeiten. (Das wurde mit den Jahren immer schwieriger, weil der Ministerrat der DDR Vollbeschäftigung beschlossen hatte.) Der sogenannte Haushaltstag – ein bezahlter freier Tag im Monat für Mütter mit Kindern – wurde für die Kinder genutzt. Die Zeiten der Krankheit wurden von mancher Mutter insofern willkommen geheißen, weil sie sich dann ihrem Kind widmen konnten. Eine Lehrerin sagte zu mir, dass sie immer heilfroh war, dass sie ihre Kinder immer schon mittags abholen konnte; wenn nachmittags noch eine Schulveranstaltung ihre Anwesenheit verlangte, sei ihre Mutter schnell eingesprungen. Überhaupt waren die Großeltern, wenn sie in der Nähe wohnten, voll im Einsatz. Sie wurden oftmals zu den Hauptbezugspersonen.

Einige Frauen erzählen heute – wenn auch zunächst hinter vorgehaltener Hand –, wie sie mit ihren Kindern mitlitten. Frau K. aus Erfurt erzählte, dass es ihr fast das Herz zerrissen hat, wenn ihre Kinder so geschrien haben und wenn sie nachmittags beim Abholen ihre rotgeweinten Augen sah und ihre heisere Stimme hörte. Sie hätte ihren Mann so sehr gebeten, mit dem Arbeiten aufhören zu dürfen. Dieser aber habe immer nur die Anschaffungen im Kopf gehabt, wofür ihr verdientes Geld genutzt werden sollte. Die Liebe zu ihrem Mann zerbrach daran; es kam zur Scheidung.

Monika L. aus B. erzählte, wie weh es ihr getan hat, ihr Kind wegzugeben, um stattdessen andere Kinder zu betreuen; sie war nämlich selbst Krippenerzieherin. Obgleich ihr Kind häufig krank war, wurde es ihr nicht gestattet, ihr Kind wenigstens mit in ihre Einrichtung zu nehmen und in ihrer Kindergruppe mit zu betreuen. Sie sagte, sie habe sich das immer vorgeworfen, dass sie sich das gefallen lassen hat. Das Schlimmste sei das schlechte Gewissen gewesen. Das wäre dann auch die weiteren Jahre ihr ständiger Begleiter gewesen, und sie hätte in der Erziehung aufgrund dessen viele Fehler gemacht. Immer hätte sie das Gefühl gehabt, nachträglich alles an ihrem Kind wiedergutmachen zu müssen.

Es ist zwar nicht die Regel, aber ich begegne doch immer wieder Frauen, die ähnlich wie Monika L. ihre Berufstätigkeit während der Kleinkindzeit ihrer Kinder und deren Krippenbesuch hinterfragen. Eine Frau sagte zum Beispiel, sie frage sich heute, warum sie das einfach so hingenommen und nicht mehr darüber nachgedacht habe. Eine andere fragte, warum wir uns da bloß so hineintreiben ließen; heute würde sie das auf keinen Fall wieder so machen.

Eine weitere Frau erinnerte sich, sie hätte sich oft bei der Arbeit gar nicht so recht konzentrieren können und manches wäre ihr relativ gleichgültig gewesen, weil sie in Gedanken immerzu beim Kind war. Meiner Mutter ging es, wie schon erwähnt, genauso.

Während der Berufspraktika meines Studiums wunderte mich Folgendes: Wenn die Frauen gerade nicht über berufliche Belange sprachen oder darüber, was es wo gerade zu kaufen gab – immerhin herrscht ja überall Mangelversorgung –, dann redeten sie über ihre Kinder. Und zwar so viel, dass ich, da ich noch kein Kind hatte, manchmal etwas genervt dachte, ob es denn nicht auch einmal ein anderes Thema gäbe. Es war so auffällig, dass ich mich fragte: „Könnte das nicht vielleicht die Sehnsucht der Mütter nach ihren Kindern sein?"

Es gab auch so manche Mutter, die sich mit Erfolg dem staatlich vorgesehenen Werdegang entziehen konnte. Sicher waren es wenige, aber doch mehr, als man manchmal denkt. Sie haben es versucht so „hinzudrehen" wie ich bei meinem ersten Kind, oder sie haben eben gekündigt und haben das entstehende Gerede über sie einfach hinter sich gelassen. Sie hätten es einfach nicht fertiggebracht, sagen sie. Manche haben es erst mit ihren Kindern versucht, waren dann aber heilfroh, wenn ihre Kinder aufgrund häufiger Krankheit vom Arzt krippenunfähig geschrieben worden waren. Ihrem Umfeld konnten sie dann etwas vorweisen und mussten nicht befürchten, sich ständig rechtfertigen zu müssen. Sie haben auf vieles verzichtet. Meine Eltern zum Beispiel haben es in der ganzen Zeit zum Beispiel nicht zu einem Trabbi oder eine „Datsche" (DDR-Begriff für Wochenendhäuschen) – in der DDR die erstrebenswerten Ziele schlechthin – gebracht. Sie mussten den „Groschen" wirklich „dreimal umdrehen".

Das Interessante ist, dass keine dieser Frauen, die mir bisher begegnet sind, es je bereut haben, ihre kleinen Kinder selbst betreut zu haben, und sei es bis ins Schulalter. Im Gegenteil!

Interessanterweise sind mir tendenziell die Frauen am ausgeglichensten erschienen, die zunächst in Ruhe ihre Kinder versorgt hatten und erst, als diese älter als sechs bis zehn Jahre alt waren, meist stundenweise wieder arbeiten gingen.

Meine Mutter, die es ja ähnlich gemacht hat, wurde von verschiedenen Leuten sogar daraufhin angesprochen, dass sie wohl eine sehr glückliche Frau sein müsse. Sie habe einfach zur richtigen Zeit, so brachte sie es einmal auf den Punkt, genau das getan, was anstand. Erst hätte sie ihr Muttersein erfüllt und dann, als wir Kinder groß waren, ihre Tätigkeit im Beruf.

Einige wissenschaftliche Erkenntnisse der Bindungsforschung und anderer Fachgebiete

Viele Menschen spüren sehr wohl, dass bei manchen Kindern, Jugendlichen, aber auch bei jungen Erwachsenen irgendetwas schief und „aus dem Ruder" läuft. Dafür wird häufig die unmittelbare Situation verantwortlich gemacht: „Das ist jetzt die ganze Gesellschaft!" oder „Das ist jetzt der ganze Kapitalismus!". Konkret gemeint ist damit so manche als ungünstig empfundene gesellschaftliche Entwicklung nach der Wende. Manch einer beklagt zum Beispiel den besonders negativen Einfluss der Medien. Versucht man aber im Gespräch die möglichen Ursachen dafür anzudeuten, die ja manchmal noch in der DDR-Zeit liegen, werden sie meist zurückgewiesen: „ Meinen Kindern bzw. mir hat das nicht geschadet!", lautet dann die Auskunft. Natürlich gibt es auch eine ganze Menge Leute, denen es „nicht geschadet hat", weil sie einfach robust genug oder ihre Bedingungen günstiger waren. Darüber kann man froh und dankbar sein. Es liegt mir fern, jemandem diesbezüglich persönlich zu nahezutreten, denn ich bin wirklich ebenfalls froh, wenn jemand nicht zu Schaden gekommen ist.

Aber sollte man nicht auch an die denken, die möglicherweise lebenslang beeinträchtigt sind? Mir kommt das manchmal so vor wie bei mancher Diskussion um das Rauchen. Da heißt es zum Beispiel auch: „Mein Opa war Kettenraucher und ist trotzdem über 90 geworden." Dabei vergisst man die vielen, die vorzeitig an Lungenkrebs sterben.

Wie kommt es denn überhaupt, dass etwas Spätfolgen haben kann, woran man sich nicht einmal mehr erinnern kann? Warum ist das nicht ein für allemal vergessen und vorbei? Interessant ist, welche Gesetzmäßigkeiten unserer menschlichen Seele in diesem Zusammenhang entdeckt worden sind. Folgende wissenschaftlichen Erkenntnisse sollen einen Einblick darüber vermitteln:

Fremdbetreuung bedeutet eine aus der Sicht des Kindes gewaltige Distanz zu seiner Mutter, die wiederum zu einem Muttermangel führt. D. h., es entsteht ein Mangel daran, die Mama zu jeder Zeit sehen, hören, fühlen, riechen, schmecken (stillen), anreden usw. zu können und ihre zugewandte Reaktion zu erfahren; so wie es das Kleine braucht. Es kommt infolgedessen zu einem Mangel an empathischer Mütterlichkeit (➤ Kap. 2). Es ist so ähnlich wie im Garten. Man könnte fremdbetreute Kinder mit kleinen Pflänzchen vergleichen, die in den falschen Boden – in einen Boden, der ihnen nicht entspricht – gepflanzt werden. Solche Pflänzchen gedeihen nicht so recht, ihre Entwicklung ist verlangsamt und sie sind anfällig für Krankheiten. Kinder, deren Seelen durch das „Einpflanzen" in den falschen „Boden" unterernährt sind, können im weiteren Leben die verschiedensten seelischen Mangelerscheinungen aufweisen.

Ich habe bereits erwähnt, dass solche Mangelerscheinungen nicht nur durch gravierende mütterliche Distanz, sondern auch durch distanzierte Mütterlichkeit ohne Fremdbetreuung in einer Krippe entstehen können, nämlich dann, wenn die Mutter zwar da ist, sich ihrem Kind gegenüber aber abweisend, kaltherzig und unnahbar verhält. So erging es zum Beispiel Peter K., der als Kleinkind in einem brandenburgischen Dorf aufwuchs. Seine Mutter arbeitete nachmittags und abends in einer Gastwirtschaft, wohin sie ihn im Kinderwagen mitnahm. Er bekam einmal von diesem, einmal von jenem sein Fläschchen, und als er es mit etwa fünf Monaten alleine halten konnte, bekam er es von seiner Mutter nur noch in den Wagen gereicht und musste damit irgendwie selber klarkommen. Das ging dann in der Folge auch mit den belegten Broten so, bis er dann in der späteren Kleinkindzeit einen Einrichtungsplatz bekam. Peter ist heute Anfang 40 und zu keiner dauerhaften Beziehung fähig. Vor Kurzem musste er sich in psychotherapeutische Behandlung begeben.

Der seelische Mangel, der so oder so in früher Kindheit entsteht, führt in vielen Fällen dazu, dass die ehemaligen kleinen Kinder den Lebensstürmen, vor denen keiner gefeit ist, nicht entsprechend trotzen können. Ich kann dagegen immer wieder beobachten, wie seelisch standfest solche Menschen sind, die sich als Kinder in gutem „Boden" fest verwurzeln konnten. Ich hörte in diesem Zusammenhang einmal in einem Vortrag ein Zitat von Jean Paul: „ Mit einer Kindheit voll Liebe kann man ein halbes Leben hindurch die kalte Welt aushalten." – „… wenn nicht ein ganzes [Leben lang]", ergänzte der Referent.

Dazu ein Beispiel: Arbeitslosigkeit bedeutet heute für viele eine enorme seelische Belastung, die zum Auslöser von Depressionen und Süchten werden kann. Nicht so zum Beispiel bei Bernd M., ca. 50 Jahre alt. Er war bis vor Kurzem langzeitarbeitslos, unter anderem deshalb, weil er durch einen vorangegangenen Arbeitsunfall schwer vermittelbar ist. Seine Frau ist schon jahrelang schwer chronisch krank. Die finanzielle Lage der Familie war des Öfteren äußerst bedrohlich. Aber er ließ sich einfach nicht entmutigen. Wenn man ihn traf, meinte er optimistisch: „Was soll's, ich mache das Beste daraus. Jetzt habe ich noch ein wenig mehr Zeit für meinen Garten sowie für dies und das …" Auf die Frage, ob ihn seine ganze Situation nicht sehr belaste, meinte er, er würde sich zwar auch für den Moment heftig über manches ärgern, aber das wäre sehr schnell vorbei, und dann ginge es ihm wieder gut. Er war als kleines Kind ca. 1 ½ Jahre gestillt worden. Er befand sich (Mitte der fünfziger Jahre) in keiner Einrichtung, sondern wurde von seiner Mutter zu Hause betreut. Auch seine weitere Kindheit war von einem harmonischen Familienleben geprägt.

Ein anderes interessantes Beispiel lieferte kürzlich das politische Monatsmagazin „Cicero": Die derzeitige Bundeskanzlerin Angela Merkel wird auf ihre Frage nach ihrem unerschütterlichem Frohsinn seit ihrer Kindheit wie folgt zitiert: „Vielleicht bin ich so geworden, wie ich bin, weil meine Eltern mich nicht in eine Krippe geschickt haben ... Das hat mein Vater, der Pastor, nicht geduldet."[122]

Die Bindungsforschung hat es immer wieder bestätigt gefunden: Kleine Kinder müssen zuerst Sicherheit und Vertrauen zu ihren Eltern aufbauen können, und so lange darin wachsen dürfen, bis sie selbst-sicher unbekannte Situationen bewältigen können. „Selbstsicherheit als Persönlichkeitsmerkmal", so kann in Eva Hermans Buch „Das Eva-Prinzip" nachgelesen werden, „ist ohne gewachsene Vertrauensbeziehung unmöglich, betonen die Bindungsforscher Karin und Klaus Grossmann, die unter anderem durch die ‚Regensburger Längsschnittstudie' führend auf ihrem Wissenschaftsgebiet wurden."[123] (Ich erinnere hier noch einmal an die Ausführungen des 2. Kap. und an das Zitat von Hans-Joachim Maaz im 3. Kap., S. 68)

Man könnte es auch so ausdrücken: In der Kindheit wird sozusagen der „Rucksack" fürs Leben gepackt. Ist da viel Gutes hineingekommen, kann man später aus „dem Vollen" schöpfen und davon zehren, wenn es schwierig wird. So lassen sich auch die „Durststrecken" des Lebens besser überstehen. Wenn dieser „Rucksack" aber leer bleibt bzw. mit Lieblosigkeit gefüllt wurde, wird dieser möglicherweise zu einer Zentnerlast, die man auf dem „Buckel" herumschleppt. Stammt diese „Zentnerlast" bereits aus der frühen Kindheit, kann der Betroffene sie meist nicht einmal benennen, weil er sich nicht bewusst erinnern kann. Unter Umständen kann sein ganzes Ich von einem riesigen, unbestimmten Gefühl der Unzufriedenheit, von einem Gefühl eigenen Unwerts, von Frustration und Wut und der ständigen Suche nach einem fernen Glück erfüllt sein. Das beeinflusst das aktuelle Denken und Handeln bis hin zu den alltäglichsten Dingen nachhaltiger, als man annimmt. Vielleicht könnte man es auch so ausdrücken: Das Unbewusste ist das Gedächtnis der Seele. Im Unbewussten sind die guten und die schlechten Grunderfahrungen und -empfindungen, an die man sich oft nicht erinnern kann, abgespeichert.

Die amerikanische Hirnforschung konnte 1997 diesen psychologischen Zusammenhang nachweisen, als sie mit Hilfe modernster Methoden die organische Basis unserer seelischen und geistigen Fähigkeiten – das Gehirn – buchstäblich „unter die Lupe" nahm.[124] Dadurch wurde naturwissenschaftlich bestätigt, dass die Kleinkindzeit die Grundprägezeit in der Entwicklung des Menschen ist.

Der Mensch bringt bei seiner Geburt ein noch nicht voll entfaltetes Gehirn mit auf die Welt. Die genetisch angelegten Synapsen (Nervenzellen) wollen „sprießen" und sich vernetzen. Wenn sie allerdings nicht die entsprechenden Entfaltungsbedingungen, eine entsprechende positive Stimulation (➤ Kap. 2) bekommen, verkümmern sie, so wie die Blütenknospen einer Pflanze, die nicht gegossen wird. Die renommierte Wissenschaftsjournalistin des „Time Magazine", J. Madeleine Nash, fasste die Forschungsergebnisse wie folgt zusammen:

> Während der ersten Lebensjahre unterliegt das Gehirn einer Reihe von außerordentlichen Veränderungen. Kurz nach der Geburt beginnt ein Säuglingsgehirn in großer biologischer Überschwänglichkeit über 100.000 Milliarden Verbindungen zu knüpfen – mehr, als es je gebrauchen kann. Dann eliminiert das Gehirn Verbindungen oder Synapsen, die selten oder nie benutzt werden. Die überschüssigen Synapsen in einem Säuglingsgehirn unterliegen einer drakonischen Beschneidung. Zurück bleibt ein Gehirn, dessen Muster von Emotionen und Gedanken im Guten wie im Schlechten einzigartig ist.[125]

Der Hirnforscher Gerhard Roth geht in seinem neuesten Buch „Persönlichkeit, Entscheidung und Verhalten. Warum es so schwierig ist, sich und andere zu verändern" darauf ein, dass wir Menschen in unserer Persönlichkeitsstruktur nach der frühkindlichen Phase der ersten drei Jahre ziemlich unverrückbar festgelegt sind. In einem „Spiegel"-Interview sagt er:

> Das unbewusste Selbst ist in seinen neuronalen Grundzügen kaum kaputtzukriegen. Wahrscheinlich gehörten die *Lebenstüchtigen* zu den *gut gebundenen* Kindern.[126] [Hervorh. von der Verf.]

Er spricht ferner davon, dass Menschen, die durch ungünstige Bindungsverhältnisse in ihrer Kleinkindzeit später seelisch krank, bindungsgestört oder gar kriminell werden, in ihrer Persönlichkeitsstruktur ebenfalls *nicht wirklich veränderbar sind*. Erwähnenswert ist in diesem Zusammenhang, dass enormer seelischer Stress, wie er bei *Trennung* des kleinen Kindes von seiner Mutter (zum Beispiel bei Krippenbetreuung) entsteht, direkt die Verkümmerung und Zerstörung der jungen Nervenbahnen zur Folge hat.[127] Bindungsforscher gehen, wie ich bereits beschrieben habe, davon aus, dass das Stresshormon Cortisol dafür verantwortlich sei. Bei Kleinkindern, die extrem bzw. langzeitlich in dieser Weise belastet werden, kann Folgendes eintreten:

> Die Folgen für Kinder mit extremen Störungen dieser Art: Ihr Gehirn ist kleiner als das ihrer Altersgenossen. Weiter wird deutlich, dass neben diesen schweren Beeinträchtigungen des Gehirns ebenso der Aufbau einer sicheren, emotionalen Bindung nicht gelingen kann. Diese Kinder können – als bleibendes Muster – daher in späteren Beziehungen ... große Schwierigkeiten haben.[128]

Der Arzt und Privatdozent Wilfried Bieger (Spezialgebiet Psychoneuroimmunologie) bezeichnet „traumatische Erlebnisse in der Kindheit", psychische „Verletzungen" wie den Verlust der Mutter, „Schockerlebnisse", aber auch „übermäßigen Stress" als „erworbene Risiken"[129] für eine spätere Depression. Bieger weiter:

Sie können zu „Narben", morphologisch nachweisbaren Veränderungen der neuronalen Schaltung, zum Untergang von Nervenzellen und vor allem zur Hemmung der neuronalen Regeneration und Neubildung von Nerven führen ... Man spricht von veränderter „Plastizität" des Gehirns. Die bleibenden strukturellen Veränderungen des Gehirns nach traumatischen Schockerlebnissen in der Kindheit, wenn die Plastizität und Formbarkeit des Gehirns noch verhältnismäßig groß sind, schaffen die Voraussetzungen für das spätere Auftreten der Depression, wenn erneut traumatische Ereignisse eintreten.[130]

Von den günstigen bzw. ungünstigen Entfaltungsbedingungen ist insbesondere das *Limbische System* unseres Gehirns betroffen, wo die kognitiven (die Erkenntnis betreffend) und emotionalen (gefühlsmäßigen) Fähigkeiten ihren „Sitz" haben.[131] *Durch ungünstige Entfaltungsbedingungen kann es regelrecht „unterbelichtet" sein, sodass die Betroffenen später in ihren geistigen sowie in ihren seelischen Fähigkeiten mehr oder weniger weit hinter ihrem eigentlichen, genetisch angelegten Potenzial zurückbleiben.*

Würde man also die genetisch (erblich) vorbestimmten Möglichkeiten und Begabungen eines Menschen mit 100 % beziffern, so würden diese bei guten Entfaltungsbedingungen für das Gehirn zu 100 % voll ausgeprägt, bei schlechteren hingegen vielleicht nur zu 40 oder 60 Prozent (wobei man natürlich im Nachhinein nie nachweisen kann, was wäre, wenn es anders gelaufen wäre.) Es ist hier nicht nur schade um die fehlenden geistigen Potenziale, sondern auch um die reduzierte Fähigkeit, zu fühlen und zu empfinden.

Eine Verwandte erzählte mir zum Beispiel von einer Frau, die sie im Wartezimmer ihres Hausarztes kennengelernt hatte. Diese Frau sagte von sich, dass sie einfach nichts empfinden könne. Sie sei schon jahrelang in Therapie, aber es hätte ihr noch keiner helfen können. Der kanadische Entwicklungspsychologe Gordon Neufeld präzisierte dieses Phänomen wie folgt: Die *Trennung* sei bei einem auf *Bindung* hin angelegten Menschen eine derartige *Tiefenverletzung*, dass man sich unbewusst keine Gefühle mehr „erlaube". *Gefühllosigkeit* und *Gefühlsarmut* seien die Folge. Das „coole" Wesen, das bereits manche Kinder und viele Jugendliche „an den Tag legen", muss vor diesem Hintergrund als Schutzpanzer der Unverletzlichkeit verstanden werden.[132]

Könnte nicht der sicher extreme Fall des neunfachen Säuglingsmordes einer Mutter in Brandenburg 2005 seine tiefste Wurzel ebenfalls in einer solchen frühkindlich geprägten Gefühllosigkeit haben? Denn es gehört schon etwas dazu, so etwas zu tun. Jeder fragt sich, wie man das fertig bringt. Möglicherweise dann, wenn man (dabei) einfach nichts empfindet? Der brandenburgische Innenminister gab seinerzeit in einem Fernsehinterview immerhin an, dass – statistisch gesehen – ein ostdeutsches Baby ein vierfach größeres Risiko hat, so umzukommen wie ein westdeutsches.

Sieben Babyleichen wurden allein 2007 in Thüringen gefunden.[133] Eine traurige Bilanz!

Richard Bowlby, Präsident des Centre of Mental Health in London, stellt gleichfalls einen interessanten Zusammenhang zwischen der primären Bindung (normalerweise) zur Mutter und früher Gehirnentwicklung her:

> Die physische Struktur der Säuglingsgehirne wird maßgeblich von Hormonen beeinflusst, die im Rahmen dieses Bindungsgefüges in den ersten zwei Lebensjahren ausgeschüttet werden, ein Zeitraum, in welchem sich die Größe ihrer Gehirne verdoppelt. Bei Babys unter 30 Monaten entwickelt sich die rechte Hirnhälfte schneller und übt im Vergleich zur linken eine größere Kontrolle auf das Verhalten aus. Diese rechte Seite entwickelt das intuitive Denken und gewährleistet emotionale Fähigkeiten, die für das Entstehen von Beziehungen und ebenso für das Einfühlungsvermögen in die Gefühle anderer Menschen notwendig sind ... , etwa um den 33. Lebensmonat vollzieht sich im Gehirn von Kleinkindern ein entscheidender Wandel. Der Wachstumsvorsprung der rechten Hirnhälfte verlangsamt sich und die Entwicklungsphase der sozialen und emotionalen Intelligenz wird abgelöst von einem Wachstumsschub der linken Hirnhälfte. Mit etwa 36 Monaten wird die linke Seite dominant, und dies fördert die Entwicklung zu komplexer Sprache sowie die Fähigkeit, sich an vergangene Ereignisse zu erinnern und zukünftige Ereignisse vorauszusehen.[134]

Das ist der Zeitpunkt, den ich schon beschrieben habe und der weder aufmerksamen Eltern noch anderen mit dem Kind verbundenen Personen entgeht. Es ist der Zeitpunkt, an dem plötzlich „die Vernunft" einsetzt, an dem man mit dem Kind reden kann, mit ihm vieles besprechen kann und das Kind versteht, wenn man für eine bestimmte Zeit abwesend sein muss. Bowlby resümiert:

> Qualitativ gute Vorschulerziehung hilft den meisten Kindern, die älter als 36 Monate sind, ihre kognitiven Fähigkeiten und eine soziale Unabhängigkeit zu entwickeln. Forscher haben keine dieser Vorteile für Kinder, die *jünger* als 24 Monate waren, gefunden. Aus diesem Grund sollte die individuelle Fähigkeit von Kleinkindern zwischen 24 und 36 Monaten, mit dem Trennungsstress fertig zu werden, sehr sorgfältig untersucht werden. Das Durchschnittsalter von etwa 30 Monaten kann dabei nur als grober Richtwert dienen.[135] [Hervorh. von der Verf.]

Bezüglich der geistigen Fähigkeiten heißt das, auch mit dem Blick auf die PISA-Studie: Es können noch so viel pädagogisch ausgeklügelte Konzepte entwickelt werden – sie werden nur dann greifen, wenn die entsprechenden Schüler ein aufnahmebereites Gehirn mit solchen Fähigkeiten wie Erkenntnisfähigkeit, Interesse, Konzentration, Beharrlichkeit, Anstrengungsbereitschaft usw. „mitbringen". Deshalb kann eine Krippe auch keine Bildungseinrichtung sein, so wie zum Beispiel eine Schule. Selbst wenn in der

Krippe pädagogische Programme noch und noch zum Einsatz kommen, sie werden nicht adäquat aufgenommen, weil dort die optimalen Bedingungen für das Gehirn – die Mutternähe – und die dadurch empfundene emotionale Geborgenheit nicht vorhanden sind. Interessanterweise kam Greta Fein[136] bei ihrer Untersuchung von italienischen Krippenkindern unter anderem zu dem Ergebnis, dass selbst bei Kleinkindern, die aus wenig anregenden und zugewandten Familien kommen, die Krippenerziehung als Frühförderung nicht wirklich nützt. Denn diese Kinder „fordern" unbewusst auch vom Betreuungspersonal viel weniger Zuwendung ein, als Kinder aus sicherer familiärer Bindung. Einige Kinder verhielten sich noch nach sechs Monaten verzweifelt, gleichgültig bzw. resigniert. Also werden gerade jene Kinder, die die Kompensation ihrer Defizite dringend bräuchten, in einer Krippe nicht erreicht.

Wie sehr wünschte ich mir, dass in unserer Gesellschaft zum einen begriffen wird, dass die „Wiege" der Intelligenz da ist, wo das Kind noch gewiegt wird, nämlich in den Armen seiner Mutter. Und zum anderen, dass hier auch die „Wiege" der seelischen Gesundheit, der Beziehungsfähigkeit und der Sozialkompetenz ist.

Das Entfalten und Vernetzen der Synapsen ist besonders stark davon abhängig, wie und im welchem Maße die *natürlichen Grundbedürfnisse eines kleinen Kindes befriedigt* werden. Die natürlichen Grundbedürfnisse sind die Überlebensinstinkte – in der Kinderpsychiatrie wird auch von „Hauptlebensantrieben"[137] gesprochen –, die das Baby mit auf die Welt bringt. Da ist zunächst das Bedürfnis der Nahrungsaufnahme durch Stillen sowie das Bedürfnis der Bindung an eine verlässliche Person, im Normalfall an die Mutter. Ab dem zweiten Lebensjahr kommt dann die Selbstbehauptung (erkennbar als Trotzphase) dazu. *Diese Grundbedürfnisse des kleinen Menschen gilt es artgerecht zu beantworten, d. h. so, wie es dem Lebewesen Mensch entspricht – ihm also biologisch vorgegeben ist –*, damit die Synapsen „aufblühen" und sich vernetzen und die weitere Entwicklung optimal verlaufen kann. Da diese Bedürfnisse entwicklungspsychologisch zeitlich an die kleinste Kindheit gebunden sind, können sie auch nur in dieser Zeit befriedigt werden. Die Wissenschaftler nennen das *Zeitfenster*. Es gibt also ein Zu-Spät, was Eltern später oft schmerzlich erfahren müssen und was Therapien so schwierig macht.[138]

Psychotherapeuten, Hirnforscher und Verhaltensforscher scheinen einhellig zu folgendem Ergebnis zu kommen: Kommt es bezüglich dieser oben geschilderten Überlebensinstinkte zu Störungen – d.h., das kleine Kind wird gehindert, diese zu tätigen –, kann sich sein Gehirn nicht optimal entfalten; dann liegt hier die Ur-Sache für alle möglichen Folgeschäden im seelisch-geistigen Bereich. Oder anders formuliert: Die Grundbedürfnisse, die nicht zur rechten Zeit gerecht befriedigt werden, drängen immer weiter nach Erfüllung, oftmals lebenslang und ständig. *Der frühe Muttermangel drängt nach Kompensation.* Das ist die Basis für verschiedene seelische Störungen.

Den *Störungen im Bereich des Saugbedürfnisses* und ihren möglichen Langzeitfolgen hat die Psychotherapeutin Christa Meves in ihrem Buch „Geheimnis Gehirn"[139] ein ganzes Kapitel gewidmet. Sie erläutert darin den Zusammenhang, dass Kinder, die nicht bzw. nicht lange genug intensiv an der Mutterbrust saugen konnten, später Störungen im Nahrungs- und Mundbereich sowie orale Süchte entwickeln können. Das kann zum Beispiel mit dem Nuckel und/oder mit dem Belecken oder „Bezutschen" (Lutschen) der Finger oder anderer Körperteile im Kleinkindalter beginnen, geht dann mit dem ständigen Naschen von Bonbons, Keksen oder Chips bzw. Knabbern von Fingernägeln, Bleistiftenden und Kaugummi kauen im Schulalter weiter, um dann ab der Pubertät in Zigaretten und Alkohol überzugehen. So saugt bzw. nuckelt man eigentlich weiter, weil man es nicht zur rechten Zeit an der richtigen Stelle tun konnte. Für viele hat der Zwang, immer wieder an einer Zigarette „saugen" zu müssen, tödliche Folgen: 140.000 Menschen sterben in Deutschland jährlich an den Folgen des Rauchens.

Ess-, aber auch Magersucht gehören ebenfalls zu den Langzeitfolgen ungenügender Mundbefriedigung und gestörter Nahrungsaufnahme. Immerhin sind in Deutschland laut Apothekenumschau 5 % der Mädchen und Frauen zwischen 14 und 35 Jahren essgestört.[140] Der in dieser frühen Lebenszeit in einem sehr unmittelbaren Sinn des Wortes entstandene Liebeshunger kann auch auf andere Bereiche übertragen werden und eine möglicherweise unersättliche Gier hervorrufen: Man denke zum Beispiel an übersteigertes Konsumdenken, Kaufsucht und – in extremer Form – an Diebstahl.

Störungen in diesem Bereich können aber im späteren Leben auch zu mangelnder Anstrengungs- und Leistungsbereitschaft sowie zu Elanlosigkeit bis hin zu Depressionszuständen führen. Eine Depression ist schließlich ein Zustand, der dem Betroffenen jeglichen Schwung nimmt, selbst alltägliche Dinge zu bewältigen. Er hat teilweise panische Angst davor, irgendetwas in Angriff zu nehmen. Möglicherweise liegt eine Erklärung dafür in dem Umstand, dass er seinem ersten elementaren Lebensimpuls nicht folgen konnte, nämlich an der Brust der Mutter zu saugen.

Depression scheint sich zu einer Volkskrankheit zu entwickeln. Schließlich ist kaum einer der heutigen Erwachsenen aufgrund der Fehlinformation und -anleitung der damaligen jungen Mütter ausreichend bzw. überhaupt gestillt worden. In diesem Zusammenhang ließ mich eine Meldung in den ZDF-Nachrichten vom 30. August 2005 aufhorchen: Es sei festgestellt worden, dass die Deutschen im Grundtenor depressiv gestimmt seien. Und das, obwohl es ihnen im Vergleich zu anderen Menschen auf dieser Erde gut geht. In Deutschland wurden im Jahr 2007, so eine weitere Meldung, 625 Millionen Euro für Antidepressiva ausgegeben (ZDF: 2. April 2008). Man mag mich für vermessen halten, aber ich bin hier schon auf die Idee gekommen, dass in diesem Zusammenhang das Stilldefizit der längst erwachsenen, ehemaligen kleinen Kinder durchaus eine Rolle spielen könnte.

Störungen im Bindungsbereich ergeben sich dadurch, dass das Kind daran gehindert oder darin gestört wurde – sei es durch wechselnde Bezugspersonen, Krippenbesuch oder auch längere Krankenhausaufenthalte ohne Mutter usw. –, sich an seine Mutter zu binden.

Bindung ist das gefühlsgetragene Band zu einer anderen Person, das über Raum und Zeit spezifisch *verbindet* – so die Definition des Münchner Bindungsforschers Karl-Heinz Brisch.[141] Es ist das tiefste Bedürfnis des Kindes, *seine* Mutter (immer wieder) zu erkennen und *ihre* Nähe zu spüren, sie von anderen Personen zu unterscheiden, und sich mit *ihr* zu identifizieren. Das Gefühl, sie gehört unwiderruflich zu mir und ich zu ihr, löst ein tiefes Gefühl von Geborgenheit und Glück aus. Sie ist – und da kommt der Vater hinzu – in jeder Hinsicht mein Orientierungspunkt. So sieht das natürliche Bindungs- und Orientierungsgefüge aus (siehe Kap. 2). John Bowlby bezeichnete diese laut Behncke als „wünschenswerte sichere Bindung" und unterschied dazu die „unsicher-ambivalente" und die „unsicher-vermeidende Bindung". Diese sei zwar noch nicht pathologisch, aber doch problematischer für die Entwicklung des Kindes, als die sichere.[142]

Sind die Eltern (oder mindestens Erwachsene, die Elternstelle vertreten) vor allem in der frühen Kindheit nicht und später zu wenig da, kann es zur Fehlleitung dieses natürlichen Bindungsinstinktes – *zu einer primären Bindung an Gleichaltrige* – kommen (➤ Kap. 5). Das ist die Bindungsbeeinträchtigung, die am alltäglichsten, quasi flächendeckend zu beobachten ist. Dabei entfremden sich die Kinder zunehmend von ihren Eltern, rebellieren und lassen sich immer schwerer erziehen. So stehen Bindungsfrust bzw. -verlust eben auch in einem engen Zusammenhang mit gesteigerter Aggressivität. Schul- und andere Probleme sind fast unweigerlich die Folge.

Bei manchen bindungsbeeinträchtigten (Klein-)Kindern kann sich zunächst eine ausgeprägte Vorliebe für alles Weiche, womit sie kuscheln können, ausprägen; aber auch ein Sich-selbst-Belecken und -Umarmen, in ausgeprägten Fällen ein Sich-selbst-Hin- und Herwiegen (*Jactatio capitis*) sowie Nägelknabbern, Selbstgespräche und Distanzlosigkeit. Hier nehmen handfeste psychische Störungen ihren Anfang. Die ins Leben mitgenommenen Beeinträchtigungen können von ausgeprägter Takt- und Distanzlosigkeit bis hin zu Bindungsangst, Beziehungsschwäche und Kontaktscheu reichen.

Das Weglaufen von „schwierigen" Jugendlichen zum Beispiel ist ein Fernweh, das doch eigentlich ein Heimweh ist – so formulierte es zum Beispiel Christa Meves.[143] Zu DDR-Zeiten wunderten und ärgerten sich viele über folgendes Phänomen: Man gab sich von Seiten des Staates große Mühe mit der Wiedereingliederung von Straftätern, zum Beispiel nach Diebstahl und asozialem Verhalten. Man wies ihnen einen Arbeitsplatz und eine komplett eingerichtete Wohnung an. Sie erschienen dann aber häufig weder regelmäßig an ihrem Arbeitsplatz, noch hielten sie die neue Wohnung in Ordnung. Man hatte völlig übersehen, dass der Mensch „nicht vom Brot allein" lebt. Um sein tägliches Leben zu gestalten, braucht es auch so etwas wie eine seelische Leistungsfähigkeit. Der Mensch braucht Gemüt und Elan, um zum Beispiel Gemütlichkeit zu empfinden und herzustellen. So wie Meves das „Weglaufen" von Jugendlichen als Bindungsstörung beschreibt, genauso bezeichnet sie diese als tiefste Ursache, warum es trotz großer Mühe oft „nicht gelingt, die Streuner, die Vagabunden zu verwurzeln"[144], sprich: sozial wieder zu integrieren. In ständiger, großer Rastlosigkeit suchen sie letztlich ihre Mutter, an die sie sich zur rechten Zeit nicht binden konnten. Ihr Gemüt ist emotional so unterernährt bzw. so ungeborgen und unbehaust geblieben, dass sich in ihnen ein tiefsitzendes Gefühl von Un-Gemütlichkeit und Heimatlosigkeit ausgebreitet hat.

Gestörte Bindung kann sich langfristig auch auf den gesamten Lebensaufbau – sprich: Partnerfindung, Eheleben und den Umgang mit Kindern – auswirken. Unendlich viel Trauriges kann man in diesem Bereich beobachten, deshalb werde ich an anderer Stelle noch näher darauf eingehen. Hier zunächst nur soviel: Wer letztlich ständig auf der Suche nach sich selbst bzw. nach dem Glück ist, hat eben einfach keinen Nerv für andere. *Wer nicht angenommen wurde, kann andere ebenfalls nicht annehmen* bzw. schon gar nicht sich selbst um eines anderen willen zurücknehmen. Das ist geradezu ein Grundgesetz der Psychologie.

Gestörte Bindung kann ebenfalls Langzeitfolgen im Bereich der schulischen Leistungen und der Bildung insgesamt haben. Wenn das erste Erkennen und Unterscheiden gestört wurde, kann dies alles weitere Erkennen und damit auch das Interesse an anderen Dingen dieser Welt beeinträchtigen. Interesse und Erkenntnisfähigkeit sind wiederum eine wichtige Basis für das Lernen sowie für Intelligenz überhaupt. Gestörte Bindung beeinträchtigt leider auch das Erlernen der Sprache und damit später das Lesen und Schreiben. Was man dazu aus den Schulen hört, dazu an anderer Stelle ebenfalls mehr.

Leider gibt es auch Auswirkungen auf einem ganz anderen Gebiet, nämlich der körperlichen Gesundheit. Da ist zunächst die oftmals durch Deprivation erworbene, oft lebenslange Schwächung und Anfälligkeit zum Beispiel der Atemwege bis hin zu chronischer Bronchitis und Asthma zu nennen, was bereits die tschechischen Kinderärzte feststellten. Aber auch der gesamte Bereich der psychosomatischen Erkrankungen gehört dazu. Dass sie zunehmen, ist so traurig wie logisch in einer Zeit, in der wachsende seelisch-nervliche Belastungen durch Beruf, durch Arbeitslosigkeit, aber auch durch Bindungsschwäche erzeugter Beziehungsstress, auf Menschen mit geringer seelischer Widerstandskraft treffen.

Ein HNO-Arzt aus einer sächsischen Großstadt erzählte mir über diese Tendenz etwas aus seiner Praxis: Psychosomatische Erkrankungen nähmen in seinem Bereich deutlich zu. Die Patienten kämen zum Beispiel mit starkem Kloßgefühl im Hals und Schluckbeschwerden; seien aber organisch völlig gesund. Obwohl die Beschwerden eigentlich in seine Zuständigkeit fielen, könne er ihnen nicht helfen. Einmal abgesehen von der jeweiligen persönlichen Not: Stellt sich hier nicht auch die Frage, wie viel die Krankenkassen wohl sparen könnten, wären die ehemaligen kleine Kinder ihren Bedürfnissen entsprechend groß geworden?

Im zweiten Lebensjahr erweitert das kleine Kind seinen Aktionsradius durch das Laufenlernen. Es kann dadurch mehr und mehr selbsttätig etwas tun und einen eigenen Willen entwickeln. Das ist ein weiteres instinktgemäßes Grundbedürfnis: *die Selbstbehauptung* – das Erwachen und Erkennen des eigenen Personseins. Dazu gehört die Trotzphase und die Phase „Alles meins!", d. h., ich besitze etwas, das zu meiner Person gehört, zum Beispiel auch eine Mama und einen Papa.

Zu *Störungen auf dem Gebiet der Selbstbehauptung* kann es kommen, wenn die Erziehung entweder zu reglementiert bzw. zu hart oder aber zu antiautoritär, also ohne Grenzen ist. Sie können ebenso dann eintreten, wenn die Bindung gestört bzw. wenn die Bindungsperson als Gegenpol zu wenig anwesend ist.[145] Ebenso wie bei der Bindungsstörung kommt es zu übersteigerter Aggressivität bis hin zum Jähzorn. Es gehören ferner Eigenaggressionen, wie Sich-beißen, Kratzen oder Haare ausraufen, aber auch Gesichtstics (Zuckungen der Gesichtsmuskulatur ohne organische Grundlage) sowie übersteigertes Ordnen, Putzen und Waschen, blinde Zerstörungswut gegenüber unbestimmten Personen oder Gegenständen und hinterhältige Bösartigkeiten gegenüber Schwächeren dazu.

Es war für mich interessant zu erfahren, dass die Tierverhaltensforscher zu ganz ähnlichen wissenschaftlichen Ergebnissen gekommen sind wie die Hirnforscher und die Kinderpsychiater.[146] Junge Kühe, die ihr Saugbedürfnis zu wenig am Euter ihrer Mutterkuh befriedigen können, fangen zum Beispiel an, sich zu belecken. Affen ohne Mutterbindung schwanken mit dem Oberkörper hin und her (*Jactatio capitis*) und zeigen aggressives und asoziales Verhalten. Junge Enten, die sich während ihres Bindungs-Zeitfensters nicht binden können, sterben sogar. Junge Hunde, die ihrer Mutter zu früh weggenommen werden, zeigen Verhaltensstörungen. Auch

Zootiere zeigen dann Störungen, wenn die Zoobedingungen so sind, dass sie ihre arteigenen Grundinstinkte nicht tätigen können.

Es ist erfreulich, dass aufgrund dieser Forschungsergebnisse auf eine artgerechtere Haltung der Tiere viel mehr als bisher geachtet wird. So las ich zum Beispiel in dem Tiermagazin meiner Kinder in einem Artikel über Pferde unter dem Stichwort Fohlenglück: „Nur ein Pferd mit schöner ‚Kindheit' wird ein ganzer Kerl. Dazu gehört eine große Koppel und *Kontakt zur Mutter.*"[147] (Hervorh. von der Verf.) Wunderbar! Nur beim Menschenkind soll das angeblich nicht so sein?! Wann wird endlich auch das Menschenkind als ein Lebewesen mit natürlichen, seiner Art entsprechenden Grundbedürfnissen wahrgenommen? Ich war fassungslos, als ich einen Spendenaufruf von Tierschützern im Briefkasten fand, dessen Ziel es war, dass junge Affen in Afrika *in ihren Familien* aufwachsen können, während zeitgleich – das war im Januar 2001 – die damalige Familienministerin Schmidt (SPD) zufällig erstmalig öffentlich davon redete, nun auch Krippen im Westen flächendeckend einrichten zu wollen. Ist es nicht widersinnig, wenn sich zum Beispiel die Grünen für artgerechte Tierhaltung einsetzen, der artgerechten „Haltung" des Menschenjungen in verlässlicher Mutternähe aber im Wesentlichen ablehnend gegenüberstehen? Beim Lebewesen Mensch sind sie plötzlich nicht mehr „grün", sondern wollen Krippen, wie alle anderen Parteien bekanntlich auch. Schließlich geht es ja um Wählerstimmen.

Aus all dem kann folgendes Fazit gezogen werden: Die Fremdbetreuung von Babys und Kleinkindern in Einrichtungen kann bestenfalls als eine Not-Lösung gelten, so wie auch die erste Krippe, die 1802 von der Fürstin Pauline zur Lippe gegründet wurde, die zum Auffangen äußerster Not gedacht war. Wird das, was ursprünglich als Not-Lösung gedacht war, zur allgemeinen Norm, wird aus der Not-Lösung ein Not-Auslöser in vielfältiger Weise: Wir sehen zum einen die unmittelbare innere Not der kleinen Kinder in ihrem Trennungsschmerz und zum anderen das Risiko notvoller Spätfolgen für das weitere Leben. Diese sind in allen Ländern, die die Krippenbetreuung im größeren Umfang über längeren Zeitraum praktizieren, sichtbar und nachweisbar.

In der ehemaligen Tschechoslowakei haben die Forschungsergebnisse von Zdenek Matejcek und seiner Mitstreiter erfreulicherweise zu einer gesellschaftlichen Umkehr geführt, sodass das Krippensystem bereits in den 70er Jahren deutlich reduziert wurde (➤ Kap. 8). Die natürlichen Entfaltungsbedingungen des frühkindlichen Gehirns folgen naturgesetzlichen Vorgaben. Selbst wenn die Krippenbetreuung optimiert würde, bringt sie für das Kind normalerweise keine Vorteile gegenüber der mütterlichen Betreuung. Wir sind heute in der glücklichen Lage, dass wir diesbezüglich inzwischen auf umfangreiches gesichertes Wissen zurückgreifen können. Krippen sind Einrichtungen von Erwachsenen zugunsten von Erwachsenen. Die Kinder brauchen die Krippen jedenfalls nachweislich nicht. Im Gegenteil, sie würden sie sich selber nie ausdenken.[148] Das ist das Resümee der Erkenntnisse Matejceks.

5. Die Folgen der Krippenbetreuung

Nach fünfzig Jahren Krippenbetreuung im Osten des heutigen Deutschlands stellt sich die Frage nach deren Folgen. Es gibt meines Wissens diesbezüglich keine wissenschaftlichen Studien. Wenn ich dennoch wage, darüber zu schreiben, was ich dazu wahrnehme, dann nicht, weil ich besonders mutig, sondern weil ich besorgt bin. Es tut mir weh, wie viel seelische Not, Verhaltensstörung, Beziehungschaos, zerbrechende Familien, innere Zerrissenheit und inneren Mangel ich inzwischen sehe. Diese Not ist es, die mich bewegt, hierüber zu schreiben. Das Leben ist ohnehin oft schon schwer genug, und es gibt Dinge, die man nicht ändern kann. Einem Gutteil der genannten Probleme könnte aber vorgebeugt werden. Sie sind letztlich das Ergebnis unserer „modernen" Gesellschaft bzw. unserer Lebensweise.

Es setzt sich mir Mosaiksteinchen für Mosaiksteinchen ein Bild zusammen, das ziemlich genau den oben skizzierten wissenschaftlichen Ergebnissen entspricht. Da schießen zum Beispiel Jugendheime, sonderpädagogische und Reha-Zentren wie „Pilze aus dem Boden", Logopäden und Ergotherapeuten müssen Kindergartenkinder behandeln, Lehrer suchen nach *dem* pädagogischen Ansatz, um die Schüler wenigstens noch irgendwie zu erreichen – oder sie resignieren. Junge Leute heiraten nicht mehr, sondern leben in wechselnden Partnerschaften zusammen – von den Ehescheidungen gar nicht zu reden. Die psychiatrischen Kliniken und Suchteinrichtungen sind voll; die Wartezeit auf einen ersten Termin bei einem Psychiater beträgt in unserer Region momentan sechs bis acht Monate. Dass ich allein von ca. 30 Personen weiß, die bereits in Therapie waren bzw. sind oder demnächst eine antreten müssen, empfinde ich bedrückend. Es leiden derzeit „mehr als doppelt so viele Ost- wie Westdeutsche an Angststörungen, und auch die Suizidrate ist im Osten höher". So war es kürzlich in einem Artikel mit dem Titel „Die seelischen Spuren der DDR"[149] in der Zeitschrift „Psychologie heute" zu lesen. Das ist indes nur die Spitze des Eisberges. Die vielen, die sich mit einem mangelnden Selbstwertgefühl, mit tiefsitzenden Gefühlen von Unzufriedenheit, Frustration und Verbitterung, einem übersteigerten Leistungsanspruch an sich selbst, mit übergroßer Nervosität wie zum Beispiel Kettenrauchen usw. herumplagen, muss man eigentlich mit dazu zählen.[150] Wie viele, die in keiner Therapie sind, kommen nicht richtig mit sich und anderen zurecht? Wie viele sehnen sich eigentlich nach einem glücklichen, intakten Familienleben und bekommen es einfach nicht hin!

Ehe ich diese Gedanken vertiefe, möchte ich mich noch drei Einwänden zuwenden, die in Gesprächen meistens erhoben werden: Das ist erstens die Meinung, zu DDR-Zeiten gab es das alles doch auch noch nicht in dem Maße, und da hatten wir doch die Krippen bereits. Da ist zweitens die Meinung, im Westen ist das doch alles genauso schlimm, und zwar auch ohne Krippen, daran könne es also nicht liegen. Und da ist drittens die Meinung, an den Krippen kann es nicht alleine liegen, es gibt schließlich so viele andere negative Einflüsse – meint: es gäbe hier keine Monokausalität.

Zunächst zur ersten Meinung: „Zu DDR-Zeiten", so erinnert sich der ostdeutsche Psychiater Hans-Joachim Maaz,

> haben wir Psychotherapeuten so gut wie keine „frühen Störungen" diagnostiziert. Nur in der Psychiatrie waren schwere strukturelle Persönlichkeitsstörungen zu finden ... Die weitverbreiteten „Frühstörungen" auf höherem Strukturniveau lebten in der DDR bestens kompensiert. Die Anpassung und gehorsame Unterordnung, die als klassische Kompensationsmöglichkeit früher Mutterstörungen verstanden werden dürfen, waren auch die Erziehungsideale, die im Falle guter Ausprägung höchste Anerkennung erfuhren.[151]

Ferner war das gesamte Leben so engmaschig strukturiert und von der „Wiege" bis zur „Bahre" staatlich vorgegeben und organisiert, dass seelisch instabile Persönlichkeiten quasi äußerlich stabilisiert wurden[152]: Man wurde „an die Hand genommen": Die Brigade, die FDJ-Gruppe, die Parteigruppe usw. wurden mit verantwortlich gemacht. Der Brigadier zum Beispiel fuhr persönlich bei jemandem vorbei, der wieder einmal nicht pünktlich zur Arbeit erschienen war. Ferner gab es in der DDR noch keine harten Drogen und keinen Drogenhandel. Das darf nicht darüber hinwegtäuschen, dass es bereits große Probleme gab – neben dem Rauchen war Alkohol die Droge Nr. 1, und die Alkoholsucht nahm immerhin so zu, dass zum Beispiel die Diakonie ihre Alkoholikerberatung deutlich ausbauen musste. Hans-Joachim Maaz schrieb kurz nach der Wende:

> Unter Fachleuten wird mit ca. 65.000 Alkoholikern gerechnet, und daß etwa 15 Prozent der Bevölkerung Alkoholmißbrauch betreiben, so daß immerhin 2,5 Millionen Bürger der DDR als „starke Trinker" einzuschätzen sind. Besonders Anfang der 70er Jahre kam es zu einem deutlichen Anstieg des Alkoholverbrauchs von 6 auf 10 Liter reinem Alkohol pro Kopf und Jahr ... Schlafmittel, Schmerzmittel, Beruhigungsmittel wurden in großen Mengen geschluckt und sehr bereitwillig verordnet.[153]

Jugendliche berauschten sich mit einer Kombination von Schnaps und Faustan (einem starken Beruhigungsmittel) oder schnüffelten Klebstoff. Darüber und über die Probleme mit der steigenden Jugendkriminalität stand natürlich nichts in den Zeitungen, weil so etwas ja nicht ins offizielle Bild vom „sozialistischen Menschen" passte – dazu müsste man die Gerichtsarchive aus dieser Zeit befragen. Weil die Allgemeinheit davon nichts Nennenswertes erfuhr, hat man heute rückblickend vielfach einen idyllischen Eindruck. Nach der Wende brachen dann die äußeren gesellschaftlichen „Stützen" und „Rankhilfen" weg und gleichzeitig kam es zu sozialen Umstrukturierungen bis hin zu schmerzhaften Umbrüchen, sodass dann das Ausmaß der geringen seelischen Grundbelastbarkeit vieler Menschen deutlich wurde. Aber auch ohne diesen äußeren Umbruch spricht vieles dafür, dass die Folgeprobleme früher Defizite mit der Zeit zunehmen, je länger die ungünstigen Voraussetzungen einwirken bzw. je mehr Generationen hintereinander bereits in Krippen waren.

Zur zweiten Meinung: Im Westen gibt es diese Probleme genauso ohne Krippen. Zweifellos ist es eine Tatsache, dass viele derartige Probleme auch im Westen zunehmen. Sie sind tendenziell immer da zu finden, wo im Vorfeld die (früh)kindlichen Grundbedingungen von den menschlichen Vorgaben zu weit weg waren und wo elterliche Erziehung zu wenig auf bedingungsloser Liebe basiert. Es gab im Westen zwar nur wenige Krippen, aber es gab welche. Vor allem in den Großstädten. Es gab dort frühe Fremdbetreuung in privater Initiative, zum Beispiel sog. „Kinderläden". Auch im Westen hat im Laufe der Zeit die Außerhausbetreuung von Kindern ständig zu- und damit die Zeit in der Familie generell abgenommen. Ferner ist es eben leider auch – ich erwähnte das bereits – ganz ohne Krippen möglich, die Basis für spätere Probleme zu legen; sei es durch schicksalhafte Ereignisse, die eine Familie treffen, zum Beispiel in Form langer Krankenhausaufenthalte oder eine Frühchenversorgung ohne Mutter und anderes mehr, oder sei es durch eine kalte, unsensible, bindungsunsichere, unnatürliche Mütterlichkeit (➤ Kap. 7) oder gar gewalttätige Familienatmosphäre. Ganz konkret sind meines Erachtens im Westen einerseits durch ein überbetontes Leistungsdenken in der Erziehung von klein an und andererseits durch die „antiautoritäre" Erziehung, die mit den 68ern in Mode kam, negative Folgen zu spüren.[154] Eines darf man in diesem Zusammenhang nicht vergessen: Bei allen sozialen Problemen, ob im Schulbereich oder hinsichtlich der Jugendkriminalität, werden statistisch Personen „mit Migrationshintergrund", die eigentlich eine deutlich andere Spezifik haben, oft mit eingeschlossen. Laut Wochenmagazin „Focus" wohnen 98,4 % der rund vier Millionen in Deutschland lebenden Muslime in den alten und nur 1,6 % in den neuen Bundesländern. In Mecklenburg-Vorpommern und Brandenburg mit 0,1 % und in Thüringen mit 0,2 % sind es besonders wenig.[155] Wir haben im Osten also alle Probleme quasi *ohne* Ausländeranteil!

Und schließlich zum dritten Einwand, es gäbe keine Monokausalität (einzige Ursache) für Fehlentwicklungen. Eine Monokausalität im Sinne von genau vorhersehbaren Automatismen in den Lebensläufen gibt es natürlich nicht, zu vieles „spielt" zweifellos hinein und zu vielfältig sind die Reaktionsmöglichkeiten des Individuums. Aber es gibt die wissenschaftlich erkannten Risikofaktoren: Es gibt eine *Grund*kausalität hinsichtlich problematischer Entwicklungen mit den verschiedensten Facetten: Die frühgeprägte Persönlichkeitsstruktur ist die Basis, mit der der Mensch alles Weitere in seinem Leben seelisch verarbeiten und bewältigen muss. Kommen zum Beispiel zu einem Risikofaktor wie dem frühen Trennungsstress in der weiteren Kindheit noch ein, zwei weitere Faktoren hinzu, wie zum Beispiel das Zerbrechen der Familie, Umzüge, Todesfälle von nahen Verwandten, seelisch kranke Eltern, familiäre Gewalt usw., dann kann sich die Gefahr für eine seelische Instabilität stark erhöhen.[156] Ist die Basis der Persönlichkeit instabil, ist es das Ich eben bis auf Weiteres auch. Ist diese Basis defizitär, sucht das Ich nach Kompensation. Diese Suche bestimmt vieles im Lebenslauf. Ich verweise nochmals auf die in den vorangegangenen Kapiteln dargelegten Fakten.

Ich bin immer wieder erschüttert, wie häufig sich manche Menschen lebenslang mit den Folgen ihres Großwerdens herumplagen müssen. Wie ein „roter Faden" ziehen sich die ungünstigen Umstände ihres Lebensanfanges durch ihr ganzes Leben hindurch. Diese Menschen „wandern" möglicherweise von Therapie zu Therapie. Frau K., der es zum Beispiel so geht, lernte ich am Rande eines Vortragsabends kennen. Sie zieht die traurige Bilanz: Sie sei nun schon Ende dreißig, käme aber noch immer nicht zum „eigentlichen Leben", denn sie wäre ja ständig mit ihrer Kindheit beschäftigt und damit, dass sie jetzt ihr Leben nicht in den Griff bekäme.

Ganz besonders denke ich hier auch an das Schicksal von Frau F. Sie wohnte in einer thüringischen Großstadt. Sie hat Folgendes aus ihrem Leben erzählt: Als sie Ende der 50er Jahre geboren wurde, gab es auch in den Ballungsräumen noch nicht genug Krippenplätze. Da ihre Mutter unbedingt arbeiten gehen wollte, brachte sie das Baby kurzerhand mit Sack und Pack zu Verwandten, um es dort ständig unterzubringen. Als die Eltern endlich den ersehnten Krippenplatz bekamen, holten sie das Kind zurück, und es war den ganzen Tag in der Einrichtung. Später ging es dann in den Kindergarten und in der Grundschulzeit in den Hort. Da sie sportlich sehr begabt war, kam sie mit zwölf Jahren in ein Sportinternat, eine der berühmt-berüchtigten Kaderschmieden für die sportlichen Erfolge der DDR. Dem straffen Reglement bzw. Drill einer derartigen Sportschule nicht gewachsen, unternahm sie mit 13 Jahren einen Selbstmordversuch. Immerhin holten die Eltern sie dort daraufhin wieder heraus. Nicht lange danach griff sie zu Zigaretten und Alkohol. Sie wurde süchtig. Die erste Ehe scheiterte. In der zweiten Ehe wurde ein herzkrankes Kind geboren. Ihr Suchtverhalten bekam sie lebenslang nicht in den Griff. Sie war derart antriebslos und depressiv, dass sie vor dem Mittag nicht aufstehen konnte. Sie konsumierte Zigaretten und Alkohol bis spät in die Nacht. Ihr Mann, nach der Wende lange arbeitslos, versorgte vorwiegend Haushalt und Kind. Mit ihren Eltern, insbesondere mit ihrer Mutter, verband sie ein Verhältnis, das mit „Hassliebe" umschrieben werden kann: Wie oft weinte sie, wie gemein ihre Mutter wieder zu ihr gewesen wäre, um dann am nächsten Tag wieder mit einem kleinen Geschenk zu ihr zu gehen. Jeder mag sich fragen, warum sie das immer wieder tat. War das wohl die tiefe Sehnsucht danach, doch endlich ein wenig Liebe von dieser Frau zu bekommen?

Leider ging es weiter bergab; sie erkrankte schwer. Auch eine Operation konnte ihr keine Heilung mehr bringen. Nach Wochen und Monaten der totalen Entkräftung und des Siechtums erlag sie in einem Alter von noch nicht 40 Jahren ihrem schweren Leiden. Wie viele Patienten in den Krebszentren, Entzugskliniken usw. werden wohl eine ähnlich gelagerte Lebensanamnese haben, deren Basisdiagnose eigentlich Unterernährung des „Herzens" heißen müsste?

Eine andere Lebensgeschichte, die mich tief bewegt hat, ist die von Katja. Sie sagte, dass sie noch vor ein paar Jahren sehr offensiv die Meinung vertreten habe, dass ihr der Krippenbesuch nichts geschadet hätte und dass sie, wenn sie einmal ein Kind bekäme, dieses spätestens mit drei Monaten auch dorthin geben würde. Aber sie wäre durch solche Tiefen gegangen, dass sie ihre Meinung mittlerweile vollständig hätte revidieren müssen. Folgendes hat sie mir aus ihrem Leben erzählt: Sie sei 14 Tage gestillt worden. Mit acht Wochen kam sie in die Krippe. Nach einiger Zeit fanden es ihre Eltern günstiger, sie in eine Wochenkrippe zu geben. Mit zehn Monaten bekam sie dann eine Ernährungsstörung; sie verweigerte jegliche Nahrung und musste für drei Wochen – in den 70er Jahren natürlich ohne Mutter – ins Krankenhaus. (Ich erinnere mich ebenfalls daran, dass, als ich Kind war, Ernährungsstörungen bei Babys so häufig vorkamen, dass ich dachte, sie gehörten irgendwie zum Babyleben dazu. Diese Störungen entstanden bei den vielen ungestillten Kindern, weil sie die künstliche Milchnahrung und die viel zu früh verordnete Breikost nicht vertrugen.) Bis zum zehnten Lebensjahr aß Katja ausgesprochen schlecht. Danach hätte sie „regelrecht zu fressen" angefangen. Immer wieder stellten sich psychosomatische Magenprobleme bis hin zu Gastritis ein. Als Jugendliche sei sie völlig ausgeflippt; sie hätte wissen wollen, wer sie sei und habe alle Grenzen überschritten. Dabei wären ihre buntgestreiften Haare noch das Geringste gewesen. Es folgten Magersucht und Depressionen. Unter Stress könne sie heute noch nichts essen. Wechselnde Partnerschaften und zwei Totgeburten ließen sie völlig zusammenbrechen.

Durch die Therapien wäre sie den Ursachen ihrer Misere auf die Spur gekommen. Mit ihren Eltern, insbesondere ihrer Mutter, konnte sie lange überhaupt nicht über ihre Empfindungen reden. Sie hätten sofort abgeblockt. Katja hat sich mit Hilfe der Therapeuten langsam in ihr eigentliches Leben hineingetastet; was sich als langwieriger und schmerzhafter Prozess erwies. Sie habe von sich aus nichts, worauf sie zurückgreifen könne. Sie fühle sich immer wieder wie „nackt und bloß" und „irgendwie ausgeliefert". Sie könne kaum Vertrauen aufbauen und hätte Angst vor Nähe. Sie hätte kein Selbstwertgefühl. Durch die Therapie angeregt, hätte sie diesen Begriff einmal auseinandergenommen: sie hätte kein „Selbst" – sie wüsste nicht, wer sie sei und wer sie sein dürfe. Sie könne sich aus sich selbst heraus nicht vorstellen, *wert*voll und liebens*wert* zu sein. Sie könne überhaupt so schwer Gefühle entwickeln.

Trotz allem ist in Katjas Leben eine positive Wendung eingetreten. Das sind für mich die glücklichsten Momente, wenn ich in einem Leben, das einem Scherbenhaufen gleicht, „Rosen blühen" sehe. Wie viele solcher Schicksale mag es gerade in den neuen Bundesländern geben? Wie viel ist bisher unbewusst geblieben, wie viele haben ihre Wunden verdrängt? Lesenswert ist das kürzlich erschienene Buch „Krippen-Kinder in der DDR"[157], das einen kleinen, aber facettenreichen Einblick in 20 Lebensgeschichten eröffnet.

Unsere Kinder „hängen durch"

Auf die Probleme der Kleinkinder im Hinblick auf Trennungsstress, Krankheit usw. bin ich bereits eingegangen. Die Trennung kann darüber hinaus die Beziehung des Kindes zu seiner Mutter bereits in dieser ganz frühen Lebensphase beeinträchtigen. Immerhin ist das Weggehen der Mutter ein schwerwiegender Vertrauensbruch aus der Sicht des Kindes. Manche Mütter berichten davon, dass ihre Kinder plötzlich eine heftige Aggressivität ihnen gegenüber entwickelt hätten, dass sie zum Beispiel nach ihnen treten oder sich offensichtlich von ihnen abwenden würden. Andere beklagen sich darüber, dass ihre Kinder dann, wenn sie zusammen wären, an ihnen wie Kletten „hingen". Manche schrien extrem, sobald die Mutter nur außer Sichtweite geriete. Sie würden ständig nerven und quengeln bzw. besonders viele „Dummheiten" machen. Leider erkennt man meist nicht, dass das ein „Notruf" der Kinder ist, deren „Liebestank" leer ist. Sie sind in ihrem Vertrauen und ihrer Bindung verunsichert. Manche Mütter sind deshalb froh, wenn sie ihr Kind immer wieder in der Einrichtung abgeben können; manchmal mit dem Kommentar: „Dieses Kind könnte ich nicht den ganzen Tag ertragen." Man braucht nicht viel Fantasie, um sich vorzustellen, warum eine solche Mutter-Kind-Beziehung wie in einem Teufelskreis immer tiefer in die Krise geraten kann.

Manches Kind, dem die Bindung zur Mutter verwehrt ist, versucht, sich an jemand anders zu binden. Im günstigsten Falle ist es ein enges Familienmitglied, zum Beispiel eine fürsorgliche Großmutter. Aber auch in diesem Fall ist es häufig zu beobachten, dass die Beziehung zur Mutter oberflächlich und distanziert werden kann, und dass das oft ein Leben lang so bleibt, während die Oma aus der Sicht des Kindes sozusagen die eigentliche Mama – die Hauptbezugsperson – ist. Eine junge Frau, bei der es als Kind so war, sagte, als ihre Großmutter gestorben war, brach für sie eine Welt zusammen, und als ihr Großvater dann bald darauf nachfolgte, hätte sie ihr Zuhause verloren, und das, obwohl ihre Eltern noch lebten.

Der Versuch, sich zu binden, kann auch ganz dramatische Formen annehmen. So hat es zum Beispiel Frau G. aus Sachsen erlebt. Nach der Wende arbeitslos geworden, hatte sie die Idee, Tagesmutter zu werden, denn sie mochte Kinder. So übernahm sie ein wenige Wochen altes Baby von morgens 7.00 bis abends 19.00 Uhr. Die Mutter des Kindes sah sie nur selten. Das Kind wurde ihr manchmal vom Vater, manchmal von irgendwelchen anderen Familienmitgliedern oder Bekannten gebracht bzw. vom Vater abgeholt. Es kam, wie es kommen musste: Das Kind band sich an die Tagesmutter, und mit Beginn des Fremdelns spielten sich täglich, wenn das Kind abgeholt wurde, herzzerreißende Szenen ab. Frau G. sagte, das Kind habe sich fest an sie geklammert und „Mama, Mama!" geschrien. Ihr habe sich „alles umgedreht", denn auch ihr wäre das Kind ans Herz gewachsen. Sie dürfe gar nicht daran denken, denn jetzt wäre es drei Jahre alt und würde in den Kindergarten gehen. Kontakt zu ihm hätte sie kaum noch. Dieses Kind hat mit drei Jahren faktisch seine „Mama" verloren!

Wieder anders ist zum Beispiel folgender Fall gelagert. Eine Frau bringt ihr Kind ab dem ersten Geburtstag in eine Einrichtung. Sie ist sehr zufrieden mit der gesamten Situation, denn ihr Kind hatte sich nach den anfänglichen Schwierigkeiten eingewöhnt. Da die Kleinkinder in dieser Tagesstätte viel Kontakt mit größeren Kindergartenkindern haben, würde ihr Kind jetzt immer nur mit einem bestimmten größeren Mädchen zusammen sein und spielen. Die Erzieherin meinte, das Kind brauche sie eigentlich nicht. So urteilte auch die Mutter: Wenn sie zu Hause seien, würde ihr Kind sie auch nicht wirklich brauchen und sich gleich in sein Zimmer zurückziehen. Das wäre sehr angenehm. Dieser Frau, die der Meinung ist, dass alles bestens läuft, entgeht offenbar, dass sie möglicherweise die Bindung zu ihrem Kind bereits verloren hat – und damit auch die Möglichkeit, es zu erziehen. Dieses Kleinkind hat sich an das größere Vorschulkind gebunden. Möglicherweise beginnt hier bereits so etwas wie eine Gleichaltrigenorientierung: Ein Kind bindet sich an ein Kind. Kaum jemand weiß um die damit verbundenen Probleme. Die meisten Eltern sind ja froh, wenn „die Kinder dann gerne zu den Kindern gehen", weil sie sich offenbar daran gewöhnt haben und sie als Eltern nun nicht mehr mit Schwierigkeiten rechnen. Oft kommt das schmerzliche Erwachen dann erst mit der Pubertät.

Der Arzt Adalbert Czerny beschrieb bereits 1908 diesen Zusammenhang zwischen Kontaktmangel und sich verschlechternder Beziehung von Mutter und Kind:

> … Das Kind würdigt nur denjenigen, der es ernährt und pflegt … Für ein Kind, das durch eine Amme oder durch eine Pflegerin ernährt wird, bleibt die Mutter eine fremde Person, trotz aller Verwandtschaftsverhältnisse, und die Entfremdung des Kindes ist umso stärker, je seltener ein Kind seine Mutter zu sehen bekommt.[158]

Die angeschlagene Beziehung zur Mutter und erweitert zu beiden Eltern zieht sich vielfach weiter durch die Kindheit durch und wird ins Leben mitgeschleppt. *Die seelische Entfremdung, verursacht durch die zeitliche und räumliche Entfernung, birgt die Gefahr in sich, dass es immer mehr am gegenseitigen Verstehen mangelt. Dann häufen sich, möglicherweise über die Jahre des Heranwachsens, Missverständnisse über Missverständnisse an.* So können meines Erachtens später Beziehungsprobleme entstehen, die von völligen Kontaktabbruch bis hin zu totaler innerer Abhängigkeit der bereits jugendlichen Kinder zu ihrer Mutter bzw. ihren Eltern reichen können (vgl. hierzu den Abschnitt Jugendliche „außer Rand und Band").

Bei den größeren Kindern kann man bereits bedrückende Entwicklungen erkennen. Dazu fällt mir folgendes Erlebnis ein: Bei einem Ausflug mit unseren Kindern kam ich mit einer älteren Dame ins Gespräch. Was sie mir erzählte, erschütterte mich. Sie hätte große Sorgen wegen ihrer Enkelin. Sie sei mit 14 Jahren immer noch Bettnässer und wäre zudem so wenig lernwillig, dass sie nun auf einer Sonderschule sei. Ja, sie wäre immer schon ein Sorgenkind gewesen, sehr unausgeglichen, quengelig, aggressiv und vor allem so viel krank. Sie hätte mit zwei Jahren schon so viele Mittelohrentzündungen gehabt, dass sie bereits in der HNO-Klinik operiert werden musste. Im Gespräch erfuhr ich weiter, dass dieses Kind nicht gestillt und sehr früh in die Krippe gebracht worden war. Die wechselnden Partnerschaften der Mutter taten sicher ein Übriges.

Gleichfalls große Sorgen machte sich eine Frau, mit der ich im Wartezimmer einer Arztpraxis ins Gespräch kam: Ihre 11-jährige Tochter wäre schon von klein an ein stilles, schüchternes Kind gewesen. Aber jetzt würde sie kaum noch etwas sagen, dafür aber stumpfsinnig vor sich hin brüten oder in den Fernseher gucken und sich dabei die Haare büschelweise herausreißen. Sie habe schon lauter kahle Stellen am Kopf und bräuchte dringend Hilfe.

Das sind leider nicht nur Einzelfälle. Wie ich schon erwähnte, ist die Behandlung schon der Vorschulkinder durch Logopäden und Ergotherapeuten im größeren Stil nötig, um zu retten, was zu retten ist. So ist es zum Beispiel bei dem vierjährigen Kevin, den ich auf einem Spielplatz traf: Er erzählte mir, dass zu ihm im Kindergarten noch die „Sprachtante" und die „Fördertante" kommen.

Aber oft reichen solche therapeutischen Maßnahmen nicht mehr. Es ist ein stetiger Anstieg von ausgeprägten seelischen Erkrankungen bereits bei Kindern zu verzeichnen. So werden zum Beispiel in der vor Kurzem eröffneten Tagesklinik in der ostthüringischen Industriestadt Gera 170 Kinder mit kranker Seele behandelt. Die dort arbeitenden Experten sehen „als Ursachen die fehlende Stabilität des familiären Systems, zahlreiche Beziehungsabbrüche, wechselnde Partnerschaften ... Manche Eltern seien selbst psychisch krank ..." (Sie hatten ja auch schon zu wenig Mutterliebe und Geborgenheit, unter anderem durch die zu frühe Einrichtungsbetreuung, als sie klein waren; Anm. der Verf.) „Familienfreundlichkeit", so die Geraer Experten weiter, „ beginnt doch damit, dass die Familie auch miteinander leben kann. Eltern können niemals durch Kindertagesstätten oder Jugendeinrichtungen ersetzt werden."[159] Ich war erstaunt, in einer (ost) deutschen Tageszeitung eine derart klare Aussage zu finden.

Aber auch, wenn man kein Therapeut ist, kann man Auffälligkeiten beobachten, zum Beispiel *Distanzlosigkeit*. Als meine Kinder noch kleiner waren, erlebte ich oft Folgendes: Wenn ich mit ihnen auf dem Spielplatz war, hatte ich mir angewöhnt, mich ebenfalls mitten in den Sandkasten zu setzten, um für sie ansprechbereit zu sein und, wenn sie es wollten, mitzuspielen. Kaum saß ich in dem Sandkasten, war ich – sofern es am späteren Nachmittag war – von anderen Kindern umringt, die mit mir erzählten, ihre Sandkuchen zeigten, sich die Nase putzen, den Schuh wieder zubinden ließen oder sogar manchmal, verbunden mit einer Liebeserklärung, mit mir schmusen wollten. Die Kinder waren offenbar bereits so „bescheiden", dass sie die Erfüllung ihrer Anliegen bei irgendwem suchten.

Ähnliche Erlebnisse hatte ich bisher immer wieder mit Kindern bis ins Grundschulalter hinein, wie zum Beispiel auch folgendes, was sich mir besonders eingeprägt hat: Eine meiner Freundinnen kam mit ihren beiden Kindern zu uns zu Besuch. Ich schaute gerade aus dem Fenster, als sie gerade aus dem Auto ausstieg. Im gleichen Moment kam ein etwa drei- bis vierjähriges Mädchen aus der Nachbarschaft gerannt und schmiegte sich so eng an sie, dass sie kaum aus ihrem Auto herauskam. Auch als sie das ziemlich irritiert geschafft hatte, klammerte sich das Kind weiter an sie und wollte sie gar nicht wieder loslassen. Wie gefährdet ist doch so ein Kind, das aus lauter Liebessehnsucht sich an jeden schmiegt oder mit jedem willig mitgeht! Wie tat uns dieses Kind leid!

All dies spiegelt sich auch in den Schulen wider: Die dortige *Lern- und Verhaltenssituation* ist vielfach schwierig, wobei man bedenken muss, dass in unseren (Haupt-)Schulklassen kaum Kinder verschiedener ethnischer Herkunft mit Sprach- und Integrationsproblemen sitzen, sondern vorwiegend deutsche: So meldete der Mitteldeutsche Rundfunk (MDR) zum Schuljahresbeginn 2006/07, dass die Schulanfänger in Thüringen erhebliche Defizite im Sprach- und Bewegungsbereich sowie zunehmend Verhaltensauffälligkeiten aufwiesen. Sechs Prozent der Kinder seien bei steigender Tendenz sprachgestört. Interessant in diesem Zusammenhang ist unter anderem eine Studie aus Halle an der Saale aus dem Jahre 2007. Darin wird festgestellt, dass immerhin dreimal mehr ostdeutsche Kinder wegen ADHS (Hyperaktivität) in einer Klinik behandelt werden müssten als im Westen.[160] Bei ADHS äußert sich gestörtes Verhalten oft in störenden Aktivitäten. Das geht wiederum mit mangelnder Lernbereitschaft „Hand in Hand".

Eine Grundschullehrerin aus einem mitteldeutschen Industrieballungsraum erzählt von ihrem Berufsalltag: Es werde von Jahr zu Jahr schlimmer. In ihrer Klasse seien mehrere schwer verhaltensgestörte Jungen. Sie seien reizbar und unbeherrscht. Da flögen Ranzen und andere Gegenstände durch den Raum und die entsprechenden Kinder würden sich so schlagen, dass sie Angst hätte, dass das noch einmal richtig schlimm ausgehen könnte. Sie wisse eigentlich nicht mehr, wie lange sie das noch aushielte.

Disziplinschwierigkeiten versuchen Lehrer oft damit in den Griff zu bekommen, indem sie einen derartigen Störenfried neben ein ruhiges Kind setzen. So geht es auch Elisabeth, der kleinen Tochter einer befreundeten Familie. Umringt von mehreren „Zappelphilippen", beklagte sie sich bitter zu Hause:

> Mama, immer fällt denen irgendwas 'runter, beim Aufheben fällt das nächste. Nebenbei stänkern sie hin und her. Sie ruckeln mich immer beim Schreiben und fragen, was wir denn machen sollen. Ständig guckt mir einer über die Schulter. Mama, weißt du eigentlich, wie schrecklich das ist?

Ähnliches erzählte mir eine Freundin aus Sachsen. Ihre jüngste Tochter geht in die erste Klasse und ist bereits drauf und dran, die Lust an der Schule zu verlieren. Oft kommt sie regelrecht gestresst und schlecht gelaunt aus der Schule. Immer wieder klagt sie darüber, dass es so laut sei. Sie brauche Ohrenschützer. Die Mutter fragte sie, ob sie die wohl in der Pause brauche. Nein, sie brauche sie im Unterricht!

Eine Grundschullehrerin in einer mittleren Stadt Sachsen-Anhalts schätzt die Situation in ihrer Klasse so ein: Es fehle bei vielen an der Fähigkeit zuzuhören und das Gehörte dann umzusetzen. Es mangele an der Bereitschaft, sich anzustrengen. Bei manchen brauche sie drei bis vier „Anläufe", bis sie endlich so aufmerksam seien bzw. dass sie „das tun, was sie tun sollen". Da ist es nicht schwer, sich vorzustellen, wie sich derartige Dispositionen durch die weiteren Klassenstufen durchziehen und sich mit den wachsenden Anforderungen steigern.

Selbst in den Gymnasien gibt es solche Probleme. Sebastian zum Beispiel besucht die 10. Klasse in einer mittleren Stadt Thüringens. In der 9. Klasse sei es so schlimm gewesen, dass acht Schüler seiner Klasse zum Schuljahresende die Schule verlassen mussten. Kein Lehrer wäre mehr mit ihnen fertiggeworden, keine schulische Maßnahme hätte etwas gebracht. Sie hätten den Unterricht regelrecht aufgemischt; seien herumgelaufen, hätten irgendetwas durch die Klasse geschnipst, Bier getrunken, Handyspiele gespielt usw. Es wäre so laut gewesen, dass er die Lehrer nicht einmal akustisch verstanden hätte, geschweige denn inhaltlich. Schlechte Noten hätten sie nicht „die Bohne" beeindruckt. Außer für Computerspiele und Alkohol hätten sie sich für nichts interessiert.

Herr G. ist an einem Gymnasium ebenfalls Deutschlehrer. Er erlebt den Unterricht so: Viele sind uninteressiert und unkonzentriert. Gelangweilt und wegen der bereits vorhandenen Lücken störten sie. Ihr Wortschatz und ihre Ausdrucksfähigkeit ließen zu wünschen übrig. Manchen scheine regelrecht das Sprachgefühl für ihre *Mutter*sprache zu fehlen. Es gäbe zwar immer wieder neue methodische Ansätze, um darauf zu reagieren, aber er hätte alles in allem das Gefühl, man laufe der sich verschlechternden Situation ständig nur hinterher. Natürlich gäbe es immer noch auch Klassen, mit denen man arbeiten könne und in die er gerne ginge, aber er sähe so manche Entwicklung mit Sorge.

Eine deutliche Sprache spricht eine Studie aus Sachsen-Anhalt, wie der Radiosender MDR Figaro am 6. März 2009 in den Nachrichten meldete, in denen davon die Rede ist, dass in Sachsen-Anhalt 12 bis 28 % der Schüler die Schule ohne Schulabschluss abbrächen. Auch Ganztagsschulen seien davon betroffen. Eine wirklich besorgniserregende Zahl von Schülern, die offenbar nicht aufnahmebereit genug sind, um das Klassen- bzw. Schulziel zu schaffen! Und das, obwohl sie doch (fast) alle in der *Bildungs*einrichtung Krippe gewesen waren und damit nach gängiger Meinung die allerbeste Voraussetzung für den weiteren Bildungsweg haben müssten.

Im Osten sind viele Leute der Auffassung, dass die Schul- bzw. Lernprobleme der Kinder erst seit der Wende aufträten. Sie beobachten insofern richtig, als dass sie augenfällig zunehmen. Nur sehen sie die Hauptursachen anders als ich: Arbeitslosigkeit, Lehrstellenmangel, Perspektivlosigkeit: Das sind Begriffe, die immer wieder fallen. Aber könnte die schwierige Stellenmarktsituation nicht auch zu einem größeren Lerneifer herausfordern? Viele sind der Meinung, dass die nicht mehr so straff durchgeführten „Beschäftigungszeiten" in den Kindergärten schuld seien, weil sie die Kinder nicht genügend an die Anforderungen der Schule heranführten. Diese

Leute begrüßen es, wenn die Politiker von den Kindereinrichtungen als Bildungseinrichtungen sprechen. Die meisten scheinen vergessen zu haben, wie es in ihrem Schulalltag in der DDR war (oder sie lebten auf dem Dorf).

Als ich das erste Mal etwas über Verhaltensstörungen bei Schulkindern las, kam mir das alles nicht unbekannt vor. Bei einer Familienfeier kam ich darüber mit einer Verwandten ins Gespräch, die sich ebenfalls sehr für solche Fragen interessiert. Sie ist in einem mitteldeutschen Industriezentrum aufgewachsen (mit Krippen und Wochenkrippen, wie es seit den 60er Jahren üblich war) und dort in den 70er Jahren zur Schule gegangen. Ihr fielen bei den ca. 30 Schülern in ihrer ehemaligen Klasse auf Anhieb zwölf ein, die offensichtlich verhaltensgestört waren. Disziplinschwierigkeiten, bösartige Hinterhältigkeiten, brutale Prügeleien und Mobbing auf dem Schulhof, unberechenbares, unflätiges Benehmen, Zerstörungswut zum Beispiel gegenüber Schulmöbeln, dreckige Fußspuren an den Wänden bis in Kopfhöhe, Fingernägelkauen, bis es blutete, das Abknabbern von Bleistift- und Füllerenden usw. waren an der Tagesordnung. Dazu kamen extremes Desinteresse und stumpfsinniges Vor-sich-Hinbrüten im Unterricht, von den schwachen schulischen Leistungen ganz zu schweigen. Viele von ihnen seien nicht in der Lage gewesen, einen ganzen Satz geordnet zu sprechen. Wenn sie redeten, dann nur in unartikulierten Fetzen, meist in Gossensprache.

Sie wäre immer wieder neben solche Mitschüler gesetzt worden, um einen guten Einfluss auf sie auszuüben, wobei sie beim besten Willen nicht gewusst habe, wie sie das hätte anstellen sollen. Verbesserten sich die Leistungen und das Verhalten der Banknachbarn nicht, so legte man ihr das zur Last – sie habe zu wenig mit ihnen geübt – und, wenn es dumm kam, legte man ihr das als „Überheblichkeit" und „mangelnden Kollektivgeist" aus. (Fanden sich derartige Beurteilungen im Zeugnis wieder, konnte einen das die Delegierung zur EOS bzw. die gewünschte Studienrichtung kosten.) Vor manchen Mitschülern habe sie sich regelrecht gefürchtet und möglichst einen Bogen um sie gemacht, von einigen wisse sie um ihre spätere kriminelle „Karriere".

Natürlich gab es damals noch keine Logopäden und Ergotherapeuten für die Kindergartenkinder sowie keine Förder- und Beratungslehrer oder Schulpsychologen für die Schüler. Was seelische Störungen ausmacht, war der Allgemeinheit zu der Zeit offensichtlich nahezu unbekannt. Ich kann mich selbst daran erinnern, wie Lehrer manches Verhalten als Marotte bzw. dumme Angewohnheit betrachteten und versuchten, ermahnend dagegenzusteuern. Offiziell waren solche Dinge, vor allem, wenn sie sich dann zu Rowdytum, Diebstahl oder Verwahrlosung auswuchsen, „rudimentäre Erscheinungen" aus kapitalistischen Zeiten, von denen man annahm, dass sie bald – je mehr die „fortschrittliche sozialistische Gesellschaftsordnung" voranschreiten würde – von selbst verschwänden. So haben wir es jedenfalls einmal im Staatsbürgerkundeunterricht gelernt.

Wie positiv sich andererseits geborgene, häusliche Betreuung auf die Schulsituation und das Lernverhalten auswirkt, habe ich selbst erlebt: Als ich in den 60er Jahren in eine moderne Schule in einem Neubaugebiet eingeschult wurde, gab es fünf erste Klassen. Meine Klasse war eine sogenannte reine „Hausklasse", während die anderen Klassen aus ehemaligen Einrichtungskindern bestanden, die nachmittags ebenfalls weiter im Schulhort betreut wurden. In meiner Klasse (ca. 30 Kinder) konnte man im Unterricht eine Stecknadel fallen hören, das Pausenverhalten war angenehm und der Geräuschpegel ebenfalls. Ich erinnere mich gern daran. Am Ende des Schuljahres hatte die Klasse einen Notendurchschnitt von 1,7! Daraufhin wurde sie aufgelöst, und die Kinder gleichmäßig auf die anderen Klassen verteilt. Warum das geschehen ist? Die Klassenlehrerin hat es meiner Mutter hinter vorgehaltener Hand verraten. Man hatte die deutliche Unterlegenheit der häuslich geprägten Kinder gegenüber den kollektiv geprägten Kindern nachweisen wollen, aber es war das blanke Gegenteil eingetreten. Das musste sofort vertuscht werden, weil nicht sein konnte, was nicht sein durfte.

Natürlich wirken sich auch heute die günstigen Grundbedingungen der kindlichen Entwicklung positiv aus: Ich bin von verschiedenen Lehrern meiner Kinder, die sich untereinander nicht kannten, gefragt worden, was ich „mit diesem jeweiligen Kind gemacht hätte". So etwas Ausgeglichenes und Konzentriertes gäbe es nur noch ganz selten …!

Eine meiner Freundinnen erlebte zum Beispiel Folgendes: Sie hatte ihr Kind häuslich betreut und nur im letzten Kindergartenjahr vormittags im Kindergarten gehabt. Als dieses Kind in der zweiten Klasse war, wurde eine Klassenteilung unumgänglich, weil durch mehrere verhaltensgestörte Kinder das Unterrichten und Lernen erheblich beeinträchtigt wurde. Die Klassenlehrerin meinte zu meiner Freundin:

> Wenn alle so wären wie Ihr Kind, bräuchten wir die Klasse nicht zu teilen. Von dieser Sorte könnte man fünfzig unterrichten. Das wäre überhaupt kein Problem!

Martin, der Sohn einer bekannten Familie, geht in die vierte Klasse. Als es vor Kurzem um die Eignung für das Gymnasium ging, meinte seine Lehrerin den Eltern gegenüber, dass er sowohl geistig als auch in den sozialen Kompetenzen seinem Alter weit voraus sei. Dieses Kind ist das Jüngste von drei Geschwistern, es ist lange gestillt worden und war (außer einmal pro Woche für eine Stunde in der Vorschulgruppe der Musikschule) nie (!) in einer Einrichtung, nicht einmal in einem Kindergarten, sondern bis zum Schulanfang ausschließlich zu Hause.

Insgesamt decken sich diese Beobachtungen mit den brisanten Ergebnissen der „Early Child Care Study" des National Institute of Child Health and Human Development (NICHD) in den USA. An diesem, dem Gesundheitsministerium der USA angegliederten Institut läuft diese Langzeitstudie seit 1991, woran zehn Universitäten beteiligt worden sind. Es wurden mehr als 1300 Kinder aus unterschiedlichen sozialen Schichten ab der Geburt bis zur 6. Klasse in ihren Familien, in ihrer außerfamiliären Betreuung und später in der Schule beobachtet. Was dort festgestellt wurde, ist umso brisanter, weil über etwaige Auswirkungen der frühen Gruppenbetreuung bereits im Vorfeld erhitzt debattiert worden war.[161] Im Jahr 2001 (Beobachtung der Kinder bis zum Schuleintritt) zog man folgende Zwischenbilanz:

> Kleinkinder, die viel Zeit in Fremdbetreuung verbrachten – dazu gehören Krabbelgruppen, Kinderkrippen und Tagesmütter [!] –, verhielten sich später dreimal häufiger problematisch als Kinder, die vorrangig von ihrer Mutter betreut wurden. Aggressionen, Unbeherrschtheit, Gewalt gegen Personen und Dinge standen im Vordergrund. ..."

Wenn die Kinder während der ersten 4 ½ Jahre durchschnittlich 10 Stunden pro Woche fremd betreut waren,

> lag mit 4 ½ Jahren eine Zunahme des beschriebene problematischen Verhaltens bei 5 % der Kinder vor, bei 30 und mehr Stunden waren es bereits 16 % der Kinder. Später, mit 6 Jahren, stieg das Verhältnis auf 9 % und 17 %. Die Untersuchungen zeigen, *dass für ein Kind ein umso größeres Risiko besteht, ..., je früher und je länger es in außerfamiliärer Betreuung kam. Erstaunlicherweise sind die Ergebnisse unabhängig von dem Familienhintergrund und der Qualität der Fremdbetreuung.*[162] [Hervorh. von der Verf.]

Der Bericht bezüglich der *Zwölfjährigen* wurde 2007 veröffentlicht. Der Hauptautor und Initiator der Studie, Jay Belsky, fasst die Ergebnisse wie folgt zusammen:

> Je mehr Monate und Jahre Kleinkinder in Kindergruppenbetreuungseinrichtungen, als desto aggressiver und ungehorsamer haben die Lehrer sie in der Grundschule und bis hinauf in das 12. Lebensjahr bewertet.[163]

Dieser Effekt trat *„nach jeder, auch nach hochqualitativer Gruppenbetreuung" ein, unabhängig vom Familienhintergrund.*[164] Die Ergebnisse beziehen sich wiederum auf Kinder, die sich mindestens zehn Stunden pro Woche in einer Krippe aufhielten. Stärkeres problematisches Verhalten zeigten in diesem Alter nur noch Kinder, die in einer Krippe gewesen waren, nicht solche, die von Verwandten oder Tagesmüttern betreut worden waren.[165]

Hinsichtlich der Sprachentwicklung spielte die Qualität der Tagesbetreuung eine Rolle. Je besser diese war, desto „größer war ihr Wortschatz in der Grundschulzeit und nachweisbar bis zum 11. Lebensjahr".[166] Die NICHD-Studien stellte in diesem Zusammenhang fest:

> Der ... gern zitierte statistisch relevante Vorsprung in der kognitiven und sprachlichen Entwicklung von 15, 24, 36 und 54 Monate alten Krippenkindern in Einrichtungen von hoher Qualität gegenüber allen anderen besteht nun bei den Zwölfjährigen nicht mehr.[167]

Jay Belsky unterstreicht Folgendes:

> Die Qualität der Mutter-Kind-Beziehung, die für alle Kinder wiederholt ermittelt wurde, egal ob das Kind viel oder wenig in Gruppentagesbetreuung gewesen und ob diese guter oder schlechter Qualität war, stellte sich als der mit Abstand bedeutsamste Faktor für die soziale, emotionale, kognitive und sprachliche Entwicklung eines Kindes heraus, viel wichtiger als jeder Aspekt der Gruppenbetreuung.[168]

Das bestätigt die langjährigen Erfahrungen der Psychologen und Psychiater. Die Deutsche Psychoanalytische Vereinigung gab angesichts des Krippenausbaus im Westen eine öffentliche Erklärung ab, die *aufgrund dieser Untersuchungsergebnisse* „die Bedeutung der Eltern-Kind-Beziehung bekräftigt".[169]

Jugendliche außer „Rand und Band"

Vor einiger Zeit ging ich durch einen Park. Dort fiel mein Blick auf ein paar Bänke, wo sich eine Gruppe Jugendlicher getroffen hatte. Sie saßen eng aneinander gedrängt, alberten ein wenig, rauchten; eine Bierflasche ging herum. Es war kalt und neblig, also wirklich kein Wetter, bei dem man sich normalerweise freiwillig draußen auf eine Bank setzt, sondern eher die warme Wohnung vorzieht. Sie froren offensichtlich. Nun könnte man vielleicht sagen, es gäbe nicht genug Jugendklubs und dergleichen, aber fünf bis sieben Jugendliche könnten ja auch bei irgendwem zu Hause zusammensitzen.

Diese Jugendlichen im Park sind für mich wie ein Bild, das die Situation vieler Jugendlicher widerspiegelt: *Ihr Lebensgefühl scheint Ungeborgenheit zu sein*, eine Ungeborgenheit, die sich durchzieht von klein an: mit einem Familienleben ohne oder mit zu wenig Bindung, mit zu wenig tagtäglicher Gemeinschaft, und – damit verbunden – mit zu wenig guten Regeln. Ihnen fehlt so etwas wie eine familiäre Bindungskontinuität. Sie sind zu wenig zu Hause, und haben zu wenig Zuhause, wo sie jemand erwartet und für sie da ist. So hängen die einen lustlos mit ihren Kumpels irgendwo herum, während die anderen neben der Schule, möglicherweise schon vom Kindergartenalter an, einen Terminkalender voll mit Aktivitäten absolvieren, wie er nur bei Managern zu finden ist. Die vielen Patchwork-Familiensituationen, in die sie hineingeraten, tun ihr Übriges. *Unsere Kinder und Jugendlichen sind im wahrsten Sinne des Wortes außer Rand (= Grenze) und Band (= Bindung) geraten.* Auf diese Konstellation treffen der körperliche und emotionale Umbruch und die eigentlich natürliche Ablösungsphase der Pubertät; eine Phase, in der es bei einem Jugendlichen emotional ohnehin auch einmal „drunter und drüber" gehen kann.

So kann es dann kommen, dass selbst bei Jugendlichen, die als Kinder noch völlig unauffällig waren, die immer „funktioniert" haben, die Probleme plötzlich so richtig „hochkochen". Wie zum Beispiel bei Markus, dem Sohn eines Lehrerehepaares. In der Grundschule waren die Leistungen noch so gut, dass der Besuch des Gymnasiums selbstverständlich war. Ab der 7. Klasse begann er zu rauchen, zu trinken und sich herumzutreiben. Automatisch sanken die schulischen Leistungen so ab, dass der Wechsel in die Realschule notwendig wurde. Dort ging es weiter bergab, sodass man bald nur noch von einem anzustrebenden Hauptschulabschluss reden konnte. Da die suchtartigen Probleme nicht angegangen wurden, ist er im letzten Schuljahr selbst in der Hauptschule sitzengeblieben. Selbst da kann von einem ordentlichen Abschluss im Moment keine Rede sein.

Herr M. ist Leiter einer christlichen Reha-Einrichtung für suchtgefährdete Jugendliche. Er erlebt es tagtäglich, wie Jugendliche durch ihre Suchtprobleme in ihrem Lebensrhythmus, ihrer Konzentrationsfähigkeit und Aufnahmebereitschaft so aus der Bahn geworfen werden, dass sie erst nach und nach wieder an einen geregelten Schulunterricht und an ein geregeltes Leben gewöhnt werden können. Er erzählte auch von dem Jungen Rico, der bis zum 18. Lebensjahr bereits fünf Drogentherapien durchlaufen hatte und immer wieder rückfällig geworden war. Ob er es nun schaffen würde, ist ungewiss. Abgesehen von seiner persönlichen Not und der seiner Familie haben diese Therapien die Allgemeinheit bereits ca. 250.000 Euro gekostet.

Auch jenseits einer bereits ausgeprägten Suchtproblematik ist es erschreckend zu beobachten, wie sehr Jugendliche dem Alkohol, den Zigaretten und dem Kiffen zusprechen. Klassenfahrten arten möglicherweise trotz Verbots zu exzessiven Trinkgelagen aus. Partys ebenso. Nicht umsonst hat man das neue Jugendschutzgesetz erlassen, um hier entgegenzuwirken. Es scheint so, als wollten die Jugendlichen die innere Leere, den äußeren Druck, die unreflektierte Frustration und vieles andere mehr mit dem „Koma-Saufen" einfach „zuschütten". Wie gefährlich das ausgehen kann, zeigt das Beispiel von Anna. Sie betrank sich bei jeder Party. Einmal war es so schlimm, dass sie noch vor Ort in einen lebensbedrohlichen Zustand fiel. Der zu Hilfe gerufene Notarzt musste sie in die nächste Klinik einweisen. Die Ärztin, die in der Notaufnahme um ihr Leben rang, war übrigens ihre eigene Mutter. Beide Fälle zeigen übrigens auch, dass die Probleme

Jugendlicher generell nicht mehr nur bei sozial schwachem Hintergrund, sondern inzwischen in allen sozialen Schichten zu beobachten sind, wenn ähnlich ungünstige Bedingungen am Lebensanfang herrschen. Das wird auch in der oben erwähnten amerikanischen Studie deutlich.

Genauso wie die Süchte nehmen offenbar auch andere psychische Krankheiten unter Jugendlichen zu. In den geschlossenen Abteilungen der Kliniken finden sich erschreckend viele Jugendliche und junge Erwachsene mit Depressionen, Alkohol- und Drogenproblemen oder Persönlichkeitsstörungen (Borderline-Syndrom), die bereits einen Selbstmordversuch hinter sich haben. Längst kommt so etwas nicht mehr nur „weit entfernt" im Fernsehen, sondern im eigenen Umfeld bzw. Bekanntenkreis vor. Der 18-jährigen Luisa, gerade mit dem Abitur fertig, ging es zum Beispiel erst kürzlich so, dass sie innerhalb von einer Woche von drei schlimmen Fällen dieser Art aus ihrem engeren Freundeskreis erfuhr. Man erzählt es dem besten Kumpel oder der besten Freundin, wer einfach nicht mehr klarkommt und deshalb Tabletten schlucken muss.

Ebenso beunruhigend empfinde ich die zum Teil aggressive Gestimmtheit unter den Jugendlichen, die einige auch für extreme politische Positionierungen anfällig macht. Der Psychologe Hans-Joachim Maaz zum Beispiel hat in seinen Büchern „Der Gefühlsstau" und der „Lilith-Komplex" die entsprechenden psychologischen Zusammenhänge beschrieben.[170] Ich bin davon überzeugt, dass den meisten Jugendlichen ideologische Inhalte im Sinne einer echten geistigen Reflexion eher gleichgültig sind; es geht um „Randale", um die Projektion und das Entladen innerer Wut.[171] So meldete zum Beispiel die „Leipziger Volkszeitung" Anfang Januar 2009, dass eine Straßenschlacht mit jugendlichen Gruppen im Leipziger Süden mit einem massiven Polizeiaufgebot unterbunden werden musste. Es waren unter anderem Schneebarrikaden errichtet, Schneeräumfahrzeuge behindert und zufällig vorbeigehende Passanten geschlagen worden. Es wurde randaliert, und der Straßenverkehr war teilweise völlig lahmgelegt.[172]

Wegen dieser aggressiven Gestimmtheit kann man mit moralischen Appellen und Aufklärungsarbeit allein wahrscheinlich nicht viel erreichen. Der gewalttätige Jugendliche fühlt sich möglicherweise ausgesprochen wohl dabei, einen Schwächeren am Boden liegen zu sehen, weil sein geringes Selbstwertgefühl dadurch etwas kompensiert wird. Er steht schließlich in diesem Moment höher, als der da unten. Durch sein unterernährtes Gemüt ist er so gemütlos und eben gefühlsarm, dass in ihm kein Gefühl des Mitleids aufkommt. Sein bindungs- bzw. liebloses Großwerden konnte bewirken, dass ihm Gedanken wie „Das könnte doch mein Bruder, meine Mutter, mein Vater oder mein Großvater sein!" oder „Wie wäre es, wenn ich selbst am Boden läge?" offensichtlich völlig fremd sind.

Im September 2004 meldeten die Nachrichten des MDR, dass in Wolfen-Nord (Sachsen-Anhalt) ein 18-Jähriger einen 16-Jährigen auf dem Schulhof so geschlagen hatte, dass dieser ein paar Tage darauf im Krankenhaus an den Folgen verstarb. Vor einigen Jahren mussten wir etwas Ähnliches in unserer eigenen Familie erleben: Mein Vater wurde von einer Horde unbekannter Jugendlicher zu einer normalen Tageszeit vor seinem Wohnhaus überfallen und krankenhausreif zusammengeschlagen. Da sie ihn nicht beraubt haben, bleibt nur die Erklärung, dass ihre ungebremste Aggression hier ein wehrloses Opfer gefunden hatte. Wer weiß, was an ihm sie so aufgereizt hatte. Es hatte keinerlei Wortwechsel im Vorfeld gegeben. Selbst wenn man mutmaßen will, dass sie aufs Äußerste frustriert waren, weil sie zum Beispiel keinen Ausbildungsplatz oder keine Arbeit hatten, bleibt doch noch ein großer Schritt zwischen dem Gefühl, jemandem vor lauter Wut „eine dranhauen" zu können und es dann wirklich zu tun. Ein seelisch gesunder Mensch ist dagegen willens und in der Lage, sich zu beherrschen, weil die eigenen inneren Bindungen und die Liebe, die er erfahren hat und die er damit in sich trägt, ihn dazu befähigen.

In diesen Problemkreis gehören zum Beispiel auch die Schwierigkeiten mit randalierenden Fußballfans, die vor allem in ostdeutschen Fußballstadien (zum Beispiel in Leipzig im Februar 2007) großen Schaden anrichten. Davon sind aber auch unterklassige Ligen betroffen. So wurde mein ältester Sohn in der Kreisliga als Spieler von einem Zuschauer, Fan der gegnerischen Mannschaft, tätlich angegriffen. Er war diesem Zuschauer vorher noch nie begegnet. Weil er zufällig als Erster das Spielfeld verließ, hat dieser ohne Vorankündigung seine nicht zu bremsende Wut im Gesicht meines Sohnes „landen" lassen.

Auch die allgegenwärtigen Graffitis sind meines Erachtens Botschaften der inneren Wut, der Zerrissenheit und der Verzweiflung. So stieß ich auf eine Mitteilung des Thüringer Innenministeriums; darin heißt es: „... die Zahl der registrierten Fälle von Graffiti-Straftaten stieg in Thüringen im Jahr 2005 um 8,4 % auf 4327 Delikte ... Der Schaden betrug ... mehr als 1,76 Millionen Euro." Dem entsprechen auch die neuesten Ergebnisse einer Studie des US-amerikanischen National Institute of Child Health and Human Development (NICHD) aus dem Jahre 2010 über die nunmehr 15-Jährigen: Auch noch nach 15 Jahren ist eine „leicht erhöhte Impulsivität und Aggressivität" bei Kindern, die in außerfamiliärer Gruppenbetreuung waren, nachweisbar.[173] Ich erinnere daran, dass die Folgeprobleme bereits bei einer Betreuungszeit von zehn Stunden pro Woche nachgewiesen werden konnten.

Leider wird die aggressive Gestimmtheit durch die Medien noch verstärkt. Psychologen warnen immer wieder davor, welche enthemmende Wirkung das regelmäßige Ansehen von Gewalttaten im Fernsehen und die Kriegsspiele per Computer hat. Es ist schlichtweg unverantwortlich, dass von staatlicher Seite nicht mehr gegen solche das Gemüt zerstörende Darstellungen und Inhalte unternommen wird. Viele Jugendliche haben zudem ein erschreckendes Medienverhalten, indem sie jede mögliche Minute am Computer verbringen. Es scheint so, als sei dieses Medienverhalten eine merkwürdige Verquickung von Aggressivem und Passivem oder gar Depressivem. Die aggressive Seite dieses Spielens ist offensichtlich, die depressive weniger. Das Depressive zeigt sich in der damit verbundenen Bewegungsarmut, den geringen anderen Freizeitaktivitäten, dem begleitenden Naschen, Rauchen und Alkoholkonsum sowie einer gewissen „Weltflucht", in dem man sozusagen aus der eigentlichen Realität aussteigt und in die virtuelle einsteigt. Ein gefährlicher Kreislauf kann entstehen: Der Jugendliche, der mit sich und seiner Situation schlecht zurechtkommt, flüchtet sich in die Computerwelt, und je mehr er das tut, desto mehr Probleme ergeben sich offenbar in der Realität. Die Dinge und Notwendigkeiten des eigentlichen Lebens verlieren möglicherweise in der Wahrnehmung des Jugendlichen regelrecht an Bedeutung. So werden zum Beispiel Hausaufgaben zur völligen Nebensache, die „Karriere" im Computerspiel dagegen zu lebenswichtigen Angelegenheit.

Eine weitere problematische Seite des Medienkonsums sind pornographische Darstellungen im Fernsehen und vor allem im Internet. Es scheint ein Zeichen unseres Werteverfalls sowie der Lieb- und Rücksichtslosigkeit unserer Zeit zu sein, dass es überhaupt so etwas gibt und für die nächste Generation zugänglich ist. Offensichtlich gibt es hier eine Tendenz: Je größer der Liebes- und Beziehungsnotstand einer Familie ist, desto mehr konsumieren bereits deren Kinder solche Dinge – so sieht es zum Beispiel der Leiter der „Arche" in Berlin-Hellersdorf (neben Berlin-Marzahn die größte Plattenbausiedlung, die in den 80er Jahren in Ostberlin entstand; sie war als sozialistisches Wohngebiet flächendeckend mit Krippen versorgt). Dort beginnt bereits im Kindesalter ein intensiver Pornokonsum. Es wird mir schwindelig, wenn ich mir die Wirkung auf die Kinder vorstelle. Die „Arche"-Mitarbeiter sprechen von „sexueller Verwahrlosung".[174] Auch auf dieser Basis wird ein normaler, glücklicher Familienaufbau für die Betroffenen wohl schwierig bis unmöglich werden. Wer dem Menschen von jung an systematisch die Scham nimmt, zerstört seine Persönlichkeit. Bereits Sigmund Freud erkannte, dass ein Kind, dem die Schamgrenze zerstört wurde, nicht mehr erziehbar sei. Promiskuität, Teenager-Schwangerschaften, Abtreibung sowie sexuelle Perversion und Gewalt entstehen auch auf diese Weise. Ob das wohl die „Freiheit" ist, die die linke Ideologie der 68er-Generation mit der Propagierung von „freiem Sex" bringen wollte? Jetzt haben wir die „Geister", die sie riefen. Die Lawine ist nicht mehr aufzuhalten!

Bei manchen Jugendlichen scheint die depressive Grundstimmung eine regelrecht nihilistische Färbung zu haben. So erzählte mir zum Beispiel die 16-jährige Cindy, sie mache sich Sorgen um ihre Freundin, sie rauche eine Schachtel Zigaretten am Tag. Als sie ihrer Freundin gesagt habe, dass sie unter diesen Umständen nicht alt werden würde, erwiderte diese, das Leben sei „sowieso besch…", sie wolle „überhaupt nicht alt werden".

Die 15-jährige Gymnasiastin Sabrina erlebte Ähnliches im Sozialkundeunterricht. Es ging um Lebensziele. Die Schüler bekamen die Aufgabe, sich zu überlegen bzw. sich darüber zu äußern, was sie im Alter von 45 Jahren erreicht haben wollen. Da antwortete eine Mitschülerin, sie wolle überhaupt nicht so lange leben. Sabrina war erstaunt darüber, denn dieses Mädchen wäre sonst eigentlich immer „cool drauf". Das ist die „coole Fassade", von der auch Gordon Neufeld schreibt[175], die sich im Stil der Kleidung, der Mimik und Gestik sowie in der Wortwahl artikuliert. Man will unverletzlich wirken, damit man nie wieder verletzt wird. In diesem Zusammenhang erzählte mir eine gute Bekannte Folgendes: Als Mutter mehrerer Kinder hat sie ein „offenes" Haus auch für deren Freunde und Schulkameraden. Des Öfteren kommt es vor, dass diese noch weitere Freunde mitbringen. So lernte sie die 14-jährige Mandy kennen. Bei dem gemeinsamen Mittagessen in großer Runde war sie die lustigste und lauteste. Als die anderen sich bereits vom Tisch erhoben hatten, blieb Mandy bei der Mutter sitzen. Urplötzlich fiel die Fassade, die laute Albernheit verschwand und der Gesichtsausdruck erlosch. Übergangslos sagte sie zu ihr, sie hasse ihre Mutter, und zwar mehr als alles auf der Welt. Dann erzählte sie ihre Geschichte. Sie glaubte nicht, dass ihre Mutter sie und ihren Bruder je gewollt habe. Sie sei schließlich schon mit vier Jahren mit ihrem Bruder ausgerissen, um ihren Vater zu suchen. Die Eltern hatten sich zuvor getrennt. Auf Nachfrage bestätigte sie, sie wäre natürlich in der Krippe und dann im Kindergarten gewesen. Sie hätte den Weg bereits mit vier Jahren alleine (wohlgemerkt über eine gefährliche Ampelkreuzung) gehen müssen. Das Wochenende hätte sie oft bei einer Freundin ihrer Mutter verbracht. Der Vater nahm die Kinder schließlich zu sich, und nach mehreren verschiedenen Partnerschaften lebten sie nun bei einer Frau, die ihrerseits mehrere Kinder hat. Diese hasse sie übrigens auch; mit denen wolle sie nichts zu tun haben. Mit 16 wolle sie ausziehen. Meine Bekannte fragte, wohin sie denn dann wolle. „Ach", meinte sie mit einem Tonfall, mit dem man einen Witz erzählt, „ich komme einfach zu euch. Bei euch ist es schön."

Viele Jugendliche haben – wie eben auch hier – ein deutlich gespaltenes Verhältnis zu ihren Eltern, das meines Erachtens oft weit über das natürliche pubertäre Verhalten hinausgeht. Ein Erlebnis ist mir dazu besonders deutlich in Erinnerung: Wenige Jahre nach der Wende hatte unsere Stillgruppe bei einem Gesundheitsforum in unserer Stadt einen Informationsstand. Als ich gerade „Dienst" hatte, kam eine junge Frau – ich schätzte ihr Alter auf etwa 19 Jahre – an den Stand. Sie betrachtete lange und interessiert die wunderschönen Stillbilder und das ausgelegte Material. Auf meine Frage, ob sie sich für etwas Bestimmtes interessiere, sagte sie unvermittelt zu mir: „Ach, wissen Sie, ich bin mit meiner Mutter ganz auseinander; wir haben keinen Kontakt mehr zueinander." Traurig ging sie weg. Ich weiß nicht mehr, was ich dazu gesagt habe; ich weiß nur noch, wie erschrocken ich war, dass unsere schönen mütterlichen Bilder so eine tiefe Wunde berührt hatten.

Wie schlimm ein Beziehungsproblem zwischen Eltern und Jugendlichen enden kann, zeigt folgender Fall: Der Mitteldeutsche Rundfunk meldete am 14. Dezember 2006, dass in Bautzen ein 14-jähriges Mädchen seine Mutter erstochen hat. Furchtbar! Es fehlen einem die Worte! Da gab es offensichtlich keine Bindung und keine Liebe. Anders kann man sich das nicht erklären, selbst wenn man die näheren Umstände nicht kennt.

Bloß gut, dass die meisten beeinträchtigten Beziehungen nicht so ausgehen. Oft hat sich eine kühle Distanz „breitgemacht", die „nur" latent vorhanden ist. Äußerlich scheint soweit noch alles zu funktionieren. Wie folgende Beispiele zeigen, kann aber auch hier ein beträchtlicher Leidensdruck entstehen:

- Juliane (10. Klasse) unterhält sich mit ihren Freunden über eine bevorstehende Geburtstagsparty. Sie teilt den anderen mit, dass ihr Vater sie aber gegen 1:00 Uhr abholen würde. Einige meutern ärgerlich, was für „pingelige Eltern" sie denn hätte. Aber ein Mädchen wirft ein, was sie nur hätten, sie wäre froh, wenn sie solche Eltern hätte. Ihre würden sich überhaupt nicht darum kümmern, wo sie gerade sei.
- Sebastian geht ebenfalls ins Gymnasium in die 11. Klasse. Er ist ein recht guter Schüler und die Lehrer sind mit ihm zufrieden. Eines Tages sagt er zu seinen Kumpels, ob sie es glaubten oder nicht, seine „Alten" würden sich auf einmal für ihn interessieren. Nachdem sie sich aber noch nie wirklich für ihn interessiert hätten, brauchten sie nun nicht mehr damit anzufangen.
- Friederike geht es ähnlich: Sie habe zu niemandem weniger Vertrauen als zu ihrer Mutter; niemals würde sie ihre Probleme mit ihr besprechen. Sie warte nur darauf, endlich 18 zu sein, dann könne sie ausziehen.
- Anna ist bereits Studentin, sie fährt nur noch selten nach Hause, obwohl der Studienort nicht weit weg ist. Sie leidet unter der Ablehnung, die sie von ihrer Mutter erfährt. Sie kann sie sich nicht erklären. Sie stellt fest, dass sie eigentlich keine Familie mehr habe.

- Marvin war 14, als er es einfach nicht mehr zu Hause aushielt. Eines Tages war der Junge verschwunden. Er wurde von der Polizei auf einem der größten deutschen Bahnhöfe aufgefunden und der Jugendhilfe übergeben.

Auch Eltern leiden unter der schlechten Beziehung zu ihren Kindern. So kam ich einmal in einem Kaufhaus mit einer Frau ins Gespräch. Sie erzählte mir unter Tränen, dass ihr 15-Jähriger überhaupt nicht mehr mit ihr reden würde; kein einziges Wort würde er mit ihr wechseln. Er würde sich nur in seinen Computer vergraben. Sie hätte keinerlei Zugang mehr zu ihrem Sohn.

Frau S. geht es noch schlimmer. Ihr Sohn war bereits mit 16 wegen Drogensucht in Therapie. Da er danach wieder mit seiner Clique zusammen war, dauerte es nicht lange, bis es wieder bergab ging. Auch sie findet keinen Zugang mehr zu ihrem Kind. Wenn sie mit ihm reden will, reagiert er gereizt und greift sie sogar tätlich an. Da er gerade 18 geworden ist, kann sie keine erneute Therapie für ihn in die Wege leiten. Er muss das jetzt selbst wollen, weil er volljährig ist. Er hat aufgrund seiner Probleme keinen Schulabschluss usw. Seine Mutter ist völlig verzweifelt.

Ich erinnere mich an eine andere Begebenheit, weil sie mich ebenfalls aufhorchen ließ: In einer Straßenbahn saß ich hinter zwei Frauen, die sich so angeregt unterhielten, sodass ich, ob ich wollte oder nicht, ihr Gespräch mit anhören musste. Völlig aufgewühlt erzählte die eine Frau von ihren jugendlichen Kindern und davon, dass sie nicht auf sie hören wollten. Sie hätten wiederholt die Lehre „geschmissen" – und das bei dem herrschenden Lehrstellenmangel. Erregt rief die Frau, wenn sie nur erst 18 wären und sie keine Verantwortung mehr für sie hätte. Bloß raus und fort und dann müssten sie selbst sehen, wie sie fertig würden. Das Tragische ist, dass oft auch diejenigen Eltern Sorgen mit ihren großen Kindern haben, die die sogenannten „Qualitätszeiten" (➤ Kap. 8) gelebt haben, d. h. sich intensiv um ihre Kinder gekümmert haben, wenn sie dann zu Hause waren: Frau S. zum Beispiel erzählte, mit ihren gerade erwachsenen Kindern hätten sie und ihr Mann nur noch Probleme. Der Junge könne keine Ausbildung zu Ende bringen und hätte jetzt solche seelischen Probleme, dass er demnächst eine Therapie antreten müsste. Das Mädchen hätte einen Freund nach dem anderen, aber nichts würde halten. Sie hätten sich doch als Eltern immer solche Mühe gegeben und wären jetzt mit ihren Kindern mehr denn je gefordert. Sie wisse manchmal nicht, wie das noch weitergehen soll.

Von einer gleichfalls traurigen Familiensituation erzählte mir eine Freundin, die mit einer älteren Dame ins Gespräch gekommen war. Diese sprach von ihren nun bereits erwachsenen Kindern. Sie sei so traurig, weil sie den Kontakt zu ihren Kindern völlig verloren habe und diese auch jeglichen Kontakt zu ihr ablehnten. Sie habe es schwer gehabt, weil ihr Mann sie mit drei kleinen Kindern sitzen gelassen hatte. Sie hätte zunächst in ihrem Beruf Schicht arbeiten und deshalb ihre Kinder in eine Wochenkrippe bringen müssen. Es hätte ihr so im Herzen wehgetan, wenn sie die Kinder montagfrüh wieder hätte abgeben müssen. Da sie das nicht mehr ausgehalten habe, hätte sie sich eine andere Arbeit gesucht, bei der sie nur tagsüber arbeiten musste. Sie wäre dann schon glücklich gewesen, ihre Kinder wenigstens jeden Abend bei sich zu haben. Trotzdem hätten sie nicht recht zueinanderfinden können. Sie sähe heute, dass die Beziehung zwischen ihr und ihren Kindern schon gleich zu Anfang zerstört worden sei. Sie hätten einfach keine Chance gehabt.

Ich habe immer wieder den Eindruck, dass die Beziehungsprobleme zwischen den Jugendlichen und ihren Eltern eine wesentliche Ursache darin hat, dass eben die Bindung gleich am Lebensanfang entweder beeinträchtigt wurde oder aber gar nicht zustande gekommen ist. Das Liebesband ist nicht fest genug oder gar nicht geknüpft worden. Es ist so mürbe, dass es den Belastungsproben der Pubertät nicht standhält. *Eltern und Kinder haben einfach keinen „Draht" zueinander. Wenn man nicht miteinander verbunden ist, ist man eben auch einander nicht verbunden.*

Ein großes Thema in der Pubertät ist die Clique. Viele Eltern und Großeltern haben diesbezüglich allergrößte Sorgen und Befürchtungen. Und das mit Recht. Unter dem Einfluss und Druck der Clique geht es schließlich um Zigaretten, Alkohol, Drogen usw. Ferner sind auch Diebstähle und dergleichen als Mutprobe möglich. In einer Postwurfsendung, die ich neulich in unserem Briefkasten fand, informiert die Polizeigewerkschaft darüber, dass auch Gewaltbereitschaft durch den gruppendynamischen Prozess einer Clique ausgelöst werden kann. Meine größte Sorge war einmal, dass eine Clique mehr Einfluss auf meine Kinder ausüben könnte, als wir als Eltern. Heute bin ich da gelassener, denn einen wirklich beherrschenden bzw. gefährlichen Einfluss kann eine Clique nur ausüben, wenn sie quasi ein Familienersatz ist. Wenn die Jugendlichen eben nur dort das zum inneren Überleben dringend gebrauchte Quäntchen Scheingeborgenheit finden, sind sie bereit, alles dort Übliche zu tun. Seelisch starke Kinder mit festen familiären Wurzeln müssen und brauchen das einfach nicht in dem Maße. Die Polizeigewerkschaft kommt im Übrigen in der oben erwähnten Postwurfsendung zu genau dieser Schlussfolgerung.

Deshalb sind die Kinder mit einrichtungsgeprägter Vergangenheit in diesem Punkt anfällig, und zwar sowohl die, die als Jugendliche total mit Angeboten und Aktivitäten „eingedeckt" werden – wie in der DDR oder jetzt zum Beispiel durch Ganztagsschulen –, als auch die, die gelangweilt miteinander „herumhängen".

So oder so sind die Werte und Normen des Verhaltens dieser Kinder *immer von einer Gruppe Gleichaltriger* bestimmt worden, innerhalb derer sie eben auch irgendwie überleben mussten. Wen will es da wundern, wenn in der Pubertät für sie dann erst recht andere Gleichaltrige *maßgeblich* sind. Gordon Neufeld hat den unmittelbaren Zusammenhang zwischen Bindung und Orientierung erkannt. Dort, wo eine *Bindungslücke zwischen Eltern und Kindern entstanden ist,* bekommen wir es mit dem *Phänomen der Gleichaltrigenbindung und damit der Gleichaltrigenorientierung* zu tun. Er schreibt dazu:

> Zum ersten Mal in der Menschheitsgeschichte wenden sich junge Menschen, um Anleitung, Vorbilder und Führung zu finden, nicht an Mütter, Väter ... und andere verantwortliche Erwachsene, sondern an Menschen, die von Natur aus nie für die Elternrolle vorgesehen waren – ihre eigenen Altersgenossen. *Sie lassen sich nicht mehr lenken, unterrichten und entwickeln keine Reife mehr, weil sie aufgehört haben, dem Beispiel Erwachsener zu folgen.*[176] [Hervorh. von der Verf.]

So konnte auch eine von der Vorstellungs- und Begriffswelt Erwachsener teilweise *völlig getrennte Jugendkultur* entstehen, die für viele Jugendliche alleiniger Maßstab und Orientierungspunkt ist und die voller menschlicher Unreife und Gefahren steckt. Cliquen und Banden sind sichtbare Zeichen dafür. Das alles ist heute einfach so verbreitet, dass es gemeinhin für völlig normal gehalten wird. Dieses Gesamtklima ist häufig auch für solche Kinder schwierig, die unter günstigen Umständen groß geworden sind. Sie geraten nicht selten unter starken Rechtfertigungsdruck, wenn sie auf ihre Eltern hören.

In den Zusammenhang Gleichaltrigenorientierung und Clique gehört auch das immer mehr um sich greifende Phänomen des Mobbings an den Schulen. So erlebte es die 13-jährige Carolin: Eine bestimmte Mädchen-Clique überlegte sich morgens, wen sie heute „fertigmachen" wollten, d.h. hänseln, anschwärzen, anstellen für „Hol- und Bringdienste"; kurz: schikanieren und demütigen, wo es nur geht. Gerade die Kinder bzw. Jugendlichen, die emotional primär an ihre Altersgenossen gebunden sind, sind, wenn sie nur irgendeinen „Schwachpunkt" zeigen, schnell in der Gefahr, die Opfer einer Clique zu werden. Diese haben ein umso leichteres Spiel mit ihrem Opfer, je geringer dessen Selbstwertgefühl und je schlechter das Vertrauensverhältnis zu dessen Eltern ist. Den Mobbern wiederum „fehlen Empathie und Mitgefühl für Schwächere ... Machtausübung empfinden sie als lustvoll".[177]

Ferner zeichnet sich bei vielen Jugendlichen schon die Hypothek bezüglich ihres eigentlichen Lebensaufbaus ab. Da wären zunächst die Ausbildung und der Einstieg ins Berufsleben. Obwohl wir einerseits im Osten Lehrstellenmangel haben, gibt es andererseits zum Beispiel Handwerksmeister oder mittelständische Betriebe, die gerne Lehrstellen besetzen möchten, aber keine geeigneten Kandidaten dafür finden; es fehlt an elementaren Grundkenntnissen zum Beispiel im Rechnen, aber auch an Fleiß, Ausdauer und Leistungswillen. Eben das, was sich in der Schulzeit meist schon anbahnte. Oft wird das Lehrverhältnis von den Jugendlichen selbst beendet.

So ist es auch bei dem 19-jährigen Sohn von Frau S. Er hat nun schon die dritte Lehrstelle „geschmissen". Seine Mutter schätzt, dass sie eben die Zeit, die sie nicht haben wollte, als er klein war, jetzt doppelt und dreifach dransetzen müsste. Ihre Mutter hätte sie damals davor gewarnt, den Kleinen schon in die Krippe zu geben, aber sie hätte eben moderner sein wollen als sie.

Zu den bereits genannten Problemen, die Lehrbetriebe mit Azubis haben, kommt oft aber noch etwas ganz anderes, nämlich die tatsächlich fehlende „gute Kinderstube". (Ich bin immer wieder erstaunt, wie viel Weisheit in solchen alten Redewendungen steckt.) Es mangelt teilweise erheblich an den elementarsten Regeln der Höflichkeit und des Anstandes. Frau K. zum Beispiel, die im Verwaltungsbereich einer mittelständischen Firma tätig ist, erzählte davon, dass es bei immer mehr Azubis oder anderen Praktikanten kein „Bitte" und „Danke", keinen „Guten Tag" noch ein „Auf Wiedersehen" gäbe, und dass sie es fertigbrächten, nach mehrwöchiger Praktikumszeit einfach zu verschwinden, und zwar ohne sich vorher offiziell von den unmittelbaren Mitarbeitern und dem Vorgesetzten zu verabschieden. Sie wären noch beleidigt, wenn man sie auf ihr Verhalten hinwiese, und wüssten gar nicht, was man meine. Sie hätten einfach keinerlei Erziehung.

Ähnlich entsetzt und traurig äußerte sich mir gegenüber eine bereits pensionierte Kindergärtnerin. Sie hätte sich – und ihre Kolleginnen auch – ihr ganzes Berufsleben lang so viel Mühe gegeben, „ihren" Kindern Höflichkeit und Tischmanieren beizubringen. Aber, wenn sie die Jugendlichen und ihr schlechtes Benehmen heute so sähe, dann frage sie sich manchmal, ob sie umsonst gearbeitet habe. Als ob es einfach nicht angekommen wäre.

Sie war ziemlich erstaunt darüber, dass ihre Empfindungen durch die Erkenntnisse der Bindungsforschung bestätigt werden. Liebe und (erste) Bindung sind die einzige Basis für das spätere Lernen – eben auch von Benimm-Regeln, auf die man hören und die man auch anwenden will. Fehlt diese Basis aber weitgehend, fehlt offenbar auch das richtige Aufnahmemedium, man könnte vielleicht auch sagen – die geeignete „Transportflüssigkeit" ins Herz des Kindes. Die Folge: All die vielen Worte, die in erzieherischer oder ermahnender Absicht geäußert werden, kommen nicht an. Das Ergebnis sind dann *un*erzogene Kinder und Jugendliche, die sich in ihrem Verhalten nur noch an ihresgleichen orientieren – und das von klein an.

Selbst wenn die Ausbildung geschafft ist, treten oftmals Probleme beim Einstieg ins Berufsleben auf. Die gibt es durch den im Osten bestehenden horrenden Arbeitsplatzmangel ohnedies. Nicht umsonst wandern etliche in Richtung Westen. Als ob das nicht genug wäre, kommen häufig wieder die inneren Probleme dazu: mangelndes Durchhaltevermögen, Alkoholprobleme, Beziehungsstress, erste Depressionen usw.

Mir fällt dazu das Beispiel von Ronny ein: Ronny hat das Bäckerhandwerk erlernt und nach der Lehre sogar umgehend eine Arbeit bekommen. Nach ein paar Monaten wurde ihm gekündigt. Daraufhin suchte und bekam er eine Arbeit in Westdeutschland. Es dauerte nicht lange und er flog dort ebenfalls raus und kam wieder nach Hause. Es fügte sich glücklich und er bekam hier nochmals eine Anstellung. Aber auch dort war er nicht lange. Warum? Weil er derart unsauber und ungepflegt ist (und entsprechend riecht), dass er in der Nahrungsmittelbranche, wo es auf äußerste Hygiene ankommt, einfach nicht tragbar ist. Er ist faktisch zu antriebslos für die Körperpflege und leider auch für die häusliche Ordnung. Bei seiner Mutter ist er deshalb ebenfalls „'rausgeflogen". Seitdem vegetiert er in einer kleinen Wohnung, voll mit Müll und Unrat, als Hartz IV-Empfänger vor sich hin.

Was ich mit noch größerer Sorge beobachte, sind die sich bei den Teenagern bereits abzeichnenden Probleme beim zukünftigen Familienaufbau. Sie tragen durch ihre frühen Defizite oftmals eine Riesensehnsucht nach Liebe, Geborgenheit und nach Berührung im Herzen. Durch Propagierung der sexuellen Freizügigkeit in der ganzen Gesellschaft wird diese Sehnsucht in zu frühe Sexualität fehlgeleitet – weil sie glauben, da winkt die Liebe und das Glück! Manche junge Frau erzählte mir von wiederholten „Reinfällen". Auf Suche nach Glück rannten bzw. rennen sie ins Unglück: wechselnde Partnerschaften und Abtreibung, um nur zwei Schlagworte zu nennen. Manche Eltern helfen dabei auch noch. Die 14-jährige Corinna erhielt zum Beispiel von ihren Eltern die Erlaubnis, bei ihrem 18-jährigen Freund einzuziehen. So kam es, wie es kommen musste: sie wurde schwanger. Ihre Eltern drängten sie daraufhin zur Abtreibung. Sie war mit 14 selbst fast noch ein Kind – von den eventuellen körperlichen und seelischen Risiken ganz zu schweigen!

Die Teenager-Schwangerschaften nehmen zu. Laut Statistischem Bundesamt 2/2007 lag der prozentuale Anteil der minderjährigen Mütter an der Gesamtgeburtenzahl in den ostdeutschen Bundesländern doppelt bis mehr als drei Mal höher als in den meisten westdeutschen Bundesländern: Sachsen-Anhalt: 1,7 %; Brandenburg, Thüringen, Meckl.-Vorpomm., Saarland: 1,4 %; Sachsen: 1,2 %; Bremen: 1,1 %; Nordrh.-Westf., Rheinld.-Pfalz, Schlesw.-Holst., Berlin: 0,9 %; Niedersachsen: 0,8 %; Hamburg: 0,7 %; Bayern, Hessen: 0,6 % und Baden-Württemberg: 0,5 %.

In unserer Region ist deshalb unter dem Dach eines kirchlichen Jugendhauses extra eine Kontakt- und Beratungsstelle eingerichtet worden. So manches junge Mädchen legt es indes direkt darauf an, schwanger zu werden. Sie wünschen sich nichts sehnlicher als ein Kind. Cindy, eine Teenager-Mama, bringt es für sich so auf den Punkt: sie hätte etwas zum Kuscheln gebraucht. Das immense Berührungs- und Zuwendungsdefizit drängt dazu, endlich gefüllt zu werden. Man sucht Nestwärme – erst mit einem Jungen im Bett und dann mit so einem süßen Baby zum Kuscheln. Aber so ein süßes Baby ist keine Puppe, die man, wenn man selbst genug hat, in die Ecke legen kann. Ein Kind bringt eben auch erhebliche Anforderungen und Belastungen mit sich, mit denen so manche jugendliche Mama nicht gerechnet hat. Abgesehen von den unzureichenden äußeren Bedingungen hat man in diesem Alter normalerweise noch nicht die innere Reife für ein Kind. Schließlich kommt man in der Pubertät schon mit sich selbst oft nicht zurecht, geschweige denn mit einem kleinen Kind. Auch vor diesem Hintergrund sind zunehmende Kindesmisshandlungen bis hin zur Kindestötung nicht verwunderlich. Ende Januar 2007 fand man zum Beispiel drei tote Babys in der elterlichen Garage einer Teenager-Mutter. Sie hatte mit 15, 17 und 19 Jahren ein Kind bekommen. Im Dezember 2006 fand die Thüringer Polizei in einer Wohnung ein zehn Monate altes totes Baby auf, das seine 20-jährige Mutter verhungern ließ. Natürlich sind das Extremfälle, die ernsthafte seelische Erkrankungen vermuten lassen. Deren tiefste Ursache dürfte aber eben auch in der (frühen) Kindheit dieser jungen Mütter liegen. Aber auch jenseits derartig schlimmer Fälle ist heute bei manchen jungen Eltern, leider auch jenseits des Teenager-Alters, eine mehr oder weniger ausgeprägte Erziehungsunsicherheit und ein mangelndes Verantwortungsbewusstsein zu konstatieren.

Wir sind, so meine Beobachtung, inzwischen so weit, dass immer weniger Babys in einer Ehe geboren werden. (Vgl. hierzu die Abbildungen im Anhang auf S. 276/277.) Das bestätigt auch der Mikrozensus des Statistischen Bundesamtes 2007: Im gesamten Osten ist die traditionelle Familie, basierend auf der Ehe, dramatisch auf dem Rückzug, während im Süden und Westen Deutschlands diese nach wie vor angestrebt wird. Immerhin zählt im Süden nur jede fünfte Familie zu den „alternativen Lebensformen". Spitzenreiter in dieser Beziehung ist Berlin, wo genauso wie im Osten nur noch jede zweite Familie auf einer Ehe beruht. Generell gehe diese Schere zwischen Ost und West trotz Wiedervereinigung weiter auseinander.[178] Hier hat sich die im Osten ganz offensichtlich deutlichere Beziehungsunfähigkeit bereits in nüchternen Zahlen manifestiert. Das liegt meines Erachtens daran, dass die Menschen im heutigen Ostteil Deutschlands keine guten Chancen für ihre erste, ihre Mutterbeziehung hatten. Ehe heißt ja, Mann und Frau haben sich offiziell zueinander bekannt und sind gewillt, verantwortlich und treu füreinander und für die entstandenen Kinder einzustehen. Dazu braucht es emotionale Stärke, Konfliktfähigkeit, eine gewisse Stressfestigkeit sowie den Willen und die Fähigkeit, sich aufeinander einzulassen und einzustellen, um nicht bei jedem (geringfügigen) Problem gleich wieder auseinanderzurennen.

Bei so mancher jungen Mutter ist derjenige Freund, der sie nach der Entbindung besucht, schon lange nicht mehr der Vater des Kindes. Eine meiner Freundinnen wurde kurz nach der Entbindung im Krankenhaus von einer ebenfalls frischgebackenen Mutter angesprochen – sie kam immerhin aus einer norddeutschen Großstadt und war erst kurz vor der Entbindung in den Osten der Bundesrepublik gezogen. Sie müsse sie einfach einmal fragen, wie das hier sei. So viele Teenager-Mütter und auch sonst so viele ohne Mann – das kenne sie von zu Hause nicht in dem Maße; da wäre das nur ein Problem einer bestimmten sozialen Schicht. Aber hier sei das offensichtlich durchgängig so. Sie hatte richtig beobachtet. Gerade nach der Geburt meines vierten Kindes bin ich von so vielen Leuten, die sich untereinander nicht kannten, gefragt worden: „Vier Kinder – Sie haben Mut! Sagen Sie mal, sind die alle von einem Mann?" Das wirft schon ein beredtes Licht auf das inzwischen normale Beziehungschaos, in dem wir uns befinden. Das eigentlich Normale ist unnormal (sozusagen zwangsläufig unüblich) geworden. Die Beziehungsunfähigkeit nimmt offenbar von Krippengeneration zu Krippengeneration zu. Die Scheidungszahlen zeigen es: In Thüringen zum Beispiel werden laut Landesamt für Statistik pro Jahr statistisch gesehen etwa die Hälfte der geschlossenen Ehen wieder geschieden. Selbst wenn nur einer von beiden Partnern beziehungsunfähig ist, „reicht" es ja meist für zwei. So ist es zum Beispiel bei Danny M. Er ist Anfang 20 und hat schon etliche Beziehungen hinter sich. Mit der letzten Freundin hat er auch ein gemeinsames Kind. Als es etwa ein Jahr alt war, trennte er sich von ihr mit den Worten, er könne das einfach nicht verkraften, er könne einfach nicht mit Familie leben.

Auch die Tendenz, den schließlich gefundenen Lebenspartner nicht heiraten zu wollen, liegt meines Erachtens ebenfalls an der tief eingeprägten Bindungsangst; eine Angst, sich zu sehr auf jemanden einzulassen, weil man letztlich Angst hat, wieder verlassen zu werden. Man traut der Liebe einfach nicht. Schließlich ist die erste große Liebe – die Mama – ja auch gegangen! Wer Bindungsangst hat, hat auch Angst vor der ver*bind*lichen Entscheidung „Ehe".

So bringt Bindungsarmut und gestörte Beziehung am Lebensanfang die gestörten und zerstörten Beziehungen im späteren Leben hervor: Patchwork-Familien und Alleinerziehende gibt es immer mehr, ja sie werden dadurch geradezu „gezüchtet". Und weil es sie immer häufiger gibt, argumentiert man wiederum für immer mehr Einrichtungen von klein an. Ein

Teufelskreis! Es wäre angezeigt, damit zu beginnen, heilsam an der Wurzel des Übels anzusetzen, damit so viel Not gar nicht erst entsteht. Diese Familiensituationen sind doch von den Beteiligten meistens gar nicht als „moderner Lebensentwurf" frei gewählt worden, vielmehr „rutschen" sie durch leidvolle und unglückliche Umstände faktisch in derartige Verhältnisse „hinein".

Wir haben, um es pointiert zu sagen, einen Liebes-Notstand. Will man die Probleme von Jugendlichen (und jungen Erwachsenen) zusammenfassen, dann ist es genauso wie bei den Kindern: Es ist letztlich ein einziger Schrei nach Liebe! Ein Schrei, endlich mit ihrem ganzen Ich wahr- und angenommen zu sein! Sie suchen nach Geborgenheit und danach, das zu bekommen, was an Wesentlichem schon am Lebensanfang gefehlt hat. Die fehlgeleitete Suche führt vielfach zur Orientierung an Gleichaltrigen, weil ihre eigentliche Sehnsucht nicht erfüllt wurde und wird, nämlich die Sehnsucht nach ihren Eltern, nach mehr gemeinsamer Zeit und Zugewandtheit. Die Rockgruppe „Die Ärzte" bringt es in einem ihrer Titel so auf den Punkt:

> Deine Gewalt ist nur ein stummer Schrei nach Liebe, deine Springerstiefel sehnen sich nach Zärtlichkeit. Du hast nie gelernt, dich zu artikulieren und deine Eltern hatten niemals für dich Zeit ...

Obwohl selbst Untersuchungen wie zum Beispiel die UNESCO-Studie vom Februar 2007 feststellen, dass die Kinder sich nach mehr Zeit mit ihren Eltern sehnen, lautet die Antwort von Politik und Öffentlichkeit, wir bräuchten mehr Ganztagsbetreuung bzw. Ganztagsschulen. Leider heißt sie bisher nicht, wir müssen die Familiengemeinschaft stärken, wir müssen die Eltern motivieren und auch finanziell in die Lage versetzen, mehr Elternsein zu leben.

Wenn Krippenkinder selber Eltern werden

Wie sich eine gesamtgesellschaftlich, über Generationen üblich gewordene Krippenbetreuung auf das Elternsein, auf das Muttersein insbesondere, und die allgemeine Meinung zur Kindererziehung ausgewirkt hat, bereitet mir besonderen Kummer. Es bestätigt sich immer wieder, dass ein Mensch das, was er als Kind erlebt, für das Normale hält. Je eher bestimmte Dinge auf ihn einwirken, desto prägender sind sie. *Das Krippensystem mit dem Leitbild der möglichst voll berufstätigen Mutter ist eben nicht nur verbal-ideologisch propagiert worden, sondern es ist an uns Kindern verübt worden*, und zwar bereits in einer Lebenszeit, in der alles tiefprägend ist und gleichzeitig zumindest zeitweilig ohne bewusstes Erinnerungsvermögen verinnerlicht wird. So halten fast 80 % der Ostdeutschen die volle Berufstätigkeit der Mütter für kleine Kinder für unbedenklich. Sie sind in ihrer Meinung Spitzenreiter in Europa, während immerhin 60 % der europäischen Bevölkerung eine volle Berufstätigkeit für schädlich (und damit nur 40 % für unbedenklich) halten.[179]

Alle Erfahrungen – vor allem die frühen – sind als „Muster" in unserer Seele eingespeichert, nämlich als Denk-, Gefühls- und Verhaltensmuster. Diese Muster haben die Eigenart, immer dann „aktiviert" zu werden, wenn eine Situation eintritt, auf die sie passen. Auf dieser Basis gibt man dann das an seine Kinder weiter, was man selbst erfahren hat, meist ohne es zu reflektieren. Auch Negatives oder Schmerzliches. Mit Blick auf die Krippenbetreuung lautet das Muster: Bekommt man ein Kind, bringt man es über kurz oder lang in die Krippe bzw. Einrichtung. Der ostdeutsche Sozialpsychologe Michael Froese formulierte es so:

> Traumatisierte Eltern benutzen unbewusst ihre Kinder, um sich von Traumaanteilen zu entlasten, die sie nicht verarbeiten können. Solche Kinder ... leiden unter einem traumatischen *Wiederholungszwang*. Sie haben die Neigung, die unverarbeiteten seelischen Erschütterungen ihrer Eltern zu wiederholen.[180]

So konnte im Osten des heutigen Deutschlands eine Grundhaltung entstehen, die eine Einrichtungsbetreuung für kleine Kinder für selbstverständlich, nützlich, ja geradezu für naturgesetzlich hält. So ist eben das (normale) Leben! Das „normale Leben" scheint auch außer Haus stattzufinden, es sei denn, man hat Urlaub oder ist krank. Das war doch schon „immer" so! Erwähnt oder äußert man, dass die Kleinen darunter leiden, dann wird das entweder offenbar überhaupt nicht empfunden oder man bekommt die gängigen Antworten: „Das Leben ist nun mal hart." oder „Da müssen sie durch, wir mussten ja auch da durch." oder „Wir waren ja auch ...". Diese Aussagen zeigen schon aus sich selbst heraus, dass es schlimm oder zumindest unangenehm war. Trotzdem oder vielleicht gerade deshalb meint man, es hätte niemandem geschadet. Viele meinen, wie ich schon erwähnte, man könne der harten und kalten Welt nur trotzen, wenn man so früh wie möglich an Härte gewöhnt wird. Selbst Fachleute argumentieren oftmals so. Ich kam vor Jahren darüber mit einem Kinderarzt ins Gespräch: Als ich ihm erzählte, wie ich meine kleinen Kinder betreue, meinte er, er denke schon, dass das für die Kinder im Moment wunderbar wäre. Aber er würde immer befürchten, dass solche Kinder zu „lieb und weich" würden, eben „nicht hart genug", um später zu bestehen. Als ich nachfragte, ob wir wirklich wollen, dass unsere Kinder hart werden, oder ob es nicht besser wäre, dass wir unsere Kinder stark machten, um in der harten Realität zu bestehen, wurde er nachdenklich und stimmte mir zu.

Die Krippenerziehung ist Normalität geworden. Eine solche Normalität hat eine ungeheure Macht, eine ungeheure Sogwirkung. Sie wird nämlich nicht (mehr) hinterfragt. Die Frage, ob man ein Kind mehr oder weniger früh in eine Einrichtung gibt oder lieber zu Hause betreut, wird im Ostteil der Bundesrepublik in der Regel nicht mehr gestellt – ein Kind gehört einfach dahin.[181] Deshalb wird im Allgemeinen – Ausnahmen bestätigen wie immer die Regel – auch nicht ausgelotet, ob es das Familienbudget finanziell vielleicht doch hergeben würde, dass die Mama länger zu Hause bleibt. Man strebt in der Lebensgestaltung in der Regel die frühe Abgabe der Kinder an: um den Arbeitsplatz zu sichern oder um eine neue Berufsausbildung zu beginnen und um Hartz IV auf diese Weise zu entgehen. Aber auch ein Start der Mutter in die berufliche Selbstständigkeit oder der Bau eines Eigenheims – beides mit entsprechenden Krediten, aus denen sich dann natürlich „straffe" finanzielle Sachzwänge ergeben – werden geplant, ohne das zarte Alter des Kindes zu bedenken. Der finanzielle Druck ist so oder so allgegenwärtig!

Gleichzeitig ist die Tatsache der Krippe als Normalität meiner Beobachtung nach nicht mehr ausschließlich mit der Frage der Berufstätigkeit, der Emanzipation oder der Karriere der Frau verknüpft. Selbst Arbeitslose, Hartz IV-Empfänger, aber auch Mütter, die die dreijährige Erziehungszeit offiziell nehmen, bringen ihre Kinder häufig fort.[182] Und das meist nicht nur vormittags, sondern oft bis zum späten Nachmittag. Bei Arbeitslosengeldempfängern tritt so die widersinnige Situation ein, dass sie quasi fürs Nichtstun – damit meine ich die tagsüber nicht geleistete Erziehungsarbeit an ihren Kindern – das Hartz IV-Geld bekommen und gleichzeitig die Subventionen des Staates für einen Einrichtungsplatz, immerhin ca. 1200 Euro im Monat, nutzen. Eine Mutter hingegen, die ihr Kind zu Hause betreut, geht faktisch leer aus.

Man kann also davon ausgehen, dass die Mehrheit der Kinder wie zu DDR-Zeiten vor dem dritten Geburtstag fremdbetreut wird und sich die Situation im Osten Deutschlands nach der Wende damit im Wesentlichen nicht geändert hat. Das zeigen unter anderem zum Beispiel folgende Angaben des Thüringer Landesamtes für Statistik aus dem Jahr 2007: In Thüringen befinden sich 3,4 % der unter Einjährigen, 30 % der Ein- bis Zweijährigen und 80 % der Zwei- bis Dreijährigen in Kitas. Rund 81 % der Kinder wird dort mehr als 7 bzw. bis zu 10 Stunden betreut. Nur knapp 10 % ist nur fünf Stunden dort. (Manche statistische Angaben fassen die fremdbetreuten Kinder unter drei Jahren zusammen; es ergibt sich dann, wie zum Beispiel in Thüringen, eine Gesamtzahl von 37,9 %, die sehr irreführend ist.)

Aufgrund dieser ostdeutschen Lebenshaltung[183] werden die starken Proteste verständlich, wenn auch nur ein wenig an der Krippenerziehung „gekratzt" wird. So war es zum Beispiel in Sachsen-Anhalt 2004. Dort versuchte man ein Volksbegehren auf den Weg zu bringen, weil die Landesregierung wegen leerer Kassen beschließen wollte, dass die unter Dreijährigen nur (!) noch einen halben (!) und nicht mehr einen ganzen Tag in der Kindereinrichtung bleiben sollten, wenn ihre Eltern arbeitslos sind und ihre Kinder selbst betreuen könnten. Das Volksbegehren forderte die ganztägige Einrichtungsbetreuung der Kleinkinder mit dem Hinweis, es könne ihnen sonst an Bildung mangeln.

Die gleiche Blickrichtung hatte ein 2007 in Thüringen angestrengtes Volksbegehren. Es richtete sich *gegen* die „Thüringer Familienoffensive" der damaligen CDU-Landesregierung. Durch diese war gesetzlich geregelt worden, dass den Familien, die ihr Kind vom zweiten bis zum dritten Geburtstag selbst betreuen, das Landeserziehungsgeld von 150 Euro persönlich auszuzahlen ist, während dieses sonst die Einrichtung bekommen soll. Auch die vor der Landtagswahl 2009 von der CDU geplante Erweiterung des Thüringer Erziehungsgeldes ab dem 1. Januar 2010 auf zwei Jahre hatte von obiger Initiative gehörigen Gegenwind bekommen. Im Sommer 2009 ist ein weiteres Volksbegehren mit dem Ziel auf den Weg gebracht worden, das Landeserziehungsgeld zu beseitigen, um alles den Einrichtungen zufließen zu lassen, damit diese wiederum mehr Erzieherinnen einstellen können.[184] Daran wird deutlich, welch eine ideologische Sprengkraft in dieser Frage selbst ein vergleichsweise geringfügiger Vorstoß besitzt. Mit dem 2010 in Kraft getretenen neuen Kita-Gesetz, das entsprechend der anderen Kräftekonstellation im Thüringer Landtag ausgehandelt wurde, wird das Landeserziehungsgeld zwar weiter gewährt – jetzt vom ersten bis zum zweiten Geburtstag –, allerdings gibt es nun sogar einen *Rechtsanspruch* auf einen Kita-Platz ab dem vollendeten ersten Lebensjahr.

Tatsächlich glauben inzwischen viele, dass die Krippenbetreuung für die Entwicklung der Kinder gut sei, und dass sie dort optimal, weil von geschultem Personal, gefördert werden, und zwar besser, als sie es als Eltern können. Sie empfinden oft eine große *Erziehungsunsicherheit*, die meines Erachtens durch verschiedene Faktoren gespeist wird. Ein Faktor ist die irrige Ansicht mancher Eltern, dass sie ihr Kleinkind ständig bespielen und ihm ein *Programm bieten* müssten (zum Beispiel ein Sommerfest, einen Fasching oder Ähnliches), was man ja zu Hause nicht kann. Ich nehme an, dass sie das denken, weil auch ihnen immer ein Programm geboten wurde; schließlich war schon in der DDR der Tagesablauf von den Beschäftigungszeiten bis hin zu den Topfzeiten bereits in der Krippe voll durchgeplant. Sie ahnen oft nicht, dass die Kleinen mit und in der zuwendungsbereiten Nähe ihrer Mama glücklich sind und dass sie tatsächlich bereits optimal angeregt werden, wenn sie dann ihrem Beisein zum Beispiel noch einen Klammerbeutel oder den herrlich raschelnden Inhalt eines Zeitungsständers untersuchen oder in der Sandkiste mit Wasser und Sand matschen dürfen – um einige einfache Alltagssituationen zu nennen (➤ Kap. 2 und 6).

Ein weiterer Faktor sind die durch den eigenen Einrichtungsbesuch *fehlenden Erfahrungsmuster* folgender Art:

- Wie lebe ich ganz praktisch mit einem kleinen Kind?
- Wie liebe ich ein Kind? (sprich: Wie lebe ich Bindung und Zuwendung?)

Aus diesem eigenen inneren Defizit ergibt sich eine Beziehungsunsicherheit zum Kind. Und die wiederum bewirkt *Erziehungsunsicherheit.* Dieser Zusammenhang scheint mir von großer Bedeutung zu sein, weshalb er in Kapitel 7 noch einmal ausführlich angesprochen wird.

Ein weiteres Phänomen, das tendenziell mit der Erziehungsunsicherheit und mit der Prägung, dass Erziehung von Einrichtungen übernommen wird, einhergeht, möchte ich als vermindertes persönliches Verantwortungsgefühl mancher Eltern für ihren ganz persönlichen Erziehungsauftrag bezeichnen. Dazu einige Beispiele:

- Ein Vater macht sich Sorgen über eine gewisse Bewegungsfaulheit seines vierjährigen Jungen; er komme beim Klettern an der Kletterspinne auf dem Spielplatz nicht über die erste Stufe hinaus. Na ja, die machen ja heutzutage viel zu wenig Sport im Kindergarten, bemerkt er dazu.
- Eine junge Mutter geht mit ihrem Kleinkind und einer Nachbarin spazieren. Diese erzählte mir, es wäre ihr himmelangst gewesen, weil die Mutter ihr Kind nicht an die Hand genommen habe und es an dieser Straße im dörflichen Bereich auch keinen Fußweg gäbe. Als sie die Mutter gebeten habe, ihr Kind doch anzufassen, hätte sie nur geantwortet: „Wozu, das lernt es dann schon, wenn es ab nächsten Monat in die Einrichtung geht."
- Eine Frau erzählt von den anfänglichen Schreibschwierigkeiten ihrer Tochter. Jetzt erst, in der ersten Klasse, komme es heraus, dass sie eigentlich Linkshänderin sei. Das hätten „die doch eigentlich längst im Kindergarten feststellen müssen".
- Ein Vater regt sich darüber auf, dass die Hortnerinnen die im Schulhort gemachten Hausaufgaben nicht auf Richtigkeit kontrollieren: „Das sollen wir nach der Arbeit wohl auch noch machen? Wozu kriegen die eigentlich ihr Geld?"
- Eine junge Mutter, deren Kind bereits mit 1 ¼ Jahren bereits erhebliche Entwicklungsverzögerungen im Sprach- und Bewegungsbereich aufweist, hat folgende Grundhaltung: Sie bringt ihr Kind in die Kindereinrichtung, damit sie ihm dort das Sprechen beibringen, und sie geht mit ihm zur Physiotherapie in der Erwartung, dass die Physiotherapeutin ihm das Laufen lehrt.

Manche junge Eltern können kein Kinderlied und kein Fingerspiel mehr; sie kommen offenbar nicht auf die Idee, mit ihrem Kind ein Bilderbuch anzuschauen oder ihnen vorzulesen. Das ist nicht so, weil sie es gar nicht erlebt hätten. Denn ich weiß von Erzieherinnen, dass ihnen so etwas am Herzen lag. Nein, sie haben es nicht oder viel zu wenig bei ihren Bindungspersonen in der Familie erlebt. Ohne Bindung haben sie diese Dinge für sich offenbar nicht aufgenommen, haben sie deshalb nicht parat und erwarten sie wiederum von den Einrichtungen. (Als wir das Problem in unserer Stillgruppe vor einigen Jahren erkannten, verstärkten wir unsere Sing- und Spielangebote für Mütter mit ihren Kleinkindern als Hilfe zur Selbsthilfe.)

So manches Kind arbeitsloser Eltern muss, wie schon erwähnt, bis zum Schluss in der Krippe, im Kindergarten oder Schulhort bleiben. Die Eltern spüren keinerlei Verpflichtung dahingehend, ihre Kinder bei sich zu haben, ihnen ein Mittagessen zu kochen und sie, wenn sie schon zur Schule gehen, bei den Hausaufgaben zu begleiten – und das, obwohl sie zu Hause sind und die Zeit dazu hätten. Als die Mitarbeiterin einer christlichen Initiative in der Plattenbaustadt Halle-Neustadt, die diesbezüglich entsprechende Hilfen anbietet, zum Thema „Kinderarmut" befragt wurde (MDR-Nachrichten, 17. Oktober 2010), sagte sie, die Kinder seien vor allem *arm an der Seele ... arm an Kuscheleinheiten*. Sie vermissten gemeinsame Zeit mit ihren Eltern. Die Arbeitslosigkeit an sich als Ursache dafür zu sehen, greift zu kurz, *denn die Eltern sind letztlich selbst die Kinder, die sie waren*. Sie haben die Fürsorge von ihren Eltern auch schon nicht kennengelernt, einfach weil sie zu Hause zu wenig mit ihnen zusammen waren.

Besonders Bedenkliches weiß zum Beispiel Frau M. zu erzählen. Sie ist Erzieherin in einem Kindergarten in einer sächsischen Großstadt, der auch Babys und Kleinkinder aufnimmt. Sie selbst hatte übrigens ihr eigenes Kind drei Jahre bei sich zu Hause betreut. Sie sagt, dass es immer mehr um sich greife, dass Eltern selbst ihre kranken Kinder abgeben wollten. Dazu gehörten nicht nur jene, die mit Schwierigkeiten auf ihrem Arbeitsplatz rechnen würden, sondern auch die Arbeitslosen – oft mit den Worten, das Gequengel könnten sie nicht den ganzen Tag aushalten. Sie würde deshalb jetzt bei jeder Elternversammlung betonen, dass die Eltern die Verantwortung für ihre Kinder hätten und dass die Kinder sie und ihre Zuwendung bräuchten. Denn viele hätten die Haltung „Die (anderen) werden das schon machen.", „Die sind schließlich dafür da." oder „Die werden schließlich dafür bezahlt.". Erzieherinnen, aber auch Lehrer beklagen immer wieder, dass Eltern von ihnen immer mehr das Gesamtspektrum an Erziehungsleistung und Förderung, Fürsorge und Liebe (!) erwarteten und einklagten, was diese aber schon deshalb nicht leisten könnten, weil Kinder sich nach ihren Eltern sehnen.

Im Osten ist den Eltern und speziell den Müttern über Jahrzehnte hinweg nicht nur die Verantwortung für vieles aus der Hand genommen worden, sondern auch die Kompetenz zur Erziehung abgesprochen worden. Es gibt den Begriff der *sich selbst bestätigenden Prophezeiung* in der Psychologie. Damit ist gemeint: Wenn man jemanden zum Beispiel immer wieder sagt: „Das kannst du sowieso nicht." oder „Das lernst du nie." und ihn zudem davon abhält, es zu tun, dann wird das Vorausgesetzte – die Prophezeiung – mit großer Wahrscheinlichkeit eintreffen. Gut vierzig Jahre lang ist im Osten gesamtgesellschaftlich vorausgesetzt worden, dass Mütter und Familien erzieherisch nicht kompetent seien. Wir haben jetzt zumindest tendenziell die „erfüllte Prophezeiung", nämlich einen steigenden Mangel an Verantwortungsgefühl und Kompetenz.

Das sehen hier viele Verantwortliche im sozialen Bereich ebenfalls mit Sorge. Nur schließen sie leider daraus, dass man eben (noch mehr) Einrichtungen braucht, damit die Kinder wenigstens Anregung und Zuwendung erführen: Viele Kinder hätten es doch in der Krippe besser als zu Hause, meinen sie. So las ich zum Beispiel in einer Lokalzeitung ein Interview mit einer Kindergartenleiterin, in deren Einrichtung die Kinder (unter Dreijährige) nicht nur Mittagessen, sondern auch Frühstück und Vesper gestellt bekommen. Sie beklagte, dass manche arbeitslose Eltern, um Geld zu sparen, ihre Kinder erst nach dem Frühstück brächten und bereits vor dem Mittag wieder abholten. Statt sich zu freuen, dass die Kinder dadurch mehr familiäre Gemeinschaft erfahren können, ging sie automatisch davon aus, dass die Kinder nun gar nichts „Gescheites" zu essen bekämen und zudem von Bildung und Erziehung ausgegrenzt seien.[185] Möglicherweise sprach sie auch aus mehrfacher schlechter Erfahrung. Das hieße aber „anders herum": Mütter und Familien sind naturgemäß und generell nicht in Lage, Kinder zu erziehen. Das ist bei allen Tendenzen, die dem scheinbar recht geben, eine diffamierende Haltung den Eltern gegenüber, die ihrem Erziehungsauftrag gerecht werden.[186] Die Tendenzen, die zweifellos da sind, haben aber meines Erachtens ihre Ursachen in dem Mangel der jeweiligen Eltern an früher familiärer Bindung und Erziehung. Diese Tendenzen werden mit Einrichtungen bestimmt nicht geheilt, sondern auf Dauer verschlimmert. Der tschechische Kinderarzt Matejcek hatte bereits erkannt, dass *Deprivation wieder Deprivation hervorbringt*[187], und je mehr Generationen frühkindliche Bindungsarmut erleben, desto mehr scheinen die elterlichen Fähigkeiten bezüglich des Beziehungsaufbaus zu ihren Kindern – der „Brutpflege", um es einmal biologisch auszudrücken – verloren zu gehen. Instinktsichere Mütterlichkeit, Einfühlungsvermögen und das Für-die-Kinder-Dasein-Wollen haben es unter diesen Umständen schwer, zu erwachen und gelebt zu werden.

Wir Menschen haben immer wieder auch die *Chance zur Umkehr*. Wir haben diese Chance dann, wenn wir uns das schmerzlich Erlebte bewusst machen und gegebenenfalls therapeutisch aufarbeiten würden – denn, so der Psychotherapeut Michael Froese, „was nicht erinnert wird, muss wiederholt werden"[188]. Wir haben die Chance zur Umkehr, wenn wir anfangen, uns auf unsere menschliche Natur zu besinnen und Schritte in die richtige Richtung zu gehen. In diesem Zusammenhang möchte ich deshalb noch einmal auf Katja zurückkommen (vgl. S. 128 f.): Sie ist so ein wunderbares Beispiel für eine gelungene Umkehr. Aufgrund des Erkennens und Aufarbeitens ihrer frühkindlichen Verletzungen und der daraus erwachsenen Folgen ist sie auf ganzer Linie „erwacht" und hat erkannt, worauf es bei ihrem Kind ankommt und was wir Menschen an Wesentlichem brauchen. Die öffentliche Diskussion um das Abgeben der Kleinsten verfolgt sie mit Unverständnis, denn sie empfindet es als eine ungeheure Befreiung und beglückende Erfahrung, als Mutter für ihr Kind da zu sein und dabei immer wieder auf ihre innere Stimme hören zu dürfen. Das gehöre doch schließlich auch zur Würde der Frau dazu, meint sie. Um ihrem Kind das eigene Leid zu ersparen, setzt sie jetzt alles „auf eine Karte". Auf keinen Fall will sie den „Rucksack mit Mist", den sie als Kind mitbekommen hat, an ihr Kind weitergeben. Obwohl sie alleinerziehend ist, will sie mindestens drei Jahre bei ihrem Kind bleiben. Sie wäre glücklich über ein Erziehungsgehalt, aber sie ist auch bereit, mit wenig Geld zu leben.

Am Ende dieses Kapitels steht als Fazit mein Wunsch, dass wir insgesamt in eine Richtung umdenken, wie es bei Katja der Fall ist. Auch wir Menschen unterliegen insbesondere an unserem Lebensanfang naturgesetzlichen Gedeihbedingungen. Mehr als wir es manchmal denken, wirken sich diese auf unser weiteres Leben aus. Nicht umsonst heißt es: „Man ist das Kind, das man war." Wir könnten uns so viel Leid ersparen, wenn wir die erste Lebenszeit, wenigstens die ersten drei Jahre, für Mutter und Kind schützen würden. Ich weiß aus vielen Gesprächen, dass gerade die Mütter am meisten darunter leiden, wenn ihre Kinder später straucheln. Deshalb möchte ich jede junge Mutter nicht nur ermutigen, sondern geradezu bitten – eben auch um ihrer selbst willen –, ihr kleines Kind nicht ohne Not in fremde Hände zu geben. Normalerweise kann niemand ihrem Kind so viel Liebe schenken wie sie. Wenn sie sich dabei unsicher fühlt, sollte sie den Mut haben, sich Information, Hilfe und Bestätigung zu suchen. Möge man endlich auch in der „großen" Politik so viel Einsicht und Weitblick entwickeln, dass man sich am Kindeswohl orientiert und dafür die Rahmenbedingungen schafft.

6. „Und was habe ich davon?" – Über Lebensglück und Muttersein

Einmal wurde ich von einer Frau wohlmeinend gefragt: „... die Kinder so lange stillen... drei Jahre zu Hause ... Ist das nicht ein wenig viel der Hingabe? Haben Sie da nicht doch manchmal Angst, zu kurz zu kommen?" Da ich in dem Moment gut „drauf" war, antwortete ich scherzhaft: „Ach, überhaupt nicht. Ich mache das aus lauter Egoismus. Wissen Sie, wenn sie dann 14 sind, möchte ich nicht nachts vor Sorgen wach liegen, weil sie nicht nach Hause gekommen sind." Was hier etwas verkürzt klingt, entspricht tatsächlich im Wesentlichen meiner Erfahrung. Was wir an Zeit und Liebe intensiv am Lebensanfang investieren, zahlt sich aus. Natürlich gibt es keine hundertprozentige Garantie dafür, dass es nie Probleme geben wird, aber die großen Gefahren scheinen mir weitgehend gebannt. Wenn in der Kleinkindheit eine feste Bindung entstanden ist und wir während der weiteren Kindheit immer wieder das Band zu unseren Kindern knüpfen und den „Draht" zu ihnen behalten, dann kann man sogar die Teenager-Zeit seiner Kinder genießen, selbst mit ein paar Reibereien ab und zu.

Zunächst aber möchte ich noch einmal auf den Anfang zurückkommen. Ich erwähnte bereits, dass auch wir Mütter trotz aller Belastung davon profitieren, wenn wir unser Muttersein natürlich und mit Hingabe leben. Ich betone es deshalb so, weil in der Öffentlichkeit, aber oft auch im privaten Umfeld nur vom Nachteil und vom Opfer die Rede ist. Da ist vom Versauern die Rede, von Zumutung, von der Opferfalle, vom Karriereknick bis hin zum Zu-sehr-Angebundensein, von der Burn-out-Gefahr, von Haarausfall und von der Belastung der Ehebeziehung durch langes Stillen usw. Das Kind ist – so muss man schließen – eine einzige Belastung. Eine weitere Schlussfolgerung unserer Zeit lautet: Man muss die Mutter von ihrem Kind entlasten, sie vor ihm bzw. den mit ihm verbundenen Nachteilen schützen. Welche fatalen Folgen eine derartige Sichtweise für das Erwachen von Mütterlichkeit im konkreten Fall haben kann hat, darauf werde ich noch ausführlich eingehen (➤ Kap. 7).

Nicht nur das Kind braucht das intensive Stillen, sondern auch die Mutter. Das Stillen ist auch für sie die natürliche Folge auf Schwangerschaft und Geburt. Es ist von großem gesundheitlichem Wert, wenn ihr Körper das tut, worauf er vorbereitet ist. Da geht es zunächst um die Rückbildung. Jedes Mal, wenn das Kind saugt, bewirkt das Oxytocin das Zusammenziehen der Gebärmutter; man sagt, dass die Rückbildung der Gebärmutter manchmal so lange dauert wie die Schwangerschaft. Während der Schwangerschaft wurde Flüssigkeit ins Körpergewebe der Mutter eingelagert, um den Blutverlust durch die Geburt schnell ausgleichen zu können und bereits einen Vorrat an Flüssigkeit für die Milchbildung nach der Geburt zu haben. Wird dann ausreichend gestillt, verschwinden diese zusätzlichen Rundungen meist allmählich, von denen viele befürchten, dass sie sie nicht wieder loswerden.

Während der Schwangerschaft bereiten sich auch die Brustdrüsen auf ihre Aufgabe vor. Bei mancher Schwangeren kommen schon die ersten Tropfen Vormilch.[189] Dass die so vorbereitete Brust nach der Geburt durch Stillen dann auch wirklich in Aktion tritt, ist langfristig ein Schutz sogar gegen Brustkrebs. Dass Mütter ein um 7 % geringeres Brustkrebsrisiko haben als Frauen ohne Kinder, war schon länger bekannt. 2002 zeigte die Auswertung von 47 Studien aus 30 Ländern Folgendes: Je länger eine Frau im Verlaufe ihres Lebens stillt, desto geringer ist ihr Brustkrebsrisiko. Für jedes Jahr Stillzeit sinkt das relative Risiko um 4,3 %. Wer sein Kind so lange stillt, wie es die WHO empfiehlt, senkt sein Risiko um mehr als 10 %. Wer mehrere Kinder so lange stillt, lebt ausgesprochen gesund:

> Es wird eingeschätzt, dass in den Industrienationen mehr als die Hälfte aller Brustkrebserkrankungen vermieden würde, wenn so wie bis vor Kurzem in den Entwicklungsländern gestillt würde. ... So gab es 1990 in Afrika und Asien ... nur 1–2 % Brustkrebs.[190]

Immer wieder wird die oft gut gemeinte Besorgnis laut, dass langes Stillen so viel Kalzium aus den Knochen ziehen könnte, dass die Knochen schneller brüchig würden bzw. ein erhöhtes Osteoporoserisiko bestünde. So manche verunsicherte Frage wurde schon an mich gerichtet. Ein erhöhtes Osteoporoserisiko ist bisher nicht bestätigt worden. Im Gegenteil kann festgestellt werden: Man nimmt mit großer Wahrscheinlichkeit an, dass – eine einigermaßen vernünftige Ernährung der stillenden Mutter vorausgesetzt – das Osteoporoserisiko sogar sinkt, weil in der Stillzeit die Knochendichte mit jedem gestillten Kind zunimmt.[191] Langes Stillen ist gleichfalls gut für unsere Gelenke. So hat eine Langzeitstudie in den USA ergeben, dass

> eine Mutter, die nicht stillt, ein doppelt so hohes Risiko hat, an rheumatoider Arthritis zu erkranken, wie eine Mutter, die ihr Kind entsprechend der WHO-Empfehlung bis zum Alter von 2 Jahren und darüber hinaus stillt.[192]

(Zur Erläuterung: Rheumatoide Arthritis ist eine Autoimmunerkrankung; eine chronische Entzündung und Zerstörung der kleinen Gelenke.) Frauen, die unter hormon- bzw. zyklusbedingter Migräne leiden, haben ebenfalls in Schwangerschaft und Stillzeit kaum Beschwerden.[193]

Intensives Stillen kann gleichfalls als eine natürliche Empfängnisverhütung gelten, weil die Eireifung behindert bzw. länger hinausgezögert wird. Die Höhe des mütterlichen Hormonspiegels signalisiert dem Gehirn, dass noch ein so kleines Kind da ist, das noch keinen kleinen „Nebenbuhler" gebrauchen kann. Heute ist dieser Zusammenhang immer noch wenig bekannt. Manche stillenden Frauen sind erstaunt, wie lange sie keine Regelblutung haben. Frühere Generationen wussten dagegen davon. Bereits im alten Mesopotamien zur Zeit der Sumerer, Babylonier und Assyrer wurden lange Stillzeiten – zwei bis drei Jahre waren üblich – als geburtenregulierend praktiziert. Sumerische Familien hatten im Durchschnitt vier Kinder. Auch später im 17. und 18. Jahrhundert, als das Ammenwesen florierte, machte man sich diesen Umstand zunutze: So geht zum Beispiel aus alten englischen Kirchenbüchern hervor, dass Frauen sich für mehr als elf Jahre als Ammen verdingten, wenn ihre Familien komplett waren."[194] Allerdings ist für uns heute, *was die empfängnisverhütende Sicherheit des Stillens betrifft, einige Vorsicht geboten*, weil die Eireifung nur dann verhindert wird, wenn oft und vor allem ohne größere Nachtpausen gestillt wird. Ich nehme an, dass auch das gemeinsame Schlafen von Mutter und Kind die Eireifung hinauszögern kann, einmal weil durch den engen Kontakt der mütterliche Hormonspiegel besonders hoch ist und weil im Familienbett eben meist auch häufiger gestillt wird. Möglicherweise können wir uns heute trotzdem weniger als frühere Generationen darauf verlassen, denn wir haben heute viel mehr künstliches Licht. Es ist anzunehmen, dass das wiederum, neben anderen möglichen Faktoren, eine schnellere erneute Eireifung begünstigt.

Mit Stillen und Nähe sind ungeheuer hohe Hormonspiegel von Prolaktin und Oxytocin im Blut verbunden. Ausgeglichenheit und Glück sind (normalerweise) die Folge. Es hat mich oft ein so tiefes und jede Faser durchdringendes Glücksgefühl erfasst; ein Hochgefühl, wie es sich etwa beim Hören oder Spielen einer wunderbaren Musik, bei einem atemberaubenden Blick von einem hohen Gipfel oder aufs Meer bei Sonnenuntergang, bei erfüllender wissenschaftlicher Erkenntnis oder auch bei einem Sieg bei einer Meisterschaft einstellen kann. Es ist ein Zustand hochgradiger Verliebtheit zu dem kleinen Kind – in jede Regung, in jedes Lächeln, in jedes wippende Löckchen, ein Sich-nicht-Sattsehen-Können an der ganzen süßen Gestalt. Ein Glück, was alles erfüllt. Es ist das Glück, jemanden nicht nur zufrieden, sondern wirklich glückselig machen zu können, nämlich zu *stillen*. Wenn das Stillen gut klappt, dann schwimmt nicht nur das Baby im Glück, sondern auch seine Mama. Ich kann mich an die Zeiten erinnern, in denen ich richtig viel stillte bzw. Milch machte; in denen ich davon erfüllt war, es souverän zu schaffen, mein Kind zu stillen. Das waren die Zeiten, in denen ich die Ruhe selbst war, in denen mich nichts so schnell auf der Fassung bringen konnte. Wenn andere von ihren beruflichen Erfolgen oder schönen Reisen erzählten, dann hat mich das in diesen Momenten nicht ansatzweise „gejuckt". Ich hatte das Empfinden, dass das alles sicher seinen Reiz hatte, aber dass das, was ich gerade hatte, dagegen einfach unvergleichlich war. Ich hätte nicht mit einer Königin getauscht.

In unserem Kulturkreis hat sich im Laufe der Geschichte die Distanz zwischen Mutter und Kind mehr und mehr erhöht: Es wurde dadurch immer weniger bzw. gar nicht mehr gestillt und auch der unmittelbare Haut- und Körperkontakt wurde immer geringer. Dadurch wurde das Aufziehen von Babys nicht nur deshalb viel anstrengender und komplizierter, weil die Babys unausgeglichener wurden, sondern auch, weil das Muttersein als solches teilweise nur noch aus viel Arbeit bestand: Windeln wechseln und waschen, Babynahrung zubereiten, Flaschen und Nuckel abwaschen und auskochen usw. Alles das musste neben der vielen anderen Arbeit in Haus und Garten geleistet werden, die zudem früher viel aufwendiger und beschwerlicher war als heute. Aber mit viel Arbeit *aus*gefüllt zu sein, heißt eben noch lange nicht, von etwas *er*füllt zu sein. Ein ständiges Tun-Müssen als äußere Pflichterfüllung heißt eben noch lange nicht ein genießendes Sein-Dürfen in einem Rundum-Zustand innigster Gefühle zu dem kleinen Kind. Ein vernunfts- und routinemäßiges Einerlei erzeugt eben nicht unbedingt ein Erfüllt- oder ein Beseeltsein. Es scheint mir so, als ob wir in dem Maße, wie wir Stillen und Nähe vergessen haben, auch das erfüllende, sprichwörtliche Mutterglück verloren haben. Doch nicht nur das: Man hält es für eine kitschige Idealisierung des 19. Jahrhunderts und meint, nichts sei weniger anregend und erfüllend als das Muttersein.

Ich erinnere mich an ein Gespräch mit einer Bekannten, die ich viele Jahre nicht gesehen hatte. Wie das nun bei solchen Gesprächen ist, man redet darüber, wie es einem ergangen ist. Meine vier Kinder riefen auch dieses Mal Erstaunen hervor. So erklärte ich, dass ich immer noch einmal eins hätte haben wollen, weil mich unter anderem das Muttersein so fasziniert und erfüllt hat. Darüber verwundert erzählte sie mir von dem selbst empfundenen Stress in der Baby- und Kleinkindzeit ihres Sohnes: Sie war noch Studentin und zu DDR-Zeiten war ein Studium von straffen Studien- und Stundenplänen gekennzeichnet, nicht zu vergleichen mit den Freiheiten des bundes- und dann gesamtdeutschen Studienbetriebes. Wenn sie also ihren Studienplatz behalten wollte, musste sie entweder nach acht Wochen oder spätestens nach einem Jahr wieder einsteigen. Sie hatte sich entschieden, zum nächsten Semesterbeginn wieder anzufangen. Das Kind war zu dieser Zeit drei Monate alt. Mit dem Stillen wäre sie gar nicht zurechtgekommen. Unterm Strich hätte sie eigentlich gar nichts von ihrem Kind gehabt. Wir stellten fest, dass wir zwei völlig verschiedene Arten des Mutterseins erlebt hatten. Es scheint mit ein besonders trauriges Merkmal unserer Zeit zu sein, dass viele Frauen ihr Muttersein mehr mit Frustration oder Stress als mit Glück verbinden. Verschiedene Faktoren spielen da eine Rolle, worauf ich im nächsten Kapitel noch zu sprechen kommen werde.

Vielen Frauen erscheint der Verlust zu groß, wenn sie sich etwas länger ausschließlich ihrem Kind widmen. Schließlich haben sie viel Kraft in ihren Beruf investiert, sich eine anerkannte Position erarbeitet, in der sie erfolgreich sind und vielleicht auch etwas Gutes bewegen können. Wenn ich mich entscheide, für eine Weile ganz Mutter zu sein, dann verliere ich diese Art Erfolg und diese Position zunächst tatsächlich. Aber ich gehe als Mensch deshalb nicht leer aus, denn ich bekomme etwas anderes, Wunderbares dafür.

Ich weiß aus eigener Erfahrung, wie befriedigend wissenschaftliches Arbeiten sein kann. Trotzdem war ich nie so zufrieden wie in den intensiven Zeiten meines Mutterseins und Stillens. Ich hatte das in diesem Maß nicht erwartet. Aber gerade mit dem Stillerfolg hatte ich das erste Mal das Gefühl als der Mensch, der ich bin, gebraucht und gemeint zu sein. Ich war auf einmal ganzheitlich gefragt. In Schule, Studium, in den Praktika und im Beruf ging es immer um ein intellektuelles und organisatorisch-rationales Funktionieren. Erfüllte ich die Erwartungen mit entsprechenden Leistungen, dann war es gut. Dann gab es Bestätigung und Anerkennung. Und das fühlt sich auch wirklich gut an. Aber schon zur Studienzeit beschlich mich das Gefühl, nur in Form meiner Leistung anerkannt zu sein, was eben so lange geht, wie man diese Leistung immer wieder bringt bzw. funktioniert. Ansonsten aber empfand ich mich als Mensch austauschbar.

Mit dem Muttersein war dann auf einmal etwas ganz anderes gefragt: meine Empathie, mein Gespür, meine ganze Person, mein ganzes Ich. Es war wie ein Erwachen; ich wusste auf einmal, wer ich bin. Ich erinnere mich an Gespräche mit Frauen, die das ganz ähnlich, teilweise noch deutlicher empfunden haben: Eine Frau, die bei ihren beiden ersten Kindern nicht stillen konnten, bekam nach der Wende Zwillinge. Aufgrund guter Beratung und familiärer Unterstützung erlebte sie dieses Mal eine zweifach glückliche Stillbeziehung. Erst jetzt wüsste sie erst richtig, so diese Frau, wer sie sei.

Eine andere Frau formulierte es so: Sie hätte zwei Kinder „sozialistisch" und eines nach der Wende „kapitalistisch" großgezogen. Damit war Folgendes gemeint: Zwei Kinder wurden ohne Stillen nach einem Jahr in die Krippe gebracht; bei einem Kind, das lange gestillt wurde, blieb sie drei Jahre zu Hause. Ihre Erfahrungen fasste sie wie folgt zusammen: Das dritte Kind wäre ganz anders, soviel ruhiger und ausgeglichener. Alles wäre viel leichter gewesen und sie selbst hätte erst da begriffen, wer sie als Frau sei bzw. richtig „Frau" geworden. Wieder eine andere Frau, die erst beim vierten Kind zu einer erfüllten Stillbeziehung gekommen war, meinte, sie hätte nie geglaubt, was für eine innige Beziehung zu einem Kind möglich sei. Sie hätte vor Jahren gar nicht verstanden, wovon ich überhaupt reden würde.

Mütterlichkeit zu leben, heißt für mich nicht nur ganzheitlich zu leben, sondern Leben pur auszukosten. Ich erinnere mich an einen wunderbaren Sommertag. Ich stillte mein Kind auf unserer Terrasse. Es fiel in meinen Armen in einen wohligen Schlaf. Ich genoss diesen Augenblick. Schräg über mir auf einem Dachbalken fütterten Rotschwänzchen ihre Jungen im Nest. Ich saß da mit meinem Kind an der Brust, eingebunden in das Wunder des Lebens. Da schimmert ein Stück vom Paradies durch. Da wird man reich beschenkt!

In der Beziehung zu meinem Kind gehe ich als Mensch also nicht zwangsläufig leer aus; sowohl auf körperlicher als auch auf seelischer Ebene bekomme ich etwas zurück. Das bedeutet Symbiose-Beziehung zwischen Mutter und Kind. Je mehr ich mich zunächst auf unmittelbare Nähe einlasse und sie zulasse, desto besser lerne ich das Kind „lesen", also die Signale seiner Bedürfnisse zu deuten und schaffe es, sie zu befriedigen, sie zu *stillen*. Je besser ich das schaffe, desto ausgeglichener und zufriedener ist mein Kind und umso mehr wird das Kleine auf mich – meine Art und meinen Lebensstil – geprägt. Das macht mich wiederum so glücklich, dass ich immer wieder motiviert bin, mich auf diese unmittelbare Nähe einzulassen. *Wenn also Bindung gelebt wird, entsteht Bindung.* Und da, wo sie entsteht, gibt es so etwas wie eine *Spirale des Glücks*, genauso wie umgekehrt ein Teufelskreis des Unglücks zwischen Mutter und Kind entstehen kann, wenn Bindung nicht zustande kommt.

Ehe ich noch etwas mehr beleuchte, was diese enge Bindung für mich bringen kann, möchte ich hier dem vielleicht entstandenen Eindruck entgegenwirken, ich hätte als Mutter immer nur „auf Wolken geschwebt". Auch ich kenne die Zeiten, in denen die Erschöpfung so groß war, dass ich schon morgens das Gefühl hatte, ich überstehe den Tag nicht,

- weil ein Kind zum Beispiel so intensiv zahnte, dass es nächtelang nur wimmerte und schrie.
- weil sich ein sieben Monate altes Baby mit Windpocken angesteckt hatte und ich drei Nächte hintereinander kein Auge zutun konnte.
- weil neun Arztbesuche in einer Woche notwendig wurden, weil die beiden ältesten Kinder zeitgleich einen Sportunfall hatten – und das alles mit einem Kleinkind, das versorgt werden musste.
- weil drei Kinder gleichzeitig krank im Bett lagen und ich selbst im achten Monat schwanger war.
- weil ich selbst mit schwerer Angina in Bett lag und das jüngste Kind gerade elf Monate alt war.

- weil das vierte Kind ein Kolik-Baby war und ich natürlich noch drei weitere zu versorgen hatte.
- weil durch das Wickeln und Versorgen des immer schwerer werdenden Babys die Schultern so verspannt waren, dass einem die Fingerspitzen taub wurden.
- weil ich mich durch Äußerungen in den Medien oder aus dem persönlichen Umfeld bezüglich des eigenen Mutterseins völlig in Frage gestellt fühlte ...

Ich könnte die Liste meiner Krisenzeiten beliebig fortsetzen. Im Nachhinein fragt man sich oft, wie man es nur durchstehen konnte (ohne davonzurennen), denn Muttersein ist heute wirklich oft härteste Arbeit am Rande der Erschöpfung, da man in vielen schwierigen Alltagssituationen mit ein oder mehreren kleinen Kindern völlig alleine dasteht. (Es sei denn, man gibt eines davon sehr schnell in der nächsten Kita ab.) Es fehlt uns das dörfliche Bindungsnetz: nicht nur die Großfamilie, sondern auch eine freundliche Nachbarin usw. (➤ Kap. 7)

Aber auf eine unsichtbare Hilfe besonderer Art können wir uns stützen: *Die starke Bindung* zwischen uns und unseren Kindern – *unsere Liebe zu ihnen* – ist *eine Hauptursache* dafür, dass wir dass alles „irgendwie" durchstehen. Ich fand diesen Gedanken auch in dem „Bindungs"-Buch von Gordon Neufeld.[195] Er meint, es liege nur an der Bindung, wenn wir uns so sehr von jemandem vereinnahmen und unser Leben so „auf den Kopf" stellen lassen, wie von unseren Kindern. Ist dies aber nicht immer so? Nur, wenn wir wirklich lieben, sind wir von unserem Innersten her bereit, alle Belastungen und Herausforderungen, die damit verbunden sind, anzunehmen und sozusagen „die Sterne vom Himmel zu holen".

Durch die enge Bindung zu unseren kleinen Kindern haben wir nicht nur viele gute Tage mit ihnen; sie können in Krisen- und Ausnahmesituationen dann sogar – und das hat mich wirklich fasziniert – echte „Mitarbeiter" sein. Bei der oben erwähnten Angina zum Beispiel legte sich mein elf Monate altes Jüngstes tatsächlich mehrere Tage lang friedlich neben mich aufs Sofa, trank ab und zu Muttermilch, steckte sich deshalb offenbar nicht an und lief erst dann wieder herum, als mir wieder besser ging. Eine ungeheure Entlastung in dieser Situation!

Ich hatte mir überdies angewöhnt, mich bei eigenem Unwohlsein mit ins Kinderzimmer zu setzen und wenigstens die Beine hochzulegen, um einfach nur da zu sein und die Kinder im Blick zu haben. Meist spielten sie dann eine ganze Weile lieb um mich herum, sodass das Ganze auch für mich erträglicher wurde.

Ich erinnere mich auch an eine weitere schwierige Situation: Mein Mann und ich hatten beide gleichzeitig einen schweren Magen-Darm-

Infekt. Freundlicherweise nahm die Klinik unser einjähriges Stillkind mit auf – unsere größeren Kinder versorgte die Oma –, und wir bekamen ein Familienzimmer. Obwohl die Situation für unser Kleinstes sicher schwierig war, blieb es, solange wir in der Klinik waren, die Ausgeglichenheit selbst. Ich hatte trotz meines Zustandes das Stillen weiter zugelassen. Erst zu Hause, als wir wieder über den Berg waren, merkten wir, wie auch seine Anspannung wieder von ihm abfiel, was sich in einem wiederholten kräftigen Schreien ausdrückte. Dann war alles wieder gut.

Eine andere Situation: Einem meiner Kinder, sechs Jahre alt, mussten die Polypen ambulant entfernt werden. Da mein Mann kurzfristig den geplanten Urlaubstag nicht nehmen konnte, habe ich meinen kleinen Zweijährigen – ein lebhaftes Kind – eben mitgenommen. Eine der Schwestern fragte skeptisch, ob der Kleine das wohl durchhalte. Die gesamte Prozedur dauerte immerhin fünf Stunden. Aber mit Duplosteinen, Bilderbüchern und gelegentlichem Stillen verlief das Ganze wunderbar entspannt. Außerdem durfte der Kleine den großen Bruder, als er aus der Narkose aufgewacht war, ein wenig mit trösten. Die Schwester meinte, sie hätte wirklich nicht gedacht, dass so etwas ginge.

Ich erinnere mich noch an ein Erlebnis ganz anderer Art, nämlich an ein Stillseminar Anfang der 90er Jahre, das die Frauen unserer Stillgruppe für die Region und unser Krankenhaus organisiert hatten. Ein ganzer Hörsaal war voller Mütter mit kleinen (Still)Kindern. Es war tatsächlich möglich, den Referaten zu folgen. Ein Psychologe, der über die seelischen Vorteile des Stillens sprach, meinte, die Ruhe im Saal wäre eigentlich Beleg genug für seine Thesen und sage mehr aus als alle seine Worte. Man sieht an diesem Beispiel auch, dass punktuell auch so etwas geht. Man kann mit einem Stillkind vieles relativ unkompliziert erledigen; vorausgesetzt allerdings, dass solche Aktivitäten nicht zur Regel werden. Denn für das Kleine ist es wichtig, dass ins Familienleben immer wieder Ruhe und Muße einkehren.

Die innige Bindung zwischen Mutter und Kind zeigt sich auch in der Art und Weise, wie die Kinder die Liebe, die sie bekommen haben, widerspiegeln. Man kann da Wunderbares mit ihnen erleben. Dazu fällt mir folgendes Beispiel ein: Vor einigen Jahren hatte mich jemand durch eine Bemerkung sehr verletzt. Ich war wie gelähmt und saß weinend da. Da kam mein eineinhalbjähriges Kind zu mir hin und sagte: „Pomm her!" (Komm her!) und schlang seine Ärmchen um mich. Es wollte mich genauso trösten, wie es das von mir kannte. Wie wurde es mir da warm ums Herz! Das sind die Momente, in denen man soviel zurückbekommt. Da weiß man bereits, dass sich der Einsatz für ein Kind gelohnt hat.

Eine Verwandte erlebte mit einem ihrer Kinder, etwa zwei Jahre alt, etwas Ähnliches: Es war beim Baden gehen. Ihr Kind beobachtete in der Nähe ein anderes Kleinkind, das gerade weinte. Da lief es einfach hin und sagte zu ihm: „Zu deine Mama dehn. Mam-mam tinken!" (Mam-mam = stillen) Das hieß also, ich sehe, dass du ein Problem hast. Ich kann dir zwar nicht helfen, aber ich weiß, wer es kann. Wenn das nicht bereits echte Sozialkompetenz ist?!

Ein weiterer Pluspunkt, den die Bindung für uns hat, ist von unschätzbarem Wert: Sie befähigt uns nämlich zur Erziehung. *Ich deutete es bereits an, dass Erziehungsarbeit in erster Linie Beziehungsarbeit sein muss.* Wir müssen einen „Draht" zu unseren Kindern haben und diesen während des gesamten Heranwachsens behalten, wenn wir für sie Orientierungspunkt und damit Autorität sein wollen. Dann können wir ihnen altersgerecht angemessenes Verhalten, Regeln und Werte vermitteln. Dann können wir ihnen etwas beibringen und dann ist eine vertikale Kulturvermittlung von Generation zu Generation überhaupt erst möglich.

Erziehung muss zuallererst Bindung sein, weil wir als Eltern einerseits durch die Bindung immer wieder ein gutes Gespür für unsere Kinder entwickeln und die Kinder ihrerseits, wenn sie sich so sehr von uns geliebt fühlen und uns lieben, eher bereit sind, auf uns zu hören, uns Folge zu leisten, unsere Ermahnungen ernst zu nehmen und uns Freude zu machen. Dann wollen sie es uns recht machen, uns zuliebe!

Wenn es zwischen uns und unseren Kindern *so* aussieht, dann haben wir als Eltern *Beziehungs-Autorität.* Ich las diesen Begriff nach der Wende in einem Erziehungsbuch von Eberhard und Claudia Mühlan, Eltern von sieben eigenen und sechs angenommenen Kindern.[196] Dieser Begriff bringt genau das auf den Punkt, was mir in der Erziehung so wichtig geworden ist. *Wenn wir wirkliche Autorität haben, dann müssen wir nicht autoritär sein.* Dann müssen wir die Beachtung von Verhaltensregeln nicht nur disziplinarisch einfordern, sondern vieles wird von den Kindern – wenn wir ihnen ein gutes Beispiel geben – beachtet, schon weil sie uns nachahmen bzw. weil sie uns Freude machen *wollen.* Unter diesen Umständen reicht eine ruhige und konsequente Handlungsweise vielfach aus. Wenn sie doch etwas „ausgefressen" bzw. sich unangemessen verhalten haben, was natürlich je nach Temperament des Kindes auch immer vorkommt, dann gibt es bei guter Bindung ein Phänomen, dass Gordon Neufeld als *Bindungsgewissen* bezeichnet.[197] Sie spüren, etwas falsch gemacht und uns damit betrübt zu haben. Die Kinder sind dadurch bestrebt, dass es wieder „gut" zwischen uns wird.

Dazu ein Beispiel: Eines meiner Kinder kam eines Tages in der zweiten Klasse mit hängendem Kopf nach Hause. Als ich nachfragte, was denn los sei, meinte es, es habe sich heute ganz schlecht benommen und der Lehrerin eine pampige Antwort gegeben. Erst als ich vorschlug, dass es sich am nächsten Tag bei ihr entschuldigen solle und ich auch mitgehen wolle, war der innere Frieden wiederhergestellt.

Ich möchte in diesem Zusammenhang nicht unerwähnt lassen, wie wichtig ich das Um-Vergebung-Bitten halte. Kinder sollten es von klein an lernen, und wir Eltern sollten mit gutem Beispiel vorangehen, denn wir sind auch nur Menschen. Es bricht uns keine „Perle aus der Krone", wenn wir uns, wenn wir versagt haben, bei unseren Kindern entschuldigen. Im Gegenteil, da wird ein Missklang ausgeräumt und Vertrauen kann umso mehr wachsen. Ich finde es faszinierend und geradezu entspannend, dass wir gerade durch eine gute Bindung als Eltern weder übermenschlich noch perfekt sein müssen. Unsere Kinder bekommen unsere Schwächen ohnehin bald (spätestens in der Pubertät) mit. Wenn wir sie – natürlich altersgerecht – in unser Herz schauen lassen, d. h. gefühlsoffen und authentisch sind, dann ist genau das die Atmosphäre, in der sie lernen, es auch sein zu dürfen und – egal, was ist – bedingungslos geliebt zu werden. Wenn wir dann *einmal* nicht lehrbuchreif reagieren oder im Detail eine falsche Entscheidung treffen, dann ist das nicht von so großer Tragweite für unser Verhältnis zueinander, als wenn unser Verhältnis zueinander von Grund her gestört wäre. Das ist unser *Bindungsbonus*, dass unsere Kinder uns, *wenn die Liebe stimmt, so manches nachsehen, weil sie es um der Liebe willen eben wollen.*

Ähnlich wie beim Erspüren der Bedürfnisse des kleinen Kindes, ist es bei den größeren Kindern. Durch die Bindung entwickeln wir immer wieder Gespür für den tagtäglichen Erziehungsprozess. Dieses Gespür, diese ganz individuelle Erziehungskompetenz für unser ganz individuelles Kind, können wir in keinem noch so guten Erziehungsratgeber finden. Es ist gerade in kniffligen Situationen hilfreich, denn hinter so manchem unangemessenen Verhalten steckt möglicherweise etwas ganz anderes. Dazu ein Beispiel: Eines meiner Kinder, etwa acht Jahre alt und eher ein bedächtiges, ruhiges Kind, begann auf einmal häufig unausgeglichen und unleidlich bis ungezogen zu reagieren. Natürlich kann man das einerseits nicht einfach durchgehen lassen. Andererseits spürte ich, dass das Problem irgendwie tiefer lag. Während ich mir noch darüber Gedanken machte, kam mir der Umstand entgegen, dass ich gerade die Betten frisch bezog. Mein Kind kam ins Schlafzimmer. Da sagte es unvermittelt: „Ach, wenn ich doch auch mal wieder bei euch schlafen könnte." Ich gewährte ihm diesen Wunsch und bereitete ihm sein Bett auf einer Matratze neben unserem Bett. Wenn ich es nicht erlebt hätte, würde ich es wahrscheinlich gar nicht glauben: Fast schlagartig wurde das Verhalten wieder besser. Wie Schuppen fiel es mir von den Augen: Wir hatten in der Familie gerade eine unruhige Zeit, in der die anderen Kinder durch verschiedene Umstände einen großen Teil meiner Aufmerksamkeit und Zeit gebunden hatten. Und da war dieses Kind einfach zu kurz gekommen. Ich bin sehr froh, dass ich das noch rechtzeitig erkennen konnte und ihm einfach wieder mehr Zeit widmete. Diese obige Bemerkung hatte einfach seine Sehnsucht nach mehr Liebe ausgedrückt.

Spätestens in der Pubertät zeigt sich, wie tragfähig die Bindung von klein an ist, verbunden mit Beziehungsautorität und Bindungsgewissen sowie einer guten Werteprägung. Das scheint mir die einzige Chance zu sein, unsere Kinder auf einen guten Weg zu bringen. Das wirkt wie ein *Schutzschild* vor der Gleichaltrigenorientierung und ihren gefährlichen Nebenwirkungen; von handfesten Verhaltensstörungen, Süchten usw. ganz zu schweigen.

Wenn unsere Kinder zum Beispiel bei ihren Schulkameraden oder Freunden mit anderen Ansichten und Wertvorstellungen konfrontiert werden und sie sich in ihrem Inneren fragen „Da will ich doch mal wissen, was meine Eltern dazu sagen …" bzw. die Stärke haben zu sagen „Ihr könnt dieses oder jenes tun, aber ohne mich." oder gar „Meine Eltern haben mir davon abgeraten …", dann haben wir es im Prinzip geschafft, dann können wir uns entspannt „zurücklehnen". Und zwar deshalb, weil unsere Kinder selbst auf die Gefahr hin, unter ihren Freunden alleine zu stehen, unseren Rat einholen bzw. ein begründetes Verbot akzeptieren. Dann können wir unseren Teenagern auch relativ viel Freiheit lassen, einfach weil wir ihnen vertrauen können. Selbst wenn in dieser Zeit ab und an die Türen knallen, überwiegt die Freude an unseren Kindern. Wir können sie in eine zunehmende Selbstständigkeit begleiten und wir können ihre zunehmende Reife genießen. Kinder im Teenageralter zu haben, ohne Sorgen, aber mit viel Freude, das ist etwas Köstliches. Man kann von Anfang an viel dafür tun, aber es ist natürlich auch ein großes Geschenk. Ich möchte es an dieser Stelle allen Eltern von Herzen wünschen.

Durch meine vier Kinder bin ich schon viele Jahre Vollzeitmutter. Entgegen allen offiziellen Prophezeiungen vom „geistigen Stehenbleiben", „Verkümmern" oder „Versauern" kann ich nur feststellen, dass diese Zeit für mich ein einziger Lern- und Wachstumsprozess war und ist: Ich bin in vielen Dingen gelassener geworden und muss einfach nicht mehr so perfekt sein. Im Nachhinein bin ich sogar für die Krisen und Schwierigkeiten dankbar, denn das meiste habe ich gerade durch sie gelernt – zum Beispiel, das *Wesentliche vom Unwesentlichen zu trennen* und Prioritäten zu setzen. Mit einem kleinen Baby zum Beispiel, das vielleicht gerade einen Wachstumsschub hat, ergeben sich im Alltag möglicherweise folgende Fragen: Müssen an diesen Tagen auch noch die Fenster geputzt werden? Muss an solchen Tagen ein größeres Kind unbedingt in den Kindergarten oder in die Musikschule gebracht werden? Muss ich in einer derartigen Situation die Wohnung saisongerecht perfekt schmücken, weil Ostern vor der Tür steht? In schwierigen Zeiten habe ich gelernt zu fragen, was muss heute wirklich sein, was zählt noch in zehn Jahren? Ob die Stillbeziehung geklappt hat und die Bindung entstanden ist, dass hat langfristige Bedeutung. Das ist etwas Elementares. Ein größeres Kind erleidet dagegen meines Erachtens weder seelischen noch geistigen Schaden, wenn es zum Beispiel mal nicht in der Musikschule war, weil die Mama es als Wöchnerin nicht geschafft hat, es hinzubringen (und auch kein anderer zur Verfügung stand). Ich erwähnte es anderer Stelle bereits, je mehr bzw. je eher die Grundbedürfnisse des Kleinsten – also des schwächsten Gliedes im Familiengefüge – erfüllt sind, desto schneller kann wieder Normalität in alle anderen Bereiche des Familienlebens einziehen. Mit der größer werdenden Familie hat sich dieser Blickwinkel bewährt, und heute kann ich feststellen, dass manches in meinem Haushalt nicht ständig zum Vorzeigen war und das ich nicht „alles" geschafft habe, aber das, was mir wichtig war, das habe ich geschafft.

In Krisensituationen bewährt sich auch *ein Denken „von Tag zu Tag"*. Wenn man einen schwierigen Tag hinter sich hat, dann sollte man nur denken: „Heute ist heute; heute war scheußlich, aber morgen ist ein neuer Tag." Das hat mir zum Beispiel bei meinem „Kolik-Baby" geholfen. Denn ich merkte, wie gefährlich es ist, wenn man in einer derartigen Situation anfängt, sich Gedanken folgender Art zu machen: „Hilfe, das soll sich nun zwölf Wochen so hinziehen!" oder „Was soll das nur werden, wenn das so weitergeht?" oder „Wie lange soll ich das denn nur aushalten?" oder „Wo soll das nur hinführen?". Solche Fragen rauben uns die Zuversicht und manchmal die notwendige Kraft, die wir so dringend zum Durchhalten brauchen.

Oft hat mir auch ein anderer Grundsatz geholfen, nämlich: *„Alles hat seine Zeit."* Wenn ich das tue, was gerade an der Reihe ist und nicht noch das, was eigentlich noch Zeit hat, dann bin ich vor Überforderung sicherer. Aber auch vor Unzufriedenheit! Als wir kleine Kinder hatten, sind mein Mann und ich abends nicht ausgegangen, solange sie mich noch zum Stillen und Einschlafen brauchten und unser Wegsein sie geängstigt hätte. Ich bin heute froh, dass wir es so gehandhabt haben, denn heute können wir längst wieder fortgehen und genießen es umso mehr. Es hat eben wirklich alles seine Zeit. Genauso sehe ich es in Bezug auf eine Wiederaufnahme der Berufstätigkeit: Auf das ganze Leben hin gesehen ist die Kleinkindheit so kurz und so schnell vorbei, sodass wir, auch wenn wir ihnen diese wichtige Zeit ganz widmen, eigentlich später noch genug Zeit dafür haben, berufstätig zu sein. Das heißt nicht, dass man alle persönlichen Wünsche unterdrücken muss. Ich habe mich dafür entschieden, nur das zu verwirklichen, was *mit* Kindern gemeinsam bzw. ohne Schaden für sie möglich ist. Alle Wünsche, die noch zu wünschen übrig bleiben, kann bzw. sollte man getrost aussprechen und sich vorstellen, wie schön es sein wird, wenn man dieses oder jenes wieder tun kann. So kann man verhindern, dass momentan unerfüllbare Wünsche zu viel Macht gewinnen.

Auch habe ich in all den Jahren gelernt, sowohl *mit* Kindern zu arbeiten, d. h. mein tägliches Pensum an Hausarbeit und Familienorganisation zu schaffen, als mich auch *mit* ihnen auszuruhen. Es gibt Arbeiten, die man gut mit Kindern machen kann, und Arbeiten, die schlecht erledigt werden können, wenn die Kleinen wach sind. Ich habe die Erfahrung gemacht, dass man Dinge dann gut tun kann, wenn man ansprechbar wirkt. Die Kleinen haben einen untrüglichen Sinn dafür, wenn man geistig und emotional abwesend ist (zum Beispiel bei Arbeiten am Computer oder beim Schreiben eines Briefes). So etwas habe ich grundsätzlich abends erledigt, wenn sie schliefen. Da kleine Kinder gerne mitarbeiten wollen, ist es möglich, sie in so manche Tätigkeit einzubeziehen: so kann man sie zum Beispiel auch in einem Topf rühren lassen, ihnen ein Staubtuch in die Hand geben oder ihnen beim Wäsche aufhängen den Klammerkorb geben. Natürlich geht alles langsamer, aber man ist zusammen, kann ständig im Gespräch sein und hat so das Kind im Auge. Man muss eben mit vielen, vielen „Unterbrechungen" leben lernen. Eine junge Mutter formulierte es einmal so: Die „Unterbrechungen" seien ihre eigentliche Arbeit, nämlich ihre Zuwendungsarbeit.

Auch das *Ausruhen mit Kindern* kann gelernt werden. Bei den kleinen Kindern hilft einem dabei die Symbiose-Beziehung. Das deutete ich bereits an. Bei einem Stillkind einmal ein halbes Stündchen mit zu schlafen, wirkt Wunder. Beim Stillen sollten überdies die Beine hochlegt werden. Wenn nichts mehr geht, kann man auch den Haushalt einmal Haushalt sein lassen, sich ins Kinderzimmer setzen und einfach bei den Kindern sein. Oder einen Zehn-Minuten-„Urlaub" einlegen – zum Beispiel mit einer Tasse Tee. Oder auch einmal etwas Zweckfreies tun. Ich erinnere mich zum Beispiel an so einen Nachmittag, an dem ich so kaputt war, dass ich spürte, ich habe keine schnelle medizinische, sondern eine schnelle emotionale oder nervliche Hilfe nötig. Da entschloss ich mich, die Küche „stehen" zu lassen und etwas völlig anderes zu tun; etwas, bei dem ich meine Seele „baumeln lassen" konnte: Ich band einen Kranz, den ich schon lange zu binden vor hatte, wofür bisher aber keine Zeit gewesen war. Vorher fragte ich noch die größeren Kinder, ob sie noch ein Anliegen an mich hätten, denn ich wollte einfach einmal für eine halbe oder Dreiviertelstunde nicht angesprochen werden. Nur das Jüngste ließ ich bei mir; es spielte mit einem Auto um mich herum. Dieses einfache, aber sofortige Innehalten und Abschalten entspannte mich so, dass ich mich wieder „sammeln" konnte, bis ich wieder das in Angriff nehmen konnte, was getan werden musste bzw. bis ich wieder fähig war, auf alle einzugehen.

Es ist mir bis heute wichtig, dass meine Kinder die Botschaft von mir bekommen, dass ich gern mit ihnen zusammen bin und dass sie mir niemals eine Last sind, so anstrengend der Alltag mit ihnen auch manchmal ist.

Schließlich sind sie meist nicht so anstrengend, weil sie uns schikanieren wollen, sondern weil sie eben Kinder sind. Was muss das für ein schreckliches Gefühl für ein Kind sein, wenn es die Botschaft bekommt, dass es seiner Mutter nur dann gut geht, wenn es weg ist? Genauso habe ich mich dafür entschieden, meine Abspannung, schlechte Stimmung bzw. meine Verletztheit usw. nicht an ihnen auszulassen. Kinder sind einfach nicht in der Lage, die Zwänge und Bedrückungen ihrer Mutter zu erfassen, sie beziehen sie meist auf sich. Sie denken, sie seien daran schuld.

Das Muttersein ist für mich tatsächlich auch eine geistige Herausforderung. Ich habe mich mit Wissensgebieten befasst, mit denen ich mich wohl sonst nie beschäftigt hätte. Sie reichen von den Zusammenhängen im Zusammenhang mit Stillen und Bindung über Entwicklungspsychologie, Kommunikation, gesunde Ernährung bis hin zur Auseinandersetzung mit Ideologien und Religionen, denen man heute begegnet. Schließlich habe ich ja Kinder zu erziehen und zu begleiten. Deshalb möchte ich informiert sein. Gleichzeitig haben mich die Verunsicherungen und Angriffe auf das, was als „Mütterlichkeit" umschrieben wird, immer wieder herausgefordert, den Dingen auf den Grund zu gehen sowie Fakten und Argumente zu sammeln, um mir selbst (und anderen Müttern) „den Rücken zu stärken". So habe ich mich bisher noch keinen Tag gelangweilt, auch geistig nicht.

Zu diesen ganzen Themen kommen die verschiedenen Schulbelange der Kinder dann noch hinzu. Ich erinnere mich zum Beispiel an einen Tag wie viele, an dem ich vormittags mit meinem Dreijährigen „Hänschen klein" sang, nachmittags eine Gruppenarbeit mit mehreren zusätzlichen Kindern in Englisch begleitete, eine Abhandlung über Robert Schumann durchsah und meinem großen Gymnasiasten bei einem Vortrag über Präimplantationsdiagnostik half. Manchmal sage ich spaßeshalber: „Meine Kinder sind meine Doktorarbeiten."

Vollzeitmutter sein heißt für mich ferner, freischaffend zu sein. Das sagte ich einmal auf die Frage nach meiner Berufstätigkeit, weil ich an diesem Tag nicht den Nerv hatte zu sagen, ich sei „Hausfrau". Ich empfinde es gerade nicht als ein Eingesperrtsein, wie es unter anderem immer wieder in den Medien hingestellt wird. Ich liebe die Möglichkeit der freien Zeiteinteilung und genieße die Tatsache, keinem Chef gegenüber rechenschaftspflichtig zu sein. Ich muss nicht zittern, was die Kollegen sagen, wenn mein Kind schon wieder krank ist. Ich kann ohne Probleme in Ruhe schauen, was es „ausbrütet" und kann, weil ich nicht sofort einen Krankenschein brauche, mit einem Arztbesuch noch warten. Es war für mich Lebensqualität, dass ich die Kinder, als sie klein waren, morgens ausschlafen lassen konnte, um dann mit ihnen in Ruhe zu frühstücken. Ich kann den Bedürfnissen der Familie entsprechend spontan reagieren und die Dinge, die getan werden müssen, so tun, wie und wann ich es für richtig halte. Es geht keinen etwas an, ob ich dieses oder jenes noch nicht erledigt habe. Es gibt keine fremden Sachzwänge, wie sie durch ein Arbeitsverhältnis automatisch entstehen, in die ich eingebunden bin und die mich in Bezug auf die Bedürfnisse der Kinder unter Druck setzen. Ich bin nicht immer wieder hin und her gerissen zwischen familiären und beruflichen Belangen und muss nicht das Gefühl, von meinen Kindern gebraucht zu werden, zugunsten des Berufs unterdrücken. Das empfinde ich als große Freiheit. Wenn es die Zeit noch zulässt, habe ich außerdem die Möglichkeit, ehrenamtlich zu arbeiten, und zwar so, dass meine familiären Belange Vorrang haben.

Vollzeitmuttersein hat für mich nicht zuletzt den großen Vorzug, dass ich meine Kinder wirklich erleben kann. Gerade bei den Kleinen schreitet die Entwicklung so rasant voran, dass jeder Tag etwas Neues bringen kann: vom ersten Lächeln bis zu den ersten Schritten, vom ersten Zufassen mit den kleinen Händen bis zu den ersten Worten. Die Kleinen sind so offen, vertrauend und annehmend. Diese ganze Entwicklung ist wie ein Aufblühen; es ist Faszination pur, eine Zeit voller wunderbarer und drolliger Begebenheiten. Wenn sie sprechen können, kommen dann der Kindermund, ihre ersten „philosophischen" Gedanken und oft viel Situationskomik dazu – wie oft habe ich Tränen gelacht. Ich hatte unheimlich viel Spaß mit ihnen. Manchmal habe ich meine Kinder still beobachtet ..., wie sie sich angestrengt haben, einen Turm zu bauen ..., wie sie gestrahlt haben, wenn es gelang ... Wie schön ist ihr herzliches Lachen! Ich habe diese Augenblicke genossen. Ich habe nichts davon verpasst! Das hat mich reich gemacht. Aber auch später bei größeren Kindern ist es etwas Wunderbares, jedes in seiner persönlichen Eigenart zu erleben und sie in ihren Ideen, in ihren Begabungen, in ihrer Kreativität usw. zu begleiten.

So bleibt mir abschließend zu diesem Kapitel nur zu sagen, dass diese Kinder, durch die ich zur Mutter wurde, das Beste waren, was mir passieren konnte. Muttersein ist für mich Herausforderung, auch Belastung bis an die Grenzen der eigenen Kraft, und Freude zugleich. Es ist Hingabe und gleichzeitig ein Beschenktwerden. Das eine ist wohl ohne das andere nicht zu haben. Es ist für mich *eine Karriere ganz anderer Art*. Ich bin zutiefst dankbar dafür.

7. Mütter unter Druck oder die „gefesselte" Mütterlichkeit

Mütterlichkeit ist in uns Frauen verankert. Sie ist das Potenzial unserer Weiblichkeit – die Überlebenskraft unseres Menschseins, die den Grundbedürfnissen unserer Babys entspricht. Die Fakten sprechen für sich. Warum aber wird sie von Müttern oft so zögerlich, verunsichert oder auch ambivalent gelebt? Warum wird sie möglicherweise sogar abgelehnt? Was behindert ihr Erwachen und ihre Entfaltung? Warum werde ich in fast jeder Stillberatung gefragt, ob das Kind nicht zu sehr verwöhnt wird, wenn man es nicht auch mal schreien lässt? Wie kommt man überhaupt auf die Idee, liebevolle Zuwendung mit Verwöhnen gleichzusetzen? Warum geben Mütter ihre Kleinen viel zu früh in die Einrichtung? Warum handeln Mütter manchmal gegen ihre Gefühle? Warum werden Frauen, in denen Mütterlichkeit erwacht, deshalb von ihrem persönlichen Umfeld unter Druck gesetzt oder gar regelrecht gemobbt? Fragen, mit denen ich immer wieder konfrontiert werde und die mich immer wieder umgetrieben haben. So manches, was mich in diesem Kapitel bewegt, wird Frauen im Westen auch begegnen (zukünftig wohl leider vermehrt); aber wie es um die natürliche Mütterlichkeit hier im Osten der Bundesrepublik bestellt ist, erklärt sich nur damit, dass die Fremdbetreuung der Kleinsten seit ca. fünfzig Jahren zur gesellschaftlichen Normalität geworden ist. Damit wurde *die Trennung zwischen Mutter und Kind und deren Abgetrenntheit voneinander zur gesellschaftlichen Kultur*, d. h., sie wurde erfahrungs- und normgebend und durchzieht damit alles. Wie sich das auf die Entfaltung der elementaren empathischen Mütterlichkeit auswirkt, ist ein derart komplexes und umfassendes Thema, dass man ihm allein ein Buch widmen könnte. Folgende Ausführungen sind ein Versuch, sich diesem Thema zu nähern.

Mütterlichkeit ist eine Sache der Nähe. Je mehr Distanz zwischen Mutter und Kind kommt – je mehr Dinge, Sachzwänge, Anweisungen, körperlicher und räumlicher Abstand –, desto mehr schwinden tendenziell sowohl der instinktive Wille als auch die emotionale Fähigkeit zur Mütterlichkeit. Historisch gesehen hat sich in unserem Kulturkreis diese Distanz immer mehr vergrößert. Bereits ein kurzer Blick in unsere Geschichte macht das deutlich: Im 17. und 18. Jahrhundert florierte das *Ammenwesen*, und zwar so sehr, dass jede Frau, die es sich irgendwie leisten konnte, nicht selbst stillte, sondern ihr Kind einer Amme überließ. Zwar waren Ammenverträge von zwei bis drei Jahren Stillzeit üblich, doch nach deren Beendigung verschwand die Amme häufig umgehend aus dem Gesichtskreis der Kinder, und sie verloren damit ihre „Mama" (!), während ihre leibliche Mutter ihnen fremd war. Aus der Sicht dieser Kinder ein schwerer Schicksalsschlag. Ich frage mich in diesem Zusammenhang, ob nicht zum Beispiel die Gemütslage der dunklen Seite der Romantik mit ihrer Melancholie, Depressivität und Todessehnsucht hierin ihre tiefste Ursache hat. Die geistige und intellektuelle Elite dieser Zeit bestand schließlich aus denen, deren Eltern reich genug für diese Art der Kinderbetreuung waren.

Im 19. Jahrhundert wurde das Stillen der eigenen Kinder auch von den Frauen der Oberschicht wiederentdeckt. Allerdings wurde das mit dem Gedanken des *Vier-Stunden-Rhythmus* verknüpft, denn einerseits wollten die Damen von Welt natürlich auch noch ihre gesellschaftlichen Verpflichtungen wahrnehmen; deshalb musste das Baby planbar sein. Andererseits begann mit der Industrialisierung das Leben nach der Uhr; Pünktlichkeit auf die Minute wurde zu einer hohen Tugend. Es entstand der Eisenbahnverkehr mit genauen Fahrplänen. Tüchtig und fleißig war der, der in kurzer Zeit viel schaffte. Auch die tüchtige Mutter und Hausfrau identifizierte sich möglicherweise immer mehr mit dem Haushalt, als dass sie die Zuwendungs- und Liebesbeziehung zu ihrem Kind präferierte.

Mit der Industrialisierung kam es überdies zu einer Trennung von Wohn- und Arbeitsplatz, die es so vorher nicht gegeben hatte. Die ersten, vielfach alleinstehenden Fabrikarbeiterinnen hatten es besonders schwer. Sie beruhigten ihre Kinder tagsüber mit Mohn- und Biernuckeln, während sie in der Fabrik waren. Unterernährt an Leib und Seele fielen viele der nächstbesten Infektionskrankheit zum Opfer. Von daher rührt der Vier-Stunden-Rhythmus als Maßstab, also die Vorstellung, ein Kind bräuchte *mindestens* alle vier Stunden Nahrung. Diese Vorstellung wurde zu einer Art Dogma, das uns bis heute in unseren Köpfen „herumspukt".

Während bis zu Beginn des 20. Jahrhunderts immerhin eine Gesamtstillzeit von einem Jahr für richtig und wichtig gehalten wurde und auf den gesundheitlichen Wert des Stillens öffentlich aufmerksam gemacht wurde, kam in den 1920er Jahren schon eine andere Tendenz auf: Die moderne Frau begann zu rauchen und die Flasche zu geben. (Eine Babynahrungsindustrie hatte sich etabliert, das erste Fertignahrungsprodukt war bereits 1866 auf den Markt gekommen; mit dem Vier-Stunden-Rhythmus klappt das Stillen eben oft nicht mehr.)

Gab es bereits um 1900 Erziehungsratgeber, die empfahlen, schreiende Babys nicht zu erhören oder zu züchtigen[198], wurde es dann mit Beginn der NS-Zeit für die Mutter-Kind-Bindung finster. Im Zuge der „Gleichschaltung" begann die Sichtweise *einer* nationalsozialistisch orientierten Ärztin – wie noch zu zeigen sein wird mit Langzeitwirkung – die Klinikbetreuung von Mutter und Neugeborenem maßgeblich zu beeinflussen. Deren Auffassungen fanden Eingang in die Herzen der Mütter. Gemeint sind Johanna Haarer und ihr Buch „Die deutsche Mutter und ihr erstes Kind"[199]. Mit restriktiven Anweisungen, wie Einhaltung eines strengen Vier-Stunden-Rhythmus mit acht Stunden Nachtpause sowie Schreienlassen aus Prinzip, untergrub sie jede liebevolle Regung der Mütter. Wenn das Kind schreit, forderte Haarer, „dann, liebe Mutter, werde hart! Fange nur ja nicht an, das Kind aus dem Bett zu herauszunehmen, es zu tragen, zu wiegen, zu fahren oder es auf dem Schoß zu halten, es gar zu stillen".[200] Jede Zärtlichkeit wurde verpönt, liebevoller Blickkontakt abgelehnt. Erziehung zu Ordnung, Pünktlichkeit und Disziplinierung von Anfang an waren oberstes Ziel. Härte statt Liebe war befohlen worden, um „harte" Menschen zu erziehen, die dem NS-Regime willig zu folgen bereit sein sollten. Ziel der Erziehung war, so formulierte Haarer:

> ... dass jeder junge Staatsbürger und Deutsche zum nützlichen Gliede der Volksgemeinschaft werde, dass er ... lerne, sich einzuordnen in eine Gemeinschaft und um ihretwillen eigene Wünsche und Bestrebungen zurückzustellen.[201]

Der Hirnforscher Gerhard Roth beurteilte in einem „Spiegel"-Interview die damalige Situation so:

> Viele Kinder erlebten wohl, weil es dem *Abhärtungsideal* entsprach, *mit ihren Müttern keine stabile Bindung*. Die schlimmste Folge davon ist die Unfähigkeit, die Gefühle anderer zu verstehen ... Die Bindungserfahrung, die ich als Kleinkind mache, bestimmt zum großen Teil das Bindungsverhalten zu meinen eigenen Kindern. So wird eine *schlechte Bindung von Generation zu Generation weitergegeben* und kann sich dabei noch verstärken.[202, 203] [Hervorh. von der Verf.]

Der Zweite Weltkrieg und seine Folgen beeinträchtigte die Mutter-Kind-Beziehung weiter; für viele ging es bald nur noch um das nackte Überleben: Bombennächte, Flucht, Todesangst, Hunger, viele Väter gefallen oder in Gefangenschaft. Gegen Kriegsende kamen die massenhaften Vergewaltigungen von deutschen Frauen durch russische Besatzungssoldaten[204], materielle Not und vieles andere mehr hinzu.

Ich mag mir das im Einzelnen gar nicht vorstellen: Eine Zivilbevölkerung, die im wahrsten Sinne des Wortes seelisch und moralisch am Boden zerstört war. In dem ganzem Schrecken die Kinder, die oftmals selbst Entsetzliches miterlebt – mit angesehen – haben. Wer konnte auf ihre Bedürfnisse eingehen? Sie mussten funktionieren, so wie ihre Mütter auch. Keiner konnte seine Erlebnisse und inneren Wunden auch nur ansatzweise aufarbeiten.

Ist es da nicht nahe liegend, dass diese kriegstraumatisierte Kindergeneration seelisch nicht intakt, teilweise verhärtet und bereits bindungsarm, in ihr Erwachsenenleben und ihr Elternsein entlassen worden ist? Ist es da nicht auch denkbar, dass die zunächst natürliche Sehnsucht nach einem (materiell) besseren Leben eine handfeste seelische Basis hatte – ein unbewusster Versuch, mit äußerem Wohlstand das aufzufüllen, was bisher an Liebe, Glück und Geborgenheit gefehlt hat?

Als dann in der Nachkriegszeit in der DDR zu alledem die geringe Bezahlung der Väter, die sozialistischen Propaganda für die Berufstätigkeit der Frau sowie die Schmähung der Hausfrau, die mit dem Krippenausbau Hand in Hand ging (➤ Kap. 4), kamen, *und* dazu die erste Bindung zwischen Mutter und Kind durch die Krankenhausbetreuung und die Pflegeanweisung noch immer von Johanna Haarers Prägung beeinflusst war, war der Boden emotional und sozial dafür bereitet, schon die kleinsten Säuglinge in fremde Hände zu geben.

Die damaligen jungen Mütter waren längst derart von einem Klima der Distanz geprägt, dass ein weiterer Schritt zu noch größerer Distanz möglich wurde. Zu den Dingen und Anweisungen, die sich zwischen Mutter und Kind geschoben hatten, kam jetzt eine ganze Einrichtung mit einer aus der Sicht des Kindes unermesslichen zeitlichen und räumlichen Trennung von seiner Mutter. Die jungen Mütter waren emotional nicht in der Lage, sich mit einem gesunden Empfinden gegen die „Krippe" zu wehren. Insofern ist *die Krippe „nur" der Gipfelpunkt mütterlicher Distanz. In dem Maße, wie diese obligatorisch wurde, musste das rationale, distanzierte Funktionieren der Mütter zur gesellschaftlichen Norm für ihr Verhalten und Empfinden werden.* Das wird seitdem von Müttern erwartet und meist erwarten sie das auch selbst von sich. Von „Lichtblicken" und einigen positiven Tendenzen abgesehen, haben wir noch immer ein Klima, das der empfindsamen Mütterlichkeit gegenüber unfreundlich gesonnen ist oder zumindest reserviert gegenübersteht. Dadurch fehlen eine Kultur der Bestätigung und Ermutigung zu einfühlsamem mütterlichem Handeln und eine Kultur der Hilfe weitgehend, die die Mutter in die Lage versetzt, mütterlich für ihr Baby da zu sein. Viele junge Mütter sind in ihrem Umfeld von Äußerungen, Anweisungen, Ratschlägen, „Informationen", Sachzwängen und Umständen umgeben, die vielfach dazu geeignet sind, ihre eventuell erwachenden mütterlichen Gefühle möglicherweise gleich im Keim zu ersticken oder aber, sobald sie sich zeigen, zu attackieren, zu verunsichern und zu minimieren. Ich komme später noch einmal darauf zurück.

Dabei korrespondieren die äußeren Faktoren dieses Klimas mit inneren Faktoren – also dem, was die junge Frau, die Mutter geworden ist bzw. persönlich konkret geprägt hat, was sie als normal verinnerlicht hat, was sie als Bild von sich selbst hat und das, was sie von sich selbst erwartet. Ob sie sich gefühlsmäßig dem Kind gegenüber ganz öffnen kann, hängt davon ab, wie stark alle diese Faktoren sind, ob sie sich dieser bewusst ist, und ob der Start für die erste Bindung günstig ist. Folgende Faktoren können die Mütterlichkeit beeinträchtigen:

„Hauptsache Arbeit": Der hohe Stellenwert der Berufstätigkeit

„Hauptsache Arbeit!" So empfinden viele im Osten, im Stellenwert teilweise noch vor „Hauptsache gesund!". Der Druck der Arbeitslosigkeit ist immens und die damit verbundene finanzielle Existenzangst ebenfalls. Alleinerziehende betrifft das besonders. Aber auch, wenn zum Beispiel ein Familienvater Arbeit hat, dann ist diese oft nicht sicher oder bringt nicht genug ein, sodass über kurz oder lang auch die Frau wieder erwerbstätig sein muss, wenn die Familie einigermaßen leben will. *Der Druck, der daher – gewollt oder ungewollt – von Arbeitgebern und vom Arbeitsamt ausgeübt wird, ist überdimensional.* Die notvollen Sachzwänge, die sich für die Familien daraus ergeben, ebenfalls. Sie würden Bände füllen.

Manche Frauen sind durch die Umstände von Langzeitarbeitslosigkeit der Männer zum Hauptverdiener geworden. Manche empfinden das als besonders hohen seelischen Druck.

Ich erinnere mich an Gespräche, in denen mir Frauen erzählten, sie würden eigentlich gerne noch ein Kind bekommen, aber es ginge überhaupt nicht. Sie könnten es sich nicht einmal leisten, die Wochen vor und nach der Geburt zu fehlen, um den Arbeitsplatz nicht zu gefährden. Sie seien leider zum Hauptverdiener der Familie geworden.

Darüber hinaus hat Arbeit einen ungeheuren *sinngebenden Stellenwert* – und damit erhöht sich bei hoher Arbeitslosigkeit der Druck nochmals. Viele Frauen halten sich nur für geachtet, wenn sie berufstätig sind. Die Angst, dauerhaft keine Arbeit mehr zu finden, weil man durch ein Kind länger abwesend war, ist allgegenwärtig; aber auch die Angst, vom erlernten Berufswissen zu viel wieder zu vergessen oder hinsichtlich der schnellen Entwicklung in manchen Gebieten den Anschluss zu verpassen. Gerade bei den Frauen, die viel Energie in ihre Ausbildung investiert haben, ist das verständlich. Nicht immer ist diese Angst wirklich begründet, aber sie wird unbedingt als real empfunden. Wenn man über gesellschaftliche Rahmenbedingungen für die Familie nachdenkt, sollte auf jeden Fall auch das in Betracht gezogen werden.

Ein anderer Aspekt betrifft die Haltung, dass die Arbeit am Kind von vielen überhaupt nicht als Arbeit eingeschätzt wird. Im offiziellen Denken in der DDR gehörte das Sich-Kümmern um die eigenen Kinder zur Freizeit, in den Feierabend. (So habe ich es zum Beispiel auch an einer Universität in der Vorlesungsreihe „Kulturtheorie" gehört.) Berufstätige Arbeit wurde und wird von den Frauen als eine Lebensverpflichtung, so etwa wie die Schulpflicht bei den Kindern, als „urnormal" zum Leben gehörend bzw. als eigentliche Lebensaufgabe und als persönliches Lebenswerk empfunden. Arbeit im Sinne von Berufstätigkeit ist für viele die fast alleinige Quelle für Identifikation. Kann man diese vorweisen, ist man in einem entsprechend geprägten Umfeld (und zunehmend auch im Westen) automatisch wer. Für alle ist damit klar, wie tüchtig, intelligent und gefragt man ist. Der Blick auf das Konto bestätigt das. Echte Arbeit ist das, wofür man Geld bekommt.

Deshalb gibt es sehr viele Frauen, für die Berufstätigkeit und Karriere auch jenseits von finanzieller Notwendigkeit deutlich Priorität haben. Frau L. zum Beispiel hatte schon einige Jahre in einem angesehenen Beruf gearbeitet, als ihr Baby geboren wurde. Obwohl ihr Mann in einem Hochschulberuf ebenfalls bereits gut verdient hat, gab sie ihr Kind mit einem halben Jahr in die Krippe, um ihrerseits noch ein Hochschuldirektstudium zu beginnen.

Viele Frauen haben auch die Vorstellung, im Prinzip müsse nach der Geburt eines Kindes alles so weitergehen wie vorher, und zwar schon deshalb, weil es „immer" so war. So haben die meisten keine Probleme damit, ihrem Arbeitgeber einen relativ frühen Zeitpunkt ihres Wiederkommens zu nennen. Der entspricht interessanterweise häufig dem, den sie aus der DDR-Zeit gewöhnt sind – nämlich nach einem Jahr, manchmal schon nach fünf Monaten – bzw. den jeweiligen staatlichen Vorgaben, verbunden mit den Zahlungen für die Erziehungszeiten. Schließlich ist ja das neuerdings bezahlte erste Erziehungsjahr praktisch das „aufgewärmte" DDR-Babyjahr.

Um den Arbeitsplatz unter allen Umständen zu behalten, kommen viele Frauen bezüglich der Rückkehr an den Arbeitsplatz auch den Wünschen des Arbeitgebers oft sehr weit entgegen. Frau M. wollte zum Beispiel von vornherein nicht stillen, weil sie bereits nach einem Vierteljahr wieder arbeiten gehen wollte, und zwar nicht an ihrem Heimatort, sondern einige hundert Kilometer weit weg in den alten Bundesländern. Sie wollte nur am Wochenende nach Hause kommen, während das Baby vom Vater in der Woche täglich in eine Einrichtung gebracht werden sollte. Auf die Frage, warum sie denn das so machen wolle, sagte sie, der Arbeitgeber hätte ihr sonst mit Kündigung gedroht. Außerdem wolle sie die Vergünstigungen der Betriebszugehörigkeitsjahre des bundesweit arbeitenden Unternehmens nicht aufs Spiel setzen.

Einen etwas anders gelagerten Fall hat eine Verwandte von mir erlebt: Sie erzählte von einer jungen Mutter, die auf ihren eigenen Wunsch hin bereits vier Wochen nach der Geburt wieder arbeiten gegangen ist, obwohl das im Mutterschutz eigentlich ungesetzlich ist. Sie wollte damit ihren Arbeitsplatz sichern; sie arbeitete in einer Krippe und hat ihr Kind dorthin gleich mitgenommen. Wegen des allgemeinen Geburtenrückganges in den 1990er Jahren wurde die Krippe danach allerdings einige Monate geschlossen, und die Frau wurde nun trotzdem arbeitslos. Vom Arbeitsamt wurde ihr kurz darauf eine Zusatzausbildung angeboten, um ihre Chancen auf dem Arbeitsmarkt zu verbessern. Nach etwa einem Monat Ausbildung – das Baby war etwa acht Monate alt – brach die Frau während des Unterrichts seelisch-nervlich völlig zusammen und musste in eine Klinik eingewiesen werden.

Aus Angst um den Arbeitsplatz, so mein Eindruck, lässt sich manche Mutter vom Arbeitgeber dazu überreden, früher wieder an den Arbeitsplatz zurückzukehren, als sie es eigentlich geplant hatte. Wenn der Arbeitgeber sagt, er brauche sie einfach eher wieder, sonst müsse er eben jemand anderen einstellen, dann traut sich kaum eine Frau, es darauf ankommen zu lassen.

Unter diesen Umständen – der inneren und äußeren Sogwirkung wegen – fühlen sich viele Frauen gezwungen, schnell wieder arbeiten zu gehen. Dann brauchen sie den Kita-Platz für ihr Kind, um vermittelbar zu sein. Aber auch unabhängig davon wollen viele das Kind bald in eine Einrichtung abgeben, weil sie zum einen meinen, dass das Kinderkollektiv und die Förderung durch ausgebildetes Personal gut für seine Entwicklung seien, und zum anderen aufgrund ihrer innersten Prägung – Stichwort *Wiederholungszwang* (➤ Kap. 5) – danach „verlangen".

Aus diesen Gründen – so ist mein ganz persönlicher Eindruck – wollen sich manche teils bewusst, teils unbewusst von vornherein nicht zu sehr an ihr Kind binden. Schließlich will oder muss die Mutter ja bald wieder „gehen". Deshalb hat sie manchmal gleich von vornherein eine reservierte Einstellung zum Stillen, was eine Stillbeziehung schwierig macht oder hemmt. Selbst wenn gestillt wird, habe ich oft den Eindruck, dass das nach der Devise „Bloß nicht zu sehr verwöhnen!" geht. Mit Verwöhnen ist hier der enge Bezug des Kindes zur Mutter gemeint, den es zu sehr einklagen könnte, wenn es zur Trennung kommt. Immer wieder sagten Mütter zu mir, sie wollen, dass das Baby lerne, ohne sie auszukommen, sich mit sich selbst zu beschäftigen und mit anderen Betreuungspersonen zurechtzukommen. Es müsse eben beizeiten einüben, damit fertigzuwerden, dass das Leben nun mal hart sei.

Manche Frau will sich zum Beispiel nur dann auf eine bestimmte Stillzeit – die Zeit des empfundenen Angebundenseins – einlassen, wenn sie weiß, dass bzw. wie diese möglichst kurzfristig beendet werden kann. Die bemerkenswerteste Auskunft, an die ich mich in diesem Zusammenhang erinnern kann, lautete: „Also wissen Sie, ich will vier Monate stillen, weil das gesund ist. Aber sagen Sie mir, wie ich das Kind dann wieder loswerde!" Indem allzu enge Bindung vermieden wird, entsteht unbewusst das

„ideale" Krippenkind, das häufig nicht einmal mehr schreit, wenn es abgegeben wird (➤ Kap. 4).

Das „liebe Geld": Die finanzielle Situation

Arbeitslosigkeit und Hartz IV empfinden viele Menschen mit Recht als demütigend. Die Lauferei zum Arbeitsamt, das Vertrösten, die wiederholte Teilnahme an irgendwelchen, meist weniger sinnvollen Lehrgängen sind nervliche Belastung pur, die man auf sich nimmt, damit man finanziell einigermaßen abgesichert ist (und damit auch die Rentenabsicherung weiterläuft). Insgesamt ist die finanzielle Situation vieler deutscher Familien nicht gerade rosig, selbst wenn sie Arbeit haben. Oft reicht ein Gehalt nicht weit und die Tatsache, dass Familien in Deutschland durch eine immer größere Abgabenlast und eine Erhöhung der Lebenshaltungskosten finanziell immer schlechter dastehen, betrifft insbesondere Familien im Osten der Bundesrepublik hart. Für viele geht es steil bergab, wie zum Beispiel im Fall der Familie D.

Familie D. ist überzeugt von dem Wert der Mutter-Kind-Bindung und der familiären Betreuung. Ihre ersten beiden Kinder – vor sechs und acht Jahren geboren – hat Frau D. selbst betreut. Leider hat Herr D., obwohl er in seinem Beruf über eine Zusatzqualifikation verfügt, seit Langem keine geregelte Arbeit mehr und bezieht Hartz IV. Die Ersparnisse sind aufgebraucht. Nun, da ein drittes Kind geboren ist, sieht sich die Familie schweren Herzens gezwungen, gegen ihre Überzeugung und ihr Empfinden zu handeln: Frau D. muss, wenn nicht ein Wunder geschieht und ihr Mann wieder eine Arbeit findet, nach einem Jahr wieder halbtags in ihren Job zurückkehren, damit sie diesen nicht verliert. Eine ganz bittere Situation.

Angeführt sei auch das Beispiel von Frau K.: Sie ist Mutter von drei Kindern; das Jüngste ist zweieinhalb. Ihr Mann hat Arbeit, aber der Lohn bzw. das, was zum Leben übrig bleibt, reicht nicht vor und nicht zurück. Um das Familienbudget zu verbessern, meldete sie sich arbeitslos bzw. arbeitssuchend. Ihr wurde ein Ein-Euro-Job vermittelt, bei dem sie in einer Kita Spielzeug reparieren und andere Hilfsarbeiten verrichten sollte. Sie beklagte sich bitter, sie habe zu Hause so viel Arbeit, sie wisse gar nicht, wie sie es schaffen soll, und da müsse sie sich den ganzen Tag dort hinsetzen, als ob sie sonst nichts zu tun hätte. Diese Frau würde liebend gern, genauso wie Frau D., vollzeitlich ihre Kinder versorgen, wenn sie sich das finanziell leisten könnte.

In den letzten Jahren ist die Mehrwertsteuer erhöht, die Eigenheimförderung gestrichen und das Kindergeld um zwei Jahre gekürzt worden, um nur einige der zusätzlichen Belastungen für Familien zu nennen. Hinzu kommt, dass viele Familien bzw. Mütter nach der Geburt eines Kindes mit der neuen Elterngeldregelung von 2007 finanziell schlechter gestellt sind, als bei der vorigen Regelung; betroffen sind hier vor allem Geringverdiener, Hausfrauen mit mehreren Kindern, Studentinnen und Empfänger von Arbeitslosengeld II (Hartz IV). Mit dem Schritt vom Erziehungsgeld, das bis 2007 für zwei Jahre gezahlt wurde, zum Elterngeld wurden im Prinzip die staatlichen Zuwendungen für diese Familien halbiert.[205] Mit dem Haushaltsbegleitgesetz 2011 sind weitere drastische Sparmaßnahmen beschlossen worden: Das Elterngeld für Hartz-IV-Empfänger fällt seit dem 1. Januar 2011 komplett weg. Ferner wurde das Elterngeld ab einem durchschnittlichen Nettoeinkommen von 1240 Euro auf 65 Prozent reduziert. Bislang galten 67 Prozent des letzten Nettogehaltes.[206] Leichte Erhöhungen des Kindergeldes können das nicht ausgleichen.

Bereits 2001 forderte das Bundesverfassungsgericht in Karlsruhe, die Steuerungerechtigkeit zwischen Familien mit Kindern und Singles in der Bundesrepublik zu beseitigen. Der inzwischen offensichtlich ungerecht gewordene Ansatz der Sozialversicherungssysteme, zum Beispiel der Rentenversicherung, bürdet Familien mit Kindern außerdem ungeheure Lasten auf. Mit der Kinderzahl steigt das Armutsrisiko. In Deutschland profitiert der am meisten von Kindern, der keine hat. Der Finanzexperte Jochen Borchert spricht davon, *dass Deutschland den schlechtesten Familienlastenausgleich unter den Industrienationen habe.*[207]

Man kann nur hoffen, dass der Gesetzgeber hier endlich Abhilfe schafft. Immerhin wurden von der CDU/FDP-Regierung ab 2010 steuerliche Kinderfreibeträge von 7008 Euro eingeführt, wenn diese auch um fast 1000 Euro geringer ausgefallen sind, als vor der Wahl 2009 angekündigt. Gleichzeitig bleibt abzuwarten, wie sich die angekündigten Erhöhungen diverser Sozialabgaben negativ auf das Familienkonto auswirken.

Im Kontrast zum schmaler werdenden Portemonnaie haben wir einen ständig verlockenden materiellen Überfluss. Ein Überfluss, der die Menschen mit Sonderangeboten und Ratenkäufen umwirbt. Gerade auch Menschen mit einem geringen Selbstwertgefühl bzw. solche, die emotional nicht satt geworden sind, sind diesen Verlockungen besonders ausgeliefert, denn hier gilt das Prinzip: „Haste was, dann biste was!" (... oder fühlst Dich besser!). Man kann hier indes durch Verschuldung in große Not geraten. Gleichzeitig steigt der Stellenwert von Berufstätigkeit und auch von Karriere, denn nur so kann man sich immer mehr leisten oder, je nach Warte, überleben.

In Patchwork-Familien gibt es oft noch ein weiteres Problem: Ein Elternteil, meistens der Vater, muss häufig auch noch für Kinder aus vorhergehenden Ehen bzw. Beziehungen Alimente zahlen. Das kann die Kasse der neuen Familie zusätzlich belasten und zu erheblichen Sachzwängen bis hin zu ernsten finanziellen Notlagen führen.

Mit der finanziellen Absicherung sind – und da trifft es auch Alleinerziehende besonders hart – viele Regelungen und Sonderregelungen bei den Sozialleistungen verbunden. Damit einher geht ein ungeheurer bürokratischer Aufwand. Was für Zeit und Nerven Mütter und Familien hier lassen, ist beispiellos. Weil sich natürlich nicht jede individuelle Lebenssituation in gesetzlichen Vorschriften widerspiegeln kann, kommt es im Einzelnen immer wieder zu Ungereimtheiten, die für die Betroffenen oft zu finanziellen Einbußen führen, die sie sich nicht leisten können. Manche müssen einen regelrechten Kleinkrieg mit Behörden führen, um noch ein paar „Groschen" herauszuholen, die sie einfach brauchen. Schon allein dadurch können Geduld und Muße für ein kleines Kind abhandenkommen.

Ein richtiges Erziehungsgehalt (➤ Kap. 9) wäre daher in jeder Hinsicht ein wichtiges positives Signal: Es würde einerseits die finanzielle Lage der Familien deutlich verbessern und viele aus der bedrückenden Hartz IV-Situation herausholen. Es würde andererseits den Wert von Familienarbeit überhaupt erst wieder ins Bewusstsein rücken. In etlichen Gesprächen konnte ich erleben, dass die Erwähnung eines Erziehungsgehaltes für die Familienarbeit oftmals ein Aha-Erlebnis war und so manches positive Echo fand. Allerdings haben die Leute wenig Hoffnung, dass „die da oben" so etwas je beschließen könnten.

Das „gebrochene Herz": Die instabilen und zerbrochenen Beziehungen

Weil viele junge Mütter im Osten in zerbrochenen bzw. instabilen Beziehungen leben, steigt die Berufstätigkeit in ihrer Bedeutung und Wertigkeit für viele Frauen nochmals an. Sie wird als stabilisierender Garant für alle Wechselfälle des Lebens empfunden, wenn man sich schon auf sonst nichts wirklich verlassen kann. Die Kindereinrichtung wird diesbezüglich ebenso als ein solcher Garant empfunden, weil sie natürlich die Voraussetzung für eine Berufstätigkeit ist. (➤ Kap. 4) Ich merkte bereits in Kapitel 5 an, dass in den neuen Bundesländern viele aufgrund der ungünstigen Umstände ihrer Kindheit mit Beziehungsproblemen zu kämpfen haben. In so manchem Gespräch gewann ich den Eindruck, dass sich viele Frauen selbst in äußerlich stabilen Beziehungen in mancher Hinsicht als potenziell alleinstehend fühlen: Sie haben schon als Kinder die Scheidung oder wiederholten Partnertrennungen ihrer Mutter erlebt. Sie erleben das in ihrem Umfeld. Sie haben längst das Gefühl, auf die Männer ist kein Verlass. So etwa empfand es eine junge Mutter, mit der ich zufällig in einem Kaufhaus ins Gespräch kam. Mütter kommen leicht ins Gespräch über ihre Kinder; ihr Kind war auch fünf Monate alt, und während ich zu ihr meinte, was das doch für ein wunderbares Alter sei, wurden ihre Augen feucht und sie meinte, sie müsse leider schon bald wieder arbeiten gehen. Auf meine Frage, ob sie dass denn nicht noch etwas hinauszögern könnte, antwortete sie mir, das würde sie schon gerne, aber sie wüsste nicht genau, ob der Vater ihres Kindes auf Dauer zu ihr stehen würde. Wenn sie jetzt nicht wieder gehen würde, wäre vielleicht auch noch ihr Arbeitsplatz weg.

Der Liebe kann man nicht trauen. Das ist ein Gefühl, dass sich bei vielen von klein an immer wieder bestätigt hat (➤ Kap. 4 und 5). Deswegen hat so manche Frau auch ihrem Mann gegenüber ein tiefes Gefühl der Ungeborgenheit und ein gewisses Misstrauen, was sich dann nicht selten bestätigt. Sie brauchen deshalb für sich selbst unbedingt das Gefühl, von ihm finanziell (und oft auch ansonsten) unabhängig, d. h. abgesichert, zu sein. So wie zum Beispiel Frau K. empfinden und leben viele: Sie will den langjährigen Lebenspartner und Vater ihres Kindes auf keinen Fall heiraten, und sie will ihr Kind unbedingt spätestens mit einem Jahr in die Einrichtung geben, weil sie sich „niemals von einem Mann abhängig machen will". (Dass man in einer Beziehung eigentlich immer voneinander abhängig und daher auch verletzlich ist, wird dabei scheinbar verdrängt.)

Andererseits gibt es inzwischen auch Männer, die von ihrer Frau das zweite Gehalt auf Biegen und Brechen einklagen und darauf pochen, „dass sie schließlich ebenfalls etwas zum Familieneinkommen beitragen müsse" (so eine gängige Bemerkung). Wenn eine Frau tatsächlich etwas länger vollzeitlich Mutter sein bzw. beruflich kürzer treten will, weil sie das als Wert erkannt hat, kann es ihr so gehen wie Frau P.: Als ihre beiden Töchter klein waren, forderte ihr Mann die Berufstätigkeit seiner Frau als finanziellen Rückhalt wegen seines unsicheren Arbeitsplatzes bzw. seiner bald folgenden Arbeitslosigkeit ein. Frau P. indes wäre hingegen gerne länger zu Hause geblieben. Nachdem etliche Versuche, neue Arbeit zu finden, missglückt waren, gab er es völlig auf, sich weiter darum zu bemühen. Von seiner Frau forderte er, voll berufstätig zu sein, während er mit den Worten „Schließlich hätten wir ja heute Gleichberechtigung." zu Hause blieb. Ein Beispiel mitten aus dem Leben, das unterstreicht, wie sich das moderne feministische Gedankengut gegen die Frauen selbst richten kann.

Beziehungsstress und zerbrechende Beziehungen sind unmittelbar dazu geeignet, die innere Ruhe abhandenkommen zu lassen. Eine Ruhe, die Voraussetzung ist, um mütterlich einfühlsam reagieren zu können. Ärger, Streit oder seelische Verletzungen können auch ausgeglichene Menschen so vereinnahmen und entkräften, dass die Beziehung zum Kind Schaden nimmt und/oder dass das Kind in der Gesamtsituation mitleidet. Beziehungsstress kann erheblich zum Entstehen von postpartalen Depressionen beitragen – und dann ist eine Mutter schwer krank. Um aber jemanden be*ruh*igen zu können, muss ich selbst ruhig, ausgeglichen, also in einem umfassenden Sinne *still* sein.

Der „schwere Rucksack": Seelische Defizite und Verletzungen in der Vorgeschichte der Mutter

Ein weiterer Faktor, der die Mütterlichkeit immens beeinträchtigen kann, ist die eigene, vor allem die frühkindliche Vorgeschichte der jungen Mutter selbst bzw. der erfahrene Mangel an Mutterliebe: an mangelnder Körpernähe, an mangelnder Saugbefriedigung ohne Stillen, an Trennungstraumata, an Existenzangst und an enttäuschter erster kindlicher Liebe. Dazu kommen die Krippensituation, lange Krankenhausaufenthalte usw. und das daraus resultierende *dünne emotionale „Polster"* an Beziehungsfähigkeit, an Konfliktfähigkeit, an seelischer Stabilität, an Durchhaltevermögen, an Willens- und Nervenstärke, an guten Verhaltensmustern und damit eben auch der Mangel an allem, was man braucht, um die Totalvereinnahmung und -beanspruchung, die ein Baby für die Mutter bedeutet, emotional und nervlich leisten zu können (➤ Kap. 5).

Bereits durch Schwangerschaft, Geburt und Wochenbett scheint es so zu sein, dass die junge Mutter wieder mit allem konfrontiert wird, was sie selbst erfahren und empfunden hat, als sie selbst so klein war. Schließlich wird sie, wenn sie Mutter wird, wieder unmittelbar von einem kleinen Kind und von dem Kleinsein an sich betroffen. Vieles, was bis dahin in der Tiefe ihres Unterbewusstseins vergraben war, kann dann wieder an die Oberfläche kommen. Es kann reaktiviert werden. Immerhin ist eine Geburt und alles, was damit zusammenhängt, im wahrsten Sinne des Wortes ein tief-greifendes Ereignis. Emotionale Defizite, Ängste und Aggressionen bzw. Traumata können peripartal (um die Geburt herum) das seelische Gleichgewicht der Mutter, das ohnehin durch die seelisch-körperlichen Turbulenzen der Geburt an sich durcheinandergewirbelt ist, erheblich belasten. Vor allem Mütter, die vor der Geburt bzw. Schwangerschaft schon seelisch erkrankt waren, haben ein erhöhtes Risiko, durch diese bzw. im Wochenbett erneut zu erkranken.

Aber auch ohne eine seelische Erkrankung in der Vorgeschichte können zum Beispiel eine schwere Geburt, Komplikationen im Wochenbett, eine klinikbedingte Trennungssituation vom Kind und Ähnliches sowie andere Belastungen eine *postpartale Depression* auslösen. Als ich vor vielen Jahren in der Stillberatung erstmals mit diesem Problem konfrontiert wurde, schilderte mir die betroffene junge Mutter ihr Empfinden so: „Ich fühle mich leer, wie ausgedörrt. Ich kann mein Kind gar nicht richtig lieben. Ich kann mich ja selbst nicht lieben."

Sie hat später nach ihrer Vorgeschichte geforscht und Folgendes erfahren: Sie selbst, Ende der 70er Jahre geboren, war ein Kolik-Baby. Ihre Eltern, jung und unerfahren, wussten sich offenbar nicht anders zu helfen, als das schreiende Kind einfach im Kinderwagen auf die Terrasse in den

Garten zu schieben, um es dann dort schreien zu lassen. Schon auf der Entbindungsstation empfand sie beim Schreien der Babys eine zunehmende, unerklärliche Mattigkeit.

Eine andere Betroffene erinnerte sich während einer Depression, als sie nachts wach lag und grübelte, wie sie als kleines Kind schrie, wenn sie mit zwei Jahren in der Krippe abgegeben wurde. Wie habe sie bei ihrer Mama gebettelt, sie doch nicht mehr „zu den Kindern" zu bringen. Ihre Mutter hätte es dennoch durchgezogen. Heute wüsste sie, dass das Verhältnis zu ihrer Mutter da gebrochen wäre. Bis heute würde sie sich von ihr nicht geliebt fühlen. Jetzt sei sie aber selbst so eine schlechte Mutter und könne überhaupt nicht tief für ihr Kind empfinden. Sie sei eben auch nicht besser … So dreht sich dann die Gedankenspirale des Versagens und der Schuldgefühle in der Depression immer weiter nach unten. Gutes Zureden allein hilft hier nicht mehr. Erschöpfung und Kraftlosigkeit gefährden nicht nur unmittelbar das Stillen und die Milchbildung; die Auswirkungen einer Depression gehen häufig auch mit Selbstmord- und mit Zwangsgedanken einher. Deshalb ist dringend fachärztliche Hilfe erforderlich, damit der Mutter seelisch wieder auf die Beine geholfen wird und sie Liebe zu ihrem Baby empfinden kann.

Wie stark dem Erwachen der Mütterlichkeit „Fesseln angelegt" sind, wird ganz deutlich, wenn eine junge Mutter bereits selbst mehr oder weniger durch ein *suchtartiges Verhalten*, wie zum Beispiel dem Rauchen, „gefesselt" ist. Ich habe es selbst während eines Krankenhausaufenthaltes in einer meiner Schwangerschaften miterlebt, wie dramatisch sich eine solche Situation zuspitzen kann: Eine siebzehnjährige, schwangere Kettenraucherin kam wegen vorzeitiger Wehen und mit offenem Muttermund an den wehenhemmenden Tropf. Ernste ärztliche Worte über die Wirkung des Nikotins fielen. Der Muttermund dürfe sich auf keinen Fall weiter öffnen. Sie solle ihrem Kind zuliebe vernünftig sein usw. Weder Argumente noch gutes Zureden halfen. Die werdende Mutter zeigte weder mütterliche noch Verantwortungsgefühle. Sowie der Tropf ab war, rannte sie heraus und rauchte. Sie „hing" regelrecht am Glimmstengel; sie *saugte* quasi immer noch. Das Nikotin bewirkte die weitere Öffnung des Muttermundes. Durch ihre Unfähigkeit, das Rauchen zu unterlassen, ließ sich das Unheil nicht aufhalten, und es kam, wie es kommen musste: Die Ärzte rangen bald um das Leben eines viel zu früh geborenen, bereits mit Entzugserscheinungen kämpfenden winzigen Babys. Da ich zu diesem Zeitpunkt selbst schwanger war, hat mich das alles besonders aufgewühlt. Ich habe nicht erfahren, ob das Baby überlebt hat.

Wenn es auch nicht immer so krass verläuft, so ist doch vielfach zu beobachten, dass rauchende Mütter meist nur kurz stillen. Oder sie beginnen gar nicht erst mit dem Stillen, weil sie wieder ungehindert rauchen wollen.

Ganz abgesehen davon, dass Stillen bei geringfügigem Rauchen tatsächlich immer noch vorteilhafter ist, als gar nicht zu stillen, sind ausgeprägte Raucherinnen meiner Wahrnehmung nach häufig so süchtig und so neurotisch, dass sie schon von daher zu rastlos sind, um sich auf ein Stillen nach Bedarf einlassen zu können. Bei manchen kommt dann noch hinzu, dass sie bald wieder Partys besuchen wollen, wo auch der Alkohol wieder fließt. Bei zur Sucht neigenden Müttern ist daher auch der Schritt zur Verwahrlosung und zu Schlimmerem nicht weit.

Innere Defizite ziehen das Bestreben nach sich, diese Defizite auffüllen zu wollen. Jenseits ausgeprägter Süchte kann sich diese auch allgemein in *Rastlosigkeit* und *innerer Unruhe* äußern: Solche Mütter sind möglicherweise ständig unterwegs mit ihrem Kind, aber auch ohne. Sie sagen, sie hielten es nicht lange drin aus, sie müssten 'raus: in die Geschäfte, zu den Freizeitangeboten, wieder von Disco zu Disco, von Freundin zu Freundin, von Veranstaltung zu Veranstaltung, schnell wieder in einen umtriebigen Arbeitsprozess und – nicht zu vergessen – zu den neuerdings angebotenen (aus meiner Sicht meist wenig sinnvollen) Babybildungskursen. Um Missverständnissen vorzubeugen: Ich meine nicht, dass man sich zu Hause verschließen und auf dieses oder jenes verzichten sollte. Ich meine auch hier ein *inneres* Getriebensein, eine Flucht vor irgendetwas, eine Suche nach dem, was man nicht zur rechten Zeit bekommen hat, eine Suche nach dem Glück, eine Suche nach sich selbst. Suche und Getriebensein kann sich auch in einem ständigen Ortswechsel (Umzüge oder Reisen) zeigen, im ständigen Partnerwechsel oder in dem Drang, sich immer wieder neu einzukleiden oder einzurichten. Ich lernte eine Frau kennen, die mir klipp und klar sagte, sie müsse sich jedes Jahr komplett neu einkleiden, sie müsse das einfach. Sie sei bis zum zweiten Lebensjahr im Kinderheim gewesen und dann zu Pflegeeltern gekommen.

Dass sie es nicht lange – auf keinen Fall drei Jahre – mit dem Kind zu Hause aushielten, begründen viele Frauen übrigens ganz typischerweise damit, dass ihnen da langweilig sei, sie nicht wüssten, was sie anfangen sollten, und dass ihnen „die Decke auf den Kopf fiele". Das ist meines Erachtens in Zeiten von Handy, Telefon und Auto, also großer Mobilität, sowie Medien aller Art nicht einfach nur eine Frage fehlender Großfamilien oder Berufstätigkeit, sondern eben ein Ausdruck der in der frühen Kindheit entstandenen inneren emotionalen Leere und der Unfähigkeit, ohne vorgegebene Aktivitäten – wie es für sie in den Kindereinrichtungen prägend war – zu leben. Diese Langeweile ist dann nur die Kehrseite der Umtriebigkeit, nämlich die innere Leere ausfüllen zu müssen. Manche füllen die innere Leere dadurch, indem sie *ständig* den Fernseher oder das Radio laufen lassen bzw. dadurch, dass sie außerdem online sind und unter Umständen gleichzeitig auch noch mit Kopfhörern und MP3-Playern

„verkabelt" herumlaufen. Einerseits kann das die mütterliche Konzentration aufs Baby stören und andererseits hört und sieht das Kind, außer bei Kopfhörern, bereits alles mit. Das ist nicht nur unmittelbar zu unruhig, sondern beeinträchtigt nachweislich die Gehirnentwicklung des Kindes.

Der eigene frühe Mangel an mütterlicher Nähe hat bei vielen einen *tiefen Verlust an Geborgenheit und Glücksfähigkeit* bewirkt. Die Autorin Sonja Stacherl führt zum Beispiel aus, dass der Abstand zum Glück im späteren Leben dem Abstand des ehemaligen kleinen Kindes zu seiner Mutter entspricht. Immer wenn solch ein suchender Mensch das jeweilige Ziel erreicht hat, an dem er glaubt, das Glück endlich zu finden, dann zerrinnt es sofort wieder und der Abstand zum Glück ist wieder genauso groß wie vorher.[208]

Ein weiteres Buch, das diesen Zusammenhang aufdeckt, ist „Die Suche nach dem verlorenen Glück" der US-Psychotherapeutin Jean Liedloff.[209] Der Verlust an Glücksfähigkeit und Geborgenheit kann auch in eine Unfähigkeit münden, eben wiederum Glück und Geborgenheit zu schaffen: *Die innere Unruhe und die äußere Umtriebigkeit kann die mütterliche Empathie blockieren.* Das Mütterliche ist das Beruhigende, das Stillende. Das geht eigentlich nur aus der eigenen inneren Ruhe heraus. Mütter, die so mit ihrer Suche nach sich selbst und nach dem Glück als solchem beschäftigt sind, haben oftmals nicht genug innere Ruhe, die sie für ihr Kind bräuchten. Sie können sich nicht auf ihr Kind konzentrieren und damit schwer einfühlen. Unter diesen Umständen wird dann die Möglichkeit, mit der Flasche zu füttern und das Kind auch bald in einer Einrichtung abzugeben, als Erleichterung empfunden.

Manche Frauen, die belastet sind durch frühen Muttermangel sowie durch offene *Ablehnung* von ihrer Mutter, sind durch innere Spannungen, unausgesprochene Wut, Angst usw. in ihrer Mütterlichkeit häufig blockiert oder lehnen sie, zum Beispiel in Form des Stillens, für sich ab. Sie tragen ihre eigene Ablehnung wie eine chronische Krankheit, wie ein schleichendes Gift in sich. Bekommen sie ein Kind, besteht die Gefahr, dass sie das, was ihnen widerfahren ist, direkt an das Kind weitergeben. Der innere Schmerz, von der Mutter nicht geliebt worden zu sein, wird vielfach abgewehrt, indem Gefühle für das eigene Kind abgewehrt werden. Kaltes bis aggressives Verhalten im Umgang mit dem Kind kann die Folge sein.

Da solche Mütter ein großes Defizit an Liebe haben, besteht ferner die Möglichkeit, dass sie ihr Kind unbewusst „benutzen" wollen, um ihre eigene (Liebes-)Bedürftigkeit zu füllen. Ich erinnere mich an ein Gespräch vor etlichen Jahren, als mir dieses Phänomen zum ersten Mal begegnete. Eine Mutter sagte mir, dass sie dieses Kind unbedingt haben wollte, weil sie etwas zum Schmusen bräuchte. Ein solches Kind bekommt die Botschaft: Du bist dazu da, damit es mir besser geht. Das Baby soll sich möglichst so „benehmen", wie die Mutter es braucht. Hier bahnen sich Machtausübung und negative Abhängigkeit an. Mit echter Mutterliebe und guter Bindung hat das nichts zu tun. Not-wendig wäre es, solche Teufelskreise zu erkennen und zu durchbrechen. Ohne therapeutische Hilfe ist das oft nicht möglich.

Mütter, die selbst sehr *leistungsbetont* erzogen wurden und die möglicherweise immer funktionieren mussten, haben es oft ebenfalls nicht leicht, Empathie für ihr Kind zu entwickeln und sich auf ihr Gefühl zu verlassen. Sie sind geprägt auf Effektivität und genaue Zeitplanung. Sie sind verunsichert von einem Stillen nach Bedarf, bei dem der Tag nicht immer gut strukturiert ablaufen kann und man oft sehr flexibel reagieren muss, und verunsichert darüber, dass beim Stillen die Trinkmenge des Babys nicht genau abgelesen werden kann. In dem sie nur das zulassen, was über die reine Ratio zu erfassen ist, versuchen sie verkopft alles richtig zu machen. Sie lesen oftmals viele Ratgeber und versuchen deren Inhalte bei ihrem Kind umzusetzen. Sie geben sich unheimlich viel Mühe und machen sich viele Gedanken, aber sie trauen sich nicht, darauf zu hören, was ihr Herz sagt. Vielfach wollen sie sehr bald nicht mehr stillen, weil sie gerade in der ersten Zeit mit dem Kind viel Zeit und Geduld investieren müssten. Oft heißt es da: „Das ist mir einfach zu viel Mehrerei ... Schade um die schöne Zeit, die ich da verplempere ... Ich hab dafür gar keine Ruhe, wenn ich daran denke, was ich in der Zeit alles schaffen könnte ... Ich kann den Tag überhaupt nicht richtig planen." Auch für diese Mütter spielt folgerichtig die baldige Rückkehr in den Beruf, abgesehen von der finanziellen Seite, eine immense Rolle – weil für sie die Leistung zählt, die deutlich sichtbar und abrechenbar ist, und weil sie ihren Selbstwert darüber definieren.

Über die vielen Jahre, in denen ich mit Müttern zu tun hatte, habe ich ferner beobachtet, dass die wunden „Punkte" in unserer Seele das Entfalten von Mütterlichkeit belasten bzw. auch ernstlich behindern können. Mit „wunden" Punkten meine ich *seelische Verletzungen*, die uns mehr oder weniger stark in der Tiefe unserer Persönlichkeit getroffen haben, wo etwas in uns zerbrochen ist. Zu den in der frühesten Kindheit gemachten Erfahrungen kommen möglicherweise noch viele schlimme Ereignisse dazu, wie zum Beispiel die Scheidung oder Trennung der Eltern, schwere Krankheit oder der Tod von nahestehenden Personen, süchtige oder gewalttätige Eltern, sexueller Missbrauch. Aber auch die bei vielen immer wieder zerbrechenden Beziehungen hinterlassen vielfach schwere Spuren in der Seele. Gerade weil bei uns Frauen Denken und Fühlen so miteinander verwoben sind, kann es sein, dass wir, so lange die Verletzungen nicht verarbeitet und geheilt sind, davon „besetzt" sind. Eine Frau, die gar nicht wusste, wie sehr mich diese Dinge bewegen, erzählte mir, sie sei täglich bei allem, was sie denkt und tut, davon beeinflusst, von ihrem Vater missbraucht und von ihrer Mutter nie geliebt worden zu sein. Sie sei entsetzt darüber, wie viel sie von ihrer inneren Frustration an ihre Kinder weitergegeben habe.

Gerade auch Missbrauch oder Vergewaltigung sind schwere Traumata, die im Zusammenhang mit Schwangerschaft und Geburt wieder berührt werden können und „posttraumatische Belastungsstörungen" auslösen können, wodurch die Bindung zum Kind nicht richtig aufgebaut werden kann. Auch in solchen Fällen kommt man nicht ohne fachkundige Hilfe aus. Folgendes erlebte ich vor Jahren in der Stillberatung: Eine junge Mutter – das Kind neun Wochen alt – fragte mich, ob sie wieder anfangen könnte, Muttermilch abzupumpen. Da mich diese Frage ziemlich irritierte, fragte ich genauer nach, um mir ein Bild von ihrer Situation machen zu können. Sie war für mehrere Tage krank gewesen und hatte vom Arzt die Empfehlung bekommen, ihre Milch für diese Zeit zu verwerfen, sprich: abzupumpen und wegzuschütten. Zu meinem Erstaunen erzählte sie mir, dass sie vorher nicht gestillt, sondern von vornherein abgepumpt und dann mit der Flasche gefüttert hatte. Was mich allerdings erschütterte, war der Grund ihres Vorgehens: Sie sagte mir, dass sie es nicht fertigbringen würde zu stillen, weil sie niemanden an ihrer Brust ertragen könne. Sie habe diesbezüglich etwas Schreckliches erlebt, nämlich bei ihrem ersten sexuellen Kontakt. Sie war sechzehn Jahre alt und war bis dahin noch mit niemandem zusammen gewesen. Alle ihre Freundinnen meinten, sie sei nicht normal, und so habe sie es eben auch hinter sich bringen wollen. Das wäre einfach nur furchtbar gewesen, einfach entsetzlich. Diese Wunde blockierte sozusagen ihre Stillbeziehung.

Unsere seelischen Verletzungen können auch noch eine direkte, gefährliche Komponente in sich bergen, und zwar selbst dann, wenn wir das niemals wollen. Karl-Heinz Brisch sprach in einem Vortrag von „Geistern" im Kinderzimmer, nämlich dann, wenn das Baby bzw. Kleinkind zufällig genau diesen „Punkt triggert", d.h. den bisher verdrängten, damit verbundenen Schmerz auslöst. Sein Beispiel: Eine nette junge Mutter kommt in seine Praxis und erzählt unter Tränen, sie sei „völlig ausgerastet" und habe ihr Baby schlimm geschüttelt, weil es sie an den Haaren gezogen hatte. Die junge Frau war als Mädchen derb an den Haaren gezogen worden. Aber ihr Baby hat das nicht wissen können. Sie selbst hatte bis dahin weder etwas von diesem schlummernden „Geist" geahnt, noch davon, dass er derartige Reaktionen bei ihr auslösen könnte.

Es gibt auch Mütter, die über weite Strecken sehr mütterlich, sehr liebevoll mit ihrem Kind sind; sie haben ein positives Verhältnis zum Stillen ... alles läuft wunderbar und erfreulich ... bis zu einem bestimmten Punkt. Eine Frau erzählte mir zum Beispiel: „Ich habe mein Kind zehn Monate gestillt und war rund um die Uhr für es da. Da habe ich schließlich genug für mein Kind getan. Jetzt muss ich wieder an mich denken." Das hieß in ihrem Falle dann wieder berufstätig sein, was sie bereits vor der Geburt für diesen Zeitpunkt fest eingeplant hatte. (Finanzielle Not lag nicht vor.) Da schließlich jede Mutter für sich selbst und für ihr Kind verantwortlich ist, muss man diese Entscheidungen akzeptieren. Ohne einen Beweis dafür zu haben, scheint mir aber eine solche *Grenzziehung* eben auch viel mit jener Grenze zu tun zu haben, die die eigene Mutter in ihrer Liebe zu den jungen Müttern, als sie selbst so klein waren, gezogen hat. Auf einem Stilltreffen erzählte mir eine Frau etwas Ähnliches: Sie liebe ihr Kind über alles, sie stillte es bis weit in die Kleinkindzeit hinein. Sie sagte, dass sie bei ihrem Kind eigentlich immer ein gutes Gespür gehabt hätte, bis es plötzlich versagte. Sie hätte dann auf einmal „gar keinen Plan" mehr gehabt und wäre bei allem, was ihr Kind anging, unsicher geworden. Sie vermutete selbst, dass der Zeitpunkt ihres eigenen Krippeneintrittes mit 1 ½ Jahren damit zu tun haben müsste. Ihre Mutter hatte zu diesem Zeitpunkt einen Einrichtungsplatz für sie bekommen und sie abgegeben.

Diese Frau hat ein großes Plus, nämlich dass es ihr bewusst geworden war, woher ihre plötzliche Unsicherheit wahrscheinlich rührte. Alles was einem bewusst wird, kann bewusst verarbeitet werden, was Voraussetzung dafür ist, dass es nicht wiederholt wird. Vieles steckt unbewusst in uns.

Wir Deutschen sind ein Volk, dem spätestens mit Johanna Haarer mit Blick auf die einfühlsame mütterliche Liebe spürbare Grenzen gesetzt worden sind. Unsere Mütter – und schon unsere Großmütter – waren angehalten, uns möglichst „kurzzuhalten", uns schreien zu lassen. Alle diejenigen hatten großes Glück, die eine Mutter hatten, deren „Herz" einfach stärker war als alle Vorschriften und Umstände. Aber viele haben eben geschrien … im eigenen Bett, … im eigenen Zimmer, … schon auf der Entbindungsstation …, bis die vier Stunden um waren … Zärtlichsein und Zuwendung gratis und zwischendurch wurde verpönt – den Müttern wurden so ihre Kinder entfremdet.

Aus dem Westen höre ich immer wieder von Fachleuten, die größte Sorge junger Eltern scheine zu sein, ihr Kind (mit Nähe) zu verwöhnen. Auch hier im Osten ist das die allergrößte Sorge. Nur hier geht die Sorge bei vielen noch einen Schritt weiter: Ein Kind gilt meist dann als verwöhnt, wenn es schreit, wenn man es woanders abgibt.

Die jungen Mütter (und Väter) haben durch die Krippenbetreuung selbst einen solchen Verlust an Geborgenheit, Wärme und Mutternähe verinnerlicht, dass sich das in verschiedener Weise im Verhalten ihren Kindern gegenüber widerspiegeln kann.

Feinfühlige Empfindungen bzw. instinktgemäße Impulse sind oftmals entweder blockiert oder werden als falsch wahrgenommen und ganz schnell verdrängt. Die blockierten bzw. abwehrenden (s. o.) Gefühle bezeichnet man auch als ein Abgespaltensein von dem „inneren Kind", das man selbst war. Dieses Abgespaltensein von sich selbst kann den gefühlsmäßigen Zugang zum eigenen Kind erschweren.

Selbst in Stillgruppen, wo eigentlich bemühte und offene Mütter zu finden sind, kann man immer wieder heftige Diskussionen erleben, oder man muss mit versteckter bis offener Ablehnung rechnen, wenn es um mütterlich-einfühlsames Handeln geht. So erzählte mir zum Beispiel eine Stillberaterin auf einem Stilltreffen, was sie erlebt hatte. Sie hatte in ihrer Stillgruppe etwas zum Thema Beikost gesagt und natürlich erwähnt, dass diese wegen der Reife des kindlichen Darmes erst nach dem vollendeten sechsten Monat zugeführt werden sollte. Eine Mutter war bei diesem Treffen zum ersten Mal da. Sie sagte nicht viel und kam zum nächsten Treffen nicht wieder. Eine andere Frau traf sie kurz danach und lud sie wieder ein. Da wurde sie richtig böse über die Zumutung, dass sie sechs Monate stillen sollte. Sie wolle nur vier Monate stillen und keinen Tag länger. So ein „Muttertier" wolle sie nicht werden.

Eine Hebamme erzählte in einem Geburtsvorbereitungskurs, wie auf die Grundbedürfnisse des Kindes nach Nähe eingegangen werden kann und vom „Stillen nach Bedarf". Da explodierte eine Frau förmlich und erklärte, sie denke nicht daran, sich von einem „kleinen Balg" den ganzen Tagesablauf diktieren zu lassen. Wo käme sie denn da hin!

Eine meiner Freundinnen erzählte vom Rückbildungskurs. Sie war eine der wenigen, die noch stillte. Eines der Babys fing an, sich zu melden. Die dazugehörige Mutter rührte sich nicht. Das Baby wurde immer unruhiger, meiner Freundin schoss die Milch ein. Die dazugehörige Mutter rührte sich nicht. Das Baby schrie lauthals. Die kursleitende Hebamme meinte zur Mutter, sie könne ruhig nach ihrem Baby sehen. Die Mutter antwortete: „Ach wo, da muss es schon noch anders aufdrehen!" Schließlich sah die Hebamme nach dem Kind.

Vor Jahren erlebte ich Folgendes in der kinderchirurgischen Station einer Uniklinik in unserer Region: Nach einem Unfall sollte ich mein eigenes jüngstes Stillkind (1 ½ Jahre alt) allein zur Operation zurücklassen. Unter Aufbietung aller meiner Nerven und Kräfte bestand ich darauf, bei meinem Kind zu bleiben und auch mit ihm im Zimmer übernachten zu dürfen, was mir erst nach einem Gespräch mit dem leitenden Professor zugestanden wurde.

Zeitgleich mit mir wurde ein Gespräch mit einer Mutter eines drei Monate alten Babys geführt, das im Bauchraum operiert werden musste. Auch ihr wurde gesagt, dass sie nicht in der Klinik bleiben könne. Das mache nichts, antwortete sie, sie wolle sowieso abstillen. In dieser Nacht hatte ich die Wahl, die Nacht auf dem Fußboden, auf dem Stuhl hockend oder mit im Kindergitterbett zu verbringen. Letzteres war nicht so schlimm, weil meine Statur das zulässt. Aber trotzdem tat ich in dieser Nacht kein Auge zu, obwohl mein Kind friedlich schlief. Das abgegebene Baby schrie im Nebenzimmer, bis man im Morgengrauen nur noch ein heiseres Wimmern hörte. Von der Mutter verlassen … Von aller Welt verlassen … Die Nachtschwester hatte offenbar auch kein Erbarmen oder keine Zeit. Ich traute mich nicht aufzustehen, um mein eigenes operiertes Kind nicht zu wecken. Mir blutete das Herz. Diese Nacht werde ich nie vergessen.

Frau K. ist eine der wenigen Frauen im Osten, die ihr kleines Kind nicht vor dem dritten Lebensjahr in eine Kita geben will. Regelmäßig bekommt sie Druck seitens der Verwandtschaft. Eine Verwandte, die ihr Kind vor Kurzem bereits mit einem Jahr abgegeben hat, tut sich da besonders hervor. Als Frau K. sagt, sie möchte nicht, dass ihr Kind nach ihr weint, antwortet diese Verwandte, dass „bisschen Weinen" sei doch „halb so schlimm", die hörten schon wieder auf. Empfindet sie so, weil sie wohl auch nicht erhört worden ist?

Eine andere junge Mutter gab ihr kleines acht Monate altes Mädchen zur Eingewöhnung in die Kita ab. Wochen später erzählte sie einer Bekannten, das Kind habe furchtbar geschrien, „wie ein Tier". Es sei ihr schon nahegegangen. Aber sie habe eben unbedingt arbeiten wollen, weil sie auch einmal wieder etwas Abwechslung brauche und das Geld sowieso. Da habe sie „es eben durchgezogen". Es denkt sich keiner mehr etwas dabei. Es ist einfach normal … Eventuell aufkommende Gefühle werden unterdrückt, weil man es nicht einordnen kann und weil es niemand bestätigt.

Ich beobachte auch immer wieder, dass Mütter unsicher sind, wenn es ums Trösten geht. Wenn ein Kind sich zum Beispiel gestoßen hat, reagieren manche möglicherweise gar nicht oder sagen: „Es hat ja gar nicht wehgetan" oder „Halb so schlimm". Obwohl sie ja gar nicht wissen können, wie weh es dem Kind getan hat. Oder es kommt: „Sei nicht so wehleidig! Willst bloß wieder im Mittelpunkt stehen!" Manche lachen merkwürdig unsicher, fast verlegen. Ihnen fehlt das Muster des Trostspendens, Bestätigen des Schmerzes, in Arm nehmen, Stillen usw.

Hinter der ganzen großen Angst zu verwöhnen, scheint eine andere große Angst zu stecken, nämlich die Angst, ausgenutzt zu werden, frei nach dem Motto: „Reicht man den kleinen Finger, wollen sie (die Kinder) die ganze Hand." Dahinter steht möglicherweise die Angst, mehr geben zu müssen, als man selbst bekommen hat oder in diesem Leben zurückbekommt bzw. die Angst vor zu großer Abhängigkeit; eventuell aber auch die Angst, in der Liebe mehr geben zu sollen, als man geben kann. Deshalb vermute ich, dass hinter den vielen „Grenzziehungen" der Liebe letztlich auch die eigene Angst vor fester Bindung steckt.

Eine weitere Facette dieses offenbar massenhaft vorhandenen, mehr oder weniger tiefsitzenden Bindungsproblems ist ein weitverbreitetes, *mangelndes Gespür für den natürlichen Bindungsinstinkt des Kindes*. So werden meiner Erfahrung und Beobachtung nach viele Babys und Kleinkinder schon vor und dann weiter auch neben der Einrichtungsbetreuung von „Hand zu Hand" gereicht: Gleich einmal 10 bis 14 Tage zu den weit entfernten Großeltern, an diesem Wochenende zu der einen Freundin und übernächstes Wochenende zu der anderen, dann wieder zu einer Tante usw., und zwar ohne Mama. Ein anderer Fall: Die Eltern eines zum Beispiel vier Monate alten Babys planen einen 14-tägigen Urlaub im Ausland ohne Kind. Das wird zur Oma gebracht und, falls es gestillt wurde, kurz vorher schnell abgestillt.

Eine meiner Verwandten fragte zum Beispiel ihre Nachbarin, die ihr einjähriges Enkelkind in gewissen Abständen tagelang auch über Nacht bei sich hat, wie denn das mit dem Kleinen so ohne Mama ginge. Schließlich wusste sie von mir, dass das mit meinen Kindern in dem Alter nicht ohne Tränen und großen Kummer abgegangen wäre. Diese antwortete verwundert, dass das überhaupt kein Problem sei. Wenn das Kind zu Hause sei, wäre es ja auch in der Einrichtung. Das wäre „bei so vielen fremden Personen". Das sei es gewöhnt. Und überhaupt, *ihre* Kinder wären ja auch in der Krippe gewesen. Das habe noch niemandem geschadet.

Mir wird immer ganz anders zumute, wie teilweise unbekümmert und auch in gänzlicher Unkenntnis der entsprechenden Risiken kleinen Kindern die Chance zur festen Bindung genommen wird. Ein sachdienlicher Tipp in diesem Zusammenhang ist meist vergeblich, denn er wird einem mit großer Wahrscheinlichkeit nicht geglaubt. Schließlich protestieren diese Kinder nicht (mehr). Damit signalisieren sie ihrem Umfeld, dass alles in Ordnung ist. Die „unsichere Bindung" oder eine „Bindungsstörung" sieht man schließlich nicht (so einfach), nur die späteren Folgen. Diese werden dann wiederum nicht damit in Zusammenhang gebracht.

Zu den dünnen nervlich-emotionalen Reserven, dem mangelnden Feingefühl wegen fehlender Liebes-Muster, kommt bei manchen Müttern noch dazu, dass ihnen durch den Einrichtungsbesuch auch noch rein *praktische Erfahrungsmuster fehlen*: Wie gebe ich meinem Alltag Struktur, ohne dass mir jemand das von außen vorgibt; wie lebe ich den Alltag mit einem kleinen Kind; was tue ich im Haushalt wann und wie – bis hin zum Kochen selbst einfacher Gerichte – und wie „verflechte" ich das immer wieder mit dem Eingehen auf das Kind? Genau das haben viele nie richtig erlebt und es deshalb nicht „eingespeichert". Es sind ja, wenn zum Beispiel ein zweites Geschwisterchen geboren wurde, die jeweils ersten Kinder meistens trotzdem den ganzen Tag in den Kindergarten bzw. in die Krippe gebracht worden. Daher haben manche Mütter, abgesehen von der ohnehin abgerissenen Stilltradition, trotz vorhandener Geschwister ihre Mutter bei der Babybetreuung und im Haushalt zu wenig beobachten können. Es fehlt vielen ein gutes Vorbild.

Selbst Mütter, die erkannt haben, worauf es ankommt, und die es anders machen wollen, als sie es erlebt haben, haben es auf dieser Basis nicht leicht. Es freut mich immer wieder, wenn manche sich zäh auf den Weg begeben und versuchen, über ihren Schatten zu springen. Sie bezeichnen es oft als ein langsames Hineintasten. Eine Mutter sagte zu mir, jede, aber auch jede Situation mit ihrem Kind wäre ihr völlig neu, und sie würde zunächst immer wieder hilflos sein.

Ich schrieb bereits im Kapitel 4 ausführlich darüber, dass das, was wir an Gutem oder an Schlechtem in der frühesten Prägezeit erfahren haben, in uns steckt, und dass wir das meist an unsere Kinder weitergeben. Nur so kann man sich erklären, dass der Vier-Stunden-Rhythmus, der Nuckel, die Flasche, das getrennte Schlafen, die Sauberkeitserziehung mit einem Jahr und das frühe Weggeben im Osten so ein festgefügter Maßstab sowohl der jungen Mütter als auch des gesellschaftlichen Umfeldes ist, obwohl Informationen und Fakten zum Muttersein heute unumschränkt zugänglich sind und ein Recht auf drei Jahre Erziehungszeit besteht. Genau das hat man erfahren und auch immer wieder gesehen. Das legt der empathischen Mütterlichkeit die „Fesseln" an, und zwar an der Persönlichkeitsbasis der Mutter. Die meisten wollen wirklich das Beste, aber sie erkennen es oft nicht bzw. es kann sich in ihnen nur schwer „Bahn brechen".

Es hängt einfach unheimlich viel daran, wie bindungsfähig eine Mutter ist, auf welche emotionalen Reserven und auf welche inneren „Muster" sie zurückgreifen kann. Es ist schließlich unendlich schwer zu lieben, wenn man selbst keine bzw. zu wenig verlässliche und spürbare Liebe bekommen hat. Da fehlen dann schon manchmal sowohl der „Nerv" als auch die Nerven für das Kind. Das nervt möglicherweise seinerseits, denn es hat bereits ebenfalls einen leeren Liebestank, oder es „klagt" nicht mehr viel ein.

Genauso konnte ich umgekehrt erleben, dass Mütter, die als Kinder geborgen und gefühlsoffen von ihrer Mutter zu Hause betreut worden sind, meist ebenso warmherzig mit ihren Kindern umgehen und eher bereit sind, sie ebenfalls länger zu Hause zu behalten. Hans-Joachim Maaz beschrieb diesen Gesamtzusammenhang ausführlich in seinem Buch „Der Lilith-Komplex".[210]

Viel wäre hier zu tun, um Mütter in ihrer Mütterlichkeit zu stärken, nämlich ihnen neben den notwendigen Informationen vor allem aber auch „Räume" für ihre innere Heilung zu geben. Ganz wichtig wären das *Erinnern und die Aufarbeitung ihrer eigenen Geschichte* möglichst in einfühlsamer Begleitung, wo Fragen an die Mutter im Mittelpunkt stehen, wie es ihr geht, wie sie sich fühlt, wie sie wann empfunden hat usw. *Denn wenn die Mutter mit sich selbst wieder gefühlsmäßig in Berührung kommt, kann sie sich auch ihrem Kind öffnen. Die Mütter bräuchten selbst noch einmal ein liebevoll-mütterliches Aufgefangen- und Umsorgtwerden.*

Die „Götter in Weiß": Die Rolle der medizinischen Fachleute

Die Mütter werden vor, während und nach der Geburt intensiv von Ärzten, Schwestern und Hebammen betreut. Gerade die Erstgebärenden setzen ihr Vertrauen sehr auf sie, denn „die müssen es ja wissen". Sie sind doch schließlich die Fachleute. So hat das, was sie sagen, wie sie reagieren, was sie empfehlen und verordnen, einen großen Einfluss auf die Mutter, und zwar insbesondere auf das Erwachen ihrer Mütterlichkeit und den Beginn der Mutter-Kind-Bindung. Auch darauf, ob sie zum Beispiel auch in Krisenzeiten, wie es zum Beispiel bei einer Krankheit der Fall ist, bewahrt bleiben kann. Es ist von unschätzbarem Wert, wenn sich Mütter in dieser Beziehung von ihnen respektiert und ermutigt fühlen.

Ich habe es selbst als Wöchnerin erlebt, was für eine positive Langzeitwirkung eine ermutigende Äußerung auf einer Entbindungsstation haben kann: Als ich mein erstes Kind zur Welt gebracht hatte, hatte ich tatsächlich große Zweifel, ob ich stillen könnte; ich befürchtete, es aufgrund meiner Zierlichkeit nicht bewältigen zu können. Ich fragte die Säuglingsschwester beim Entlassungsgespräch nach ihrer Meinung. Sie sah mich einfach an und sagte: „Sie können voll stillen!" Sie sagte das mit einer solchen Überzeugung, dass ich es tatsächlich fest glaubte. Ich bin dieser Schwester noch heute sehr dankbar, denn das hat mich bei den ersten Stillschwierigkeiten ohne Möglichkeit, irgendwo um Rat zu fragen, davor bewahrt, aufzugeben. Die Überzeugungskraft, die in diesem einen Satz lag, hat geradezu Wunder gewirkt.

Die klinische Betreuung von Mutter und Kind nach der Geburt entsprach zu DDR-Zeiten bis auf wenige Ausnahmen in ihren Strukturen und Methoden im Wesentlichen den Vorstellungen der Vorkriegszeit. In einer Säuglingsfibel aus dem Jahr 1972, verfasst von einem leitenden Kinderarzt aus Karl-Marx-Stadt (heute Chemnitz), steht zum Beispiel:

> Das Neugeborene wird im Alter von 12 bis 24 Stunden ... erstmalig der Mutter angelegt. Das geschieht in der Regel 5 Mal am Tage, jeweils im Abstand von 4 Stunden. Aus Gründen der geregelten Erziehung empfiehlt es sich, die Zahl von täglich 5 Stillmahlzeiten ebenso genau einzuhalten wie die Tageszeiten des Anlegens selbst.[211]

Obgleich auch im Osten in den späten 1970er Jahren in manchen Kliniken bereits wieder mehr Wert auf das Stillen gelegt wurde, indem man das

Kind möglichst gleich nach der Geburt der Mutter zum Stillen gab, wirkte dieses Gedankengut im medizinischen Bereich und damit im Modus der stationären Organisation lange nach, teilweise bis heute.

Eine Hebamme aus den neuen Bundesländern, mit der ich erst kürzlich Kontakt hatte, meinte, dass die Maximen der Johanna Haarer letztlich fünf Generationen medizinisches Pflegepersonal in der DDR geprägt hätten. (Ohne dass ihnen das bewusst war, denn die Haarer-Bücher waren nach 1945 auf die Liste der auszusondernden Literatur gesetzt worden und waren damit nicht mehr verfügbar.) So heißt es zum Beispiel in obigem Ratgeber auch weiter:

> Erste Voraussetzung für richtige Kindererziehung ist die Überzeugung der Eltern, dass sich schon der Säugling mit allen seinen Wünschen der Familie und ihrem Lebensrhythmus unterzuordnen hat ... Als erste Erziehungsmaßnahme ist die Gewöhnung des Säuglings an eine bestimmte Zeiteinteilung des Tages ... Besonders wichtig ist das Einhalten einer regelmäßigen Nachtruhe von etwa 8 Stunden ...
>
> (N)immt (man) ... von seinem Schreien keinerlei Notiz, so wird er bald müde und schläft wieder ein. Die Gewöhnung des Säuglings an eine geregelte Tageseinteilung ist die erste Erziehung zur *Selbstbeherrschung* ...[212] [Hervorh. von der Verf.]

Aber auch in der Bundesrepublik schienen Klinikorganisation sowie Methoden und Ansichten des Fachpersonals lange ähnlich gewesen zu sein. Das beschreibt zum Beispiel die Journalistin Carmen Thomas, die in den 1970er Jahren eine Zeit lang in verschiedenen Kliniken hospitiert hatte. Hier einige ihrer Beobachtungen:

> Die Atmosphäre (während der Geburt) war lieblos, steril und unpersönlich ... Entsprechend war auch der Umgang mit dem Neugeborenen. Außerdem wurde es sofort nach der Geburt von der Mutter getrennt.[213]

Und weiter:

> Es werden kaum Anstalten gemacht, sofort (auf das Schreien des Babys) einzugehen, es aufzunehmen, zu trösten und es unverzüglich seiner Mutter dauerhaft zurückzugeben. Man lässt es schreien und behauptet sogar, das sei gut für die Lungen ... Stillen geschieht nach festen Zeiten und nicht auf Verlangen des Kindes ... Mütter sollen Kinder nicht in Hautkontakt und nicht in ihrem Bett haben ... Denn das Kind gehört ab ins Körbchen und nicht an den Leib der Mutter ...[214]

Dazu kam, dass das Haarer-Buch in „bereinigter Form", so unter anderem in Internetlexikon Wikipedia nachzulesen, bis in die 1970er Jahre in fast jedem bundesdeutschen Haushalt zu finden war, dass es von 1945 bis 1987 eine Auflagenhöhe von ca. 1,2 Millionen erreichte und dass es bis in die 1960er Jahre als Lehrbuch in Berufs- und Fachschulen diente. Erst in den 1980er Jahren begann in der Bundesrepublik eine kritische Auseinandersetzung mit Haarers Werken.

Man kann also davon ausgehen, dass die darin enthaltene *Methodik* bezüglich Mutter und Kind in *ganz* Deutschland zum Allgemeingut und damit zur allgemeinen Lebenspraxis wurde, ohne dass man sich ihrer Wurzeln noch bewusst war. Dass das bis heute unser Bindungsverhalten, insbesondere zu den eigenen Kindern, und vieles andere mehr beeinflusst, habe ich bereits anzudeuten versucht.

So etwas wie eine langjährige Klinikroutine ist natürlich nicht von einem Tag auf den anderen zu ändern, zumal solche Prozesse auch die innere Bereitschaft des Klinikpersonals benötigt, dem auch die schmerzhafte Infragestellung des bis dahin für richtig Gehaltenen und persönlich Praktizierten vorausgeht. Umso erfreulicher ist es doch – wie ich es den Internet-Portalen entnehmen konnte –, dass sich in vielen Kliniken in den letzten Jahren doch etwas zum Positiven gewandelt hat: familienorientierte und natürliche Geburt, vollständiges Rooming-in, Stillen nach Bedarf, Begleitung durch eine Stillberaterin usw.

Es ist also einiges auf den Weg gebracht, und es wäre umso dankenswerter, wenn diese Wege weiter verfolgt würden, um die Kliniken auf die Standards der WHO für das „Babyfreundliche Krankenhaus" zu bringen: Auf 47 zertifizierte „Babyfreundliche Krankenhäuser" im Westen kommen gerade einmal drei im Osten und vier in Berlin (Stand August 2009).

Das ist einfach deshalb so wichtig, *weil es mit der Mutter-Kind-Bindung, insbesondere der Stillbeziehung, ähnlich wie beim Fliegen ist: Man braucht einen guten Start und damit gute Startbedingungen.* In „Babyfreundlichen Krankenhäusern" sind diese Startbedingungen optimal, denn die Geburt und die nachgeburtliche Phase laufen so natürlich wie möglich ab: Die Mütter können sofort und ausdauernd unmittelbare Körpernähe zu ihrem Baby haben.

Untersuchungen ergaben, dass Mütter unter derartigen Bedingungen ein deutlich ausgeprägteres Bindungsverhalten (mehr Liebkosungen, mehr Blickkontakt usw.) als Mütter ohne solche direkte Nähe entwickeln.[215] Das würde meine Vermutung und Hoffnung bestärken, dass gutes mütterliches Einfühlungsvermögen auch bei denjenigen Müttern erwachen kann, die selbst viel zu wenig davon hatten, sofern, wie gesagt, die Startbedingungen dafür gut sind.

Es empfiehlt sich, sich vor der Wahl der Klinik bzw. eines Geburtshauses genau zu erkundigen, inwieweit der unmittelbaren Zweisamkeit von Mutter und Kind als Voraussetzung für das Stillen in der jeweiligen Klinikorganisation Rechnung getragen wird.

Denn nach wie vor gibt es Neugeborenenstationen, die kein vollständiges Roming-in haben, von Mutter und Kind in einem Bett ganz zu schweigen, wo gleich nach der Geburt Nuckel und Glukoseflaschen bereitgestellt, wo die Mütter von kranken Neugeborenen und Frühchen räumlich weit getrennt bzw. entlassen werden, wo die Mütter nicht sachkundig zum Stillen angeleitet werden und wo noch davon geredet wird, dass man das Kind ja nicht zu sehr verwöhnen solle, und wo Mütter, die das nicht so wollen, das möglicherweise zu spüren bekommen. So musste sich zum Beispiel eine stillerfahrene Mutter eines vierten Kindes bei der Entlassung Folgendes von der Kinderschwester anhören: „Na ja, Ihnen halte ich jetzt keinen Vortrag, Sie machen ja doch, was Sie für schön halten. Sie werden schon sehen, was Sie davon haben!" Solche und ähnliche hässliche Bemerkungen sollten wirklich der Vergangenheit angehören, denn welch ein guter Impuls kann durch eine gleichlautende, ermutigende und (still)freundliche Haltung und Beratung im Krankenhaus gesetzt werden. Schließlich ist nach der Entlassung die Mutter diejenige, die mit den eventuellen Schwierigkeiten wie Saugverwirrung, mangelnde Milchbildung, wunde Brustwarzen usw. zu kämpfen hat. Nicht jede hat die Kraft, die Nerven und von sich aus das Wissen, um sich doch noch zu einem Stillerfolg durchzukämpfen.

Aus vielen Gesprächen und aus eigenem Erleben weiß ich, dass im Krankheitsfall ebenfalls viel davon abhängt, ob ein Arzt Verständnis für die Stillbeziehung hat. Auch hier gibt es einigen Nachholbedarf. So sind Ärzte zwar hervorragend ausgebildet für die Diagnose und Therapie von Krankheiten, nicht aber für das Bindungsgeschehen zwischen Mutter und Kind. Man versucht die Dinge rational und wissenschaftlich zu erfassen – und dagegen wäre ja auch normalerweise nichts einzuwenden –, wenn man nicht zu oft die Beziehungsdimension bei den eventuell notwendigen therapeutischen Maßnahmen vergäße. Es ist nach wie vor auch ein gewisser Mangel an Information zum Stillen an sich zu verzeichnen, wie folgende Beispiele zeigen: Ein Kinderarzt empfiehlt der Mutter eines dreiviertel Jahr alten Babys, sie könne jetzt mit dem Stillen aufhören, weil Muttermilch ab dem achten Monat wertlos sei. Bei näherer Nachfrage räumt er ein, dass die einzige „Fachliteratur", die er dazu gelesen hat, die Werbeschriften der Babynahrungshersteller sind. Folgende Empfehlung bekam die Mutter eines sechs Monate alten Kindes mit einem Darminfekt von ihrem Kinderarzt: Sie solle mindestens für drei Tage das Stillen unterbrechen, weil Milch bei einem solchen Infekt nicht gut sei. Sie erwiderte, dass ihr bekannt sei, dass gerade in diesem Fall Muttermilch eine Heilnahrung ist, abgesehen davon, wie nötig das Kleine gerade in diesem Unwohlsein seinen vertrauten Trost an der Brust bräuchte. Er meinte daraufhin, er wüsste davon nichts, er hätte das in seiner Ausbildung noch so gelernt.

Wenn die Mutter krank wird, wird es für die Stillbeziehung ebenfalls oft problematisch. So kommt es immer noch vor, dass ein Arzt der kranken Mutter eines fünf Monate alten Babys zum Beispiel bei einer Verordnung eines Antibiotikums verordnet abzustillen, obwohl es alternative Antibiotika gibt. Wenn ein Kind zum Beispiel bereits zehn Monate alt ist, dann scheint ärztlicherseits das Stillen keine Rolle mehr zu spielen, weil das Kind, rein sachlich betrachtet, auch schon anders ernährt werden kann. Stillen wird hier also nur auf den Ernährungsaspekt verengt.

Besonders problematisch wird es vor allem dann, wenn die Erkrankung der Mutter schwerwiegender ist. Da erfolgt die Klinikeinweisung, was meist mit Abstillen verbunden ist; möglicherweise nur nach rein medizinischen Erwägungen, sicher weil es schon immer so war, aber auch weil die Bindung bzw. Trennung unerheblich erscheint. Viele Ärzte meinen es ausdrücklich gut und sind der Auffassung, die Mutter brauche, abgesehen von der Therapie, die Ruhe und den Abstand. Wie das Kind die Dinge verkraftet und wie eine eng mit ihrem Kind verbundene Mutter damit seelisch umgehen soll, spielt bei den Überlegungen meist eine untergeordnete Rolle. Natürlich muss eine Klinikeinweisung erfolgen, wenn sie medizinisch notwendig ist. Aber müssten wir nicht auch daran denken, Möglichkeiten zu finden, dass diese so schonend wie möglich für die Seele des kleinen Kindes ausfällt?

Ich selbst habe damit die entsprechenden Erfahrungen machen müssen: Als eines meiner Kinder gerade ein Jahr und elf Monate alt war, hatte ich mir eine schwere Infektionskrankheit zugezogen. Die Ärztin, die Bereitschaftsdienst tat, wollte mich sofort ins Krankenhaus einweisen. Ich fragte sie, ob ich denn nicht zu Hause bleiben und die entsprechenden Medikamente einnehmen könne, wenn zum Beispiel mein Mann für die Versorgung der Kinder krankgeschrieben bzw. Urlaub nehmen würde. Schließlich stillte ich das Jüngste noch und ich wollte ihm die Trennung von mir ersparen. Da bemerkte sie geringschätzig: „Es wird Zeit, dass Sie mal hier 'raus kommen! Kein Wunder, dass man da krank wird, wenn man nur so zu Hause ist!" Ohne ein weiteres Wort legte sie die Einweisung hin und ging. Es blieb uns also nichts anderes übrig, also brachte mich mein Mann ins Krankenhaus. Schweren Herzens trennte ich mich von meinem Kleinsten, der wohl schon die ganze Zeit schon gespürt hatte, dass etwas Schlimmes im Gange war und sich wie ein kleines verängstigtes Vögelchen benahm. Eigentlich war ich zu krank und zu schwach für diese schweren Sorgen. Dazu kam noch, dass ich, weil ich nicht mehr stillen konnte, befürchtete, im Krankenhaus einen Milchstau zu bekommen. Ich fürchtete mich regelrecht davor zu sagen, dass ich ein so „großes" Kind noch stillte und dass ich eventuell eine Milchpumpe bräuchte. Denn zum Diskutieren hätte ich keine Kraft gehabt. Aber wie durch ein Wunder kam mir ein ganz besonderer Umstand zu Hilfe: Der Assistenzarzt, der die Anamnese machte, war ein Schwarzafrikaner. So traute ich mich, das Problem mit dem drohenden Milchstau anzusprechen. Wie anders doch reagierte er auf meine Mütterlichkeit: Er strahlte über das ganze Gesicht und meinte bezüglich meiner Stillzeit: „Wie bei uns zu Hause ..." Als ich entgegnete, dass wir hier von den afrikanischen Müttern wieder viel zu lernen hätten, strahlte er noch mehr: „Ja, die Frauen hier haben zu viel Hobby im Kopf." Er sagte, er würde mir eine Milchpumpe besorgen. Das war Völkerverständigung am Krankenbett! Ich war dankbar für das Glück im Unglück und fühlte mich „rehabilitiert".

Als ich allerdings nach drei Wochen halbwegs wiederhergestellt entlassen wurde, war mein Jüngster völlig verstört, obwohl sich die Oma und seine Geschwister liebevoll um ihn gekümmert hatten. Mein bisher so ausgeglichenes Kind hatte plötzlich mehrere heftige Schreiattacken am Tag. Damals ahnte ich, was ich heute weiß, nämlich dass ein solcher Bindungsverlust und die damit verbundene Angst eine derartige Aggressivität auslöst. So tat ich etwas sehr „Unvernünftiges": Ich stillte mein Kind weiter, und zwar entgegen den wirklich wohlgemeinten Ratschlägen meiner Umgebung, die meine Gesundung im Blick hatte. Ich bin da meinem Herzen gefolgt. Heute bin ich heilfroh, dass ich es so gemacht habe. So konnte der Riss in der Seele meines Kindes geheilt werden, was übrigens Monate dauern sollte.

Gerade an diesem Erlebnis wurde mir auch deutlich, dass Ärzte und das Gesundheitswesen genauso durch ihren Kulturkreis und ihren ganz persönlichen Werdegang geprägt sind wie jeder andere Mensch. Wie relativ reserviert man noch immer in Deutschland einer natürlichen Mütterlichkeit gegenüber ist, wird darin deutlich, dass der Bundesverband der Kinderärzte längeres Stillen und gemeinsames Schlafen mit dem Kind ablehnt (➤ Kap. 2) und neuerdings laut Verlautbarung vom 25. Februar 2007 offiziell auch kein Risiko mehr im Krippenbesuch sieht, und zwar entgegen eigener wissenschaftlicher Erkenntnisse.[216] Das finde ich ausgesprochen traurig. Wie großartig und weitreichend für das Gedeihen von Kindern und für ein glückliches Muttersein wären die Bestärkung und die Unterstützung der Mütterlichkeit durch die Ärzte. Wie sehr bräuchten wir sie als Verbündete!

Ich habe zum Beispiel vor ein paar Jahren Folgendes erlebt: Während eines Verwandtenbesuchs bekam ich plötzlich heftige Rückenschmerzen und suchte den nächsten praktischen Arzt auf. Dieser wollte mir zunächst eine Spritze mit einem starken Schmerzmittel geben. Als ich nachfragte, ob denn dieses Mittel beim Stillen unbedenklich sei, erkundigte er sich nach dem Alter des Kindes. Ziemlich zaghaft antwortete ich: „Zwei Jahre." Doch es kam ganz unerwartet: „Das ist ja wunderbar. Wissen Sie, ich bin fast vier Jahre gestillt worden!", antwortete er mit einem strahlenden Lächeln: „Machen Sie sich keine Sorgen, das Medikament ist für ihr Kind unbedenklich." Nach einer solchen wohlwollenden Reaktion ging es mir sofort viel besser, weil ich mich angenommen fühlte. Besser kann man es sich nicht wünschen.

„Guter Rat ist teuer" – Unwissenheit und Desinformation

Nach wie vor ist die Unwissenheit zum Stillen, aber noch viel mehr zum Tragen, gemeinsamen Schlafen und auch zur Bedeutung des verlässlichen Daseins groß. Auch fast zwanzig Jahre nach der Wende haben meiner Erfahrung nach nur wenige darüber sichere Kenntnisse. Es ist so etwas wie Insider-Wissen. Weil die Öffentlichkeit offenbar kein Interesse hat, das zu ändern, scheint mir vorerst wenig Besserung in Sicht.

Die Werbung für künstliche Milchnahrung ist hier zum Beispiel unrühmlich zu nennen. Mit psychologischer Raffinesse wird zwar vorangestellt, dass Stillen wichtig sei. Dann aber werden geschickt mit vielem „Wenn" und „Aber" Zweifel und Unsicherheit gesät und vertieft sowie vor allem die dringende „Notwendigkeit" der Nahrung ab dem soundsovielten Monat suggeriert – denn schließlich wolle man ja, wie die Mutter, nur das „Allerbeste" für die Kinder.

Ferner stiften Ratgeber der vielfältigsten Art Verwirrung pur, weil eben die widerstreitensten Ansichten vertreten werden. Immer wieder sagen Mütter, dass sie einfach nicht wüssten, welcher Auffassung sie nun glauben sollten. Ich kenne das aus eigener Erfahrung und habe herausgefunden, dass nur die Empfehlungen tragfähig sind, die auf der Basis der Liebe erteilt werden; die die Grundbedürfnisse des Kindes im Blick haben und die die Bindung bzw. die Liebesbeziehung des Kindes zu seinen Eltern fördern und vor allem nicht beschädigen. Wenn ich mir sehr unsicher war, habe ich einfach versucht, mich in mein Kind hineinzuversetzen und mich gefragt, was ich selbst wohl bei diesem oder jenem empfinden würde. Und wenn ich selbst etwas nicht wollen bzw. ich etwas furchtbar empfinden würde, dann habe ich das auch meinem Kind nicht zugemutet.

In diesem ganzen Wirrwarr brauchen wir *Instinktsicherheit und Feinfühligkeit*, die durch intensive Nähe zu unserem Kind entsteht. Im Einzelnen ist dann das, was wir (er)spüren, meistens das Richtige.

Allerdings muss auch festgehalten werden, dass so manche Unwissenheit ihre Ursache in einem ganz besonders gearteten Desinteresse an natürlicher Mütterlichkeit hat. Denn wenn eine Frau sich mit Mütterlichkeit einlässt, lässt sie sich fast automatisch mit sich selbst ein, d. h. mit ihrer eigenen frühen Kindheitsgeschichte. Das kann weh tun. Da viele gar nicht ahnen, was sie da spüren, wollen sie offenbar gar nicht daran rühren, gar nichts davon wissen.[217] Denn was ich nicht weiß, macht mich nicht heiß! Auch das scheint mir ein Grund zu sein, warum schon eine reine Informationsweitergabe zu Fragen der Mütterlichkeit und den Grundbedürfnissen eines kleinen Kindes manchmal so schwierig ist.

„Wie zwei Königskinder":
Die fehlende Nähe zwischen Mutter und Kind

Wir sehen heute die weitreichenden Folgen dessen, dass über Generationen hinweg Müttern die Kinder bereits im Kreißsaal weggenommen wurden bzw. sie ihre Kinder 24 Stunden nicht gesehen und gefühlt haben. Die wichtige erste Bindung konnte so nicht entstehen. Das lähmte die natürliche mütterliche Empathie und bahnte dadurch vielfach eine weitere Entfremdung bzw. Trennungsbereitschaft. Da wir Menschen dazu neigen, das, was wir erfahren haben, wieder an die nächste Generation weiterzureichen, ist das auch – und ganz besonders – im Hinblick auf die Umstände und Nöte unserer ersten Lebenstage so: Wir haben auch heute noch nicht in allen Kliniken ein vollständiges Rooming-in (in vielen Kliniken werden die Kleinen nachts noch immer ins Kinderzimmer geschoben). Eigentlich ist ja auch ein Rooming-in noch nicht das, was Baby und Mama brauchen, um zueinanderzufinden, sondern sie brauchen den unmittelbaren Haut- und Körperkontakt, also das Liegen in einem Bett (bedding-in): die Bindung nach der Entbindung, die traute Zweisamkeit zum Kennenlernen als Basis erfolgreichen Stillens (➤ Kap. 2). In allen natürlichen Kulturen war und ist das selbstverständlich.

Auch nach der Entlassung haben wir im häuslichen Alltag eine Kultur der Distanz: extra Kinderbett, Kinderzimmer ... Die Autositze, in denen das Kind bleibt, statt zum Beispiel im Wartezimmer auf den Schoß genommen zu werden, oder später die Sportwagen mit Blick des Kindes in Fahrtrichtung ... alles eigentlich verpasste Beziehungspflege zum Kind und eigentlich alles Dinge, die im Kopf sitzen; dazu gehört zum Beispiel auch die Angst, zu sehr zu verwöhnen usw. Einerseits ist bereits mütterliche Empathie erwacht, andererseits wird sie durch das geprägte Distanzverhalten behindert – die Mutter traut sich nicht, mehr Nähe zuzulassen. Allein eine solche Ambivalenz kann je nach Wesensart des Babys und sonstiger familiärer Situation schon zu erheblichen Belastungen führen, die Mutterglück, Babyglück und Stillen gefährden, die dann möglicherweise auf der Strecke bleiben.

So wie die enge Bindung zum Kind die Bereitschaft eben wiederum zu mehr Nähe, zu mehr Bindung führt und sich dadurch auch Einfühlungsvermögen und Erziehungskompetenz gut entwickeln, so ist es auch umgekehrt: *Je mehr Distanz gelebt und geschaffen wird, je häufiger und länger Mutter und Kind getrennt voneinander sind, desto distanzierter verhält sich tendenziell die Mutter.*

Je distanzierter die Beziehung einer Mutter zu ihrem Kind bereits ist (aus welchem Grund auch immer), so scheint es mir, desto größer ist ihre innere Bereitschaft, es in fremde Hände zu geben. Es ist ein Teufelskreis. Die bereits erwähnte NICHD-Studie ergab hierzu zum Beispiel, dass eine Mutter weniger sensibel im Umgang mit ihrem Kind von 6, 15, 23 und 36 Monaten ist und die Harmonie in der Mutter-Kind-Interaktion immer weiter abnimmt, je früher und umfassender es zu einer außerfamiliären Betreuung kommt. Bei unsensiblen Müttern wird diese Beziehung schon bei zehn Stunden Fremdbetreuung pro Woche problematischer.[218] Das heißt konkret: Je länger die Mutter tagsüber von ihrem kleinen Kind getrennt war, umso weniger ist sie im Bilde darüber, was mit ihm war und wie es sich fühlt. Es fehlt ihr einfach ein Stück „Film". Da ist es schwer – wenn man von einem Arbeitstag gestresst und tausend Dinge im Kopf hat, die dann noch schnell erledigt werden müssen – Einfühlungsvermögen zu entwickeln. Da dem Kind die Mutter als *der* Orientierungspunkt fehlt (➤ Kap. 5), werden die Interaktionen zwischen Mutter und Kind unmerklich geringer, selbst wenn sie dann da ist. Das ist dann sicher auch keine Absicht, sondern es passiert einfach so, ohne dass es besonders bemerkt wird.

Ich hatte zum Beispiel vor einiger Zeit die Gelegenheit, eine Mutter und ihr knapp dreijähriges Kind in einer fremden Umgebung mit vielen fremden Leuten über mehrere Stunden hinweg zu beobachten. Dieses Kind schien ganz unkompliziert zu sein. Aber irgendetwas war anders, als ich es von meinen und vielen anderen Kindern her kannte. Es war die geringe Bezogenheit von Mutter und Kind zueinander, die mir so auffiel. Sie hatten während der ganzen Zeit so gut wie keinen Blickkontakt zueinander und haben kaum ein Wort miteinander gewechselt. Dieses Kind war bereits mit acht Wochen in die Kita gekommen. Damit war der Kontakt zwischen Mutter und Kind zwangsläufig schon lange sehr eingeschränkt. Sie hatten sich offenbar nichts zu sagen. Es erscheint mir, auch von der Situation einer Mutter her gesehen, wirklich fragwürdig, ob die verbleibende geringe Zeit des Tages mit dem kleinen Kind als echte „Qualitätszeit" gelingen kann. In unserem Kulturkreis gleichen Mutter-Kind-Paare häufig den zwei Königskindern aus dem alten Volkslied, die zwar „einander so lieb hatten", aber nicht zusammenkommen konnten, weil einfach „das Wasser viel zu tief war".

„Mutterseelenallein": Die fehlende Kultur des Bemutterns der Mutter

Werden Mütter aus der Klinik entlassen, müssen sie meist irgendwie allein mit dem Baby zurechtkommen. Wenn sie Glück haben, kann der Papa für ein paar Tage Urlaub machen, dann hilft noch für zwei Wochen die Oma. (Positiv schlägt da jetzt die Väterzeit zu Buche, die manche Väter gleich nach der Geburt nehmen.) Aber dann erwarten mehr oder weniger alle, und vor allem auch die Mütter selbst, dass sie wieder allen Alltagsanforderungen und dem Baby spielend gerecht wird. Sie hat möglicherweise die immer lächelnde Mutter aus der Fernsehwerbung vor Augen und hat so irgendwo im Hinterkopf, dass das Ganze ja keine richtige Arbeit ist, sondern eine Art Urlaub (das ist möglicherweise wieder speziell im Osten so). Schließlich ist man ja den ganzen Tag zu Hause. Es hieß ja wirklich einmal „Erziehungsurlaub". Ich erinnere mich da an eine völlig erschöpfte junge Mutter, die sich mit den Worten in meinen Sessel fallen ließ: „Das Ganze nennt sich nun Urlaub!"

Hat eine Mutter schon ein oder mehrere größere Kinder und ein Baby mit besonders intensiven Bedürfnissen oder gibt es familiäre Belastungen und seelische Probleme im Vorfeld gibt es außerdem finanzielle Sorgen oder Probleme, weil die Mutter alleinerziehend ist, brauchen wir uns nicht zu wundern, warum das Stillen nicht klappt, warum Mutterglück nicht empfunden wird, warum Bindung auf der Strecke bleibt, warum Mütter sich nach ihrem Büro sehnen bzw. warum sich schleichend aus völliger Erschöpfung (Burn-out) heraus eine postpartale Depression entwickeln kann. Diese sind zunehmend nicht mehr nur unmittelbar im Wochenbett zu beobachten, sondern auch Wochen und Monate später.

Wir haben die Kultur des Umsorgens der Mutter verloren. Einerseits weil es natürlich ohnehin schwieriger geworden ist, (groß)familiäre Bindungszusammenhänge im Alltag zu leben, und andererseits durch Beziehungsschwierigkeiten – zum Beispiel zwischen einer jungen Mutter und ihrer Mutter –, widerstreitende Meinungen über Stillen und Babypflege usw., sodass potenzielle Hilfe innerhalb der Familie manchmal auch unterbleibt. Wir haben aber auch vergessen, wie überlebenswichtig eine Mutter für ihr Baby, wie wichtig ihre natürliche Mütterlichkeit als Antwort auf die Grundbedürfnisse eines kleinen Menschenkindes ist. *In unserer Gesellschaft wurde der Mutter, der Mütterlichkeit und der Mutter-Kind-Bindung der Wert aberkannt. Wozu sie also in diesem Punkt unterstützen?!*

Wir haben eine Kultur der Distanz. Was ich in diesem Zusammenhang als besonders fatal empfinde: Die allermeisten Hilfsangebote, die offiziell Müttern und Familien unterbreitet werden, sind Hilfen zur Distanz, zur Trennung – wie zum Beispiel die Krippen –, und nicht zur Bindung. Wenn es zum Beispiel auf einer Entbindungsstation heißt „Lassen Sie Ihr Kind ruhig bei uns im Kinderzimmer und ruhen Sie sich aus." ist das zwar gut gemeint, aber ungünstig für die erste Bindung. Ich betone noch einmal, auch die Mutter braucht ihr Baby. Nur braucht sie insgesamt Entlastung und das Gefühl, nicht immer allein mit allem dazustehen. In Zeiten der

Großfamilie war die Mama auch die primäre Bindungsperson; aber die anderen Familienmitglieder waren eben auch mit involviert und fühlten sich verantwortlich. Das machte schon ein hohes Maße an Entlastung aus, wenn der Großvater zum Beispiel ein größeres Kind einmal zu den Ziegen mitnahm, wenn die Großmutter alte Geschichten vorlas etc.

Wie ein echtes Mütterparadies aussieht, hörte ich in einem Vortrag auf einer Stilltagung. So ist es bei den Newar in Nepal:

> Dort verbringen die jungen Mütter nach der Geburt, die bei der Familie des Vaters stattfindet, vier bis sechs Tage in Stille und Harmonie im abgedunkelten Gebärzimmer. Wenige vertraute Frauen versorgen sie viermal täglich mit speziellen Speisen und allem Nötigen. Die Hebamme besucht Mutter und Kind zweimal am Tag und massiert Kind und Mutter mit einer Ganzkörpermassage. Mutter und Neugeborenes haben also ganz viel innigen Körperkontakt und ungestörte Zeit, um sich in Ruhe kennenzulernen und das Stillen zu üben, und die Mutter bekommt selbst viel echte Zuwendung. Besuche sind grundsätzlich verboten ...
>
> Danach gibt es für Mutter und Kind in der Familie einen Begrüßungstag und sie wird geehrt wie eine Königin. Nach zwei bis drei Wochen beginnt für die Mutter der Wöchnerinnenurlaub; dazu wird sie für zwei bis drei Monate in ihre eigene Herkunftsfamilie geholt und dort ganz besonders behandelt. Sie darf keinerlei Arbeiten übernehmen, genießt viel Aufmerksamkeit und Pflege und wird wie ein Feriengast respektiert. So kann sie sich ganz unbelastet mit ihrem Baby beschäftigen. Sie spielt mit ihm. Massiert es zweimal täglich und lernt es kennen. Auch sie selbst wird täglich massiert. Wen wundert es, dass bei den Newar Wochenbettdepressionen und Schreibabys unbekannt sind.[219]

Auch in unseren Breiten gab es einmal ein Bemuttern für die Mutter. In einer Region Thüringens zum Beispiel gab es die „Wochensuppe": Da kochten die Frauen eines Dorfes während der ersten Wochen reihum für die Familie mit, in der ein neues Baby geboren war. (Leider verkam dieser Brauch zu einer Schachtel Pralinen.) Und so ist es auch gemeint, wenn die Afrikaner sagen: „Um ein Kind großzuziehen, braucht man ein ganzes Dorf." Das „Dorf" entlastet und umgibt die Mutter fürsorglich, damit sie Kraft hat, für ihr Kind mütterlich zu sorgen, d.h. Bindung zu ihm aufzubauen und zu leben.

Viele Frauen müssen heute ihre kleinen Kinder ohne oder fast ohne dieses „Dorf" großziehen. Sie müssen und dürfen sich der Tatsache bewusst sein, dass das eine schwere Aufgabe und eine harte Arbeit ist. Sie sollten selbst auf vernünftiges Essen und Schlaf (ohne Schlechtes Gewissen auch tagsüber) achten, Prioritäten setzen; überlegen, was wirklich wesentlich ist und jede Hilfe annehmen, die möglich ist. *Aber sollte nicht auch eine moderne Gesellschaft Möglichkeiten schaffen können, Mütter so zu unterstützen, dass sie mütterlich handeln können?* (➤ Kap. 9)

„Du bist nichts wert":
Die mangelnde Anerkennung des Mutterseins

Wir Menschen brauchen Anerkennung, Bestätigung und Lob. Je mehr wir uns für etwas einsetzen, desto mehr brauchen wir sie. Jeder gute Chef weiß seine Mitarbeiter mit Anerkennung zu motivieren. Mit viel Lob und Anerkennung gelingt die Erziehung der Kinder.

Wird einem Menschen die persönliche oder gar gesamtgesellschaftliche Anerkennung für das, was er tut oder was er ist, versagt, sinkt irgendwann seine Motivation auf den Nullpunkt. Alles das, was keinerlei Bestätigung mehr findet, will dann automatisch kaum noch jemand tun. So ist das mit dem Muttersein in unserer Gesellschaft. Ich meine hier mit Muttersein nicht nur, dass eine Frau ein Kind bekommen hat, sondern die Lebenssituation, die eigenen Kinder zu umsorgen, sie zu erziehen und (mindestens im Kleinkindalter beständig und zuverlässig) für sie da zu sein.

Muttersein findet keine finanzielle Anerkennung; sprich: es fehlt ein richtiges Gehalt. Immerhin haben Forscher in Großbritannien jetzt ermittelt, wie viel Geld Mütter eigentlich im Jahr verdienen müssten: Es sind 40.000 Euro, mehr als der britische Durchschnittslohn.[220] In Deutschland gilt das Entsprechende. Wir Vollzeitmütter bekommen nicht das, was wir verdienen. Wir gehen quasi leer aus. Aber nicht nur das. Wir bekamen von den Politiker/-innen im Familienministerium mit der Elterngeldregelung von 2007 einen „Tritt": Die Vollzeitmütter werden, wenn sie noch ein Kind bekommen, so behandelt, als hätten sie bis dahin *nicht gearbeitet*, und bekommen deshalb den niedrigsten finanziellen Satz, während Mütter, die vorher außer Haus berufstätig waren, entsprechend ihres Lohnes Elterngeld erhalten. Und das, obwohl wir eine wichtige, vielleicht die wichtigste gesellschaftliche Arbeit überhaupt leisten. Immerhin verdienen Mütter dadurch, dass sie Kinder großziehen, für diejenigen die Rente, die keine haben. Als ich meinen ersten Rentenbescheid gelesen habe, ist mir bald schlecht geworden. Da habe ich es schwarz auf weiß gesehen, wie viel wert ich als Mutter bin, die sich persönlich um ihre Kinder gekümmert hat. Natürlich würde mir da jeder sagen, dass ich das wohl hätte wissen müssen. Ich hätte eben nicht vier Kinder bekommen dürfen, sondern höchstens eines oder zwei und dann immer voll berufstätig sein und die Kinder abgeben müssen. Mir geht es da wie vielen Frauen im Westen.

Mit der finanziellen Missachtung steht die gesellschaftliche Geringschätzung des Mutterseins in engem Zusammenhang. Sie hat darin ihre Basis. Weil Muttersein in unserer Gesellschaft einen so geringen Stellenwert hat, zumindest von denen, die politisch und ideologisch das Sagen haben und die bestimmen, wer bzw. was finanziell gefördert wird, haben wir noch kein Erziehungsgehalt. Genau deshalb werden Familien immer wieder mit Almosen abgespeist.

Mutter- und Hausfrausein wird nicht nur nicht entsprechend anerkannt, nein, es wird diffamiert. Damit die Mütter ihr Verhalten ändern und die Arbeit an ihren Kindern und in ihrer Familie verlassen, ist ein stetiges Diffamieren nötig. Ein Beispiel hierfür ist das Schweden der 1970er Jahre: Da haben die Vertreter der damaligen Regierung Olof Palmes den „Tod der Hausfrau verkündet" und geäußert, „dass die Hausfrau ins Museum gehöre ... eine große Tageszeitung erklärte, dass die Hausfrauen ‚Verräter' seien ... Unzählige Frauen jeden Alters verloren ihren Stolz und ihr Selbstvertrauen und wurden von dem System eingefangen". (Flankiert von finanziellem Druck durch den familienfeindlichen Umbau der schwedischen Einkommenssteuer.[221]) In der DDR war es ganz ähnlich. Seit den 1970er Jahren läuft es langsam aber sicher auch in der Bundesrepublik so und wird jetzt in ganz Deutschland forciert. Da es im Westen bisher ja kaum Krippen gab, also meistens wenigstens die kleinen Kinder zu Hause betreut wurden, gibt es dort noch Mütter, die mehrere Jahre Hausfrau bzw. Vollzeitmütter waren und die das auch für sich bejahen können. Für den Osten der Bundesrepublik kann man dagegen getrost konstatieren, dass der Ruf der *Mutter und Hausfrau* restlos ruiniert ist. Es kommt eigentlich kaum noch jemand auf die Idee, das sein zu wollen. Selbst Frauen, die nicht arbeiten gehen, weil sie arbeitslos, arbeitsunfähig oder gerade in der Elternzeit sind, würden sich keinesfalls als Hausfrau verstanden wissen wollen. Die „Hausfrau" gibt es faktisch nicht mehr bzw. kaum noch. (Ich bin sozusagen ein seltenes Exemplar.) Ich grausle mich jedes Mal, wenn es darum geht zu erklären, was ich denn beruflich so mache. Wenn es gut geht, ernte ich bei meinem Gegenüber einfach nur Erstaunen; und wenn ich von meinen vier Kindern rede, ein gewisses Verständnis verbunden mit der Bemerkung, dass man unter diesen Umständen nicht noch arbeiten gehen könne. So sage ich manchmal, ich leite einen Familienbetrieb, ich bin Familienmanagerin oder ich bin freischaffend. (Dass ich damit den abgewirtschafteten Begriff „Hausfrau" umgehe, merkt meistens keiner.) Am liebsten sage ich, dass ich Mutter von vier Kindern bin und nicht außer Haus arbeite.

Die sozialistische Propaganda hat ganze Arbeit geleistet – und natürlich das so gewöhnte und geprägte Leben ohnehin! Diese Dinge haben sich in den Herzen der Menschen festgesetzt. Wer würde schon gern – vor anderen oder auch vor sich selbst – als faul, veraltet, hausbacken, als „Häppchen dumm" oder gar als „Luxusweib" gelten wollen, das es nicht nötig habe zu arbeiten? Oder wer wagt es, aus der Reihe zu tanzen und einfach etwas anderes zu tun? Oder wer ist so „egoistisch", seinem kleinen Kind das Kinderkollektiv und die frühkindliche Bildung vorzuenthalten?

Es geht letztlich auch darum, was unausgesprochen als „normales" Leben empfunden wird und was nicht.

Ich erinnere mich an Mitte der 1990er Jahre, als ich mit meinem dritten Kind schwanger war. Bei einer Familienfeier meinte jemand, wie sehr sich doch meine beruflichen Wiedereinstiegschancen nun weiter verschlechtert hätten – ich war zu diesem Zeitpunkt ja bereits mehrere Jahre mit meinen Kindern zu Hause. Da kam mir eine andere Verwandte zu Hilfe und meinte: Wieso, es wäre doch jetzt „Westen" und da sei es doch keine Schande mehr, Hausfrau zu sein. (Zu ihr waren die westlich-feministischen Bestrebungen offenbar noch nicht gedrungen.) Aber so war die moralische Stellung der wenigen vollzeitlichen Mütter in der DDR: „eine Schande"! Eine Stellung weit unter „null".

Deshalb ist das heutige Klima im Osten der Bundesrepublik für gelebte Mütterlichkeit im Allgemeinen nach wie vor davon bestimmt. Es vergeht fast kein Stillgruppentreffen, wo nicht irgendetwas Derartiges zur Sprache kommt. Man könnte wohl folgende Regel aufstellen: *Je mütterlicher eine Mutter lebt und handelt* (gemäß Kap. 2), *desto mehr Probleme bekommt sie vielfach mit ihrem unmittelbarem Umfeld.* Diese Probleme steigern sich teilweise bis zur Unerträglichkeit. Rechtfertigungsdruck bis Mobbing raubt den Müttern von kleinen Kindern, in denen Mütterlichkeit erwacht ist, kostbare Kraft, verunsichert sie wieder und attackiert ihre Selbstachtung. Auch dann, wenn mütterliches Empfinden in einer Frau unsicher und zaghaft erwacht, kann es passieren, dass irgendwer daherkommt und dieses zarte „Pflänzchen" plattwalzt. Wollte man alles aufschreiben, was Müttern auf diesem Gebiet begegnet, würde das wohl Bände füllen. Deshalb will ich hier nur eine kleine Auswahl dessen folgen lassen, was sie sich so anhören müssen:

- „Was, du stillst immer noch! Gib dem Kind doch mal was Richtiges!"
- „Du bist doch nur zu faul, die Flasche zu kochen."
- „Du bist doch nur zu faul, arbeiten zu gehen."
- „Dein armer Mann muss das Geld alleine verdienen."
- „Was, du willst am Herd versauern?" (Die Alternative war in diesem Falle eine Arbeit an der städtischen Müllsortieranlage!)
- „Mach nicht so viel ‚Ruß' um das Kind, kein Wunder, dass du so kaputt bist. Um uns wurde früher auch nicht so viel ‚Ruß' gemacht."
- „Was manche heute für einen Zirkus machen! Wir sind früher drei Schichten arbeiten gegangen – Kind in der Krippe ... Das hat auch keinem geschadet ..." (Eine Passantin auf der Straße zu einer Mutter mit Kind im Tragetuch.)
- „Du verwöhnst das Kind total. Du wirst schon sehen, was du davon hast."

- „Was, Stillen nach Bedarf? Du lässt dich ja von schon von dem Kind dirigieren, kaum dass es da ist. Wie soll denn das mal später werden?"
- „Wenn du nicht so viel mit dem Kind 'rummehren würdest, was meinst du, was du im Haushalt schaffen könntest. Wie das hier wieder aussieht!"
- „So 'n Kind muss in zwanzig Minuten abgewickelt sein."
- „Das Kind wird immer unselbstständig bleiben, das kriegst du mal nie los."
- „Willste nicht bald mal wieder arbeiten gehen?"
- „Ist dir nicht zu Hause zu langweilig?"
- „Es wird Zeit, dass Du auch mal wieder etwas tust."
- „Was, drei Jahre willste zu Hause bleiben? Du musst doch verrückt sein. Du wirst so ein richtiges olles Wessi-Weib."
- „Du entwickelst dich immer mehr zum Negativen."
- „Was, du stillst immer noch, da kannste doch gleich zu den Negern in den Busch gehen. Du bist eben schon zu lange zu Hause, man sieht schon, wie du verblödest."
- „Nun klammern Sie mal nicht so!" (Das war die Reaktion einer Erzieherin darauf, dass eine Mutter ihr dreieinhalbjähriges Kind vom Kindergarten als Mittagskind vor dem Mittagessen abholen und ihr Einjähriges noch gar nicht abgeben wollte.)

Der Gerechtigkeit halber will ich erwähnen, dass es immer wieder Menschen gibt, die sich davon faszinieren lassen, wie innig es zwischen Mutter und Kind zugehen kann.

Im Allgemeinen aber sehen sich einfühlsame Mütter einer unangenehmen Atmosphäre ausgesetzt. Ein junges Ehepaar, dass mit im elterlichen Haus wohnte, sah sich zum Beispiel gezwungen, auf dem großen Grundstück der Schwiegereltern am anderen Ende noch ein Haus zu bauen, weil die Schwiegermutter die junge Mutter bei jedem Stillen mit der Bemerkung „Wieso stillste nun schon wieder …?" bedachte.

Eine andere Mutter sagte zum Beispiel einmal zu mir, sie habe sich die Zeit mit ihrem Kind nicht so anstrengend vorgestellt. Sie erzählte, dass sie jedes Mal, wenn ihre Eltern kämen, erst Möbel umräumen müsse. Sie dürften auf keinen Fall mitkriegen, dass ihr Kind immer noch im Elternbett schlafen würde und so müsste sie jedes Mal schnell das Kinderbett wieder aufstellen, was ihr sonst aber im Weg stünde. Sie habe, seit das Kleine lebe, um alles diskutieren und sich rechtfertigen müssen. Sie habe dafür einfach keine Kraft mehr.

Verhaltensformen wie diese ziehen sich auch durch andere Bereiche des Lebens durch: Vor einiger Zeit kam ich mit einer Rechtsanwältin ins Gespräch, die erst vor Kurzem aus Süddeutschland hergezogen ist. Sie ist im

Familienrecht tätig. Sie erzählte mir entsetzt, dass eine hiesige Richterin allein aus der Tatsache, dass eine Mutter ihr Kind mit zwei Jahren noch *nicht* in einer Kindereinrichtung hatte, schloss, dass sie eine schlechte (!) Mutter sei.

Was (stillenden) Müttern und ihren Kleinkindern, die familienrechtliche Probleme haben, im Übrigen teilweise zugemutet wird, ist unbeschreiblich. Was los ist, wenn zum Beispiel ein Richter verfügt, dass ein einjähriges Stillkind alle 14 Tage für ein Wochenende ohne Mama zu dem ihm bis dahin fremden, weil getrennt und weit entfernt lebenden Vater soll, nur weil der Vater ein Recht auf das Kind hat, kann eben nur der ermessen, der eine Vorstellung davon hat, wie ein solches Kind normalerweise reagiert. Ich habe mehrfach erlebt, dass die Tränen von Mutter und Kind ignoriert wurden.

Auch im Bereich anderer Behörden und Ämter bekommen Mütter möglicherweise ein mütter- und kinderfeindliches Klima zu spüren; so zum Beispiel eine alleinerziehende Mutter: Als Wöchnerin mit einem gerade 14 Tage alten Baby, die auch noch ein Zweijähriges zu Hause betreute, bekam sie einen Milchstau und hatte bereits Fieber. Ihr Frauenarzt verordnete unter anderem Bettruhe und eine Haushaltshilfe. Die Krankenkasse hingegen lehnte die finanzielle Übernahme dieser Haushaltshilfe ab, weil die medizinische Indikation angeblich nicht ausreichend gegeben sei. Bis heute hat diese Mutter dadurch Schulden und im Moment weder Kraft noch Nerven, ihr Recht einzuklagen.

So versuchen Mütter meist, „irgendwie" durchzukommen, bestimmte Situationen zu umgehen, zu schweigen oder sich zurückzuziehen, nur um endlich in Ruhe gelassen zu werden. Das Unverständnis für emphatische Mütterlichkeit ist *auch* ein Grund für die Einsamkeit von Müttern. Eben weil wir Gefühle haben, die sonst niemand zu haben scheint bzw. die von anderen als „falsch" hingestellt werden. Uns fehlt so etwas wie ein gesellschaftlicher „Raum", wo mütterliche Gefühle akzeptiert, wertgeschätzt und für normal gehalten werden, wo wir Bestätigung finden, wo uns Mut gemacht wird und wo wir auch einmal abgespannt sein dürfen, ohne Bemerkungen wie die folgenden zu hören: „Bist doch selber schuld, was stillste auch immer noch." oder „Gib das Kind doch einfach in die Einrichtung, da haste deine Ruhe.". Mütterlichkeit braucht wieder normale gesellschaftliche Akzeptanz und nicht nur ein paar „Nischen", in die wir uns zurückziehen. (Auch wenn diese, wie zum Beispiel Stillgruppen und Internet-Foren, sehr wichtig sind.) Im Osten sind wir meiner Wahrnehmung nach davon ziemlich weit entfernt. Wir haben hier das „Schlaraffenland" des Feminismus. Bei uns ist das schon Realität, wovon dieser offenbar träumt.

Ich erwähnte es bereits, dass das, was der Sozialismus mit „Schaftstiefeln" eingetreten hat, unter demokratischen, freiheitlichen Verhältnissen auf „Samtpfoten" daherkommt. Aber nur auf den ersten Blick. Spätestens der zweite Blick zeigt, dass das „Antidiskriminierungsgesetz" nicht für Mütter gilt, die ihr Muttersein leben wollen. Was hat die politischkorrekte Medienwelt unter dem Deckmantel der Objektivität und unter Ausnutzung der Meinungsfreiheit, verbunden mit geschickter Manipulation, nicht alles für Beleidigungen auf Lager: das „Heimchen am Herd", das „Versauern" an diesem, das „Haustier" bzw. „Sexualobjekt des Mannes", der „Mythos Mutter", die „Opferfalle", die „Herdprämie" usw.

Am 3. September 2008 verfasste das europäische Parlament eine „Entschließung zu den Auswirkungen von Marketing und Werbung auf die Gleichstellung von Frauen und Männern". Darin forderte die Mehrheit der EU-Parlamentarier, dass die „Hausfrau an Herd oder Waschmaschine" in der Fernsehwerbung zu verschwinden habe, weil diese „diskriminierende oder entwürdigende Botschaften …, die die menschliche Würde verletzen"[222], enthielten. Einmal abgesehen davon, dass man sich verzweifelt fragt, wieso Leute, die so etwas verzapfen, ein ansehnliches Gehalt bekommen, bleiben hier selbst dem sanftmütigsten Menschen einige Fragen: Wohl jeder, auch Berufstätige, stehen an diesen Geräten, sofern sie ihre Wäsche nicht mit der Hand waschen oder sie keine Haushaltshilfe haben. Werden auch sie durch solche Werbung diskriminiert oder ist es nur dann diskriminierend, wenn man vollzeitlich und unentgeltlich zu Hause arbeitet? Wie ist das weiter mit den Haushalthilfen oder Angestellten in Altersheimen, Krankenhäuser und dergleichen, die ebenfalls tagtäglich an Herd und Waschmaschine stehen? Oder ist nur eine Frau an der Waschmaschine eine diskriminierende Darstellung, während es gemäß Gender den Mann grundsätzlich aufwertet? Dürfen wir uns also zukünftig die Frau in der Werbung nur noch am PC im Büro oder ölverschmiert mit Vorschlaghammer vorstellen? Oder ist es nicht vielmehr so, dass der radikale Feminismus die Mutter und Hausfrau selbst zum Feindbild erklärt hat? Ich bin im Sozialismus aufgewachsen und habe deshalb einige Erfahrungen mit Feindbildern. Feindbilder werden gebraucht, um ihren Gegenstand zu bekämpfen oder zu beseitigen. Wird die Mutter zum Feindbild, will man letztlich erreichen, dass die Mütter nicht mehr als Mütter leben. *Der Feminismus hat nicht nur die Männer als Feindbild, sondern auch die Mütter.* Die Mutter soll aus dem öffentlichen Bewusstsein verschwinden und so beginnt man damit, ihr Bild, wie obiges Beispiel zeigt, in den Medien verschwinden zu lassen.

Aber damit nicht genug. Es gibt Bestrebungen, das Wort Mutter und damit alles das, was die Menschen damit verbinden, aus der Öffentlichkeit zu verbannen: So hat der Europarat das Wort Mutter kurzerhand abgeschafft. Das Wort Mutter diskriminiere Frauen und sei ein „sexistisches Stereotyp", so eine Berichtsvorlage für die Parlamentarische Versammlung des Europarates, vertreten von der Schweizer Nationalrätin und Feministin Doris Stump. „Der Begriff Mutter", so berichtete Hans Thomas, soll „in den Medien der 47 Mitgliedsstaaten nicht mehr verwendet werden. Bei der Abstimmung am 25. Juni 2010 wurde ‚Mutter' aus dem Bericht entfernt".[223]

Ich fragte mich oft, woher so viel Lebensfeindlichkeit kommt? Ohne das hier vertiefen zu können, es ist eine Lebensfeindlichkeit mit gravierenden Folgen: Der Feminismus hat schließlich weltweit die Abtreibungsgesetzgebung liberalisiert. Immerhin sterben nach Angaben der Weltgesundheitsorganisation jedes Jahr ca. 42 Mio. Kinder im Mutterleib durch Abtreibung, und viele ihrer Mütter leiden danach unendlich, seelisch und körperlich.[224]

Innerhalb der Frauenrechtsbewegung, die in bestimmten Punkten historisch ihre Berechtigung hatte, *ist das Muttersein als elementare Daseinsweise und Würde des Frauseins negiert und ausgeklammert worden*. Übrig geblieben ist der heutige Feminismus mit der falsch verstandenen Emanzipation, der uns einredet, dass wir uns angeblich überall besser entfalten und dass wir überall unersetzlicher und wichtiger sind, als bei unserem (kleinen) Kind. Dann erst dürfen wir zufrieden sein. Wenn wir gegen unsere eventuell aufkommenden mütterlichen Gefühle handeln, sie unterdrücken, „alles" miteinander vereinbaren, uns hetzen und uns stressen, dann nennt sich das „Selbstverwirklichung". Mit Hilfe der geschickten Manipulation, wie frau heute *zu sein und zu leben hat,* und durch oben geschilderte Faktoren, die die Mütterlichkeit „fesseln", sind Mütter heute vielfach bereit, so zu leben bzw. das „Gewünschte" anzustreben. Sie merken es meist gar nicht, dass sie dem *Gedankengut einer Ideologie* aufsitzen.

Interessanter-, aber leider auch unheilvollerweise, besteht im Augenblick eine ganz merkwürdige *Interessenallianz zwischen Feminismus und Großkapital.* Denn die auf Profit, d. h. auf Gewinnmaximierung und Kostensenkung orientierte Wirtschaft braucht kurzfristig qualifizierte Fachkräfte. Es wird jetzt spürbar, dass wir nicht genug Nachwuchs in verschiedenen Bereichen, aber auch als Volk, haben. Da muss die Wirtschaft einfach daran interessiert sein, dass sich die gut ausgebildeten jungen Mütter nicht allzu lange bei ihren Kindern aufhalten. Noch dazu, wenn man ihnen, so wie es immer wieder verlautbart wird, weniger als den Männern bezahlt. In der DDR brauchte man die Frauen als Arbeitskräfte zum Aufbau des Sozialismus, sprich: für die ineffektive Produktion. Das hat man – wie ich bereits nachwies – mit den gleichen feministischen Wendungen verbrämt wie heute, wo es um den kapitalistisch organisierten Markt geht. Was würde wohl der alte Marx dazu sagen, dass sich der von ihm definierte, sogenannte „antagonistische (unüberbrückbare) Widerspruch" zwischen einer linken

Ideologie wie dem Feminismus und den „Profitinteressen des Kapitals" heute aufgelöst hat und in schönster Eintracht daherkommt?

Das Familienministerium unter Ursula von der Leyen (CDU) hat 2006 zusammen mit dem DGB und den Spitzenverbänden der deutschen Wirtschaft das Unternehmensnetzwerk „Erfolgsfaktor Familie" gegründet, laut Homepage der CDU „zur Verwirklichung einer familienfreundlichen Arbeitswelt".[225] Dabei geht es um die öffentliche Kofinanzierung betrieblicher Krippenplätze für die Unternehmen, damit die Arbeitskraft „Frau" möglichst lückenlos für das Unternehmen zur Verfügung stehen kann. Ich möchte hier noch einmal daran erinnern, dass der DGB sogar einen Krippen- und Kitazwang anstrebt und langfristig politische Mehrheiten dafür schaffen will. Der DGB, sonst immer straff im Arbeitskampf gegen das Kapital, arbeitet hier „Hand in Hand" mit den Profitinteressen der Unternehmer. Wie gut Sozialismus und Kapitalismus doch zusammenpassen!

Der „Familienreport 2009" aus dem Familienministerium ist in diesem Zusammenhang ebenfalls lesenswert: Eine „nachhaltige Familienpolitik wirft eine positive, zum Teil beträchtliche Rendite ab. Das gilt in volkswirtschaftlicher, aber auch in betriebswirtschaftlicher Hinsicht".[226] „Es geht nicht mehr darum, mit einer familienfreundlichen Politik etwas ‚Gutes' tun zu wollen. Längstens ist Familienpolitik unverzichtbarer Bestandteil einer guten Wirtschaftspolitik"[227], wird Thomas Straubhaar, Direktor des Hamburger Weltwirtschaftsinstitutes, zitiert. „Wenige Kinder und eine geringe Erwerbsbeteiligung der Frauen vergrößern die volkswirtschaftlichen Probleme, die das Älterwerden unserer Gesellschaft mit sich bringt"[228], konstatierte Bert Rürup. Was im Familienreport unter „familienfreundlich" und „nachhaltig" verstanden wird, ist alles das, was der Rendite nützt. Aber das zweite Zitat könnte auch aus DDR-Zeiten stammen, etwa so: Mütter, die nicht berufstätig sind, schädigen die Volkswirtschaft!

Bei genauem Hinsehen wird Müttern unterschwellig sogar vorgehalten, die Volkswirtschaft gleich doppelt zu schädigen; zum einen entzögen sie ihr ihre eigene Arbeitskraft unmittelbar und zum anderen enthielten sie angeblich ihrem Kind die Bildungseinrichtung Krippe und damit später der Wirtschaft eine besser ausgebildete Arbeitskraft vor. Dazu passt die Pressemitteilung über die Krippenstudie der Bertelsmann-Stiftung:

> Die Bertelsmann-Stiftung ließ am Beispiel der Geburtsjahrgänge 1990 bis 1995 ... analysieren, wie hoch der volkswirtschaftliche Nutzen einer Erhöhung der Krippenbetreuungsquote gewesen wäre. Hätten 35 Prozent der Kinder eines Jahrganges eine Krippe besucht, wäre insgesamt ein Nutzen von durchschnittlich 2,1 Milliarden Euro pro Geburtsjahrgang entstanden. Nach dem berechneten Szenario entgeht der deutschen Volkswirtschaft ab 2009 für die sechs untersuchten Jahrgänge damit insgesamt ein Nettonutzen von 12,6 Milliarden Euro.[229]

Die Autoren der Studie gehen offenbar davon aus, dass das, was vorne an Geld sozusagen in Form von Krippen-Unterrichtseinheiten in einen Menschen hineingesteckt wurde, hinten als Profit wieder herausbekommt. Sie gehen ferner davon aus, dass Kinder, die von ihrer Mutter betreut werden, generell dümmer bleiben. Da hat man wohl die „Rechnung ohne den Wirt", sprich die Bindungsgesetze, gemacht.

Bei der ganzen Frage der Erwerbstätigkeit der Frauen scheint im Übrigen kaum jemandem aufzufallen, dass viele Frauen die Berufe, die die Industrie sucht, gar nicht ausüben. Meiner Wahrnehmung nach wird außerdem übersehen, dass es im sozialen, kulturellen und Bildungsbereich bereits viele ausgebildete Frauen, wenige Männer und außerdem wenig freie Stellen gibt.

Auch der Staat als solcher hat ein zunehmendes Interesse an der Erwerbstätigkeit der Frau. Je mehr Frauen erwerbstätig sind, desto mehr zahlen auch Steuern.[230] Ein nicht zu verachtendes Plus in Zeiten hoher Schulden im Staatshaushalt! Wenn Frauen erwerbstätig sind, zahlen sie ferner zum einen Beiträge in die Krankenkassen ein, statt familienversichert zu sein, und zum anderen Rentenbeiträge in die arg belastete Rentenversicherung.[231]

Es gibt viele Frauen, die sogar meinen, möglichst deshalb ununterbrochen arbeiten gehen zu müssen, um mit den Beiträgen ihre spätere Rente zu sichern. Welch ein Irrtum! Ihre jetzigen Beiträge sichern die Renten der Rentner von heute. *Nur* Kinder werden später für unsere Renten sorgen können. Sonst nichts und niemand.

Sowohl Wirtschaft als auch Politik haben also ein ganz klares Interesse an der Doppelbelastung der Frau: Man will beides von ihr – die Erwerbstätigkeit und die Kinder. Auf der Homepage der CDU steht Folgendes: „Die Vereinbarkeit von Familie und Beruf ist Kernbestandteil christlich-demokratischer Politik."[232]

Um es noch deutlicher zu sagen: *Frauen sind derzeit* – und das ist ja nichts Neues – *nur Teil eines macht- und wirtschaftspolitischen Kalküls. Sie sollen günstige Arbeitskräfte, Steuerzahlerinnen, Rentenbeitragszahlerinnen und Krankenkassenbeitragszahlerinnen sein und ganz „nebenbei" auch noch Kinder bekommen und „durchziehen". Sie werden benutzt, und der Feminismus liefert dazu den wohlklingenden Begriff „Vereinbarkeit".*

Feministinnen pochen überall „gendergerecht" auf die weibliche Anrede: „Bürgerinnen und Bürger", Wählerinnen und Wähler", sodass öffentliche Redner fast einen Knoten in die Zunge bekommen. (Die absonderlichste Variante fand ich in einem Jugendkalender für unsere Region: Es ging um Mitglied*erinnen* und Mitglieder; im Deutschen heißt es aber *das* Mitglied.) *Aber wenn es tatsächlich um Weiblichkeit und um ihr großartigstes Potenzial* – das Muttersein – *bzw. die Mütterlichkeit geht*, wird diese abgelehnt. Wer von vornherein gern wie ein Mann sein bzw. leben möchte, dem müsste doch eigentlich so etwas wie die „gerechte Sprache" und damit die weibliche Anrede gleichgültig sein. Aber wir haben es mit einer Ideologie zu tun. Eine Ideologie ist nicht unbedingt logisch – das war im Marxismus/Leninismus genauso. Eine Ideologie trifft Festlegungen, die unabhängig von ihrem Wahrheitsgehalt gesellschaftliche Realität werden sollen. Die wahren Ziele werden meist verschleiert. Der Öffentlichkeit werden die Zukunftsfähigkeit und die Tragfähigkeit der Festlegungen nicht bewiesen: So hat man in unserem Fall ideologisch festgelegt, dass Kinderbetreuung in Einrichtungen besser als die zu Hause sei. Indem man alles tut, Erstere zu fördern, soll sie allgemein üblich werden. Den Beweis, dass Kinderbetreuung in Einrichtungen besser ist, als die zu Hause durch die Mutter, bleibt man indes schuldig. Der Gegenbeweis, nämlich dass Einrichtungsbetreuung eher schadet als nützt, ist wissenschaftlich längst erbracht. Das aber wird der Öffentlichkeit bezeichnenderweise weitgehend vorenthalten.

Ferner wird propagiert, dass berufstätige Arbeit gesellschaftlich generell wertvoller ist als die Arbeit einer Mutter. Aber es fehlt der Beweis, dass es für eine Gesellschaft wirklich wertvoller ist, als Verkäuferin am Supermarkt an der Kasse zu sitzen, als seinem Kind sein Breichen zu füttern. Es fehlt der Beweis, dass es für eine Frau wertvoller ist, in einer Sparkasse Bankkunden zu beraten, anstatt ihr Kind zu Hause zu stillen. Es fehlt der Beweis, dass es gesellschaftlich effektiver ist, als Logopädin bei einem fremden Kind die bereits vorhandenen Sprachdefizite zu behandeln, als beim eigenen Kind mit persönlicher Anwesenheit dafür zu sorgen, dass es keine bekommt. Wer bestimmt eigentlich, dass das Muttersein, die Arbeit an den eigenen Kindern, mit einem „Nur" belegt wird bzw. werden darf, und zwar ohne den Hauch eines Beweises?! Es ist und bleibt eine willkürliche, ideologische Festlegung, die nicht bewiesener und wahrer wird, nur weil sie in der Öffentlichkeit gebetsmühlenhaft wiederholt wird.

Aber auch das „Nur", also die Geringschätzung und Nichtachtung des Frau- und Mutterseins, ist eigentlich nichts Neues. In der Geschichte sahen Männer lange auf den „Weiberkram" herab. Das Weibliche und Mütterliche wurden im Vergleich mit den „männlichen" Arbeiten und Zielen auf dieser Welt oftmals als etwas Niedrigeres und Dümmeres eingestuft.[233] Der Bogen der Nichtachtung der mütterlichen Leistungen ist dabei so weit überspannt worden, dass Frauen begonnen haben, die „männlichen" Domänen dieser Welt zu erobern, um endlich öffentlich und offiziell Anerkennung zu finden. Nur so kann ich es mir erklären, dass diejenigen Frauen, die die Befreiung der Frauen von dieser männlichen Geringschätzung betreiben, *genau diesen männlichen Standpunkt eingenommen haben*, und dies, obwohl sie die Männer doch so gering schätzen. Ist es nicht paradox und bezeichnend zugleich, dass die feministischen Frauen alles Weibliche (lat. *femina*, die Frau) und Mütterliche mit einem „Nur" belegen?[234]

Wie klein und gedemütigt das Muttersein heute ist, fällt mir unter anderem immer dann auf, wenn gesagt wird, eine Mutter, vor allem eine von kleinen Kindern, sei bzw. melde sich *arbeitslos*. Wie kann denn eine Mutter arbeits-los sein? So etwas gibt es doch gar nicht. Zeigt sich da nicht, wie widersinnig und ver-rückt unsere Zeit ist? Wenn Mütter auf Arbeitsämtern arbeitslos gemeldet sind, um sich andere, eben bezahlte Arbeit zu suchen – warum auch immer –, dann ist doch das ein Indiz dafür, dass die Arbeit der Mutter gesellschaftlich *nichts zählt*, und zwar im doppelten Sinne des Wortes.

Zum Kontext der Geringschätzung der Mutter gehört auch, dass man meint, sie könne das Kind gar nicht erziehen, weil sie keine Ausbildung zur Erzieherin hat, und das Kind bekomme deswegen keine ausreichende Bildung. Nun bestehen aber zwischen einer Mutter und einer Erzieherin signifikante Unterschiede, auf die ich an anderer Stelle noch einmal eingehen werde (vgl. S. 244 ff.). Ich finde es geradezu tragisch, dass sich eine ganze Generation bestens ausgebildeter, junger Frauen einreden lassen, dass sie nicht in der Lage seien, ihre kleinen Kinder gut – und ausreichend niveauvoll – zu betreuen. Der Zeitgeist demontiert systematisch das Vertrauen der Mütter zu sich selbst, das Vertrauen zu dem eigenen Empfinden und den eigenen Fähigkeiten. Im krassen Widerspruch dazu steht die Ansicht: Muttersein ist nur was für Dumme. Im Umkehrschluss heißt das: Für Intelligente ist Muttersein unzumutbar.

In der Diskussion um das „Betreuungsgeld" zeigt sich besonders deutlich, wie Mütter und die Familienarbeit abgewertet werden. Zur Erläuterung: Im CDU/FDP-Koalitionsvertrag von 2009 wird avisiert, ab dem Jahr 2013 für Eltern, die ihre Kinder von ein bis drei Jahren nicht in Einrichtungen betreuen lassen wollen oder können, eine monatliche Zahlung (zum Beispiel „Betreuungsgeld") einzuführen. Die in diesem Koalitionsvertrag ausdrücklich betonte „Wahlfreiheit zu anderen öffentlichen Angeboten und Leistungen" wird indes nicht wirklich hergestellt, weil das „Betreuungsgeld" schlicht zu gering ausfällt. „Wahlfreiheit" meint hier, dass der Staat jede von den Eltern gewählte Betreuungsform gleichermaßen fördern muss und keine Form der Betreuung einseitig bevorzugen darf. Dieses „Betreuungsgeld" – die bezeichnenderweise gleich als „Herdprämie" denunziert wurde, als die CSU diesen Vorschlag einbrachte – ist tatsächlich nur eine „Prämie", ein Almosen, aber immerhin ein kleines Signal für die Anerkennung familiärer Betreuung. Das gesamte linke Spektrum unserer Parteienlandschaft bis in entsprechende Kreise der CDU hinein gesteht den Müttern aber nicht einmal diese 150 Euro zu. Man will nicht, dass die Mütter bei ihren Kindern bleiben. Da soll der geringste Anreiz wegfallen.

Fragwürdigste Argumente müssen als Begründung gegen das „Betreuungsgeld" herhalten. Es ging bzw. geht es nicht nur darum, dass die Mütter in punkto Erziehung nicht gut genug ausgebildet seien. Sie kommen gleich einmal *alle* unter Generalverdacht, ihre Kinder zu vernachlässigen. Damit das Geld von 150 Euro auch wirklich den Kindern zugutekommt und nicht eventuell verraucht und vertrunken wird, wird darüber diskutiert, es zum Teil in zweckgebundenen Gutscheinen zum Beispiel für Musik- oder Sportangebote auszugeben.[235] Das wäre staatliche Bevormundung sondergleichen.

Das Vorenthalten der gesamtgesellschaftlichen Anerkennung ist meines Erachtens neben der finanziellen Situation und der oft mangelnden Unterstützung ein besonderer Härtetest für das Muttersein. Wenn man sich entschieden hat, für eine längere Zeit ganz Mutter zu sein, dann „schwimmt man gegen den Strom". Das kostet viel Kraft. Man braucht dazu eine feste Überzeugung, jede Menge Fakten und wenigstens im engsten Familienkreis bzw. Umfeld Rückenstärkung.

Wo das fehlt und die Mutter eventuell noch ein geringes Selbstwertgefühl hat, schafft sie es möglicherweise nicht, Mütterlichkeit zu leben bzw. bei ihrem Kind wenigstens in der Kleinkindzeit zu bleiben; selbst wenn sie das eigentlich als richtig erkannt hat. Eine Frau sagte mir einmal so: „Ich weiß, dass du recht hast, was für die Kleinen gut ist, aber ich habe einfach nicht die Kraft, da aus meinem System auszusteigen." Eine andere meinte, sie selbst sehe auch, dass das besser wäre, habe aber einfach nicht die Kraft, das gegen alle Bemerkungen, die so rundherum kommen, allein für sich durchzustehen.

Wichtig ist – und das ist meine persönliche Erfahrung –, dass man sich innerlich möglichst von allen medialen Äußerungen und solchen aus dem Umfeld abgrenzt. Wenn es einem gut geht, gelingt das besser. Trifft einen aber so etwas in einer Situation, in der man als Mutter bereits über die Grenzen seiner Kraft hinaus belastet ist, kann man es nicht immer abblocken. Da ist es gut, wenn man jemanden hat, dem man sich anvertrauen kann und der einem wieder aufhilft.

Ich möchte dieses Kapitel mit folgenden Gedanken zusammenfassen: Mütter haben nach wie vor mütterliche Instinkte als wunderbares Potenzial. Aber gleichzeitig stehen die oben beschriebenen gesellschaftlichen, kulturellen und psychischen Faktoren ihrem Erwachen entgegen. Sie wirken meist nicht einzeln, sondern zusammen. Ob und wie stark sie im Einzelfall bei einer Mutter wirksam werden, kann individuell äußerst verschieden sein. Wenn sich viele ungünstige Faktoren verstärken, kann es passieren, dass sie das Wesen „Mütterlichkeit" wie ein giftiges Gebräu abtöten, wie ein Betondeckel ersticken oder – um in den Bildern zu bleiben – es so lange fesseln und knebeln, bis es regungslos am Boden liegt. Es ist für viele Mütter schwer, diese Ketten zu sprengen.

Dass die „gefesselte" Mütterlichkeit für die Kinder Folgen hat, ist klar. Aber wie ist das nun mit den Müttern? Haben sie mit der Befreiung vom Muttersein, mit der Distanz und der Distanziertheit von ihren Kindern, zum Beispiel der vollen Berufstätigkeit, wie sie im Osten gelebt wurde und wird (und wie es der Westen anstrebt), das große Los gezogen? Oder bleiben da doch, wenn man ehrlich ist, auch ein paar Wermutstropfen und Defizite?

Ich hatte da kürzlich ein interessantes Erlebnis auf einer Weiterbildung zum Stillen: Eine Ärztin, ihren Angaben nach etwa mein Alter, hielt einen Vortrag. Sie hatte „alles" geschafft und vereinbart: eine eigene Praxis, die Spezialisierung im Beruf und zwei Kinder. Sie sagte aber: Natürlich hätte sie mit den kleinsten Kindern gleich wieder voll gearbeitet wie in der DDR üblich. Aber sie hätte manchmal kaum noch gekonnt. Das Ganze hätte einen hohen Preis. Ich war erstaunt, das zu hören und habe Hochachtung vor dieser Ehrlichkeit.

Wenn Mütterlichkeit irgendwie behindert bzw. verdrängt wurde, existiert sie manchmal nur noch als *schlechtes Gewissen*. Das haben vor allem die Frauen, bei denen einerseits mütterliches Empfinden erwacht ist und die andererseits Beruf und Familie vereinbaren wollen oder müssen bzw. die Beruf und Kind „perfekt machen" wollen. Man trifft es im Übrigen auch bei Frauen, die zum Beispiel stillen wollten, und bei denen es aufgrund schwieriger Umstände nicht funktioniert hat. Manche Frauen begleitet es lebenslang. Manche sehen später, dass ihre Erziehung aus lauter *Wiedergutmachungshandlungen* bestand. Hier ist die Gefahr des Verwöhnens viel größer, nämlich wenn man den Mangel an Zeit und Zuwendung mit Süßigkeiten, Spielzeug, dem Kind-etwas-bieten-Wollen bzw. dem Kind-alles-Erlauben ausgleichen will. Ist das dann nicht ein auf tragische Weise fehlgeleitetes mütterliches Stillen (im wörtlichen und übertragenen Sinne), weil es nicht auf die natürliche Weise, zur rechten Zeit und mit Muße ausgelebt werden konnte?

Des Weiteren merken viele Frauen irgendwann, *dass sie etwas verpasst haben, nämlich die eigenen Kinder*. „Das Kind ist das Beste, was mir passieren konnte!" Das sagt nicht etwa eine begeisterte Mutter, sondern eine begeisterte Großmutter. Und weiter: „Ich wusste ja gar nicht, wie schön das Leben mit so einem kleinen Kind ist. Für meine eigenen hatte ich ja keine Zeit." Sie ist froh, dass ihre Tochter auch wieder voll arbeiten geht und ihr das Kind zeitweise überlässt. Sie lebt jetzt ihre jahrelang verdrängte Mütterlichkeit aus.

Viele Frauen mittleren Alters warten deshalb sehnsüchtig auf ihre Enkel, weil sie eben ihre Kinder verpasst haben. Haben sie dann aber Töchter bzw. Schwiegertöchter, die selbst eine enge Bindung und Stillbeziehung zu ihrem Kind leben wollen, sind Konflikte vorgezeichnet. Hierfür ein Beispiel: Frau S. wurde mit ihrem Töchterchen aus der Klinik entlassen. Das Stillen klappte bereits gut und sie war fest entschlossen, weiter zu stillen. Da stellte ihre Schwiegermutter die Forderung, das Baby alle 14 Tage über das gesamte Wochenende bei sich zu betreuen (ohne die Mama); sie wolle schließlich auch etwas von dem Enkelchen haben. Leider versetzte dieser Familienkonflikt die Wöchnerin so unter Stress, dass die Milchbildung zurückging und sie bald entnervt zufütterte. Ich will damit nicht sagen, dass Großeltern nicht Freude an ihren Enkeln haben dürfen und sollen. Es gibt nichts Schöneres für Großeltern. Aber es sind ihre Enkel und nicht ihre Kinder. Sie stehen als Großeltern nicht mehr in der ersten Reihe und haben deshalb normalerweise auch nicht die Hauptverantwortung.

Kürzlich kam ich mit einer älteren Frau, die auch vier Kinder hat, darüber ins Gespräch. Sie ist schon Urgroßmutter und hatte alle vier Kinder in der Wochenkrippe, um drei Schichten arbeiten zu gehen. „Wissen Sie", sagte sie zu mir, „ich habe alles verkehrt gemacht. Für die paar ‚Kröten', die wir damals in der DDR verdient haben, habe ich meine Kinder fortgeschafft. Das wenige Geld ist für die Miete der großen Wohnung und die Wochenkrippe fast draufgegangen. Heute sind die Kinder lange groß und ich frage mich, warum ich nur so dumm war. Wie niedlich so ein kleines Kind ist, habe ich erst bei meinen Enkeln und beim Urenkelchen erleben können." So die Lebensbilanz dieser Frau.

Die Zeit, in der die Kinder klein sind, ist sehr kurz und sehr schnell vorbei. Wenn sie vorbei ist, ist sie wirklich unwiederbringlich vorbei. Viele glauben, dass sie in Beruf und Karriere etwas verpassen, wenn sie während der Kleinkindzeit beruflich aussetzen. Meines Erachtens ist die Gefahr, dass man hinsichtlich der Kinder etwas verpasst, objektiv viel größer.

Viele glauben, dass sie in ihrem Job unersetzlich sind. Länger als ein paar Monate oder ein halbes Jahr könne man da wegen eines Kindes nicht fehlen. Das empfinden viele sehr real, aber es entbehrt eigentlich jeder Objektivität. Die Frau braucht nur krank zu werden oder einen Unfall zu haben, in deren Folge sie nicht mehr berufstätig sein kann. Da wären der Chef und die Kollegen vielleicht einige Zeit betroffen, aber sie wäre erstaunt, wie reibungslos es im Betrieb auch ohne sie weiterginge, und wie schnell ihr Platz von jemandem anders besetzt wäre. Ein weiteres Szenario: Die Firma bricht im Zuge einer Wirtschaftskrise ganz zusammen, dann wäre ihr „unersetzlicher" Platz auch weg.

Bei einer Mutter ist das anders. Bleibt bei einem Menschen die Sehnsucht nach Mutterliebe unbeantwortet, dann *bleibt diese unbeantwortet.* Wenn ein Platz auf dieser Welt unersetzlich ist, dann dieser. *Muttersein und Mütterlichkeit gehören zur Würde des Frauseins, wenn eine Frau ein Kind geboren hat.* Wenn wir uns das ausreden, wegnehmen, kleinmachen lassen, ja, selbst wenn wir das ablehnen und uns distanziert zu unseren Kindern verhalten, dann verpassen wir vielleicht den größten Reichtum, den uns dieses Leben zu bieten hat.

8. Was wir glauben sollen

„Mit Worten lässt sich trefflich streiten, mit Worten ein System bereiten." So sagt es Mephisto in Goethes „Faust" (Teil 1). Wer Worte geschickt zu verwenden weiß und sie möglicherweise klammheimlich mit anderen Begriffsinhalten füllt, als bisher üblich, der kann Macht über Menschen erlangen. Denn wenn Gedanken verinnerlicht werden, können sie auch das Handeln beeinflussen. Wenn wir nicht mehr merken, dass wir beeinflusst werden, nennt man das bekanntlich Manipulation (lat. Hand- oder Kunstgriff). Da wird zum Beispiel davon gesprochen, dass die „Kinderbetreuung verbessert werden müsse". Jawohl, denkt da der wohlmeinende Mensch und der Informierte hofft eventuell auf die Verbesserung der Stillförderung. Unter „Kinderbetreuung" oder auch nur „Betreuung" versteht die politisch-korrekte Öffentlichkeit aber *nur* die Betreuung in Kindertagesstätten und deren Verbesserung bzw. dass man im Westen mehr Krippen bräuchte bzw. dass die Ausbildung der Erzieherinnen Hochschulniveau haben sollte. Das Verschleiernde dieser Phrase besteht darin, dass man so tut, als ob es die *eigentliche Kinderbetreuung in der Familie,* wo sie normalerweise hingehört und wo sie menschheitsgeschichtlich bis vor Kurzem selbstverständlich stattgefunden hat, gar nicht gäbe oder noch schlimmer, als ob sie den Anspruch einer qualifizierten Kinderbetreuung von vornherein gar nicht hätte. Übersehen wird, dass das Wort „Betreuung" von „treu" kommt. Aber das ist ja gerade das Manko der Krippenbetreuung. Da kann ja meist keine treue Betreuung gewährleistet werden, die zu fester Bindung führen kann.

Weiter wird gerne von der „Hilfe für die Familien", von „familienunterstützenden Leistungen" oder von „Familien- und Kinderfreundlichkeit" gesprochen: mit dem Ausbau der Krippen (und Ganztagsschulen) will man „helfen", Familien durch Doppelverdienst finanziell besser zu stellen, man will bei Erziehung entlasten usw. Das alles aber ist eine Hilfe zur Trennung vom Kind und langfristig zur Destabilisierung der Familienbindungen überhaupt. Leider gibt es inzwischen für viele keinen anderen Ausweg mehr. Gleichzeitig aber wird gesellschaftlich auch nur dieser einzige „Ausweg" aufgezeigt. Das ist Scheinheiligkeit pur! Denn diese „Hilfe" hilft vor allem, die Familie völlig den Interessen der Wirtschaft zu unterwerfen: Jedes Familienmitglied soll letztlich so funktionieren, dass es stromlinienförmig an dieses System angepasst ist. *Diese „Hilfe" für Familien ist letztlich eine verschleierte staatliche Wirtschaftshilfe.* Da aufgrund dieser Bedingungen vor allem die Kinder nur noch ein Minimum an Zeit in der Familie verbringen können, sind sie besonders offen für alle anderen, zum Beispiel auch ideologischen Einflüsse (➤ Kap. 3). Hilfe für Familien, die diesen Namen verdiente, müsste hingegen immer eine Hilfe zur Bindung und zum tatsächlichen Ausleben der familiären Gemeinschaft sein. Sie müsste immer eine Hilfe dafür sein, dass die Familie ihre ureigensten Aufgaben eigenständig für sich selbst wahrnehmen kann.

In den vorangegangenen Kapiteln habe ich bereits viele Argumente und Fakten genannt, die helfen, einige Verdrehungen unserer Zeit transparent zu machen. Trotzdem will ich noch einige der typischen Aussagen, die uns umgeben, ganz besonders beleuchten. Auch hier geht es mir noch einmal darum, dass die Veränderung des Blickwinkels eine ganz neue Freiheit des Handelns bewirken kann.

„Du verwöhnst dein Kind"

Diese Aussage taucht in den Politphrasen heute nicht mehr auf, aber das haben unsere Groß- und Urgroßeltern bereits durch Wort und Tat verinnerlicht. Es ist uns bis heute immer weitergegeben worden und es wirkt unterschwellig weiter. Wir scheinen gesamtgesellschaftlich auf dieser Basis sämtliche Sicherheit darüber verloren zu haben, was Liebe in der Erziehung ist und wie man die Balance zwischen Güte und dem Einfordern von Regeln halten soll. Der antiautoritäre Weg im Westen ist gescheitert; man hört in Publikationen den Ruf nach mehr Regeln in der Erziehung (zum Beispiel Bueb: „Das Lob der Disziplin", Winterhoff: „Warum unsere Kinder Tyrannen werden"). Im Osten der Bundesrepublik wittert man möglicherweise hinter dem Wort Liebe ein Allesdürfen. Dazu als Beispiel die Aussage einer Sozialpädagogin, die ich so oder so ähnlich schon mehrfach gehört habe:

> Die Kinder und Jugendlichen werden immer schwieriger, unverschämter und instabiler. Es gibt ja auch keine Konsequenzen mehr für ihr Handeln. In der DDR hatten wir noch Disziplin. Aber jetzt wird alles immer verrückter. Das ist jetzt der ganze Kapitalismus. Das geht ja gleich am Anfang los mit dem *Stillen nach Bedarf.* [Hervorh von der Verf.]

Hier ist wirklich alles falsch verstanden worden, was man nur falsch verstehen kann. Deshalb möchte ich es noch einmal deutlich machen: *Erziehen funktioniert nur auf der Basis bedingungsloser Liebe.* Erziehen auf Basis der Liebe heißt nicht, wie manche vermuten, Verwöhnen, indem man alles erlaubt und durchgehen lässt. Das wäre antiautoritär. Das antiautoritäre Erziehungsmodell im Westen, fußend auf der linken Ideologie der 68er, ist genauso gescheitert wie das autoritäre, restriktive Erziehen nach dem sozialistischen Menschenbild der DDR mit Fremdbetreuung von klein an.

Beide Modelle haben keine Basis auf der Elternliebe und -bindung. Ich habe es für mich so auf den Punkt gebracht: Erziehen auf der Basis der Liebe bzw. Bindung heißt: Wir Eltern erfüllen die Grundbedürfnisse unserer Kinder nach Annahme und Geborgenheit, aber *nicht* alle ihre Ansprüche. Dabei sind, um wieder auf die kleinen Kinder zurückzukommen, *eben alle Ansprüche, die ein Baby* (bei Kleinkindern ist es über weite Strecken auch noch so) *an uns richtet, noch Grundbedürfnisse* (➤ Kap. 2). Wenn ein *unter* einjähriges Kind schreit, dann braucht es noch eine sofortige Reaktion. Es hat noch nicht den Grips, uns als Eltern schikanieren zu können. Einem Zweijährigen kann ich schon einmal sagen „Ich komme gleich." oder Ähnliches. Das kann es schon erfassen. (Es sei denn, es ist zum Beispiel schwer gestürzt, dann muss ich natürlich sofort reagieren.)

Diese grundlegende Erkenntnis im Hinblick auf Grundbedürfnisse und Ansprüche hat mir viel an Erziehungssicherheit eingebracht. Wenn ich zum Beispiel weiß, dass mein Kleinkind, weil ich es noch stille, in der Tiefe emotional abgesättigt ist, dann kann ich auch konsequent sein und unterbinden, wenn es „einen Bock bekommt" und alle Kekse auf einmal essen will. Das gilt auch für später, wenn die Kinder dann größer sind und wenn es um Fernsehen und Computer geht. Da ist es gut, wenn man altersgerecht Regeln festlegt. Da waren und sind wir in unserer Familie relativ streng. Da nutzen wir das feste Bindungsband und bauen auch auf die Einsicht und den Gehorsam unserer Kinder. *Wir haben als Eltern die Verantwortung für das Wohl und Wehe unserer Kinder und damit auch die Führungsposition bzw. die Autorität.*

„Du versauerst am Herd"

Das „Versauern am Herd" unterstellt, dass eine Frau automatisch „verblödet" und unzufrieden wird, wenn sie sich um ihre Kinder kümmert. Komischerweise unterstellt man einer Kindergärtnerin, Erzieherin, Grundschullehrerin oder gar einer Kinderdorfmutter, die ja haargenau das Gleiche tut, nicht, dass sie „verblödet", weil sie sich um Kinder kümmert. Oder „verblödet" man nur, wenn es die eigenen Kinder sind bzw. wenn man kein Gehalt dafür bekommt? Denn das ist – zumindest formal – der Unterschied zur Kinderdorfmutter.

Aber ich frage weiter: Vielleicht versauert man ja, weil man jemanden versorgt und pflegt? Aber da würde man das automatisch auch allen Krankenschwestern, allen Altenpflegerinnen, allen, die in der Behindertenhilfe tätig sind usw., andichten. Und ist ein Kind, zumal auch das eigene, nicht gewissermaßen ebenso ein Pflegefall? Soziale Dienste, Fürsorge und Pflege waren früher nur im Bindungsnetz der Familie angesiedelt und wurden von den Frauen geleistet. Heute ist vieles in Institutionen ausgelagert und in Berufsgruppen spezialisiert, und wir finden den weiblichen Neigungen entsprechend hier viele Frauen.

Es bleibt für mich nur die Frage, wieso die Tätigkeiten einer Altenpflegerin für eine alte Frau, so wenn sie ihr zum Beispiel eine Schnitte schmiert und sie füttert, als berufliche Selbstverwirklichung gilt, ich aber angeblich „versauere", wenn ich das Gleiche für mein kleines Kind tue. Liegt es daran, dass ich nicht außer Haus tätig bin oder weil ich für mein Muttersein keine Prüfung abgelegt und kein Zeugnis bekommen habe?

Nehmen wir eine Hortnerin einer Grundschule. Sie sorgt nachmittags dafür, dass die Kinder nach dem Essen in der Schule ihre Hausaufgaben machen, dass sie sich nach dem Unterricht noch ein wenig hinlegen oder bei schönem Wetter noch etwas an der frischen Luft sind und dann zusammen vespern. Alles quasi „mütterliche" Tätigkeiten! Aber natürlich spricht da keiner von „Versauern". Mit Recht. Nur wenn ich das als Vollzeitmutter tue, und zwar wesentlich individueller und mit elterlicher Erziehung verbunden, dann spricht man davon.

Aber vielleicht versauert man ja als Mutter, weil man kocht. Denn es heißt ja *„am Herd versauern"*. Ich frage mich allerdings, wie es da mit den Köchen oder Köchinnen in den Hotels, Krankenhäusern, Mensen, Kantinen usw. und vor allem mit denen im Fernsehen ist? Kaum ein Sender kommt bezeichnenderweise ohne Kochstudio und prominenten Koch aus. Die deutsche Fernsehnation sehnt sich geradezu danach, dass jemand am Herd steht und kocht. Die Frage ist nur wieder: Wenn sie da gerade am Herd stehen – „versauern" sie da gerade oder „verwirklichen" sie sich da? Und wenn sie sich „verwirklichen", dann deshalb, weil sie eine hohe Gage kriegen, weil sie im Fernsehen sind oder weil sie nicht, so wie eine Mutter, jeden Tag kochen?

Ist es nicht paradox, wenn die Fehlernährung und das Übergewicht der Kinder und der Deutschen insgesamt beklagt und sogar per Studie festgestellt wird, dass die Ernährung besser sei, wenn dafür eine Frau in der Familie die Verantwortung übernimmt?[236] Gleichzeitig aber werden diejenigen, die so viel zur allgemeinen Gesundheit beitragen, öffentlich als „Versauernde" beleidigt. Wie oft wird über schlechte Schulspeisung geklagt oder über die mangelnde Qualität des Essens in den Kindereinrichtungen usw. Das war schon zu DDR-Zeiten so und ist heute nicht besser.[237] Ein Kind, das vom Kleinkindalter außer Haus in Einrichtungen isst, isst möglicherweise sein Leben lang Großküchenessen – also vom zartesten Alter an ungesund: zu salzig, meist zerkocht, Tütensoßen mit Geschmacksverstärkern, künstlichen Aromastoffen, minderwertigem Fleisch usw. Davor kann ich, wenn ich selbst koche, meine Kinder schützen.

Ein Essen aus frischen Zutaten zu kochen, ist eine durch und durch schöpferische Tätigkeit – heute wieder mehr denn je. Wir müssten, schon um unserer Gesundheit willen, in unserer Gesellschaft aufpassen, dass uns diese Fähigkeit nicht abhandenkommt. Nur das Kochen von Tütensuppen oder die Fertigpizza in den Herd – das ist dann schon eher ein „Versauern". Bald kann frau nicht mehr kochen, weil sie zum einen selbst nur in Kindereinrichtungen war, weil sie zum anderen nur gelernt und studiert hat und weil ihr außerdem der Herd schlecht geredet wurde. Ich bin jedenfalls schon häufiger von jungen Müttern angesprochen worden, die mich um ein paar grundlegende Tipps für das Kochen gebeten haben.

Es gab auch bei mir, als ich junge Frau war, mit dem ersten Kind einmal eine Zeit, da hatte ich mit dem täglichen Essenkochen so meine Probleme. Ich empfand es irgendwie als Sisyphusarbeit: Es kostete viel Zubereitungszeit und im Handumdrehen war alles aufgegessen. Aber auch an mir war eben die tagtägliche sozialistische Beeinflussung – das Kleinmachen des mütterlichen Kochens und die Suggestion, doch zu etwas „Höherem" berufen zu sein – nicht spurlos vorübergegangen. Kochen gehört bis heute nicht zu meinen Lieblingstätigkeiten. Trotzdem tue ich es jeden Tag aus Liebe und aus Einsicht. Eine Sendung im Deutschlandfunk Ende der 1980er Jahre wirkte wie ein Schlüsselerlebnis auf mich, und ich konnte meinen Blick auf die Dinge weiten. In dieser Sendung wurde eine Mutter von zehn Kindern interviewt. Unter anderem wurde sie gefragt, ob ihr das tägliche Kochen für so viele Personen nicht manchmal auch zuviel wäre. Ihre Antwort lautete: Sicher wäre es manchmal schon auch recht anstrengend, aber es wäre ihr sehr wichtig; so hätte sie doch die Ernährung ihrer Kinder in der Hand. Außerdem sei *ein gemeinsamer Mittagstisch in der Familie ein Stück Kultur.* Das fuhr mir mitten ins Herz. Mir fiel es wie Schuppen von den Augen. Es heißt schließlich nicht umsonst „Ess-Kultur". Ich hatte es ja selbst zu Hause so erlebt. Wie oft habe ich bisher an die Worte dieser Frau gedacht und wie gern hätte ich ihr einmal gedankt.

Beim Essen am Familientisch wird Gemeinschaft gepflegt. Wenn wir gemeinsam essen, pflegen wir ein Stück Bindungskultur. (Im Geschäftsleben weiß man das ganz genau. Da gibt es Geschäftsessen für die Pflege von Geschäftsbeziehungen.)

Überhaupt sollten wir uns den Herd und sein Herdfeuer nicht kleinreden lassen. *Der Herd war schließlich in der Geschichte ein Kulturträger von allererstem Rang.* Hier entstand nicht nur weltweit eine regionale Kochkultur mit unzähligen Gerichten, sondern am Herd entstanden Geschichten, Märchen, Lieder, das ganze universelle Volksgut aller Völker, ihre Werte, ihre Traditionen und ihre Kultur. Genau dort wurde diese Kultur auch, unter anderem die Mutter-Sprache, durch die natürliche Familienbindung von Generation zu Generation weitergegeben. Nur über diese Familienbindung funktioniert die vertikale Kulturvermittlung. Ich habe immer wieder gestaunt, wie viel gute Werte, Einsichten und Bildung man seinen Kindern gerade in einer guten gesprächsoffenen Atmosphäre in der Küche, beim Tischdecken (wenn sie zum Beispiel helfen) und beim gemeinsamen Essen, also „zwischen Kelle und Suppe", „herüberbringen" kann.

Wenn also unsere modernen Herde immer mehr verlassen werden und sich keiner mehr um Wärme und Geborgenheit an diesen kümmert, brauchen wir uns auch nicht zu wundern, warum unsere Werte verfallen, warum es uns so schwer fällt, sie unserer nächsten Generation weiterzugeben und warum es mit Kultur und Bildung so schlecht bestellt ist.

Aber, so argumentieren viele, wenn man längere Zeit aus dem erlernten Beruf heraus ist, dann vergisst man doch viel von dem, was man gelernt bzw. studiert hat. Sie verstehen das als „Versauern". Natürlich vergisst man einiges. Das ist aber – wenn man ehrlich ist – auch so, wenn man ständig berufstätig ist. Man hat auch dann nur das unmittelbar parat, womit man immer umgeht, wo man eingearbeitet und worauf man spezialisiert ist. Alles andere Wissen tritt genauso in den Hintergrund. Wenn es eine berufliche Veränderung gibt, braucht es trotz der formal nicht unterbrochenen Berufstätigkeit einer Phase der Auffrischung, Fortbildung und Einarbeitung für das neue Tätigkeitsfeld. Das viele Menschen durch Arbeitslosigkeit und Firmenzusammenbrüche im mittleren Alter sogar noch einmal völlig neue Berufe erlernen oder umschulen, scheint man zu vergessen. Da, so denke ich, wird es wohl auch möglich sein, auf Grundlage einer soliden Berufsausbildung die entstandenen Lücken bzw. Neuentwicklungen während einer beruflichen Abwesenheit von drei Jahren für ein Kind ausgleichen zu können; und zwar selbst dann noch, wenn es mehr Kinder werden sollten. Man kann auch persönlich etwas dafür tun, um fachlich ein wenig auf dem Laufenden zu bleiben. Was gesamtgesellschaftlich dafür getan werden könnte, dazu mehr im Kapitel 9.

Wenn derzeit jemand die Aufwertung des Mutterseins, die finanzielle Gleichbehandlung der Familienarbeit etc. öffentlich zu thematisieren wagt, wird ihm entgegengehalten, man wolle die Frauen „zurück an den Herd bringen" bzw. dort „abhängig machen" und „fesseln". Diese Ablehnung fokussiert sich in dem polemischen Begriff „Herdprämie", dem Unwort des Jahres 2007. Ich habe übrigens während der Kleinkindheit meiner Kinder die geringste Zeit unmittelbar am Herd verbracht, weil das Kochen einfach schnell gehen musste. Außerdem ist in unserer Familie die Küchenarbeit etwas, woran sich alle – auch der Vater, sofern er da ist, sowie die Söhne – beteiligen. Auch die Söhne haben je nach Mentalität Interesse am Zubereiten einfacher Gerichte. Gleichzeitig kann man im „Kommunikationszentrum" Küche viel klären.

Abgesehen davon, dass gerade ein Erziehungsgehalt auch eine Mutter finanziell *unabhängig* machen könnte, haben alle Leute, die mit der „Fesselung an den Herd" argumentieren, immer noch nicht verstanden, dass es hier *nicht um die Bindung der Mutter zum Herd, sondern zum Kind geht.*

„Selbstverwirklichung ist Sinnerfüllung"

Dass jeder Mensch sich dringend „selbstverwirklichen" muss und soll, ist meines Erachtens eine der schlimmsten Lügen unserer Zeit. Denn sie ist längst irgendwie Allgemeingut geworden, obwohl sie stillschweigend auf einem ganzen Lügengebäude aufbaut: Zunächst wird Selbstverwirklichung begrifflich mit Sinnerfüllung gleichgesetzt. Ferner wird einfach vorausgesetzt, dass eine solche nur durch berufstätige Arbeit zu erlangen ist.

Aber ist die Realität wirklich so? Ich erinnere mich an einen Tag, an dem in den Medien wieder einmal davon die Rede war, dass man mehr für die Selbstverwirklichung der Frauen in Deutschland tun müsse, auf deren Kosten Männer Karriere machten usw. ... Es war ein Tag, an dem ich wirklich viel Spaß mit meinen Kindern gehabt hatte, während mein Mann durch eine Havarie noch später als sonst und völlig fertig aus dem Betrieb nach Hause kam. Ein wenig scherzhaft fragte ich ihn, ob er sich denn nicht den ganzen Tag so richtig „selbstverwirklicht" hätte. Ich berichtete dann kurz, wovon im Radio die Rede gewesen war. „Die sind einfach nur bescheuert", meinte er irritiert. „Das meiste ist doch auch nur Routine, Stress, viel Arbeit und ab und an auch ein Haufen Ärger!" So lautete seine Antwort. Es sei dazu angemerkt, dass mein Mann einer der Glücklichen ist, der auf dem Gebiet seiner höchsten Begabung studiert hat und noch immer beruflich arbeitet. Für viele hingegen ist Arbeit, ganz gleich, ob Mann oder Frau, ein ganz normales Angestelltenverhältnis ohne besondere Karriereaussichten; ein Broterwerb und nicht mehr. Nach längerer Zeit der Arbeitslosigkeit sind die Ansprüche an den erfüllenden Aspekt der Arbeit bei vielen sehr gesunken. Es ist sicher unbedingt wünschenswert, dass eine Arbeit Spaß macht bzw. eine Arbeitsaufgabe einen ausfüllt. Aber kann Arbeit an sich überhaupt letzte menschliche Sinnerfüllung bringen? Wer das erwartet, kann schnell in eine innere Krise geraten, wenn er arbeitslos oder arbeitsunfähig wird.

Der überhöhte Stellenwert der berufstätigen Arbeit hinsichtlich der Sinnerfüllung hat bei uns Deutschen einerseits sicher mit unserem Leistungsdenken und mit dem hohen Stellenwert des Fleißes zu tun, was ja wirklich auch viel Gutes bewirkt. Aber andererseits hat der ideologische Begriff „Selbstverwirklichung durch Arbeit" noch eine ganz andere Quelle: Es wird nämlich ein Vorgang beschrieben, in dem ich als Mensch sozusagen „selbst" erst „wirklich" werde. Also, so müsste man schlussfolgern, war ich vorher noch gar nicht da, noch gar nicht wirklich. Wirklich „real" werde ich erst durch Arbeit. Ich erinnerte mich an Karl Marx und Friedrich

Engels bzw. an das, was ich im Studium von ihnen lesen musste. Ihre Theorie lautet nämlich: Der Mensch entwickelt sich aus dem Tierreich *durch Arbeit*. Ohne das hier weiter vertiefen zu können, findet sich bereits hier der Gedanke: Die Arbeit macht den Menschen erst zum Menschen, die Arbeit schafft den Menschen, durch Arbeit wird der Mensch erst „wirklich".[238] Das heißt aber weiter und zu Ende gedacht: Jemand, der nicht arbeitet (bzw. nicht arbeiten kann), ist kein Mensch. Ist das nicht geradezu gefährlich, so zu denken? Was ist dann mit Alten, Kranken und Behinderten? Oder zugespitzt formuliert: Wann ist der Mensch ein Mensch?

Wie ist das dann mit Vollzeitmüttern, wenn ihre Arbeit nicht als Arbeit zählt? Sind sie Menschen? Da sie das nach obiger Lesart eigentlich nicht sein können, muss eben alles getan werden, dass auch diese durch die Selbstverwirklichung „Mensch werden", indem sie berufstätig werden (und wenn es durch finanziellen Druck erzwungen wird).

Dabei hatte Marx offenbar selbst seine Zweifel, ob die Selbstverwirklichung durch Arbeit grundsätzlich Sinnerfüllung bewirken könne; Zweifel, die zum Beispiel in seiner *Entfremdungstheorie* durchscheinen.[239] Er stellte nämlich unter anderem fest, dass der erfüllende Aspekt der Arbeit mit dem Industriezeitalter, sprich Kapitalismus, abgenommen hat und teilweise ganz abhanden gekommen ist. Marx erklärte das so: Ein Handwerksmeister ist noch von Anfang bis Ende mit seinem Produkt, zum Beispiel einem schönen Schrank, bis hin zur Vermarktung verbunden. Dieser Meister spürt noch die emotionale Befriedigung über das gelungene Stück. Ein Industriearbeiter, der nur irgendwo ein Glied in der Fertigungsstrecke ist, sieht das Endprodukt meistens gar nicht. Seine Fertigstellung kann ihn daher nicht mit Stolz und Freude erfüllen. Marx nannte das „Entfremdung des Menschen vom Charakter der Arbeit". (Er meinte, dass dann, wenn wir den Kommunismus erreicht hätten, jede Arbeit automatisch wieder erfüllend sei.) So gesehen kann man sogar theoretisch den erfüllenden Aspekt der Arbeit einer Mutter an ihren eigenen Kindern nachweisen: Schließlich ist die Mutter von Anfang an mit ihrem „Produkt" verbunden, und sie kann die Früchte ihrer Erziehungs-Arbeit sehen. *Die Arbeit einer Mutter ist zu vergleichen mit der Arbeit an einer individuellen „Spezialanfertigung" aus einem kostbaren „Ausgangsmaterial" in einer Spezialwerkstatt, nämlich der Manufaktur Familie* (Manufaktur, lat.: Handarbeit). Es fehlt uns nur noch die hohe gesellschaftliche Anerkennung und die hohe Bezahlung. Denn je höher der Grad der Industrialisierung und Effektivität einer Gesellschaft ist, desto teurer wird generell die Handarbeit.

Mit „Selbstverwirklichung" wird gemeinhin auch Karriere und gesellschaftlicher Aufstieg verbunden. Aber das ist nicht die Realität. Die wenigsten berufstätigen Menschen machen eine solche Karriere, möglicherweise noch mit Bekanntheitsgrad. Auch die allermeisten Männer nicht. Auch die

Mütter nicht, die ihre Kinder von klein an weggegeben haben. Zu erinnern ist überdies daran, dass es auch Menschen gibt, die große Erfüllung gefunden haben, indem sie sich bewusst nicht selbst verwirklichten, sondern sich *selbst verleugneten*, zum Beispiel Mutter Theresa. Menschen, die im Dienst für andere Menschen Hingabe gelebt haben. Muttersein braucht gleichfalls Hingabe und ist dadurch auch Erfüllung. Muttersein ist ein Dienst am Menschen! *Eine Mutter ist eine Familienministerin!* (Ministerin: lat. Dienerin) Wer hätte das gedacht?

„Gleichberechtigung heißt gleiche Würde"

Gleiche politische Rechte, wie das Wahlrecht für Frauen, gleichen Lohn für gleiche Arbeit – das ist das, was einem auf Anhieb zum Begriff Gleichberechtigung einfällt. Alles richtig und wichtig. In etlichen Gesprächen entdeckte ich, dass sich viele Frauen aber zu Recht nach viel mehr sehnen, nämlich nach umfassender gesellschaftlicher Wertschätzung als Frau – nach gleicher Würde. Sie verwenden dafür den Begriff Gleichberechtigung, der, wie ich zu verdeutlichen versucht habe, aus dem Marxismus stammt („Gleichberechtigung durch Arbeit") und im Feminismus heute weitergeführt wird. Sie ahnen nicht, dass die beiden Begriffe nicht deckungsgleich sind. „Gleichberechtigung" als ideologischer Begriff geht davon aus, dass Mann und Frau gleich sind und dass sie nur durch die kulturelle Prägung männliche und weibliche Verhaltensweisen angenommen haben. Und deshalb sollen sie in jeder Hinsicht *gleich berechtigt* sein. Gender Mainstreaming will uns den letzten Rest an geschlechtlicher Identität und Unterscheidung zwischen Mann und Frau ausreden, will uns „gleich machen", um uns dann alle „gleich behandeln" zu können.

Wenn man auf dieser Basis in einer Gesellschaft allerdings derartige Rahmenbedingungen schafft, dass aus der *Gleichberechtigung* von Mann und Frau, berufstätig zu sein, quasi eine *Gleichverpflichtung* wird, dann spätestens ist Gleichberechtigung weit entfernt davon, der Würde der Frau zu entsprechen. Wenn sich also die gesamtgesellschaftliche Fürsorge und die Absicherung des Mutterseins – denn nur die Frau kann Kinder bekommen – immer mehr verringert und auf die Schaffung von Kindereinrichtungen reduziert, wenn dann vielleicht so etwas wie Familienversicherung, Witwenrenten, Ehegattensplitting auch noch wegfallen (führende Politiker/-innen „träumen" davon), und wenn Ehe und Familie gesellschaftlich immer mehr ausgehöhlt und finanziell in den Ruin getrieben werden, dann ist auch die Frau gezwungen, außer Haus lebenslang voll berufstätig zu sein. *Die weibliche Elementararbeit Schwangerschaft, Geburt, Stillen sowie Muttersein von (kleinen) Kindern muss die Frau dann „irgendwie" nebenbei durchziehen. Dann müssen alle „da durch".* Dann haben wir quasi sozialistische Verhältnisse. *Eine solche Gleichberechtigung geht an der Würde der Frau vorbei,* eben weil eine Frau andere Gaben und Aufgaben als ein Mann hat und damit andere und zusätzliche Belastungen. Derartige Ideen laufen letztlich auf die blanke Ausbeutung und auf einen *Raubbau an der Frau* hinaus.

Ich erwähnte bereits in Kapitel 3 das verhärmte Aussehen der DDR-Frauen im Vergleich zu denen im Westen. Aber das sehe ich auch jetzt. So manche Frau, die selbstverständlich „ostgeprägt" gelebt hat, klappt im Alter von 40 Jahren auf einmal völlig zusammen: Depressionen, Burn-out, Krebs, psychosomatische Störungen usw. Sie sagen selbst, dass es so weit gekommen ist, weil ihnen die Belastungen in ihrem Leben unter dem Strich einfach zu viel geworden seien. Inzwischen „ziehen" auch die Frauen im Westen „nach": So meldete die „Aachener Zeitung" im Juni 2009: „Immer mehr berufstätige Mütter leiden an Burn-out-Symptomen." Es werden in größeren Städten bereits Burn-out-Präventionsseminare für diese angeboten:

> Bei vielen „Multitasking Mums" werde inzwischen die sogenannte „Hurry Sickness", die Hetzkrankheit, diagnostiziert. Bei dieser Krankheit … zeigten die Frauen Symptome wie ein geschwächtes Immunsystem oder Schlafstörungen, aber auch Herz- und Magenbeschwerden, Spannungskopfschmerzen bis hin zu Angstzuständen und Depressionen.[240]

Die ständige Doppelbelastung, das Immer-Funktionieren-Müssen, fordert irgendwann seinen Tribut. Alles hat seinen Preis. Die Gleichberechtigung nach feministischer Art hat einen hohen Preis und den zahlen auch die Frauen.

„Die Vereinbarkeit von Beruf und Kindern"

Im Allgemeinen hält man heute offiziell die „Vereinbarkeit" von Kindern und Beruf lebenslang und unabhängig vom Alter der Kinder sowie unabhängig von der sonstigen Familiensituation für möglich. Was kleine Kinder brauchen, habe ich bereits hinlänglich beschrieben. Die Frage nach der „Vereinbarkeit" dürfte meines Erachtens deshalb nicht heißen, wie passt man die Kinder dem Arbeitsmarkt, der Selbstverwirklichung oder der Gewinnmaximierung der Unternehmen usw. an, sondern wie viel Berufstätigkeit und von welchem Alter an vertragen die Kinder ein Außer-Haus-Sein der Mutter und eine Trennung von der Familiengemeinschaft?

Wenn heute von „Vereinbarkeit von Beruf und Familie" die Rede ist, dann ist das keine wirkliche Vereinbarkeit. Bei einer Vereinbarkeit im eigentlichen Sinne des Wortes kommt nämlich nichts zu kurz. Oft wird heute sogar scheinheilig darauf hingewiesen, dass Frauen in der Geschichte schließlich auch immer gearbeitet hätten – was nur der Wahrheit entspricht. Bei der Frauenarbeit in früheren Zeiten, die sich fast immer im Innendienst des häuslichen Bereiches abspielte, gab es echte Vereinbarkeit: da wurde gekocht, gewaschen, gewebt, genäht, Alte und Kranke gepflegt; parallel aber wurden auch Kinder gestillt und erzogen. Die Kinder waren dabei und wurden in den Alltag mit einbezogen. Es lief alles miteinander verflochten. *Die heutige „Vereinbarkeit" aber basiert auf Trennung.* In der Zeit, in der die Mutter berufstätig arbeitet, tut sie *nur* das; die Arbeit an ihrem Kind ist an Fremde „delegiert". In dieser Zeit gibt es weder eine Gemeinschaft zwischen Mutter und Kind, noch erfährt das Kind, was die Mutter gerade arbeitet.

Karl-Heinz Brisch erzählte in einem Vortrag über Nepal, wo er eine junge Lehrerin danach gefragt hatte, wo sie denn ihr Baby hätte, wenn sie unterrichte: „Na, bei mir. Wo sonst!" So die völlig erstaunte Antwort. Er sagte, er habe sich für seine Frage geschämt. Hier gibt es also echte Vereinbarkeit. Aber nicht nur das. In naturnah lebenden Völkern hat die mütterliche Zuwendung zum Kind innerhalb der alltäglichen Verrichtungen sogar deutlich Priorität: Falls eine Mutter ihre Arbeit nicht unterbrechen würde, wenn ihr Kind sie braucht, würde sie von den anderen Erwachsenen angehalten, ihr Baby aufzunehmen. So ist es zum Beispiel bei dem Volk der Riimaaybe in der Sahelzone.[241]

Echte Vereinbarkeit gäbe es bei uns also nur dann, wenn wir alle uns Folgendes vorstellten:
- Wie ist das mit der Lehrerin mit Baby im Tragetuch *im* Schulunterricht, wenn das Baby gestillt werden möchte?
- Wie ist das mit der Kassiererin im Supermarkt mit einem lebhaften Einjährigen?
- Wie mit der Vertreterin, die einen Termin nach dem anderen hat?
- Wie mit der Ärztin, die gerade im OP eingeplant ist, deren Kind sie aber gerade braucht?
- Wie ist es mit der Bankangestellten, die ein ausgedehntes Kundengespräch hat, deren Baby aber um sie herumkrabbelt und dringend gewickelt werden müsste?
- Wie ist es mit der Arbeiterin am Band?
- Und wie ist es mit der Managerin, die eine wichtige Konferenz leitet, mit ihrem Kind auf dem Schoß ...? Man stelle sich vor, sie wendet sich erst einmal in aller Ruhe ihrem Kind zu, weil es sie braucht und vor allem, *so lange* es sie braucht ... Und lässt die ganze Konferenz warten. Eine halbe Stunde vergeht ... eine weitere Viertelstunde ... Ich sehe es förmlich vor mir. Die Handys „laufen heiß". Die vielbeschäftigten Konferenzteilnehmer können nicht warten. Denn auf sie wartet schon der nächste Termin.

Die heutige Arbeitswelt schließt – von einigen Ausnahmensituationen abgesehen – aus, dass Kinder in den Berufsalltag mitgenommen werden können. Sie steht unter einem unerbittlichen Gesetz: *Zeit ist Geld*. Das heißt, Hetze und dünne Personaldecke bestimmen den Arbeitsalltag. Dieses Gesetz beißt sich mit dem Gesetz des Lebens, mit dem Gesetz dessen, was kleine Kinder brauchen. Dieses Gesetz lautet: *Zeit ist Liebe* und *Liebe ist Zeit*. Unsere Arbeitswelt ist so hektisch, laut und teilweise auch gefährlich, dass sie kein guter Aufenthaltsort für kleine Kinder ist.

Übrigens ist auch eine Betriebskrippe aus der Sicht eines Kindes ein von seiner Mutter weit, weit entfernter Ort. Auch wenn eine solche Krippe existiert, können wir nicht von „Vereinbarkeit" reden; es handelt sich immer noch um eine Trennung. Ehe eine Krippentante die Mutter zum Beispiel zum Stillen gerufen hat, sind bei dem Baby aus ersten „Hungerzeichen" längst späte geworden, d.h., es schreit möglicherweise bereits panisch und ist erst einmal schwer zu beruhigen. Es ist eben nicht immer alles so einfach und alles nur eine Frage der Organisation. Deshalb sollten eine Mutter und ihr kleines Kind in den ersten Lebensjahren den häuslichen Schutzraum haben dürfen. Später, wenn die Kinder größer sind, kann dann immer noch einiges zwischen Familie und Beruf „vereinbart" werden (➤ Kap. 9).

„Alles ist nur eine Frage der Organisation"

Die Wendung „Alles ist nur eine Frage der Organisation" frustriert mich besonders, und zwar in mehrfacher Hinsicht: Wer als Mutter das Gefühl hat, die Frage der eigenen Berufstätigkeit und des Weggebens des Kindes sei nicht nur eine kühle Frage der Organisation, sondern auch eine Frage des Herzens, das empfindet, dass das nicht gut sein kann, der kommt sich als selten dämlich abgestempelt vor, weil eben im Althergebrachten verhaftet. Man bekommt das Gefühl vermittelt, als könne man nicht einmal so eine einfache Sache organisieren.

Eine Mutter, die vollzeitlich mit einem oder mehreren Kindern lebt und aus einer bestimmten Belastungssituation heraus sehr erschöpft ist, bekommt die Botschaft vermittelt: Andere haben sogar zusätzlich noch die Berufstätigkeit im Griff und du kriegst das nicht einmal ohne Berufstätigkeit hin. Das Eigentliche aber, was mich so in Rage bringt, ist die implizite Konsequenz, dass ein Kind, eine Kostbarkeit, individuell und einmalig, mit all seinen Sehnsüchten nach Liebe und Annahme, zu einem Stückgut der Logistik degradiert wird. Man setzt sich darüber hinweg, wie unterschiedlich kleine Kinder bereits in ihrer Wesensart, in ihrer Sensibilität und ihrem Bedürfnispegel sind. Was vielleicht zufällig mit dem einen noch geht, kann man mit dem anderen auf keinen Fall machen, ohne ihm emotional Gewalt anzutun und ohne langfristig Schaden zu riskieren.

Wer selbst Kinder hat, der weiß eigentlich, dass gerade, wenn man es einmal eilig hat, alles schief und gar nichts mehr gehen kann. Zum Schluss gibt es dann nur noch Geschrei. Kinder haben feine Antennen, da kann man noch so gut organisiert haben. Ist alles eine Frage der Organisation, wird das Kind dann eben, wie man es braucht, von A nach B geschoben. Wie ein Warengut, nicht mehr. Das ist die Logik dieses Satzes. Aus ihm spricht die ganze Kälte und Lieblosigkeit des modernen Zeitgeistes. Mehr noch: Aus ihm spricht der ganze Machbarkeitswahn unserer Zeit. Da hinein passen solche Begriffe wie Selbstbestimmung, Lebensentwurf, aber auch „Hauptsache Spaß!", „Alles jetzt!" und „Alles gleich!" usw. Aber wer kann schon sein Leben wirklich selbst entwerfen? Haben wir es wirklich alles in der Hand? Können wir wirklich alle unsere Pläne umsetzen? Wie vermessen, so etwas zu glauben!

Übrigens: Diesen Machbarkeitswahn kenne ich auch aus dem Sozialismus. Da hatten wir zum Beispiel per Parteilinie keine Umweltverschmutzung. In den frühen 80er Jahren gab es in Westberlin Smog-Alarm, in Ostberlin natürlich nicht. Die Partei hatte per Dekret alles im Griff, sogar die Naturgesetze.

Meint man, das frühe Abgeben von Kindern sei nur eine „Frage der Organisation", dann setzt man sich damit in gleicher Vermessenheit über naturgesetzliche Vorgaben, nämlich die der frühkindlichen Entwicklung des Menschen hinweg. Die Naturgesetze sind – und das sollten wir endlich gelernt haben – stärker als wir. Denken wir an das Klima. Die Naturgesetze wirken unabhängig von uns, ob wir das wollen oder nicht. Wenn wir sie nicht beachten, werden wir es mit den negativen Folgen zu tun bekommen.

„Der Mythos Mutter"

Als ich das erste Mal davon im Radio hörte, zog ich gerade mein jüngstes Kind (ca. zwei Jahre alt) an und dachte: „Was denn nun noch ... ein Mythos bist du also... Nein, du bist einem Mythos aufgesessen ..." Ich merkte, wie eine Mischung zwischen Wut und lähmender Frustration in mir hochkroch ... In diesem Moment legte mein Kind sein Ärmchen um mich und sein Köpfchen auf meine Schulter, wie immer, wenn ich es angezogen hatte. Eine Geste so voller Liebe und voller Vertrauen. Da wusste mein Herz einfach; ich bin kein Mythos oder etwas Derartiges, sondern für mein Kind existenzielle Realität: eine Quelle von Liebe und Leben!

Aber ich ging der Sache nach. Es war ein Buch erschienen[242], das auf geistesgeschichtlicher Ebene nachzuweisen versucht, warum die Frauen in (West)Deutschland noch immer so sehr, und angeblich völlig unnützerweise, an der „überkommenen Mutterrolle" klebten. Mit „Mythos Mutter" meint man, dass es ein Märchen sei, das Kinder ihre Mutter bräuchten. Dass man in Deutschland, im Gegensatz zu anderen Teilen Europas, immer noch daran festhalte, liege zum Beispiel vor allem an dem nachhaltigen ideologischen Einfluss des Reformators Martin Luther[243] und der preußischen Königin Luise.[244] Das überhöhte Mutterbild der NS-Zeit habe diese Wirkung weiter verschärft.[245]

Es sei hier nochmals erwähnt, dass gerade dieses Mutterbild dadurch gekennzeichnet war, die Mutter-Kind-Bindung zu stören und die Mütterlichkeit erkalten zu lassen; mit langer Nachwirkung durch die Weitergabe von Bindungsverhalten. Weiter müsste in diesem Zusammenhang nachgefragt werden, wie Martin Luther wohl zum Beispiel die einfühlsamen Mütter aus dem Nepal, aus dem afrikanischen Urwald oder früher aus den alten Kulturen des Zweistromlandes oder die Mütter der alten Germanen, über deren Stillen bereits Tacitus fasziniert berichtet[246], ideologisch beeinflussen konnte. Damit möchte ich andeuten, dass Muttersein und mütterliche Bindung sich keinesfalls auf eine bestimmte Region dieser Welt, noch auf einen relativ kurzen historischen Zeitraum, also auf Deutschland, beschränken. Ebenso hält die Meinung, dass die (West)Deutschen in Europa in ihrer Einstellung hinsichtlich der „Vereinbarkeit" von Beruf und Familie die „unmodernsten" seien, also als *einzige* einem Mutter„*mythos*" anhingen, den Tatsachen nicht stand: Eine *deutliche Mehrheit der Europäer* (61 %) teilt mit den Westdeutschen (60 %) die Meinung, dass ein Vorschulkind unter der Berufstätigkeit der Mutter leidet. Auf die Empfehlung „Idealerweise sollte die Frau zu Hause bleiben und sich um die Kinder kümmern, während der Mann arbeitet." wurde in dieser europäischen Untersuchung des Forschungsnetzwerkes GESIS-ZUMA wie folgt reagiert: In den neuen EU-Mitgliedsstaaten stimmt die Mehrheit diesem Satz zu, und zwar mit folgenden Prozentsätzen: Tschechische Republik: 70 %, Estland: 73 %, Lettland: 66 %, Polen: 66 % und Ungarn: 81 %. In Österreich, Griechenland Zypern, Malta und Finnland sieht das Meinungsbild ähnlich aus. Bezüglich dieser Frage sind die Westdeutschen sogar „moderner" und reihen sich mit 46 % Zustimmung in das Meinungsbild der alten EU-Staaten ein.[247]

Wenn die Mutter ein „Mythos" ist, dann wird Müttern die Botschaft nahegebracht, ihr seid unnötig für eure Kinder. Sie brauchen euren Einsatz und eure Kraft nicht. Da gibt es doch heute wirklich lohnendere Einsatzmöglichkeiten für euch. Wenn ihr dass nicht einseht, seid ihr selbst schuld. Ihr glaubt an ein Märchen.

Dabei wird es immer wieder überdeutlich, wenn zum Beispiel gerade ältere Menschen ihre Lebensgeschichte erzählen, wie sehr ihr Leben davon beeinflusst wurde, wie ihre Mutter war, und vor allem, ob sie sich von ihr geliebt und angenommen gefühlt haben oder eben nicht.

Ein älterer Herr erzählte mir, wie es ihn lebenslang begleitet hat, im Inneren in ganz bestimmten alltäglichen Situationen die guten Ratschläge seiner Mutter zu hören, und wie wohltuend es war, wenn er aus der Schule kam und sie ihn mit dem Mittagessen erwartet hat. Eine ältere Dame, deren Mutter bei der Geburt gestorben war, stellte mir gegenüber fest, sie habe zwar „gute Großeltern" gehabt, aber doch immer nach ihrer Mutter gesucht und sich nach ihr gesehnt. Es gibt Menschen, die bis ins hohe Alter die Folgen eines frühen Muttermangels, das Gift der Ablehnung oder der negativen Abhängigkeit von der Mutter mit sich herumtragen.

Auch folgendes Erlebnis machte auf mich einen nachhaltigen Eindruck: Es war nachts in einem Krankenhaus, in das ich eines meiner Kinder begleitet hatte. Einem etwa 16-jährigen Mädchen musste der Blinddarm entfernt werden. Kurz vor der Operation hatte sie mir erzählt, dass sie im Heim lebte. In dieser Nacht, die sie nach der OP mit mir und meinem Kind in einem Zimmer verbrachte, ging es ihr nicht gut. Unter Schmerzen schrie sie immer wieder nach ihrer Mutter! Nicht etwa nach einer Erzieherin oder sonst wem. Eben nach der Mutter! Das kann niemand wegdiskutieren: Die Mutter ist etwas Elementares im Menschenleben.

Macht man die Bedeutung einer Mutter zum „Mythos", heißt das auch, dass die ganze Diskussion ums Muttersein und um kleine Kinder eine Sache ist, die nur eine rein geistige, theoretische – oder noch deutlicher – nur eine *ideologische* Ebene berührt. Ein Streit also zwischen ideologischen Strömungen, die mit dem Alltagsleben nicht viel zu tun haben. Ein Streit, der uns suggerieren soll, dass es ohnehin gleichgültig ist, wie die Kinder in der Praxis groß werden. Schließlich werden sie ja alle irgendwie groß.

Aber die Sehnsucht, mit der ein Menschenkind zur Welt kommt, ist nicht ideologisch. Auf sie kann auch nicht ideologisch geantwortet werden. Die Sehnsucht des Kindes ist existenziell. Es sehnt sich nach spürbaren Mutter-„Antworten" (➤ Kap. 2). Wenn es schreit, hilft keine Debatte im Stil von:

> Liebes Baby! Hör gut zu. Ich bin zwar deine Mama, aber wir leben in einer modernen Zeit und ich bin eine moderne Frau. Das musst du verstehen. Ich muss auch an mich denken. Ich kann einfach nicht so intensiv für dich da sein. Schließlich muss ich an meine berufliche Entwicklung denken. Nur Mutter sein, dass reicht mir einfach nicht. Außerdem gibt es ja auch noch andere nette Leute auf der Welt. Du wirst schon zurechtkommen. Sei einfach ein liebes, modernes Baby. Schließlich plane ich ganz bewusst unsere Qualitätszeiten ein.

Wir können natürlich so vorgehen, aber wir haben das Risiko, dass wir dann das ernten, was wir gesät haben. Spätestens in 15 bis 20 Jahren. In diesem Zusammenhang wird auch oft „das veraltete Mutterbild aus dem 19. Jahrhundert" strapaziert, das man ablegen müsse (➤ auch Kap. 3). In der Tat. Das müssten wir ablegen, denn daher rührt schließlich der Vier-Stunden-Rhythmus, andere Unnatürlichkeiten und manche unangemessene Strenge. Das heißt aber nicht, dass man Muttersein und Familie als solche über Bord werfen kann. *Wie gut wäre es, wenn wir die Mütterlichkeit, die uns Menschen arteigen ist, als Potenzial für unsere heutige Zeit wieder entdecken und neu beleben.*

„Qualitätszeiten reichen"

Dieses ganze Buch beschäftigt sich damit, dass in der Kleinkindzeit „Qualitätszeiten" nicht reichen, sondern dass sie *insgesamt* eine *Qualitätszeit* sein muss. Es ist natürlich eine alte Weisheit, dass jedes Kind während seines Großwerdens immer wieder intensive Beziehungszeiten bzw. -höhepunkte von guter Qualität im Alltag braucht. Die Wendung „Qualitätszeiten reichen" beruht auf der Annahme, dass für das Zustandekommen einer guten Bindung zu einem kleinen Kind nicht die Quantität der miteinander verbrachten Zeit zählt, „sondern die Qualität der Interaktion …".[248] Diese Annahme wird nicht nur durch die Fakten widerlegt (➤ Kap. 2 und 4), sondern darauf ist eine Grundhaltung aufgebaut worden, die meinem Empfinden nach jede gute Beziehung auf Dauer zerstören kann. Man stelle sich das einmal unter Erwachsenen vor: Eine Frau sagt beispielsweise zu dem Mann, der ihr gerade seine Liebe erklärt hat: „Also, mein Lieber! Ich bin eine vielbeschäftigte Frau, ich brauche meine Unabhängigkeit. Qualitätszeiten müssen reichen!" Der Mann wollte aber sein Leben mit ihr teilen. Wie lange wird wohl eine solche Beziehung halten? Der eine will sein Leben mit allem Drum und Dran teilen und der andere will den einen außen vor, „an der langen Leine" halten. Denn „Qualitätszeiten reichen" heißt, mehr gemeinsame Zeit bzw. gemeinsames Leben habe ich nicht für dich übrig. „Qualitätszeiten reichen" heißt: „Mehr bist Du mir nicht wert!" Das verträgt niemand, und ein Kind schon gar nicht.

Wie „Qualitätszeit" regierungsamtlich definiert wird und quasi von einer „Zeitsparkasse" ausbezahlt werden soll, das kann man dem Memorandum „Familie leben. Impulse für eine familienbewusste Zeitpolitik", das das Familienministerium 2009 herausgegeben hat, entnehmen. Es heißt darin, Eltern müssten im Hinblick auf die „24-Stunden-/Sieben-Tage-Ökonomie" „Zeitsouveränität" lernen. Dazu bräuchten sie mehr Angebote zur ganztägigen Betreuung. Die Kindereinrichtungen sollten als „Dienstleistungszentren" dienen, die auch weitere Betreuungsdienste bei besonderen Arbeitszeiten der Eltern bzw. für die Krankheits*zeiten* der Kinder sowie Abholdienste vermitteln. Darüber hinaus könnten sie auch Familien im „Umgang mit ihrer Familienzeit erheblich unterstützen", indem sie den Tageslauf strukturieren und „Zeitkompetenzen" vermitteln … Ziel einer modernen Zeitpolitik für Familien müsse es sein, die Zeit für Eltern im Alltag und im Lebenslauf neu zu organisieren und diese darin zu unterstützen, „Phasen der Nichterwerbstätigkeit zu überwinden".

Für besondere Zeiten wie Pflege oder Ähnliches könne man über einen bestimmten, möglichst nicht zu langen, vorher zeitlich genau festgelegten Zeitraum „Zeitkredite" bekommen, um sowohl die Erwerbsunterbrechungen als auch die Tilgungsverpflichtungen für die Kreditnehmer überschaubar zu halten. Diese Kredite sollten „einfach, zinsgünstig und dem individuellen Bedarf entsprechend flexibel ... sein".[249]

Qualitätszeit ist nur die reine Zeit am Wochenende oder am Abend, in der bewusst etwas zusammen unternommen wird. Der ganz normale Alltag, in dem Dinge mit- und füreinander zu erledigen sind, aber auch das gemeinsame Essen zählen da nicht. Kinder wollen aber gar nicht nur in solchen Qualitätszeiten „vorkommen". Sie wollen mit uns leben. Ihre Bedürfnisse richten sich nicht nach effizienzorientierten Zeittakten. Sie wollen sich spontan an uns wenden können und die Dinge umgehend von Angesicht zu Angesicht lösen. Egal wie man sich die praktische Umsetzung vorstellen darf und wie verlockend auch eine quasi lebenslange Flexibilisierung von Arbeits- und Familienzeit in dem oben erwähnten Regierungspapier dargestellt ist, das Ganze erinnert mich nicht nur an die „grauen Herren" aus Michael Endes „Momo", sondern an eine totale oder besser totalitäre Kontrolle über die Zeit der Menschen. Menschen unter dem Diktat totaler, fremdgesteuerter Zeiteffizienz! *Wer die Zeit der Menschen in der Hand hat, hat sie selbst in der Hand. Hier geht es um etwas Elementares.* Das ist mindestens so bedenklich wie im Sozialismus, allerdings verdeckter und raffinierter. Bleibt nur zu hoffen, dass das Familienministerium der derzeitigen CDU/FDP- Koalition nicht alles umsetzt, was in der vorangegangenen Legislaturperiode von den Vorgängern entworfen worden ist.

„Nur die zufriedene Mutter ist eine gute Mutter"

Das ist eigentlich eine Grundwahrheit, denn ständige Unzufriedenheit als durchgängiges Verhaltensmuster in Form von unausgeglichenen Reaktionen ist für Kinder sicher nicht förderlich. In dieser wahren Aussage, die einem in den Medien immer wieder begegnet, wird indessen ganz geschickt die Botschaft versteckt, dass eine Mutter angeblich nur zufrieden sein kann, wenn sie berufstätig ist und ihre Kinder nicht immer um sich hat. Eine zufriedene Vollzeitmutter kann und darf es einfach nicht geben! Die Bedingungen dafür sind ja auch denkbar schlecht: keine Anerkennung, kein Lohn, kaum Unterstützung, Schlechtreden der Empathie usw. Allein die fehlende Anerkennung und der geringe gesellschaftliche Status tun hier bereits das Ihrige! Es sind übrigens die gleichen ideologischen Kräfte, die genau das den Vollzeitmüttern versagen und damit einen großen Teil der Unzufriedenheit erst selbst säen, um dann scheinheilig den „Ausweg" in die Zufriedenheit zu weisen, den sie eben nur und in ständiger Berufstätigkeit vorgesehen haben.

Wer einfach voraussetzt, dass Berufstätigkeit Mütter in einen Zustand immerwährender Zufriedenheit, Ausgeglichenheit und ständigen Glücks versetzt, der macht sich entweder etwas vor oder hat selbst keine Kinder. Die Praxis sieht doch oft völlig anders aus. Dafür ein Beispiel: Frau M. ist in einer leitenden Stellung im Handel tätig. Sie erzählte mir, wenn sie nach Hause komme, habe sie überhaupt keine Nerven mehr. Sie habe keine Kraft mehr, noch wirklich auf ihren achtjährigen Sohn einzugehen. Sie wüsste, dass das gar nicht gut sei.

Gerade bei voll arbeitenden Frauen kann man das hören. Sie wissen oft um ihr Dilemma oder ahnen es, aber sie sehen für sich keine Wege aus ihm heraus. Wie viele überdies immer hart am Rande des Burn-outs stehen, darauf habe ich schon hingewiesen.

Geht es um die Zufriedenheit der Mutter, so ist es wie bei allen Beziehungsdingen auch eine Frage der Interaktion, also der wechselseitigen Abhängigkeit. Denn wenn ein Kind ausgeglichen und zufrieden ist – oder noch deutlicher –, wenn man es als Mutter immer wieder vermag, sein kleines Kind zu stillen, dann wirkt das ins eigene Herz zurück und macht durchaus zufrieden. Ich schrieb weiter oben bereits davon.

Eine weitere Frage ist, was einem Kind, wohlgemerkt einem kleinen, eine noch so zufriedene Mutter nützt, wenn sie nicht da ist? Wenn sie von ihm in ihrer Zufriedenheit nicht gesehen und wahrgenommen und nachgeahmt werden kann? Wenn das Kind die Botschaft erhält: Meine Mutter ist nur zufrieden, wenn ich nicht da bin bzw. wenn sie weg ist? *Ein Kind braucht aber für sein Selbstwertgefühl die Botschaft: Es macht meine Mutter glücklich, zufrieden und selbstbewusst, meine Mutter zu sein, d. h. als meine Mutter zu leben, also mich zu umsorgen.*

„Krippen steigern die Geburtenrate"

Wir haben uns als moderne Gesellschaft kräftig hereingeritten: Die Geburtenrate ist gering und alle Sozialsysteme drohen deshalb zu kippen. Will ein Volk überleben, dann sind statistisch gesehen 2,1 Geburten pro Frau notwendig. In Deutschland liegen wir derzeit bei 1,37. Die Ursache für die geringe Geburtenrate läge darin, so ein Erklärungsversuch, dass ein Kind die Berufstätigkeit und die Karriere der Frau behindere. Deshalb will man diese Behinderung soweit es geht minimieren, unter anderem, indem man dort Einrichtungen schafft, wo es noch keine gibt, nämlich im Westen.

Klingt alles ziemlich logisch. Ist es aber auch so? Merkwürdigerweise ist die Geburtenrate im Osten des heutigen Deutschlands, wo eine flächendeckende Versorgung mit Einrichtungsplätzen vorliegt, die die beste weltweit[250] sein soll, deutlich geringer als im Westen (vor allem in Süddeutschland). Wenn also die Geburtenrate positiv direkt von der Anzahl der vorhandenen Kita-Plätze abhängig wäre, dann müsste die Geburtenrate im Osten weit nach oben tendieren. Ergo muss also noch einiges andere die Geburtenrate beeinflussen; so zum Beispiel die Tatsache, dass viele junge Leute im gebärfähigen Alter in den Westen gehen, weil es im Osten nicht genug Arbeit gibt. Oder weil manch studierte Frau keinen Mann findet. Ich hatte in diesem Zusammenhang ein interessantes Gespräch mit einer Frau, deren Tochter, Anfang 30, bereits eine beachtliche Karriere vorzuweisen hat. Diese Tochter ist beruflich so eingespannt – so schätzt es ihre Mutter ein –, dass sie gar keine Zeit habe, nach einem Mann Ausschau zu halten. Meine Gesprächspartnerin glaubt nicht, dass sie unter diesen Umständen einmal Großmutter werden könnte.

Die Geburtenrate wird sicher noch von vielem weiteren beeinflusst, wie zum Beispiel von Beziehungsunfähigkeit, der Tendenz zu Promiskuität, dem allgemeinen Werteverfall bzw. der systematischen Aushöhlung alles dessen, was eine familiäre Gemeinschaft ausmacht. Nicht zuletzt ist natürlich auch die Doppelbelastung der Frau zu nennen.

Wegen dieser Doppelbelastung sind zum Beispiel in der DDR viele dritte Kinder entweder gar nicht erst entstanden oder aber abgetrieben worden. Folgendes Gespräch kurz nach der Wende kommt mir da in Erinnerung. Eine Frau sagte, sie ist beim dritten Kind zur Abtreibung gegangen, weil sie einfach nicht noch einmal die Kraft gehabt hätte, die ganze Kleinkindzeit bei voller Berufstätigkeit durchzustehen. Diese Aussage kann symptomatisch verstanden werden. Man kann sie hier immer und immer wieder hören: „Wenn ich voll auf Arbeit gehe, habe ich keine Nerven für noch ein Kind." Oder: „Noch ein Kind? Um Gottes willen! Das stehe ich nicht noch mal durch!" Wenn ich sage, dass ich vier Kinder habe, dann heißt es: „Wo nehmen Sie bloß die Nerven her?!" Daraufhin sage ich, dass ich nicht arbeiten gehe, sondern dass meine Kinder „meine Arbeit sind". Dann kommt ein erstauntes „Ach so, na dann ..." als Antwort.

Das heißt: Wenn faktisch alle Frauen etwa so wie im Osten *ihre Hauptidentität im Leben in der Berufstätigkeit sehen (bzw. finanziell dazu gezwungen sind), dann werden wir zwangsläufig nicht mehr als ein, allerhöchstens zwei Kinder pro Frau haben.* Das ist schon hart an der Leistungsgrenze. *D.h. alle Kindereinrichtungen der Welt werden uns nicht helfen, die Geburtenrate in Deutschland so zu steigern, dass wir als Volk überleben können.* Denn dazu müssen einige Frauen drei bis vier Kinder bekommen *wollen*. Wir müssten wieder Geschmack *daran* bekommen dürfen: am Muttersein, am Familienleben – und der Staat müsste *dafür* auch die gesellschaftlichen Rahmenbedingungen schaffen (➤ Kap. 9). Wie eine Bestätigung dessen sind auch die Berechnungen des Statistischen Bundesamtes im ersten Halbjahr 2009: Die Geburtenrate für ganz Deutschland sank um 6,6 %, bezogen auf den Vergleichszeitraum des Jahres 2008. Der vorangetriebene Krippenausbau (und das nur einjährige Elterngeld) konnten also das Ziel – mehr Geburten – nicht erreichen.

„Krippen sind gut für sozial benachteiligte Kinder" – „Krippen sind Bildungseinrichtungen"

In diesem Zusammenhang hört man auch Folgendes: Es gehe um frühkindliche Bildungschancen, die doch für alle gleich sein sollten. Und weiter hört man: So manches Kind hat es doch in der Krippe besser als zu Hause, deshalb brauchte man eben Krippen. Das glauben vielfach auch Leute, die Krippen eigentlich gar nicht so gut finden und die ihre Kinder selbst nicht weggebracht haben. Sie meinen es gut. Ich bin darauf schon eingegangen, warum wir nach der zweiten bis dritten Krippengeneration Tendenzen zu Liebes- und Beziehungsunfähigkeit junger Eltern im Hinblick auf ihre Kinder haben. Wie man diesem Problem beikommen könnte, darauf werde ich im nächsten Kapitel noch genauer eingehen.

Wie ist es aber mit den Kindern dieser selbst so defizitären Eltern? Kann die Krippe das ausgleichen, was sie nicht bekommen, nämlich Liebe, Stillen und enge Mutterbindung, einen guten Vater sowie ein einigermaßen intaktes Familienleben? In den ersten Kapiteln dieses Buches habe ich aufzuzeigen versucht, dass eine Krippe keine adäquate frühkindliche Bildungseinrichtung sein kann, weil die Bedingungen dort nicht den Entfaltungsbedingungen des frühkindlichen Gehirns entsprechen. Denn Bildung funktioniert generell nicht mit dem „Nürnberger Trichter". Die Krippe soll aber scheinbar wie ein solcher „Trichter" in moderner Form funktionieren. Um positive Bildungseffekte von Krippen nachzuweisen, wird gern eine Studie der Bertelsmann-Stiftung aus dem Jahre 2008 herangezogen: Von den von der Studie untersuchten Geburtsjahrgängen von 1990 bis 1995 haben nur 16 Prozent (!) eine Krippe besucht. Die Autoren meinen,

> dass sich für den Durchschnitt der Kinder aus den untersuchten Jahrgängen die Wahrscheinlichkeit, ein Gymnasium zu besuchen, von 36 Prozent auf 50 Prozent erhöht, wenn sie vorher eine Krippe besucht haben.[251]

Zurzeit hinge das Erreichen des Abiturs noch zu sehr von der Bildung der Eltern ab. Mit Krippen erhöhten sich die Chancen für sozial benachteiligte und Kinder mit Migrationshintergrund. Kritiker dieser Studie meinen, dieses Ergebnis sei nicht aussagekräftig, weil die Studie zu wenig differenziere, zum Beispiel nach Stunden des Krippenbesuchs, Qualität der Betreuung und Familienhintergrund. Überdies wird keine Aussage darüber getroffen, wie in der Studie jene 16 Prozent Krippenkinder auf den Schulerfolg der 36 Prozent Gymnasiasten berechnet wurden.[252] Von den Grundschülern im Osten, die mehrheitlich in der Krippe waren, machen übrigens keine 50 Prozent das Abitur. Darüber gibt zum Beispiel eine Übersicht über die Schulabschlüsse des Statistischen Landesamtes Sachsen-Anhalt Auskunft, die einen Einblick über die Schuljahre 1991/92 bis 2010 gewährt.[253]

Ein Mensch ist nicht einfach ein Ding, das man als Kind mit „Bildung" in Einrichtungen „füttert" und das später automatisch zu einer entsprechend hochgebildeten Arbeitskraft heranwächst. Sein Gehirn braucht als Basis für die Bildung zuerst die verlässliche Bindung, zuerst die Liebe. *Das gilt auch für Kinder aus „sozial schwachen Milieus" oder aus „bildungsfernen Schichten".*

Ich weise auch hier noch einmal auf das Ergebnis der Studie von Greta Fein über die italienischen Krippenkinder hin (➤ Kap. 4), wonach die Krippe den Kindern aus problematischem Hintergrund erst recht nichts nützt, weil sie noch weniger Zuwendung von den Erzieherinnen einfordern als Kinder, die zu Hause mehr bekommen haben. Gerade weil bei diesen Kindern meist bereits Bindungsdefizite vorliegen, müssten doch die Liebesmängel deshalb ganz schnell ausgeglichen werden, damit sie keine Folgen haben. Um diese Kinder aufzufangen, sollten meines Erachtens andere Wege beschritten werden (➤ Kap. 9). Sie einfach in einer Einrichtung unterzubringen, ist die schnelle „Lösung", typisch für unsere Zeit: oberflächlich gedacht, an den Symptomen laboriert und nicht tragfähig. Auch und gerade für Familien, in denen es nicht klappt, bräuchte man individuelle Lösungen und kein Pauschalangebot.

Aus dem Westen ist außerdem zu hören, man wolle über die Krippen, unter anderem durch eine Einrichtungspflicht, eine bessere Integration der Migranten erreichen; so sollen die kleinen deutschen Kinder zusammen mit den kleinen Migrantenkindern von klein an das Problem anpacken, dessen Lösung die Erwachsenen nicht fertigbringen. Das kann wohl kaum Erfolg versprechend sein! Die kleinen Migrantenkinder haben ebenfalls ein Recht auf Mutterbindung und das richtige Erlernen ihrer Mutter-Sprache. Auch bei ihnen ist das die Basis für die weitere Bildung, wie zum Beispiel dem Erlernen der deutschen Sprache in einem Kindergarten im Vorschulalter.

Schon gar nicht taugt die Krippe als „gleiche Bildungschance *für alle*". Zum Schluss haben dann *alle die gleichen Defizite* und tragen die *gleichen Risiken* für Verhaltens- und Lernstörungen in sich, sind in gleicher Weise motivations- und interessenlos und sind nicht beharrlich, konzentrationsfähig und bereit, sich anzustrengen, und zwar auch die Kinder mit einem

Hintergrund, der sozial *nicht* schwach ist. Male ich zu schwarz? Ich habe genug traurige Beispiele vor Augen (➤ Kap. 5).

Die Grundvoraussetzung, um die Risiken einer Krippenbetreuung zu minimieren, und um von Bildung, die beim Kind ankommt, überhaupt sprechen zu können, ist eine minimale Gruppenstärke pro Erzieherin (➤ Kap. 4). Davon kann man in Deutschland in der Regel nicht ausgehen. Selbst im günstigsten Falle bleibt Krippenerziehung, abgesehen von den auch dann nicht ganz auszuschließenden Risiken, in ihrem Nutzen deutlich hinter einer optimalen Mutter-Kind-Beziehung zurück. Das heißt zugespitzt: Krippen als „gleiche Bildungschance *für alle*" werden selbst unter günstigsten Voraussetzungen das allgemeine, potenzielle Bildungsniveau senken, und zwar unter das Niveau, das bei unserem menschlich-arteigenen Mutter-Kind-Modell möglich ist.

Im „Land der Dichter und Denker" sei ganz nebenbei die Frage erlaubt, welcher unserer großen Dichter und Denker, welcher unserer bahnbrechend wirkenden Ingenieure und Erfinder denn in einer Krippe war? Sie konnten Höchstleistungen ganz ohne frühkindliche „Bildung" in einer staatlichen Einrichtung erbringen! Möglicherweise gerade deshalb?

„Erzieherinnen mit Ausbildung sind besser als Mütter"

Mütter und Familien seien nicht ausreichend kompetent, ihre kleinen Kinder zu erziehen. So die Aussage einer Mitarbeiterin des Deutschen Jugendinstituts München in einem Interview, dass 2001 vom Radiosender MDR Kultur gesendet wurde.[254] Dass Eltern normalerweise, seitdem die Menschheit existiert, willens und in der Lage gewesen sind, ihre Kinder zu versorgen und zu erziehen (und zum Beispiel auch bei großer Armut fähig waren, ihnen eine einfache Mahlzeit zuzubereiten), scheint völlig aus dem Blick geraten zu sein. Wenn wir mit einer solchen Grundhaltung an dieses Thema herangehen, laufen wir Gefahr zu vergessen, was eigentlich normal ist. In Vergessenheit gerät auch, was wir insgesamt anstreben und damit auch gesamtgesellschaftlich fördern sollten. Im oben angesprochenen Interview wurde die Tatsache, dass einige Mütter nicht zurechtkommen, mehr oder weniger auf alle übertragen, um einerseits die Notwendigkeit von Krippen und andererseits ein hohes Ausbildungsniveau von Erzieherinnen zu fordern. Selbst wenn Letzteres grundsätzlich richtig ist, müsste die erste Frage eigentlich lauten, warum manche Mütter nicht klarkommen, und die zweite, was man dafür tun kann, dort, wo es nicht klappt, Mütter zu liebevoller Bindung zu befähigen. Stattdessen werden Fälle von mütterlicher Überforderung und Verantwortungslosigkeit dahingehend ausgelegt, dass Kinder in staatlich kontrollierten Einrichtungen *generell* besser aufgehoben seien. Laut Kriminalstatistik des Bundeskriminalamtes liegt übrigens eine grobe Vernachlässigung von Kindern nur in 0,07 % der Familien vor.[255]

Selbst wenn es gut ist, zum Beispiel einige Fakten zum Stillen und zur Entwicklung eines Kindes zu kennen, bleibt die Erkenntnis, dass mütterliche Empathie nicht auf herkömmliche Weise gelernt werden kann, auch nicht an einer Hochschule. Das lernt eine Mutter nur, indem sie sich auf ihr Kind einlässt und Bindung lebt. Die spezifische Kompetenz einer Mutter und ihr spontanes Gespür für ihr Kind können somit von einer Erzieherin auch mit noch so guter Ausbildung nicht erlangt werden. Allein der Hormonhaushalt einer Mutter stellt sich per Stillen auf das Kind ein, der ihr dabei hilft, von Geburt an Einfühlung einzuüben, während der Hormonhaushalt einer Erzieherin mit dem Kind nichts zu tun hat. Es ist daher für eine Erzieherin eine besondere Herausforderung, zu einem neu dazukommenden, also ihr noch fremdem Kind, dessen Vorlieben und Eigenarten sie ja noch nicht kennt, eine gute Beziehung aufzubauen, zumal sie außerdem noch mehrere andere Kinder zu umsorgen hat. Eine derartige Beziehung dessen ungeachtet trotz angespannter Personalsituation tagtäglich anzustreben, erfordert in jedem Fall eine große Portion Idealismus, Erfahrung, Nervenkraft und Liebe.

Aufgrund von eigenen Untersuchungen stellte die Krippenforscherin Ahnert fest, dass Erzieherinnen im Gegensatz zu Müttern mehr die Gruppe als Ganzes im Blick haben müssen und spricht von „gruppenorientiertem, empathischem Erzieherverhalten, welches dem Kind in der Krippe Bindungssicherheit geben kann"[256]. Die Mutter-Kind-Beziehung sei indessen dual ausgerichtet und stellt die primäre Bindung dar.

Die Bindungsforscherin Karin Grossmann weist noch auf einen anderen interessanten Aspekt hin: Der Körperkontakt zur Mutter stimuliert im kindlichen Gehirn das körpereigene Opiat Endorphin, das wiederum mit der Ausschüttung des *Wachstums*hormons Somatotropin in Zusammenhang steht. Grossmann nimmt an, dass solche Vorgänge in der Krippe zwischen Erzieherin und Kind vermutlich nicht stattfinden.[257]

Aber es gibt darüber hinaus noch weitere Unterschiede: Die Erzieherin ist nur in ihrer Dienstzeit für das Kind da. Sie kann Urlaub haben oder kündigen usw. Meistens verliert sich der Kontakt während des Heranwachsens des Kindes, sodass es keine lebenslange, gegenseitige Bezogenheit bzw. Betroffenheit zwischen Erzieherin und Kind, wie es zwischen Mutter und Kind der Fall ist, gibt.

Genauso wie Eltern bzw. Mütter sind Erzieherinnen auch nur Menschen. Auch sie können nervlich, seelisch und emotional belastet sein, zum Beispiel durch die eigene frühe Vorgeschichte oder durch ihre aktuelle Lebenssituation. Von ideologischen Zielen, wie früher die sogenannte „sozialistische Persönlichkeit" oder heute der „neue Gender-Mensch", mit deren

Verwirklichung sie beauftragt sein können, ganz zu schweigen. Außerdem können auch hier menschliches Versagen oder Fehlverhalten mit schlimmen Folgen vorkommen.

Zu all dem, was ich bereits angeführt habe, hier noch ein paar bezeichnende Beispiele: Noch in DDR-Zeiten ereignete sich ein tragischer Unfall in einer bergigen Stadt Mitteldeutschlands. Wie ein Lauffeuer verbreitete sich dieser Vorfall und so ist er mir zu Ohren gekommen: Eine Erzieherin ging mit einem der typischen Krippenwagen mit etwa acht Kindern spazieren. Da es ja in der DDR nicht viel zu kaufen gab, sah sie sich die Auslagen in den Schaufenstern an und entdeckte etwas, wonach sie möglicherweise schon lange gesucht hatte. Sie stellte also den Wagen vor dem Geschäft ab und ging hinein. Ob sich die Bremsen des Wagens lösten oder ob sie diese in der Eile nicht richtig fixiert hatte, weiß ich nicht. Auf alle Fälle rollte der Wagen mit den Kindern die Straße hinab unter einen LKW: Alle Kinder waren tot!

Auch heute können Erzieherinnen überlastet oder gleichgültig sein: Folgendes erlebte zum Beispiel Frau D., als sie ihr Vorschulkind abgab; der Kindergarten nimmt auch ganz Kleine auf. Eines der Kleinen schrie zum Steinerweichen. Frau D. hob ihn hoch, um ihn zu trösten. Da sagte die Erzieherin zu ihr: „Das lassen Sie mal schön bleiben. Wo kommen wir denn da hin, wenn wir erst so etwas anfangen!" Ein anderes Beispiel ist Frau H., die mit ihrem Kind die Krabbelgruppe in einer Kita besuchte. Ein einjähriges kleines Mädchen schrie unaufhörlich und untröstlich. Frau H. musste zur Kenntnis nehmen, dass die Erzieherinnen diesen Sachverhalt der Mutter des Kindes bewusst verschwiegen.

Auch das gibt es: Die Erfurter Staatsanwaltschaft ermittelte im August 2008 gegen einen Kindergartenerzieher wegen des Verdachts auf Kindesmissbrauch.[258] *All das heißt: Es ist nicht nachzuweisen, dass fremde Erzieher/-innen generell besser sind als Mütter und deshalb für die Betreuung der Kinder vorzuziehen sind.*

„Im Ausland gibt es längst Krippen – Deutschland muss diesbezüglich aufholen"

Dieses Argument muss scheinbar immer dann herhalten, um die letzten Bedenken „vom Tisch zu wischen". Frei nach dem Motto: „Was habt ihr eigentlich, die anderen machen es ja auch und die haben keine Probleme damit." Abgesehen davon, dass allein die Tatsache, dass jemand anderes auch etwas tut, beileibe keine Begründung dafür sein kann, ob etwas richtig oder falsch ist, bleibt doch die Frage, inwieweit die obige Aussage überhaupt zutreffend ist.

Den intensivsten Krippenausbau in Westeuropa haben nach Ostdeutschland die skandinavischen Länder, allen voran Schweden und Dänemark, betrieben. Danach folgt Frankreich. Da die kleinen Menschenkinder überall die gleichen Grundbedürfnisse haben, treten auch überall tendenziell die gleichen Folgeerscheinungen auf. Allerdings mehren sich international die warnenden Stimmen: Als Beispiele seien die Schweden Anna Wahlgreen und ihr „Kinderbuch"[259] oder Jan-Olaf Gustafson angeführt. Letzterer zieht folgende erschütternde Bilanz:

> Die allgemeine Situation im heutigen Schweden ist in Aufruhr. In den Schulen herrscht Gewalt, Eltern und Lehrer werden bedroht und niedergeschlagen. Die Untergrundbahn in Schweden ... wird beständig von Heranwachsenden verwüstet. Sie bemalen die Züge mit Farbspray und schneiden die Sitze mit Messern auf. Jedes Jahr werden Reparatur- und Reinigungskosten in Höhe von fünf Millionen Dollar zur Beseitigung der Schäden ausgegeben. Wie sieht die Zukunft eines Landes aus, in dem alte Leute es nicht einmal wagen, am Tage auf die Straße zu gehen?
> Das Problem ist auch bei sehr jungen Kindern anzutreffen. Eine Studie ... gibt bekannt, dass jedes dritte Kind, das die für 4-jährige Kinder vorgeschriebene medizinische Untersuchung durchläuft, an psychologischen Störungen leidet. Wir wissen, dass in Schweden jedes Jahr 100 Kinder Selbstmord begehen ... Eine steigende Anzahl der Kinder verlässt die Schule nach neun Jahren ohne Lese- oder Schreibkenntnisse ...[260]

Die Kinderpsychologin Melanie Gill aus Großbritannien sieht sich in ihrem Land mit den gleichen Problemen konfrontiert. Sie stellt einen enormen Anstieg von Verhaltensstörungen bei Kindern, von zerbrechenden Familien und von Jugendkriminalität in Großbritannien fest und sieht die Hauptursache in dem Muttermangel der Kinder durch Fremdbetreuung im Vorfeld.[261] Das ZDF berichtete übrigens kürzlich darüber, dass Großbritannien sein Waffengesetz drastisch verschärft habe, weil es sonst seiner ständig steigenden Jugendkriminalität nicht mehr Herr werde: zwischen Alkohol, Schlägereien oder Messerstechereien sollen nicht auch noch Schüsse mit Todesfolge fallen ...[262]

Die umfassenden Forschungen der tschechischen und ungarischen Kinderärzte hierzu liegen schon länger vor (➤ Kap. 4). Aus der ehemaligen Sowjetunion – dem Land mit der historisch längsten Fremdbetreuungszeit – ist folgende Aussage eines ihrer wohl prominentesten und angesehensten Vertreter, nämlich Michail Gorbatschows, überliefert:

> ... wir [haben] es versäumt, den besonderen Rechten und Bedürfnissen der Frauen, die mit der Rolle als Hausfrau und Mutter und ihrer unerlässlichen erzieherischen Funktion zusammenhängen, genügend Beachtung zu schenken. Heute engagieren sich die Frauen in der wissenschaftlichen Forschung, sie arbeiten auf Baustellen in der Industrie ... und haben daher nicht mehr genügend Zeit, um ihren täglichen Pflichten zu Hause nachzukommen – dem Haushalt,

> der Erziehung der Kinder und der Schaffung einer familiären Atmosphäre. Wir haben erkannt, dass viele unserer Probleme – im Verhalten vieler Kinder und Jugendlicher, in unserer Moral, der Kultur und der Produktion – zum Teil durch die Lockerung der familiären Bindungen und die Vernachlässigung der familiären Verantwortung verursacht werden. Dies ist ein paradoxes Ergebnis unseres ernsthaften und politisch gerechtfertigten Wunsches, die Frau dem Manne in allen Bereichen gleichzustellen.[263]

Deutlicher können sowohl die Bankrotterklärung der kommunistischen Idee von der außerfamiliären Kollektiverziehung, wie sie sich auch in der Krippenidee spiegelt – ich erinnere an die oben angeführten Zitate von Marx und Lenin –, als auch die Bankrotterklärung der „Gleichstellung" bzw. „Emanzipation" unter völliger Negation des Mutterseins kaum ausgesprochen werden. Und das im Vorreiter- und Kernland dieser Ideen!

Bezeichnenderweise „rudern" jetzt auch andere Krippenvorreiterstaaten zurück und geben der Familienbindung als Wahlfreiheit wieder eine Chance: Schweden zahlt seit 2008 ein Erziehungsgehalt von 300 Euro bis *zum Schulalter*. Frankreich zahlt 552 bis 700 Euro entsprechend der Familiengröße.[264] In Norwegen gibt es inzwischen für drei Jahre ein Elterngehalt.[265] In Tschechien gibt es so etwas seit den 70er Jahren, als das Krippensystem auf 25 Prozent reduziert wurde.[266] Erst kürzlich wurde sogar in der tschechischen Hauptstadt Prag eine Krippe geschlossen, weil sie leer stand. Alles das wird in der breiten deutschen Öffentlichkeit geflissentlich verschwiegen, damit die deutsche Politik möglichst widerspruchslos und einseitig auf den Krippenausbau setzen kann.

Ich fasse dieses Kapitel zusammen: Die Feministinnen wollten die Frauen befreien, und zwar von einer einseitigen Ausrichtung auf Familie, Muttersein, Kinderversorgung usw. Sie sind inzwischen weit vorangekommen. Im Osten durch den Sozialismus ohnehin, und im Westen holen sie kräftig auf. Was sie übersehen ist, dass man „von zwei Seiten vom Pferd fallen" kann. Wir sind mittlerweile dabei, von der „anderen Seite" herunterzufallen. Die Schulabgängerinnen sind nämlich, wenn man sie fragt, was sie werden wollen, überhaupt nicht mehr auf ein Familienleben bzw. auf ein zeitweiliges ausschließliches Muttersein aus- bzw. eingerichtet, sondern nur noch auf das Berufsleben. Wo bleibt hier das Lebensglück? Es bleibt mehr und mehr aus. Allein die Umsetzung dieser ideologischen Auffassungen hat so viel Unglück gebracht, dass es meines Erachtens dringend an der Zeit wäre, unsere Lage gründlich zu überdenken und all das, was nicht taugt, auf den Abfall zu werfen. *Die Emanzipation der Frau ist nur dann zukunftsfähig, wenn sie nicht auf Kosten der Mütterlichkeit geht, sondern wenn sie diese mit einbezieht. Muttersein muss gesellschaftlich mindestens genauso anerkannt werden wie jede andere gesellschaftliche Arbeit.*

9. Wie sollten die gesellschaftlichen Rahmenbedingungen aussehen?

Unsere Gesellschaft muss, wenn sie Zukunft haben will, für das gedeihliche Heranwachsen der nächsten Generation sorgen. Sie hat nur Zukunft, wenn ihr Ziel die Gesundung der familiären Bindungsverhältnisse ist: die Fähigkeit und ggf. Wiederbefähigung zur Elternschaft, zu Mütterlichkeit und Väterlichkeit, zu Liebe und Bindung als Basis jeder guten Erziehung. Es ist die Aufgabe des Staates, dafür die Rahmenbedingungen zu schaffen. Im Moment sieht die politisch-ideologische Linie der deutschen Familienpolitik wenig danach aus, als hätte sie die natürlichen Grundbedingungen des Gedeihens von Kindern im Blick. Es bleibt die Hoffnung, dass die neue politische Leitung im Familienministerium den eingeschlagenen Weg noch einmal überdenkt; Nachdenken und *Umdenken*, nämlich ein Denken vom Kind her, das wäre letztlich so wichtig. *Die Mutter- und Familienbindung insgesamt, Stillen sowie stabiles Dasein für mindestens drei Jahre sollten gesamtgesellschaftlich zu einem Wert avancieren, der geschützt ist.* Dass die Bindung in der Familiengemeinschaft gelebt und gefestigt werden kann, sollte unterstützt werden – und nicht die Auslagerung alles dessen, was normalerweise in der Familie am effektivsten geleistet werden kann. Auch in einer modernen Gesellschaft ist das möglich. Doch nicht nur das. Wenn Kinder nicht in stabilen Bindungen und in Liebe groß werden, wird auch eine moderne Gesellschaft auf Dauer nicht bestehen können. Die Verfallserscheinungen, die man bereits sehen kann, zeigen das überdeutlich. Eine Demokratie, verbunden mit großer persönlicher Freiheit, hat nur so lange eine menschliche Basis, wie die Mehrheit der Menschen genug Elan und Schöpferkraft hat, sie zu gestalten. Die Mehrheit der Menschen muss zudem motiviert und in der Lage sein, grundsätzlich Verantwortung für sich und ihre Nächsten sowie für das Allgemeinwohl zu übernehmen. *Demokratie und Freiheit sind nur so lange möglich, wie die Menschen die Grundregeln der Würde und des Respekts vor einem anderen Menschen tief in ihren Herzen verinnerlicht haben.* Eine solche Sozialkompetenz lernt man *nur* in der liebevollen Familienbindung! *Werden gute familiäre Bindungen immer mehr untergraben, wird auch allmählich die Fähigkeit der Menschen zur Demokratie und zur Freiheit untergraben.*

Der demokratische Staat sägt an dem Ast, auf dem er sitzt! Auch deshalb brauchen wir dringend ein Umdenken. Ein Umdenken hin zur Wertschätzung und zum Schutz der Familienbindung und -gemeinschaft. Umdenken, das heißt: *Rückbesinnung zur Basis des Grundgesetzes,* um die Abs. 1, 2 und 4 des Paragraphen 6 unseres Grundgesetzes mit viel mehr Leben als bisher zu erfüllen. Nicht umsonst heißt es dort:

> Ehe und Familie stehen unter dem besonderen Schutz der staatlichen Ordnung. Pflege und *Erziehung der Kinder* sind das *natürliche Recht der Eltern* und die ihnen *zuvörderst obliegende Pflicht* ...

... und in Abs. 4 steht zu lesen:

> *Jede Mutter* hat Anspruch auf *den Schutz und die Fürsorge der Gemeinschaft.* [Hervorh. von der Verf.]

Hier sind das Recht der Kinder auf die Geborgenheit in der Familie verankert, aber ihr Recht auf Würde und Wohl ist noch grundsätzlicher festgeschrieben. Nachdem in der Präambel des Grundgesetzes steht „*Im Bewusstsein der Verantwortung vor Gott und den Menschen*" folgen die bekannten Sätze von Artikel 1 und 2: „*Die Würde des Menschen ist unantastbar*" (wohlgemerkt auch die des Kleinkindes und Babys; Anm. der Verf.) ... und „Jeder hat das Recht auf freie Entfaltung seiner Persönlichkeit, ..." bzw. „Jeder hat das Recht auf Leben und körperliche Unversehrtheit. Die Freiheit der Person ist unverletzlich ...".

Auf internationaler Ebene haben wir als Handlungsmaßstab die „Erklärung über die Rechte der Kinder", die die XIV. Vollversammlung der Vereinten Nationen 1959 aus den Erfahrungen des Zweiten Weltkrieges heraus formulierte. Darin heißt es:

> Zur vollen und harmonischen Entwicklung seiner Persönlichkeit brauche das Kind Liebe und Verständnis. Es soll, wenn immer möglich, in der *Sorge und Verantwortung seiner Eltern aufwachsen* und in jedem Fall in einer *Atmosphäre der Liebe* und der *sittlichen und materiellen Sicherheit;* ein Kleinkind soll, außer in Ausnahmefällen, *nicht von seiner Mutter getrennt werden.* [Hervorh. von der Verf.]

Das ist die „Messlatte". Da müssten wir hin, anstatt irgendwelchen Lobbygruppen in Industrie und Ideologie nachzulaufen. Wo ein Wille ist, sind dann auch Wege möglich, und der Phantasie sind keine Grenzen gesetzt.

Steuergerechtigkeit und Erziehungsgehalt

Zunächst wäre es wichtig, die Steuerungerechtigkeit, d. h. die unangemessene Besteuerung von Familien mit Kindern gegenüber Kinderlosen im deutschen Steuersystem vollständig beizulegen. Man kann sich unter *www.familie-ist-zukunft.de* unter dem Stichwort „Der faire Familienrechner" ausrechnen, wie das eigene Familiengehalt aussähe, hätten wir in Deutschland *Familien-Steuergerechtigkeit.* Die ab 2010 eingeführten steuerlichen Kinderfreibeträge von 7008 Euro können als ein Schritt in die richtige Richtung gewertet werden, gehen aber als Maßnahme nicht weit genug. Darüber hinaus sollte das gesamte System der Sozialversicherungen und -abgaben durchgesehen und familiengerecht gestaltet werden.

Eine weitere wichtige finanzielle Absicherung wäre ein *Erziehungsgehalt für mindestens drei Jahre,* möglichst aber länger. Dieses müsste dem Durchschnittsgehalt der Bevölkerung entsprechen, sozialversicherungs- und steuerpflichtig sein und würde so mit einem Rentenanspruch für diese Jahre verbunden sein. Daraus ergäben sich eine *Aufwertung und eine Gleichstellung der Familienarbeit mit jeder anderen bezahlten Berufstätigkeit.* Die Bezahlung wäre ein wichtiges Signal, die gesellschaftliche Bedeutung dieser Arbeit anzuerkennen, die normalerweise Mütter leisten. Für viele Familien wäre das nicht nur eine spürbare finanzielle Entlastung, die es ermöglichen würde, beim Kind zu bleiben, ohne zum Beispiel Hartz IV beantragen zu müssen. In Kombination mit gerechten Steuern und einem deutlich höheren Kindergeld als bisher wäre auch die Kinderarmut gebannt. Wie oft reden Politiker diesbezüglich von „Betroffenheit". Hier könnten sie ein Zeichen setzen!

Ferner entsteht die viel beschworene *Wahlfreiheit* (siehe S. 218), die man mit dem flächendeckenden Krippenausbau schaffen will, überhaupt erst dann, wenn die Eltern wirklich wählen können, wie ihre Kinder betreut werden sollen. Das können sie objektiv aber nur, *wenn der Staat die Familienarbeit genauso finanziell absichert wie die Einrichtungen. Damit wird die Familienarbeit mit der Berufstätigkeit außer Haus auch gesellschaftlich gleichgestellt.* Und umgekehrt: Wenn Krippenbetreuung staatlich gefördert wird – ich erinnere: mit ca. 1200 Euro subventioniert wird –, müssen Familien in gleichem Maße unterstützt werden, wenn sie ihre Kinder selbst betreuen. Diese Zielsetzung hatte bereits das *Betreuungsurteil des Bundesverfassungsgerichtes vom 19. Januar 1999,* das feststellte, dass der Aufwand der Kindererziehung und -betreuung gleich zu bewerten sei, unabhängig davon, ob die Eltern die Kinder selbst betreuen oder die Leistung von Dritten erbracht werde.[267]

Das Betreuungsgeld von 150 Euro, unter Umständen in Gutscheinen, das die CDU/FDP-Regierung ab 2013 versprochen hat, wird diesem Anspruch in keiner Weise gerecht.[268] Gäbe es zum Beispiel ein Erziehungsgehalt für *alle* Eltern und würden beide Elternteile arbeiten gehen wollen, dann müssten sie sich die Erziehung (zum Beispiel eine Tagesmutter oder einen Krippenplatz) einkaufen, und zwar so teuer, wie sie ist. Da dadurch die staatlichen Subventionen für die Einrichtungen entfielen, würden die öffentlichen Haushalte maßgeblich entlastet. Wenn Eltern ihr gutes Geld ganz persönlich für die Erziehung ausgeben, dann würden und könnten sie auch viel mehr Einfluss auf die Qualität ausüben – zum Beispiel hinsichtlich der Gruppenstärken in einer Einrichtung.

Interessant sind in dem Zusammenhang folgende Umfrageergebnisse: Eine Studie des Meinungsforschungsinstitut IPSOS im Auftrag des Familiennetzwerkes Deutschland von März 2007 ergab[269] Folgendes: Zahlte man den Müttern 1000 Euro, würden fast 70 Prozent ihr Kind zu Hause betreuen und nur 26,2 Prozent würden damit einen Krippenplatz finanzieren. (Dabei gibt es das geprägte Ost-West-Gefälle; d. h. im Westen wollen viel mehr Mütter ihre Kleinkinder selbst betreuen als im Osten, wo es flächendeckend Krippen gibt.) Die Studie kam zu dem Schluss, dass für den Westen 100.000 statt der geplanten 500.000 Krippenplätze völlig reichen würden.

Die FORSA-Umfrage der Zeitschrift „Eltern" zeigt repräsentativ: 96 Prozent der Mütter und Väter möchten durch Unterbrechung ihrer Berufstätigkeit wegen der Kindererziehung nicht schlechter gestellt werden. 88 Prozent wünschen sich eine bessere gesellschaftliche Anerkennung der Familienarbeit, drei Viertel befürworten niedrigere Beiträge in allen Sozialversicherungen für Eltern, weitere zwei Drittel plädieren für ein Betreuungsgeld. Das Ergebnis einer Umfrage des Allensbach-Institutes zeigt es noch deutlicher: 81 Prozent der Befragten bevorzugen die eigene Betreuung ihrer Kinder durch einen Elternteil in den ersten drei Jahren.[270]

Als übrigens zu DDR-Zeiten das Baby-Jahr komplett für alle bezahlt wurde, setzte es sich auch fast ausnahmslos durch. Nur noch ein Prozent der Krippenkinder war jünger als ein Jahr.[271] Das heißt aber auch, *dass die Mehrheit der Mütter, wenn sie sich das leisten könnten, ihre kleinen Kinder auch selbst betreuen wollen.* Auch im Osten würde das so manche Mutter wieder wollen. Eine Bekannte drückte es mir gegenüber einmal so aus: „Wir wollen endlich wieder in Ruhe Mutter sein dürfen!" Ich soll das überall laut sagen. *100 Prozent der kleinen Kinder wollen auf jeden Fall bei ihrer Mama bleiben.*

Es wäre an der Zeit, dass die Politik hier Taten folgen lässt. Es erzähle keiner, dass dafür grundsätzlich nicht genug Geld da sei. Deutschland ist eines der reichsten Länder der Welt. Eines, das mit zig Milliarden Euro Banken aus der Krise retten kann! Ein Erziehungsgehalt wäre ein Klacks gegen solche Unsummen, aber es würde sich für uns alle hundertfach wieder auszahlen. Ein Erziehungsgehalt würde den Staat, letztlich uns alle, nur ein Bruchteil dessen kosten, was die Errichtung und Unterhaltung von Kindereinrichtungen einschließlich der wachsenden Personalkosten ausmachen. Der Städtetagspräsident Christian Ude (SPD) sagte 2009, dass die vom Bund veranschlagten vier Milliarden Euro bei Weitem nicht ausreichten, um – wie vorgesehen – die 500.000 Betreuungsplätze neu einzurichten und dauerhaft zu finanzieren. Allein die Investitionskosten betrügen mehr als 12 Milliarden Euro und die laufenden Betriebskosten bedeuteten 2,3 Milliarden Euro pro Jahr zusätzlich für die Städte und Gemeinden.[272] Man ist also bereit, das Geld mit vollen Händen zum „Fenster hinauszuwerfen", und das bei mehr oder weniger leeren kommunalen Kassen.

Wenn Krippenbetreuung allerdings risikominimiert sein und der familiären Betreuung einigermaßen nahekommen sollte, darf eine Erzieherin aber nur etwa drei Kinder betreuen. Um solche Krippen geht es aber bei obiger Rechnung mit Sicherheit nicht. Das wäre nämlich unbezahlbar. Warum also nicht gleich den Eltern das Geld geben?!

Wenn ein Erziehungsgehalt gezahlt wird, sind Mütter (bzw. Väter) günstiger, effektiver und, was das Ergebnis betrifft, den Einrichtungen weit überlegen. *Das Erziehungsgehalt wäre also vom Staat gut angelegtes Geld, nämlich nachhaltig und zukunftsfähig.*

Die Verantwortung der Medien: Information und Aufklärung in der Öffentlichkeit

Eine öffentliche Aufwertung des Mutterseins und des Familienlebens vor allem in den Medien ist dringend notwendig. Dabei sollten jegliche Diffamierungen wegfallen. Sachlichkeit und Realismus in Darstellung und Form, und zwar ohne auf zerrüttete Familienverhältnisse zu fokussieren (wie kaputte Ehen bzw. erziehungsunfähige Eltern), aber auch ohne idealisierende Verklärung, dafür aber mit beispielgebenden Vorbildern, wäre wünschenswert. Die Medien könnten eine immense Bedeutung bei der Information der Öffentlichkeit über den Zusammenhang von Entfaltungsbedingungen des frühkindlichen Gehirns und den Auswirkungen im späteren Leben auf die seelische Stabilität, die Beziehungsfähigkeit usw. einnehmen. Diese Themen indes sind bisher kaum zu finden, dafür findet man aber die Botschaft von der „Notwendigkeit" der Krippen auf allen Kanälen. Offensichtlich passen die oben geschilderten Zusammenhänge nicht in den Mainstream, was möglicherweise ein Grund dafür ist, warum sie ausgespart werden. Leider.

Ich möchte das hier Gesagte wie folgt zuspitzen: Erst durch eine genaue und gute Information ist man als Mensch zu objektiver Meinungsbildung und freier Entscheidung in der Lage. Wenn also die Medien aufklärend tätig werden wollten, dann wäre es jetzt an der Zeit, Themen wie Stillen, Mutter-Kind-Bindung, mütterliche Empathie, aber auch die Risiken der frühen Trennung und Fremdbetreuung usw. und ihre Bedeutung für das Kind, in ihren Programmen zu etablieren.

Die Förderung des Stillens

Eine Grundvoraussetzung wäre, wenn man sich gesamtgesellschaftlich auf die WHO-Richtlinien und -Empfehlungen als Zielvorgaben einigen könnte und ausrichten würde. Alles Weitere würde sich dann von selbst ergeben. Da wäre zum Beispiel die wünschenswerte *Einschränkung der Werbung für künstliche Babynahrung* durch den Gesetzgeber einmal in Hinsicht auf konkrete Produkte, zum anderen in Hinsicht auf künstliche Ernährung generell. Ich meine hier zum Beispiel den Zusammenhang, den wir alle im Kopf haben, wenn wir eine Nuckelflasche sehen. Hier denken wir erstens sofort an ein Baby und haben zweitens tief verinnerlicht, dass man so etwas für ein Baby braucht. Warum? Weil wir es so von klein an gesehen oder gespielt haben: bei den jüngeren Geschwistern, mit den Püppchen, in Bilderbüchern, in der Werbung, auf Glückwunschkarten usw. Ich weiß aus eigener Erfahrung, wie fest diese Bilder im Kopf sitzen und wie sehr sie einem Stillerfolg im Weg stehen können. Besonders infam ist die Nuckelflasche bzw. die künstliche Ernährung als Symbol für die Unabhängigkeit der Frau vom Kind, so wie bei folgendem Beispiel: Als eines meiner Kinder vor ein paar Jahren zum Abitur ein Probe-Abo der FAZ erhielt, war auch ein Hochschulanzeiger dieser Zeitung dabei. Unter der Überschrift „Vorsicht Opferfalle" stand unter anderem zu lesen:

> … Mama opfert ihre Karriere. Dabei ist es seit der Erfindung von Milchpumpe und Milchpulver nicht zwingend nötig, dass eine Frau für drei Jahre von der Bildfläche verschwindet, nur weil sie stillt.[273]

Ein Paradebeispiel für Manipulation! Die Adressaten sind Abiturientinnen, die oftmals nicht einmal eigene Geschwister haben. Abgesehen davon, dass eine Mutter auf diese Weise, zur Ernährerin versachlicht, degradiert wird, wird hier öffentlich ein elementares Menschenrecht, nämlich das des kleinen Menschen auf Stillen und auf die Anwesenheit seiner Mutter, in Frage gestellt. Das widerspricht meines Erachtens dem Geist von Artikel 1 Abs. 1 und Artikel 6 Abs. 2 des Grundgesetzes.

Eine Verbesserung des Stillens wäre zum Beispiel die Umwandlung aller Entbindungskliniken in „Babyfreundliche Krankenhäuser" nach WHO-Standard und die Möglichkeit von Stillberatung auf Rezept und deren Bezahlung durch die Krankenkassen. Ich halte das für ausgesprochen wichtig: Gelingt nämlich die erste Bindung und klappt das Stillen, dann kann eben auch unsere Natur eine ganze Menge Kraft entfalten. Selbst Müttern, die schwerwiegende Defizite aus ihrer Kindheit mitbringen, kann es so gelingen, über die Schatten ihrer Vergangenheit zu springen und zu ihren Kindern Empathie zu entwickeln. Es erwachen die natürlichen Instinkte. Ich kenne selbst so ermutigende Beispiele. Wir Menschen haben die große Chance in der nächsten Generation, vieles wieder geradezurücken. Es käme darauf an, allen Müttern und ihren Kindern diese Chance zu geben.

Auf Liebe und Erziehung einstimmen: Die Verbesserung der Elternkompetenz

Elternkompetenz beginnt eigentlich mit der frühesten Kindheit der Eltern selbst, nämlich damit, ob und wie sie von ihren Eltern geliebt und erzogen worden sind. Das habe ich bereits verdeutlicht. *D. h., mit jedem Kind, dass ab seinem ersten Atemzug (wieder mehr) Empathie und keine Bindungsbrüche erfahren hat, werden wir potenziell und tendenziell auch (wieder mehr) Elternkompetenz haben. Das heißt weiter, je mehr Mütter in ihrer Mütterlichkeit von der gesamten Gesellschaft bestärkt und abgesichert werden, desto besser wird die Elternkompetenz in der nächsten Generation sein. Für die Väter gilt das Entsprechende.*

Elternkompetenz ist meines Erachtens nicht nur die Summe von Grundkenntnissen zum Stillen, zur Entwicklungspsychologie und zur Erziehung, sondern vor allem *die Fähigkeit zur Liebe*, zur Feinfühligkeit, zum Gespür für das Kind, zur Bindung. Das hat etwas mit der Fähigkeit zur Wahrnehmung eigener Gefühle zu tun.

Was kann zur Verbesserung der Elternkompetenz getan werden? Bereits im *Vorschulalter*, aber auf jeden Fall in der *Schulzeit* sollte damit begonnen werden. Nun bin ich nicht dafür, den meines Erachtens ohnehin sehr aufgeblähten Lehrplan noch mehr zu belasten. Aber wie viele hörte ich schon sagen, dass man in der Schule so vieles lernen müsse; manches aber, was man im Leben wirklich brauche, lerne man eben leider nicht. Dazu gehören die Gesetze der Beziehungen, der Kommunikation, der Gefühle, der Ehe, der Unterschiedlichkeit von Mann und Frau sowie natürlich die Grundbedürfnisse kleiner Kinder mit Stillen und Bindung. Wie wäre es also, wenn man manches Spezialwissen den Hochschulen und der Berufsausbildung vorbehielte und an den Schulen etwas Platz schaffte für die oben geschilderten Themen (zum Beispiel einmal ein Projekt Stillen mit Einladung einer Stillberaterin im Rahmen des Biologieunterrichts der oberen Klassen).

Für das Vorschul- und Grundschulalter hatte ich schon lange folgende Idee – und ich war erfreut zu erfahren, dass jemand mit mehr Möglichkeiten, konkret Karl-Heinz Brisch, sie woanders schon umsetzt –, nämlich das Mutter und Baby *beobachtet* werden sollten. Dr. Brisch stellte sein Projekt *Babywatching* Anfang 2009 auf einer Tagung vor.[274] Einmal in der Woche geht eine Mutter mit ihrem Baby in eine Kindergartengruppe bzw. in eine Grundschulklasse, und die Kinder tun nichts weiter, als die Mutter mit ihrem Baby zu beobachten und wahrzunehmen. Das Beobachtete wird dann artikuliert. Ich konnte im Rahmen dieser Tagung dazu einen Film sehen. Wie die Kinder reagieren, ist faszinierend. Hier wird auf so einfache, kostengünstige und geniale Weise die Wahrnehmung von Gefühlen geübt, nämlich die des Babys, die der Mama und die der eigenen. Da manche Kinder zu Hause so etwas leider zu wenig erfahren oder keine kleinen Geschwister haben, ist alles, was in eine derartige Richtung geht, Gold wert. Interessant ist auch die unmittelbare Wirkung dieses Projektes auf die Kinder; die Lehrerinnen und die Kindergärtnerinnen berichten davon, dass sich das Verhalten der Kinder untereinander und die Ruhe im Unterricht deutlich verbessert hätten. *Babywatching* könnte also ohne großen Aufwand überall möglich sein. Das ist Erfahrung sammeln und Lernen am lebendigen Beispiel.

Eine zentrale Bedeutung bei der Verbesserung der Elternkompetenz sollten *Elternschulkurse* in der Schwangerschaft einnehmen. Zumindest beim ersten Kind wäre es zu überdenken, eine Teilnahme zur Pflicht zu erklären und sie mit einem Zertifikat abzuschließen zu lassen. Manche befürworten auch, dass die Teilnahme Voraussetzung für den Erhalt des Erziehungsgehaltes sein sollte. Wem das zu reglementiert ist, dem gebe ich zu bedenken, dass das Fahren eines Autos auch nur nach abgeschlossener Fahrprüfung erlaubt ist. Das Fahren eines Autos empfinden inzwischen viele leichter als die Erziehung eines Kindes. Ein Zertifikat als Nachweis eines Kenntniserwerbs würde das Muttersein aufwerten. Da wo ein Vater ist, sollte auch er daran teilnehmen.

Elternkurse sollten zunächst Kenntnisse und Fakten zu den Grundbedürfnissen von kleinen Kindern sowie die natürlichen Möglichkeiten, sie zu befriedigen, enthalten. Ich verweise hier auch auf das, was ich in Kapitel 2 beschrieben habe. Aber diese Kurse sollten unbedingt noch weiter darüber hinausgehen und so etwas wie die Eigenwahrnehmung von Gefühlen, ein Feinfühligkeitstraining sowie Kommunikation enthalten. Gegebenenfalls sollte das Wahrnehmen „wunder Punkte" in der eigenen Vergangenheit der Eltern angeboten werden. Hier könnten den Eltern, wenn nötig, Wege in therapeutische oder beratende Hilfe gewiesen werden und manche schwierige oder problematische Entwicklung bereits abgefangen werden.

Elternkurse oder Ähnliches sind meines Erachtens auch später, entsprechend der verschiedenen Altersgruppen der Kinder, als Angebot nötig und vorstellbar, um wiederum eine gute Orientierung für ein gelingendes Familienleben zu geben. Folgende Themen könnten dort unter anderem behandelt werden: Wie setzt man Regeln und Grenzen? Wie bleibe ich im Gespräch mit meinem Kind? Wie geht man mit schulischen Problemen um? Wie viele Freizeitaktivitäten sollten sein? Wie lernt mein Kind den Umgang mit den Medien oder mit Geld? Wie erfolgt die Weitergabe ideeller Werte und welche sind uns dabei wichtig? Die Liste ließe sich noch beliebig fortsetzen. Wichtig wären meines Erachtens bei allen diesen Themen nicht nur die Weitergabe von Erziehungstechniken, sondern auch Fragen wie diese: Wie erhalte und stärke ich die Bindung und Vertrauen in einer bestimmten Situation bzw. wie beschädige ich sie nicht?

Elternkurse stelle ich mir als wichtige Hilfe zu Selbsthilfe vor und als ideale Möglichkeit zum Gedankenaustausch. Es gibt solche bereits als einzelne Initiativen wie zum Beispiel den ECCM (ElternColleg Christa Meves) des Vereins Verantwortung für die Familie e. V. oder die Initiative SAFE (Sichere Ausbildung für Eltern) des Klinikums der Universität München, die deutschlandweit aktiv werden will. Darüber hinaus finden sich familienstärkende Initiativen, die ebenfalls Angebote zur elterlichen Erziehung einschließen, wie zum Beispiel TEAM.F (Neues Leben für Familien), das ebenfalls bundesweit arbeitet.

Seelische Wunden heilen – Verletzungen vorbeugen: Beratende und therapeutische Begleitung und Hilfe für Eltern

Ich habe oft erlebt, wie schnell eine reine Stillberatung an ihre Grenzen kommen kann, weil das eigentliche Problem zum Beispiel tiefer liegt und deshalb eine ganz andere fachliche Kompetenz und mehr Zeit erforderlich ist. Dafür wünschte ich mir den flächendeckenden Ausbau einer bindungs- und stillorientierten *Eltern-Supervision bzw. -begleitung*, die Mütter (und Väter) bestätigen und ermutigen und anleiten sollte. Sie sollte aber vor allem Raum geben, Unsicherheiten, Defizite und Verletzungen aus der eigenen Vergangenheit auszusprechen und aufzuarbeiten (➤ Kap. 7). Ich bin sicher, dass auch hier so manchem bindungsunsicheren Mutter-Kind-Verhältnis und mancher postnatalen Depression segensreich vorgebeugt werden könnte. Natürlich wird das (leider) nicht immer gelingen.

Deshalb braucht es zunächst hinsichtlich seelischer Erkrankungen der Mütter dringend Verbesserungen, zum Beispiel den *Ausbau der peripartalen Netze*, in denen regional Psychiater, Hebammen, Stillberaterinnen und Kinderärzte und die entsprechenden Kliniken vernetzt sind und entsprechend eng zusammenarbeiten. Wie dringend das ist, musste ich vor einiger Zeit feststellen, als ich händeringend einen stillfreundlichen Neurologen für eine Mutter mit Verdacht auf postnatale Depression gebraucht hätte.

Ferner gibt es in Deutschland noch viel zu wenige psychiatrische Kliniken, die seelisch erkrankte Mütter *mit* ihren Babys bzw. Kleinkindern aufnehmen. Um die Bindung aufrechtzuerhalten bzw. deren Aufbau zu ermöglichen und auch, um sowohl die Mütter als auch die Kinder nicht noch zusätzlich schwer zu belasten, sollten in allen psychiatrischen Kliniken *Mutter-Kind-Einheiten* eingerichtet werden. Als positives Beispiel in den neuen Bundesländern ist hier die psychiatrische Klinik im Sächsischen Krankenhaus Altscherbitz/Schkeuditz zu nennen.

Ich bin der Überzeugung, dass sich mit allen diesen Möglichkeiten die Elternkompetenz in vielen Fällen gesund entwickeln könnte. Aber was, so werden die Skeptiker sagen, machen wir mit den schwierigen Fällen, bei denen diese Möglichkeiten nicht ausreichen, die eben nicht mit ihren Kindern zurechtkommen? Wie wir an den Fakten bereits sehen konnten, hilft ihnen die Schaffung von subventionierten Kitas im großen Stil wenig. Auch diese Kinder wollen sich fest binden, und zwar möglichst an ihre Mutter bzw. ihren Vater. Auch sie haben die Sehnsucht, ihre Eltern zu lieben und von ihnen geliebt zu werden. Deshalb sollten auch sie, sofern es noch zu verantworten ist, diese Chance bekommen. Ein guter Schritt erscheint mir die Schaffung von Familienhebammen zu sein, wie es aus dem Familienministerium im Dezember 2010 verlautbart wurde, mit denen Problemfamilien betreut werden sollen.

Eine weitere Möglichkeit sehe ich in einer Begleitung solcher Familien nach dem *familientherapeutischen Prinzip*. Es könnten flächendeckend zum Beispiel sowohl *tagesklinische* als auch *stationäre Therapiezentren* für die Eltern *mit* ihren Babys bzw. Kleinkindern geschaffen werden. Da diese Eltern mit psychischen bzw. psychosozialen Problemen und den entsprechenden Folgeerscheinungen belastet sind, könnten sie hier vor Ort die nötige therapeutische Hilfe erfahren, ohne sich von ihrem Kind trennen zu müssen. Man könnte hier den „Raum" schaffen – ohne Versagensängste und die Belastungen des normalen Alltags –, um einen guten emotionalen Kontakt zu sich selbst und zum Kind aufzubauen. Es geht darum, auch diese Eltern emotional so zu stärken, dass die Liebesbeziehung zum Kind gefestigt und damit beim Kind seelischen Defiziten vorgebeugt wird, die bei diesen elterlichen Konstellationen sonst leider sehr wahrscheinlich sind.

Erst wenn sich das alles – wohlgemerkt für das Kind schon in einem geschützten Raum – als fruchtlos erweisen sollte, dann muss wohl darüber nachgedacht werden, das Kind der Verantwortung der Eltern zu entziehen. Da Kinder eine liebevolle Mutter in einer guten Familie brauchen, halte ich zum Beispiel Pflegefamilien und die SOS-Kinderdörfer für einen geeigneten Ort für diese Kinder.

Die praktische Familienhilfe

Die praktische Hilfe für Mütter von (mehreren) kleinen Kindern im Familienalltag ist dringend verbesserungswürdig. Im Grunde genommen darf eine Mutter nicht einmal krank werden. Dann wird es schon schwierig. Normalerweise müsste dann sofort der Vater oder ein anderes Familienmitglied ganz unbürokratisch zur Pflege der Mutter und zur Fürsorge der

Kinder krankgeschrieben werden. Oder, wo das nicht möglich ist, sollte es eine Familienpflegerin bzw. Haushalthilfe auf Rezept geben. Dem Gesetzgeber und den Krankenkassen dürfte es einsichtig sein, dass das allemal kostengünstiger ist, als wenn eine eigentlich kranke Mutter sich so überlastet, dass sie dann, möglicherweise schwer krank, einen Klinikaufenthalt braucht, nicht mehr stillen kann und sich daraus wiederum negative Folgekosten beim Kind einstellen – einmal abgesehen davon, dass es um das Wohlergehen einer Mutter und eines Kindes gehen müsste.

In den neuen Bundesländern ist eine Haushaltshilfe bzw. eine Familienpflege meiner Erfahrung nach immer noch recht schwierig, möglicherweise deshalb, weil so etwas zu DDR-Zeiten völlig unüblich und unmöglich war. Selbst wenn man sie zum Beispiel nach einer schweren Geburt von der Krankenkasse bezahlt bekommt, findet man ganz schwer jemanden, der sie übernimmt. Auf den Internetseiten der Wohlfahrtsverbände und diakonischen Einrichtungen unserer Region habe ich zum Beispiel kein entsprechendes Angebot gefunden. Als ich vor Jahren jemanden brauchte, bekam ich mit viel Glück einen „Zivi", der noch nie in seinem Leben Kartoffeln geschält hat.

Wenn wir ein Erziehungsgehalt hätten, wäre es auch von daher denkbar, dass sich ein regelrechter *neuer Markt für den Beruf der Familienpflegerin bzw. -helferin* entwickeln würde. Denn dann wäre zumindest für eine gewisse Zeit, für Krisenzeiten, Krankheit usw. der finanzielle Puffer da, sich so im Alltag unterstützen zu lassen. Vielleicht könnte so manche Krippenerzieherin, die um ihren Arbeitsplatz fürchtet, weil weniger Kinder geboren werden oder weil man die Krippen irgendwann nicht mehr so favorisiert, in die Familienpflege gehen und hier für sich ein wunderbares neues Tätigkeitsfeld entdecken. Das wäre ebenfalls eine Möglichkeit für Mütter, die nach längerer Erziehungszeit der eigenen Kinder ihre Fähigkeiten weiter beruflich nutzen wollen.

Was man sich ebenfalls vorstellen könnte, das ist ein *Freiwilliges Soziales Jahr*, das in Familien geleistet werden kann. Da im Zuge der Umwandlung der Bundeswehr in eine Berufsarmee auch über den bisherigen Zivildienst neu befunden wird, könnte man über freiwillige oder verpflichtende soziale Dienste, so auch über Familiendienste, nachdenken. Meiner Meinung nach könnten diese sowohl für junge Frauen als auch junge Männer angeboten werden. Ich bin sicher, dass damit vielen Familien sehr geholfen wäre und die Jugendlichen für ihr Leben selbst viel davon profitieren würden. Dies bereits deshalb, weil viele von ihnen keine eigene Geschwister bzw. manchmal nicht einmal in der Verwandtschaft kleine Kinder erlebt haben.

Die Erleichterung des beruflichen Wiedereinstiegs von Müttern

Viele Frauen haben heute eine qualifizierte Berufsausbildung, worin sie oft viel Kraft und Engagement investiert haben. Sie wollen, dass das nicht umsonst war. Das ist verständlich. Sie wollen ihre Kenntnisse wieder anwenden können, sie wollen nicht alles vergessen und sie wollen in ihren Beruf wieder hereinkommen, auch unabhängig von finanziellen Notwendigkeiten.

Die IPSOS-Studie hat nicht nur ergeben, dass 70 Prozent der Mütter ihre kleinen Kinder selbst betreuen wollen, wenn sie sich das leisten können, sondern dass die Bereitschaft dazu noch einmal steigt, wenn ihnen zugesichert würde, dass ihnen ihr Arbeitsplatz erhalten bliebe. Dann würden fast 78 Prozent der Mütter bis zum dritten Lebensjahr bei ihrem Kind bleiben. Das wäre wirklich für viele von großer Wichtigkeit. Ferner möchte die Mehrzahl der Mütter in Deutschland nicht Voll-, sondern in Teilzeit arbeiten, um noch genügend Zeit für die Familie zu haben.

Darauf gilt es in Wirtschaft und Politik zu reagieren. Warum sollte das nicht möglich sein, den *Arbeitsplatz zu garantieren*? Schließlich lohnte sich doch das Einarbeiten einer Vertretung für immerhin drei Jahre allemal. Warum sollte es nicht möglich sein, viel *mehr Teilzeitarbeitsplätze* anzubieten? Auch Müttern, die wegen mehrerer Kinder länger nicht erwerbstätig waren, sollte bei entsprechendem Wunsch hier mehr entgegengekommen werden. *Ich möchte Arbeitgeber dazu ermutigen, solche Frauen einzustellen, denn Frauen, die mit ihren Kindern gelebt haben, sind eben nicht „versauert". Sie haben viele Kompetenzen erworben, die man in keiner Berufsausbildung und an keiner Hochschule lernen kann: sie sind nicht nur kreativ, fleißig, belastbar, sie können meist auch gut mit Menschen, Krisen und Konflikten umgehen, sie können gut organisieren und Prioritäten setzen. Was ihnen in ihrer beruflichen Auszeit entgangen ist, können sie in kurzer Zeit aufholen.*

Es gibt eine Förderung von der Agentur für Arbeit, wenn Arbeitgeber Langzeitarbeitslose einstellen. Warum sollte es nicht auch eine *Förderung für die Einstellung von Vollzeitmüttern* geben, die viele Jahre nicht erwerbstätig waren, und zwar so, dass die Förderung mit der Zahl der Ausstiegsjahre entsprechend der Kinderzahl steigt.

Was könnte man tun, damit Mütter den fachlichen Anschluss nicht verlieren bzw. ihn schnell wiederfinden? Zunächst können die Mütter selbst etwas tun. Durch das Lesen einer Fachzeitschrift oder die Information per Internet ist das relativ einfach. Es ist gar nicht schlimm, wenn es Zeiten gibt, in denen man gar nicht zum Lesen kommt. Das geht denjenigen, die außer Haus berufstätig sind, auch so.

Aber auch die Unternehmen, die Bundesagentur für Arbeit und die Berufsverbände sind hier gefragt. Mit Phantasie und Liebe zu Kindern und Müttern wäre hier viel möglich. Mir schwebten da zum Beispiel Fortbildungskurse speziell für Mütter mit Kindern vor, die zum Beispiel ein Berufsverband regional (wegen kurzer Anfahrtswege) für jeweils einen halben oder höchstens einen Tag organisiert. Hier sollte man auf Mütter mit Babys und Kleinkindern eingerichtet sein. Ich mache nochmals darauf aufmerksam, dass man mit den mit der Mutter gut verbundenen Stillkindern so etwas durchaus einmal machen kann, und zwar auch ohne zwangsläufige räumliche Trennung während der Veranstaltung selbst. Dann sind die Kinder meist (relativ) ruhig und zufrieden, die Mütter aber auch, die sich dann auf den Inhalt konzentrieren können. Sicher ist das nicht so wie sonst, aber alle, auch der Referent, könnten und sollten versuchen, sich darauf einzustellen. Wichtig wäre bei einer solchen Veranstaltung die kinderfreundliche Räumlichkeit und Umgebung. Man könnte zum Beispiel Räume eines Kindergartens für eine solche Veranstaltung nutzen. Da ist gleich alles, inklusive Spielzeug, da, die Kinder können sich frei bewegen, oftmals gibt es ebenerdig große Türen in den Garten, wo sie gefahrlos hinkönnen und Sichtkontakt mit der Mama haben. Wenn es noch ein paar Personen gäbe, die auf alle ein Auge hätten und für das leibliche Wohl sorgten, wäre das insgesamt sicher recht entspannt. Ich beschreibe das so detailliert, weil ich das genauso bei einem Fortbildungsseminar zum Stillen erlebt habe. Es ist also in der Praxis tatsächlich durchführbar.

Ich fasse dieses Kapitel zusammen: *Es muss uns darum gehen, die Wirtschaft und die Gesellschaft insgesamt kinder- und familiengerecht zu gestalten und nicht darum, die Kinder und die Familien wirtschaftsgerecht zu verbiegen.* Ich habe versucht nachzuweisen, dass das auch aus Sicht der Wirtschaft *zutiefst nachhaltig* ist, denn gut gebundene Kinder werden *ich-starke Menschen* sein, und die *sind der eigentliche Reichtum einer Volkswirtschaft und damit einer Gesellschaft.* Solche persönlichkeitsstarken und schöpferischen Menschen werden wir aber nur haben, wenn wir im Vorfeld eine entsprechende elterliche Erziehung haben bzw. nur dann, wenn Eltern ihr natürliches Recht auf Erziehung wahrnehmen konnten. *Erziehung ist eine Präsenzaufgabe:* Eltern können nur erziehen, wenn sie auch *anwesend* sind, wenn spontan mit den Kindern Gemeinschaft, Beziehung und Bindung gelebt werden kann. *Der Staat hat die Aufgabe, die Eltern in ihrem natürlichen Recht auf Erziehung zu unterstützen. Es ist nicht die Aufgabe des Staates, selbst die Erziehung zu übernehmen (begründete Ausnahmefälle ausgenommen).* Man nehme sich in Politik und Wirtschaft an der Tschechei, Schweden und Frankreich ein Beispiel, wo erste positive Ansätze zu sehen sind.

Schlusswort

Wird ein Kind geboren, bringt es eine übergroße Sehnsucht nach Liebe mit auf die Welt. Es sehnt sich nicht nach einem hübschen Kinderwagen, nach einem komplett eingerichteten Kinderzimmer, nach Flasche, Kuscheltier oder Babyfon und schon gar nicht nach einer Kindertagesstätte mit pädagogischem Frühförderprogramm. Das sind alles Erfindungen von Erwachsenen zugunsten von Erwachsenen und Zeichen für die von Generation zu Generation zunehmende Distanz zwischen Mutter und Kind.

Das Kind sehnt sich nach der unmittelbaren, körperlichen Nähe seiner Mutter, nach Stillen, nach Tragen, nach dem Wiegen in ihren Armen, der liebevollen Ansprache, dem liebevollen Blick, dem zärtlichen Hautkontakt, der „Nestwärme" bei Nacht und der verlässlichen Präsenz der Mutter während der gesamten Kleinkindzeit; solange es all dem, entsprechend seiner ganz persönlichen Reifeentwicklung, bedarf. Es sehnt sich danach, das Wohlgefühl des Mutterleibes fortzusetzen. Wird diese Sehnsucht erfüllt, fühlt sich ein Kind geliebt und es wird dieses Gefühl als Selbst-Wert in sein weiteres Leben mit hineinnehmen. Diese Sehnsüchte entsprechen den Entfaltungsbedingungen des menschlichen Gehirns: Stillen und Bindung ist das Frühförderprogramm unserer Natur. Es wirken hier naturgesetzliche Zusammenhänge, die man nicht ohne Folgen missachten kann. Bleiben die natürlichen Grundbedürfnisse eines Kindes unerfüllt oder zu wenig erfüllt, hat es lebenslang erhöhte Risiken, seelisch zu erkranken, süchtig oder kriminell oder beziehungsunfähig zu werden oder emotional und geistig hinter seinen genetisch eigentlich vorgegebenen Möglichkeiten zurückzubleiben.

Ganze wissenschaftliche Bibliotheken sind voll von diesen Erkenntnissen. Es ist unser Bonus, dass wir heute viel darüber wissen, was unsere Kinder wirklich brauchen, um gedeihlich und glücklich groß zu werden. Aber eigentlich brauchte man dazu keine Wissenschaft. Denn die Kleinen zeigen einem, was sie brauchen. Wir müssen es wieder sehen und fühlen lernen. Wir brauchen wieder offene Herzen. Wir brauchen wieder das Gespür dafür, was uns Erwachsenen heute selbst gut tut, sowie dafür, was uns, als wir selbst so klein waren, gut getan hätte. Vor allem brauchen wir das schmerzliche Eingeständnis dessen, was uns gefehlt und was uns weh getan hat.

Wir Deutschen sind zwar äußerlich reich, aber innerlich sind wir, wenn wir nur in das vorige Jahrhundert blicken, ein durch zwei Kriege, Nachkriegszeiten und, in einem Teil, sogar durch zwei Diktaturen schwer belastetes Volk. Dies in der Weise, dass die jeweiligen Kindergenerationen, neben den eigentlichen Schrecken und den Unbilden dieser Zeiten sowie dem damit verbundenen Vatermangel in ihrem kleinsten und verletzlichsten Alter, durch unnatürliche Gedeihbedingungen – wie großer Strenge, wenig Einfühlsamkeit, Fütterung nach starren Zeitplänen bis hin zur täglichen Trennung im Osten des heutigen Deutschlands – einen mehr oder weniger starken Muttermangel in sich getragen haben. Dieser Muttermangel wurde meist unverarbeitet und unerkannt wieder an die jeweiligen Kinder weitergegeben. Ein Zusammenhang, der bis heute seine Gültigkeit hat.

Hier liegt einer der Gründe für die „Klimaabkühlung" in unserer Gesellschaft im Hinblick auf Mutter und Kind, die heute unter anderem in den Krippenplänen für den Westen ihren äußeren Ausdruck findet. Es hat sich eine Emanzipation auf Kosten der Mütterlichkeit etabliert. *Indem die Emanzipation die Mütterlichkeit ausschließt, richtet sie sich direkt gegen die Grundbedürfnisse der kleinen Kinder, also der nächsten Generation.* Aber was sich elementar gegen die nächste Generation richtet, richten wir gegen uns selbst. Damit steht folgende Frage im Raum: Wollen wir weiter in die falsche Richtung gehen, obwohl wir in unserem Land bereits unmittelbar vor Augen haben, dass es die falsche Richtung ist? Wollen wir zulassen, dass sich der Staat (weiter) unserer Kinder bemächtigt und uns Eltern immer mehr aus dem Recht der Verantwortung drängt? Wollen wir einer fortschreitenden „gesellschaftlichen Klimaabkühlung", sprich: Distanz und Entfremdung zwischen Mutter und Kind, Vorschub leisten, und uns damit immer mehr einer Beziehungs-„Eiszeit" nähern? Wo die einen voller Verzweiflung „an der Nadel hängen" und die anderen aggressiv um sich schlagen? Wo die einen vor lauter Liebeshunger nie wirklich satt werden und die anderen freiwillig hungern? Wo die einen, um sich wertvoller zu fühlen, sich zu immer mehr Leistung antreiben lassen, und die anderen anfangen, Amok zu laufen? Wo die einen sich nur noch „zuschütten" und „zudröhnen", und die anderen in virtuelle Welten fliehen, weil das Leben so unendlich lieblos geworden ist? Oder wollen wir uns dafür entscheiden, dass es zu einer „Klimaerwärmung" für die Bedürfnisse der Kinder und ihrer Mütter sowie für die Familien kommt? Werden wir in unserer modernen Gesellschaft die Rahmenbedingungen dafür schaffen können, dass das Muttersein als gesellschaftliche Arbeit in Zukunft genauso viel gilt wie jede andere Arbeit?

Die zurückliegenden Ausführungen sind als Plädoyer für eine derartige „Klimaerwärmung" zu verstehen. Wir brauchen eine „Klimaerwärmung",
- damit uns das Leben insgesamt wieder besser gelingt!
- damit uns Liebe und Glück nicht abhandenkommen!

- damit Freiheit und Recht erhalten bleiben!
- damit wir Zukunft haben!

Wird unsere Gesellschaft die Kraft und den Willen dazu aufbringen? Werden wir noch genug Liebe haben, um zu begreifen, dass (kleine) Kinder zuallererst Liebe brauchen – nämlich die annehmende, bedingungslose, einfühlsame und zuverlässige Liebe ihrer Mutter?

Anhang

Anmerkungen

1 Pressemitteilung Nr. 158 vom 3. Mai 2010 des Statistischen Bundesamtes: Modellrechnung zum Ausbaubedarf bei der Kindertagesbetreuung in den Ländern bis 2013.
2 Hempel, Hans-Christoph: Säuglingsfibel. Entwicklung, Pflege und Ernährung im ersten Lebensjahr, S. Hirzel Verlag, Leipzig 1972, S. 173.
3 Vgl. www.vfa-ev.de vom 21. September 2009.
4 Vgl. Familienreport des Bundesministeriums für Familie, Senioren, Frauen und Jugend 2009, S. 22.
5 Vgl. Fegter, Renate: Näher zu Mama: Sensorische Stimulation durch Familienbett, in: Stillzeit 2/2004, S. 34–35, hier: S. 34.
6 Vgl. Does Breast-Feeding in Infancy Lower Blood Pressure in Childhood? The Avon Longitudinal Study of Parents and Children (ALSPAC), Richard M. Martin et al., in: Circulation 109/2004, S. 1259–1266; siehe auch: Monschein, Michaela: Stillen senkt den Blutdruck: Blutdruckwerte früh festgelegt: http://www.pressetext.de/pte.mc?pte=040302005
7 Vgl. Walker, Marsha: Just one bottle won't hurt – or will it? Übers. von Reich-Schottky, Utta: Nur eine einzige Flasche wird nicht schaden – oder doch?, in: Stillzeit 2/2004, S. 20–21.
8 Vgl. Reich-Schottky, Utta: Gefahren der künstlichen Säuglingsernährung, in: Stillzeit 2/2004, S. 18–19, und Walter-Lipow, Ulrike (Übers.): Wirtschaftliche Aspekte des Stillens und wirtschaftlicher Nutzen des Stillens; in: Stillzeit 4/2005, S. 4–13, basierend auf amerikanischen Studien.
9 Vgl. Lange, C., Schenk, L., Bergmann, R.: Verbreitung, Dauer und zeitlicher Trend des Stillens in Deutschland: Ergebnisse des Kinder- und Jugendgesundheitssurveys (KiGGS), in: Bundesgesundheitsblatt: Gesundheitsforschung – Gesundheitsschutz, 50/2007, S. 624–633.
10 Vgl. Walter-Lipow, Ulrike (Übers.): Wirtschaftlicher Nutzen des Stillens in: Stillzeit 4/2005, S. 12.
11 Vgl. Reich-Schottky, Utta: Gefahren der künstlichen Säuglingsernährung, in: Stillzeit 2/2004, S. 18–19.
12 Vgl.: Was kümmert uns die WHO? Offizielle Stillempfehlungen in Deutschland, in: Stillzeit, 5/2004, S. 33 ff.
13 Vgl. Vogt, Elke: Langzeitstillen, in: www.ichstille.de, und Stacherl, Sonja: Nähe und Geborgenheit: durch Körperkontakt Säuglinge fördern, Zürich und Düsseldorf 1997, S. 129.
14 Vgl. Mutterbrust betäubt den Schmerz, in: Stillzeit 1/2003, S. 29, und: British Medical Journal/Wissenschaft aktuell/Leonardo-Newsletter vom 3. Jänner 2003.
15 Vgl. Thiemeier, Barbara: Der menschliche Säugling als Tragling, in: AFS-Rundbrief 11/1996, S. 14–16.
16 Vgl. Mütter-Ersatzmittel und Attrappen in der Säuglingspflege im Laufe der Kulturgeschichte, in: AFS-Rundbrief 8/1998, S. 9–11.
17 Vgl. Der menschliche Säugling als Tragling: Auszug aus der Dissertation von Dr. Evelin Kirkilionis, Universität Freiburg, 1990, in: AFS-Rundbrief, 1996/11, S. 14–15.
18 Vgl. Lothrop, Hannah: Das Stillbuch, Kösel Verlag, 25., erw. u. vollst. überarb. Aufl., München 2000, S. 249 u. 276.

19 Vgl. Guoth-Gumberger, Marta, u. Hormann, Elizabeth: Stillen: Rat und praktische Hilfe für alle Phasen der Stillzeit, München 2004, S. 83 ff.
20 Vgl. Handbuch für die stillende Mutter, La Leche League International, 1986, S. 148 f.
21 Vgl. Stacherl, Sonja: Nähe und Geborgenheit: Durch Köperkontakt Säuglinge fördern, Walter Verlag, Zürich–Düsseldorf, 1997, S. 181.
22 Vgl. ebenda, S. 231 ff.
23 Meves, Christa: Geheimnis Gehirn: Warum Kollektiverziehung und andere Unnatürlichkeiten für Kleinkinder schädlich sind, Resch Verlag, Gräfelfing 2005, S. 96.
24 Herman, Eva: Das Eva-Prinzip: Für eine neue Weiblichkeit, Pendo Verlag, München und Zürich 2006, S. 127.
25 Vgl. Medieval Sourcebook: Salimbene: On Frederick II 13th Century, in: http://www.Rordham.deu/halsall/source/salimbene1.htlm
26 Vgl. Hellbrügge, Theodor: Kind und Sprache: Eingangsreferat auf dem Internationalen Symposium „Früherkennung von Hörstörungen und frühe Sprachanbahnung" am 9. und 10. März 2001, Universität Köln, S. 12.
27 Ebenda, S. 5.
28 Herman, Eva: Das Eva-Prinzip: Für eine neue Weiblichkeit, Pendo Verlag, München und Zürich 2006, S. 128.
29 Vgl. Mühlan, Claudia: Bleib ruhig, Mama! Die ersten drei Jahre, Schulthe & Gerth, Asslar 1992, S. 96.
30 Vgl. Caspers, Kirsten: Stillen und Mutter-Kind-Kontakt während des Schlafens: Kindliche Nachtruhe aus anthropologischer Sicht, in: Stillzeit 4/2006, S. 34–35.
31 Vgl. Small, Mederith F.: Schlaf bei mir: Ein transkultureller Blick auf das Schlafen im Familienbett, in: Stillzeit 4/2006, S. 36–38.
32 Ebenda, S. 36.
33 Vgl. Fegter, Renate: Näher zu Mama: Sensorische Stimulation durch Familienbett, in: Stillzeit 2/2004, S. 34–35.
34 Vgl. Kast-Zahn, Annette, und Morgenroth, Hartmut: Jedes Kind kann schlafen lernen, Gräfe und Unzer, München 2007, S. 111.
35 Ebenda, S. 50.
36 Ebenda, S. 96 f.
37 Vgl. Seabrook, John: Mit dem Baby zusammen schlafen, in: Stillzeit 6/2002, S. 20–22, hier: S. 22.
38 Ebenda, S. 22.
39 Ebenda, S. 22.
40 Ebenda, S. 21.
41 Sears, William: Schlafen und Wachen: Ein Elternbuch für Kindernächte, La Leche Liga International, Zürich 1991.
42 Vgl. Caspers, Kirsten: Stillen und Mutter-Kind-Kontakt während des Schlafens, in: Stillzeit 4/2006 S. 34–35.
43 Vgl. Nowak, Britta: Familienbett und SIDS, in: Stillzeit 6/2002, S. 23–24.
44 Ebenda, S. 23.
45 Vgl. Ball, Helen L.: To sleep or not to sleep: Familienbettforschung in Großbritannien, in: Stillzeit 6/2002, S. 16–19.
46 Vgl. Hellbrügge, Theodor: Kind und Sprache, Eingangsreferat auf dem Internationalen Symposium „Früherkennung von Hörstörungen und frühe Sprachanbahnung" am 9. und 10. März 2001, Universität Köln, S. 12.
47 Vgl. Maaz, Hans-Joachim: Der Lilithkomplex: Die dunklen Seiten der Mütterlichkeit, Deutscher Taschenbuch Verlag, München 2006, S. 29.
48 Vgl. Neufeld, Gordon, und Maté, Gabor: Unsere Kinder brauchen uns: Die entscheidende Bedeutung der Kind-Eltern-Bindung, Genuis Verlag, Bremen 2006, S. 127.
49 Ebenda, S. 25.
50 Vgl. Bard, Kim A.: Die Entwicklung von Schimpansen, die von Menschen aufgezogen wurden; in: Brisch, Karl Heinz/Hellbrügge, Theodor (Hrsg.): Kinder ohne Bindung:

Deprivation, Adoption und Psychotherapie, Stuttgart 2006, S. 44–61, und Medizini, 2. Juni 2008.
51 Vgl. Comenius, Johann Amos: Informatorium der Mutterschule, Langensalza, 1898.
52 Vgl. Maaz, Hans-Joachim: Der Lilith-Komplex: Die dunklen Seiten der Mütterlichkeit, Deutscher Taschenbuch Verlag, München 2006, S. 171.
53 Vgl. Schweder, Barbara: Mutterliebe: Warum sie uns stark macht. Weshalb sie bedroht ist. Verlag Carl Ueberreuter, Wien 2008, S. 116, und Marceau, Sophie: Ich putze einfach gern: Gefangen im modernen Geschlechter-Dschungel: Sophie Marceau über Anspruch und Wirklichkeit im Leben der modernen Frau von heute. Interview von Harald Pauli, in: Focus 4/2010, S. 81.
54 Vgl. Maaz, Hans-Joachim: Der Lilith-Komplex: Die dunklen Seiten der Mütterlichkeit, Deutscher Taschenbuch Verlag, München 2006, S. 81.
55 Broschüre der Bundeszentrale für gesundheitliche Aufklärung „Ich bin dabei! – Vater werden", S. 27.
56 Ebenda, S. 29.
57 Ebenda, S. 29.
58 Dippel, Andreas: Der Gender-Wahn, in: Pro 3/2007, S. 10. Vgl. hierzu auch Klonovsky, Michael: Ein Nagel im Sarg des westlichen Menschen, in: Focus, 52/2010, S. 64–66.
59 Ebenda, S. 11. Vgl. auch Zastrow, Volker: Die politische Geschlechtsumwandlung, in: FAZ v. 20. Juni 2006.
60 Vgl. Kuby, Gabriele: Die Gender-Revolution: Relativismus in Aktion, Fe-Medienverlag, Kißlegg-Immenried 2006; sowie: Rosenkranz, Barbara: MenschInnen. Gender Mainstreaming – Auf dem Weg zum geschlechtslosen Menschen, Graz 2008.
61 Vgl. Kuby, Gabriele: Warum werden unsere Kinder verstaatlicht?, Fe-Medienverlag, Kißlegg-Immenried, 4. Aufl., 2008.
62 Abschied von den Geschlechtern: Die Gender-Ideologie im Vormarsch, hrsg. v. Michael Kotsch, idea- dokumenation, Dillenburg 2008, S. 9.
63 Vgl. Kleines Wörterbuch der marxistisch-leninistischen Philosophie, Dietz Verlag Ostberlin 1974, S. 30.
64 Cahill, Larry: Sein Gehirn, ihr Gehirn, in: Spektrum der Wissenschaft, März 2006, S. 28–35, hier: S. 30.
65 Ebenda, S. 30.
66 Ebenda, S. 31.
67 Ebenda, S. 31.
68 Biddulph, Steve: Jungen! Wie sie glücklich heranwachsen, Wilhelm Heyne Verlag, München, 18. Aufl., 2002, S. 48.
69 Ebenda, S. 73–81.
70 Ebenda, S. 18.
71 Vgl. Meves, Christa: Geheimnis Gehirn: Warum Kollektiverziehung und andere Unnatürlichkeiten für Kleinkinder schädlich sind, Resch Verlag, Gräfelfing 2005, S. 122, und Heisig, Kirsten: Das Ende der Geduld: Konsequent gegen jugendliche Gewalttäter, Herder Verlag, Freiburg, 2010, S. 27.
72 Vgl. Cahill, Larry: Sein Gehirn, ihr Gehirn; in: Spektrum der Wissenschaft, März 2006, S. 33.
73 Ebenda, S. 32.
74 Vgl. Herman, Eva: Das Eva-Prinzip: Für eine neue Weiblichkeit, Pendo Verlag, München und Zürich 2006, S. 83.
75 Vgl. Pinker, Susan: The Sexual Paradox. Men, Women, and the Real Gender Gap; Besprechung von Gerbert, Frank: Sie könnten, doch sie wollen nicht; in: Focus 15/2008, S. 132–134.
76 dpa/Ostthüringer Zeitung vom 11. Jänner 2008.
77 Vgl. Matejcek, Zdenek: Psychosoziale Bewertung von Kinderkrippen, in: Der Kinderarzt 21 (1990) 4, S. 561–569, hier: S. 565.

78 Vgl. Behncke, Burghard: Kritische Glosse: Kleinkindsozialisation und gegenwärtige gesellschaftliche Tendenzen, in: Psyche 3/2006, S. 246.
79 Vgl. Hellbrügge, Theodor: Vom Deprivationssyndrom zur Entwicklungs-Rehabilitation; in: Kinder ohne Bindung, S. 13.
80 Vgl. Behncke, Burghard: Zur Erhöhung der Zahl der Kinderkrippenplätze in Deutschland, in: Herman, E./Steuer, M., u. a. (Hrsg.): Mama, Papa oder Krippe?: Erziehungsexperten über die Risiken der Fremdbetreuung, Hänssler Verlag, Holzgerlingen 2010, S. 103.
81 Matejcek, Zdenek: Psychosoziale Bewertung von Kinderkrippen, in: Der Kinderarzt 21 (1990) 4, S. 561–569, hier: S 564.
82 Vgl. Meves, Christa: Geheimnis Gehirn: Warum Kollektiverziehung und andere Unnatürlichkeiten für Kleinkinder schädlich sind, Resch Verlag, Gräfelfing 2005, S. 114.
83 Vgl. Kalz, Manfred: Erfahrung in Kinderkrippen der DDR, Vortrag, Internationaler Familienkongress Dresden, 4. Oktober 1991.
84 Vgl. Pechstein, Johannes: Kinderärzte diskutieren über massiven Krippenausbau, in: „Mitwissen Mittun", 9. November 2007, S. 30–35, hier: S. 31.
85 Meves, Christa: Geheimnis Gehirn: Warum Kollektiverziehung und andere Unnatürlichkeiten für Kleinkinder schädlich sind, Resch Verlag, Gräfelfing 2005, S. 121.
86 Vgl. Dunovsky, Jiri: Morbidität von Kindern in Kinderkrippen in der Tschechoslowakei, in: Kinderarzt, 4/1991, S. 3.
87 Vgl. Behncke, Burghard: Kritische Glosse: Kleinkindsozialisation und gegenwärtige gesellschaftliche Tendenzen, in: Psyche 3/2006, S. 245, nimmt Bezug auf: Ahnert, L., u. Rickert, H.: Belastungsreaktionen bei beginnender Tagesbetreuung aus der Sicht früher Mutter-Kind-Bindung, in: Psychologie in Erziehung und Unterricht 47/2000, S. 189–202.
88 Behncke, Burghard: Zur Erhöhung der Zahl der Kinderkrippenplätze in Deutschland, in: Herman, Eva/Steuer, Maria, u. a. (Hrsg.): Mama, Papa oder Krippe?: Erziehungsexperten über die Risiken der Fremdbetreuung, Hänssler Verlag, Holzgerlingen 2010, S. 87–133.
89 Bock, Agnes-Maria: Halt mich fest! Über die Bedeutung des Erlebens von Halt bei der Bewältigung von Trennung und Getrennt-Sein in der Kinderkrippe, Diplomarbeit an der Universität Wien 2009.
90 Wiener Kinderkrippen-Studie: Die Eingewöhnungsphase von Kleinkindern in Kinderkrippen, FWF-Forschungsprojekt (laufend) von 2007–2012 der Universität Wien. Projektleiter: Ao. Univ.-Prof. Dr. Wilfried Datler in Kooperation mit Prof. Lieselotte Ahnert: Publikationen, Diplomarbeiten, Vorträge u. a. in: http://www.univie.ac.at/bildungswissenschaft/papaed/forschung (Stand: 27. Oktober 2010).
91 www. ideenkiste.at/infothek/forschungundwissenschaft/101 (26. Oktober 2010).
92 Pechstein, Johannes: Kinderärzte diskutieren über massiven Krippenausbau, in: „Mitwissen Mittun" vom 9. November 2007, S. 30–35, hier: S. 33.
93 Behncke, Burghard: Zur Erhöhung der Zahl der Kinderkrippenplätze in Deutschland, in: Herman, Eva/Steuer, Maria, u. a. (Hrsg.): Mama, Papa oder Krippe?: Erziehungsexperten über die Risiken der Fremdbetreuung, Holzgerlingen 2010, S. 87–133.
94 Vgl. vom Lehn, Birgitta: Stress in der Krippe, in: www. fr-online.de/wissenschaft vom 4. Oktober 2010.
95 Vgl. Bieger, Wilfried P.: Stress, Depression, Burn-out: Grundlagen, Diagnostik und Therapie. München o. J., S. 1–8. Vgl. auch Mayer, Karl C.: Was passiert bei einer Angstattacke oder auch allgemein im Stress? S. 1–35, http://www. neuro24.de/stress.htm (25. Oktober 2010).
96 vom Lehn, Birgitta: Stress in der Krippe, in: www. fr-online.de/wissenschaft vom 4. Oktober 2010.
97 Ebenda.
98 Ebenda.
99 Ebenda.

100 Familiennetzwerk-Wissensdatenbank: NICHD-Studie, in: http://wissen.familie-ist-zukunft.de/wakka.php?wakka=NICHDStudie
101 Vgl. Matejcek, Zdenek: Psychosoziale Bewertung von Kinderkrippen, in: Der Kinderarzt 21/1990/4, S. 566.
102 Vgl. Herman, Eva: Das Eva-Prinzip, Pendo Verlag. München und Zürich, 2006, S. 129.
103 Vgl. Maaz, Hans-Joachim: Der Gefühlsstau. Ein Psychogramm der DDR, Argon Verlag, Berlin 1990, S. 64, und Schwarte, Johannes: Verdrängte Erfahrung aus ideologischen Gründen, in: Tagespost, 16. November 2006.
104 Vgl. Matejcek, Zdenek: Psychosoziale Bewertung von Kinderkrippen, in: Der Kinderarzt 21 (1990) 4, S. 566.
105 Ebenda.
106 Scheerer, Ann-Kathrin: Krippenbetreuung sollte nicht schöngeredet werden: Die Risiken einer unreflektierten Trennung von Mutter und Kind durch frühkindliche Betreuung müssen für jedes einzelne Kind bedacht werden, in: Frankfurter Allgemeine Zeitung vom 10. Juli 2008.
107 Wiener Krippen-Studie: Die Eingewöhnungsphase von Kleinkindern in Kinderkrippen: FWF-Forschungsprojekt (laufend) von 2007 bis 2012, Universität Wien, Projektleiter: Ao. Univ.-Prof. Dr. Wilfried Datler in Kooperation mit Prof. Lieselotte Ahnert.
108 Bock, Agnes Maria: Halt mich fest! Über die Bedeutung des Erlebens von Halt bei der Bewältigung von Trennung und Getrennt-Sein in der Kinderkrippe. Einzelfallanalyse eines zweijährigen Mädchens in der Kinderkrippe, Diplomarbeit, Universität Wien 2009.
109 Funder, A.: Übergangsobjekte als Trennungshilfe für Kinder in Kinderkrippen und Kindergärten: Eine Analyse der deutschsprachigen Fachliteratur unter Einbeziehung erster Beobachtungsmaterialien aus der Wiener Krippenstudie, Universität Wien 2008.
110 Vgl. Schwarte, Johannes: Verdrängte Erfahrung aus ideologischen Gründen, in: Tagespost, 16. November 2006, und Maaz, Hans-Joachim: Der Gefühlsstau. Ein Psychogramm der DDR, Argon Verlag, Berlin 1990.
111 Matejcek, Zdenek: Psychosoziale Bewertung von Kinderkrippen, in: Der Kinderarzt 21/ 1990/4, S. 565.
112 Bock, Agnes Maria: Halt mich fest! Über die Bedeutung des Erlebens von Halt bei der Bewältigung von Trennung und Getrennt-Sein in der Kinderkrippe. Einzelfallanalyse eines zweijähriges Mädchens in der Kinderkrippe, Diplomarbeit, Universität Wien 2009.
113 Pechstein, Johannes: Kinderärzte diskutieren über massiven Krippenausbau, in: „Mitwissen Mittun" vom 9. November 2007, S. 30–35, hier: S. 33.
114 Belsky, Jay: Kleinkindergruppen-Fremdbetreuung und Kindesentwicklung in den Grundschuljahren, in: Herman, Eva/Steuer, Maria, u.a. (Hrsg.): Mama, Papa oder Krippe?: Erziehungsexperten über die Risiken der Fremdbetreuung, Holzgerlingen 2010, S. 137.
115 Zetkin, Clara: Erinnerungen an Lenin (1925); siehe www.marxist.org/deutsch/archivzetkin/1952/lenin.htlm. Vgl. auch Lenin, Wladimir I.: Rede auf dem I. Gesamtrussischen Arbeiterinnen Kongress, 19. November 1918, in: Lenin: Werke, Bd. 28, S. 175–177.
116 Marx, Karl: Manifest der Kommunistischen Partei (1848).
117 Ebenda.
118 Ebenda.
119 Maaz, Hans-Joachim: Der Gefühlsstau. Ein Psychogramm der DDR, Argon Verlag, Berlin 1990, S. 53 und vgl. S. 25 ff.
120 Vgl. Frauen- und Familienpolitik der DDR, in: Wikipedia (Stand: 10. August 2009).

121 Vgl. Schattauer, Göran: Jedes dritte Baby abgetrieben: Kommentar zu der Dissertation von Gritta Petrat: Zum Einfluss des Abortgeschehens auf den Reproduktionsprozess am Beispiel des Bezirkes Gera, in: OTZ v. 8. März 2008.
122 Schlöndorf, Volker: Inside Kanzleramt, in: Cicero, Mai 2009, S. 63.
123 Herman, Eva: Das Eva-Prinzip, Pendo Verlag, München–Zürich, 2006, S. 103.
124 Vgl. Meves, Christa: Geheimnis Gehirn: Warum Kollektiverziehung und andere Unnatürlichkeiten für Kleinkinder schädlich sind, Resch Verlag, Gräfelfing 2005, S. 10 f. u. Abb. 3.
125 Ebenda, S. 17.
126 Das Ich ist eine Einbahnstraße: Interview mit Gerhard Roth über sein Buch „Persönlichkeit, Entscheidung und Verhalten. Warum es so schwierig ist, sich und andere zu ändern"; in: Spiegel 35/2007, S. 125.
127 Bieger, Wilfried P.: Stress – Depression – Burn-out: Grundlagen, Diagnostik und Therapie, in: www.antox.de, S. 4.
128 Herman, Eva: Das Eva-Prinzip, München–Zürich 2006, S. 111.
129 Bieger, Wilfried P.: Stress – Depression – Burn-out: Grundlagen, Diagnostik und Therapie, in: www.antox.de, S. 4.
130 Ebenda, S. 4.
131 Vgl.: Das Ich ist eine Einbahnstraße: Interview mit Gerhard Roth über sein Buch „Persönlichkeit, Entscheidung und Verhalten. Warum es so schwierig ist, sich und andere zu ändern"; Spiegel 35/ 2007, S. 125.
132 Vgl. Neufeld, Gordon, und Maté, Gabor: Unsere Kinder brauchen uns: Die entscheidende Bedeutung der Kind-Eltern-Bindung, Genius Verlag, Bremen 2006, S. 105 ff.
133 Vgl. Allgemeiner Anzeiger Gera/Schmölln, 28. Oktober 2007.
134 Bowlby, Richard: Die Bindungsbedürfnisse von Babys und Kleinkindern in Fremdbetreuung, in: Herman, Eva/Steuer, Maria, u. a. (Hrsg.): Mama, Papa oder Krippe?: Erziehungsexperten über die Risiken der Fremdbetreuung, Hänssler Verlag, Holzgerlingen 2010, S. 143–155, hier: S. 147.
135 Ebenda, S. 147.
136 Vgl. Behncke, Burghard: Kritische Glosse: Kleinkindsozialisation und gegenwärtige gesellschaftliche Tendenzen, in: Psyche 60/2006/3, S. 245, und Fein, Greta: Die Eingewöhnung von Kleinkindern in der Tagesstätte, in: Tietze, Wolfgang (Hrsg.): Früherziehung, Berlin 1996.
137 Vgl. Meves, Christa: Geheimnis Gehirn: Warum Kollektiverziehung und andere Unnatürlichkeiten für Kleinkinder schädlich sind, Resch Verlag, Gräfelfing 2005 S. 37 f.
138 Ebenda, S. 34.
139 Ebenda, S. 53 ff.
140 Vgl. Apothekenumschau 4/2006, S. 20.
141 Vgl. Brisch, Karl-Heinz: Sichere Bindung als Basis für gute Entwicklung: Was brauchen Mutter und Kind, und wie hilfreich ist das Stillen dabei? Vortrag, 14. Radebeuler Tagung „Bindung, Stillen und psychische Probleme", 24./25. Jänner 2009.
142 Vgl. Behncke, Burghard: Zur Erhöhung der Zahl der Kinderkrippenplätze in Deutschland, in: Herman, Eva/Steuer, Maria, u. a. (Hrsg.): Mama, Papa oder Krippe?: Erziehungsexperten über die Risiken der Fremdbetreuung, Hänssler Verlag, Holzgerlingen 2010, S. 87–133, hier: S. 101.
143 Meves, Christa: Geheimnis Gehirn: Warum Kollektiverziehung und andere Unnatürlichkeiten für Kleinkinder schädlich sind, Resch Verlag, Gräfelfing, 2005, S. 117.
144 Ebenda, S. 112.
145 Ebenda, S. 154 ff.
146 Ebenda, S. 67.
147 Tierfreund, 4/2007, S. 43.
148 Vgl. Matejcek, Zdenek: Über die Krippen in der Tschechoslowakei, in: Der Kinderarzt 20/1989/6, S. 834.

149 Weidt, Birgit: Aufarbeitung Ost: Die seelischen Spuren der DDR: ein Gespräch mit dem Potsdamer Psychotherapeuten Michael Froese über die individuelle Verarbeitung traumatischer Erfahrungen in der ehemaligen DDR; in: Psychologie heute, April/2007, S. 42.
150 Vgl. Maaz, Hans-Joachim: Der Lilith-Komplex, Deutscher Taschenbuch Verlag München, 4. Aufl., 2006, S. 151.
151 Ebenda, S. 151.
152 Ebenda, S. 151.
153 Vgl. Maaz, Hans- Joachim: Der Gefühlstau: Ein Psychogramm der DDR, Argon Verlag, Berlin 1990, S. 87.
154 Vgl. Maaz, Hans-Joachim: Der Lilithkomplex, Deutscher Taschenbuch Verlag, München, 4. Aufl., 2006, S. 152 f.
155 Vgl. Focus 27/2009, S. 10
156 Vgl. Bowlby, Richard: Die Bindungsbedürfnisse von Babys und Kleinkindern in Fremdbetreuung, in: Herman, Eva/Steuer, Maria, u. a. (Hrsg.): Mama, Papa oder Krippe?: Erziehungsexperten über die Risiken der Fremdbetreuung, Hänssler Verlag, Holzgerlingen 2010, S. 148.
157 Vgl. Israel, Agathe/Kerz-Rühling, Ingrid (Hrsg.): Krippen-Kinder in der DDR: Frühe Kindheitserfahrungen und ihre Folgen für die Persönlichkeitsentwicklung und Gesundheit, Brandes & Apsel, Frankfurt/M. 2008.
158 Czerny, Adalbert: Der Arzt als Erzieher des Kindes, Leipzig–Wien 1908, und Pechstein, Johannes: Das „Ja zum Kind" durch Kinderbewahranstalten? In: Medizin und Ideologie, April 1993, S. 33–36, hier: S. 35.
159 Lier, Elke: 170 Kinder mit kranker Seele, in: OTZ, 22. Oktober 2008.
160 Vgl. Zeitungsnotiz zu ADHS in OTZ v. 31. Mai 2007.
161 Vgl. Belsky, Jay: Kleinkindergruppen-Fremdbetreuung und Kindesentwicklung in den Grundschuljahren; in: Herman, Eva/Steuer, Maria, u. a. (Hrsg.): Mama, Papa oder Krippe?: Erziehungsexperten über die Risiken der Fremdbetreuung, Hänssler Verlag, Holzgerlingen 2010, S. 136.
162 Behncke: Kritische Glosse: Kleinkindsozialisation und gegenwärtige gesellschaftliche Tendenzen, in: Psyche 3/2006, S. 246. Vgl. The NICHD Study of Early Child Care and Youth Development: Findings for Children up to Age 4 ½ Years, U. S. Department of Health and Human Services, National Institutes of Health, National Institute of child and Human Development, January 2006.
163 Belsky, Jay: Kleinkindergruppen-Fremdbetreuung und Kindesentwicklung in den Grundschuljahren, in: Herman, Eva/Steuer, Maria, u. a. (Hrsg.): Mama, Papa oder Krippe?: Erziehungsexperten über die Risiken der Fremdbetreuung, Hänssler Verlag, Holzgerlingen 2010, S. 137.
164 Ebenda, S. 137. Hervorh. von der Verf.
165 Vgl. Behncke, Burghard: Zur Erhöhung der Zahl der Kinderkrippenplätze in Deutschland, in: Herman, Eva/Steuer, Maria, u. a. (Hrsg.): Mama, Papa oder Krippe?: Erziehungsexperten über die Risiken der Fremdbetreuung, Hänssler Verlag, Holzgerlingen 2010, S. 87–133, hier: S. 115.
166 Belsky, Jay: Kleinkindergruppen-Fremdbetreuung und Kindesentwicklung in den Grundschuljahren, in: Herman, Eva/Steuer, Maria, u. a. (Hrsg.): Mama, Papa oder Krippe?: Erziehungsexperten über die Risiken der Fremdbetreuung, Hänssler Verlag, Holzgerlingen 2010, S. 137.
167 Familiennetzwerk-Wissensdatenbank: NICHD-Studie, in: http://wissen.familie-ist-zukunft.de/wakka.php?wakka=NICHDStudie und The NICHD Study of Early Child Care and Youth Development: Findings for Children up to Age 4 ½ Years, U.S. Department of Health and Human Services/National Institutes of Health/National Institute of Child Health and Human Development, January 2006.
168 Belsky, Jay: Kleinkindergruppen-Fremdbetreuung und Kindesentwicklung in den Grundschuljahren, in: Herman, Eva/Steuer, Maria, u. a. (Hrsg.): Mama, Papa oder

Krippe?: Erziehungsexperten über die Risiken der Fremdbetreuung, Hänssler Verlag, Holzgerlingen 2010, S. 138.
169 Schmoll, Heike: Verlust der Lebenssicherheit: Studie über Krippenausbau, in: www.faz.net.de (7. Jänner 2008).
170 Vgl. Maaz, Hans-Joachim: Der Gefühlsstau: Ein Psychogramm der DDR, Berlin 1990, S. 167 ff., und Maaz, Hans-Joachim: Der Lilith-Komplex: Die dunklen Seiten der Mütterlichkeit, Deutscher Taschenbuch Verlag, München, 4. Aufl., 2006, S. 142 ff.
171 Maaz, Hans-Joachim: Der Lilith-Komplex: Die dunklen Seiten der Mütterlichkeit, Deutscher Taschenbuch Verlag, München, 4. Aufl., 2006, S. 142 ff.
172 Vgl. Leipziger Volkszeitung vom 6. Jänner 2009.
173 Griffin, James A.: Neue Ergebnisse der NICHD-Studie, in: http://nichd.nih.gov/news/releases/051410-early-child-care.cfm
174 Vgl. Nieswiodek-Martin: Ellen: Die vernachlässigte Generation: Von der Sexualisierung unserer Gesellschaft, in: Pro 3/2007, S. 4–7. Siggelkow, Bernd, und Büscher, Wolfgang: Deutschlands sexuelle Tragödie: Wenn Kinder nicht mehr lernen, was Liebe ist, Gerth Medien, Asslar 2008.
175 Vgl. Neufeld, Gordon, und Maté, Gabor: Unsere Kinder brauchen uns: Die entscheidende Bedeutung der Kind-Eltern-Bindung, Genius Verlag, Bremen 2006, S. 105 ff.
176 Ebenda, S. 7 ff.
177 Tatort Klassenzimmer; in: Focus 20/2009, S. 40–52, hier: S. 49.
178 Vgl.: Im Süden hält die Begeisterung für Familie an; in: www.welt.de/politik/ 1410377
179 Vgl. Fuchs, Stefan: Einstellung zu Familie und Erwerbstätigkeit – Ostdeutschland als Avantgarde der „Moderne"? Auswertung einer Publikation des Forschungsnetzwerkes GESIS-ZUMA.
180 Weidt, Birgit: Aufarbeitung Ost – Die seelischen Spuren der DDR; ein Interview mit dem Potsdamer Psychotherapeuten Michael Froese, in: Politik und Psyche, S. 40–43, hier: S. 43.
181 Vgl. Fuchs, Stefan: Einstellung zu Familie und Erwerbstätigkeit – Ostdeutschland als Avantgarde der „Moderne"? Auswertung einer Publikation des Forschungsnetzwerkes GESIS-ZUMA, S. 4.
182 Ebenda, S. 4.
183 Ebenda, S. 3 ff.
184 Notiz in TLZ v. 23. Juni 2009.
185 Vgl. Allgemeiner Anzeiger Gera/Schmölln 17/43.
186 Vgl. Interview mit Constanze Schneider, Deutsches Jugendinstitut München, im MDR am 16. Jänner 2001, und Familienministerin v. d. Leyen im Mai 2007.
187 Vgl. Matejcek, Zdenek: Psychosoziale Bewertung von Kinderkrippen, in: Der Kinderarzt 21/1990/4, S. 561.
188 Weidt, Birgit: Aufarbeitung Ost – Die seelischen Spuren der DDR; ein Interview mit dem Potsdamer Psychotherapeuten Michael Froese, in: Politik und Psyche, S. 40–43, hier: S. 40.
189 Vgl. Lorence, Ruth, u. Lorence, Robert M.: Breastfeeding: A guide for the medical profession, Mosby, 2011, S. 62 ff.
190 Bergman, Christine: Brustkrebs und Stillen, in: Stillzeit, 3/ 2004, S. 16.
191 Vgl. Stacherl, Sonja: Nähe und Geborgenheit: Durch Körperkontakt Säuglinge fördern, Walter Verlag, Zürich und Düsseldorf 1997, S. 118.
192 Vgl. Reich-Schottky, Utta: Langes Stillen gut für Mamas Gelenke, in: Stillzeit 5/2004, S. 53).
193 Vgl.: www.migraeneinformation.de
194 Vgl. Sporleder, Elke: Stillen – die weibliche Kunst: Ein Rückblick auf fünf Jahrtausende, im Selbstverlag, Mai 1994, S. 3 u. 4.
195 Vgl. Neufeld, Gordon, und Maté, Gabor: Unsere Kinder brauchen uns: Die entscheidende Bedeutung der Kind-Eltern-Bindung, Genius Verlag, Bremen 2006, S. 64.

196 Vgl. Mühlan, Eberhard, und Claudia: Vergiß es, Mama!: Tips für (angehende) Teenager-Eltern, Verlag Klaus Gerth, Asslar 1994, S. 141.
197 Vgl. Neufeld, Gordon, und Maté, Gabor: Unsere Kinder brauchen uns: Die entscheidende Bedeutung der Eltern-Kind-Bindung, Genius Verlag, Bremen 2006, S. 76.
198 Vgl.: Das Ich ist eine Einbahnstraße: Interview mit Gerhard Roth über sein Buch „Persönlichkeit, Entscheidung und Verhalten. Warum es so schwierig ist, sich und andere zu ändern"; in: Spiegel 35/2007, S. 127.
199 Vgl. Haarer, Johanna: Die deutsche Mutter und ihr erstes Kind, J. F. Lehmanns Verlag, München 1934.
200 Haarer, Johanna: Die deutsche Mutter und ihr erstes Kind, J. F. Lehmanns Verlag, München 1934, S. 173, und Laetare Verlag, 1949, S. 158.
201 Ebenda, S. 249 f.
202 Vgl.: Das Ich ist eine Einbahnstraße: Interview mit Gerhard Roth über sein Buch „Persönlichkeit, Entscheidung und Verhalten. Warum es so schwierig ist, sich und andere zu ändern"; Spiegel 35/2007, S. 127.
203 Vgl. in diesem Zusammenhang auch Vinken, Barbara: Die deutsche Mutter: Der lange Schatten eines Mythos, Piper Verlag, München 2001, S. 278 ff. u. 292 ff.
204 Vgl. Klonovsky, Michael: Flachshaarige Hexen, in: Focus 45/2008, S. 52–54. Siehe auch: Münch, Ingo v.: „Frau, komm!" Die Massenvergewaltigungen deutscher Mädchen und Frauen 1944/45, Graz 2009.
205 Vgl. Elterngeld, in: http://www.sozialleistungen.info/sozial-leistungen/elterngelt.html (8. November 2010).
206 Vgl. Haushaltbegleitgesetz 2011: Drastische Kürzungen für Hartz VI, Eltern- und Wohngeld, in: http://www.tarife-verzeichnis.de/nachrichten/4125-haushaltbegleitgesetz (8. November 2010). Vgl. weiter: Katja Riedel: Warten auf Elterngeld, Süddeutsche Zeitung (Online), 18. Januar 2011; sowie: Elterngeldkürzung betrifft mehr als 270.000 Menschen, Die Welt (Online), 6. Januar 2011.
207 Vgl. Pechstein, Johannes: Kinderärzte diskutieren über massiven Krippenausbau, in: „Mitwissen Mittun" 17/2007, S. 30–35.
208 Vgl. Stacherl, Sonja: Nähe und Geborgenheit: durch Körperkontakt Säuglinge fördern, Walter Verlag, Zürich–Düsseldorf 1997, S. 191.
209 Vgl. Liedloff, Jean: Auf der Suche nach dem verlorenen Glück: Gegen die Zerstörung unserer Glücksfähigkeit in der frühen Kindheit, Beck Verlag, München 1999.
210 Vgl. Maaz, Hans-Joachim: Der Lilithkomplex, Deutscher Taschenbuchverlag, München 2006.
211 Hempel, Hans-Christoph: Säuglingsfibel: Entwicklung, Pflege und Ernährung im ersten Lebensjahr, S. Hirzel Verlag, Leipzig 1972, S. 63.
212 Ebenda, S. 106
213 Vgl. Thomas, Carmen: Stillen und Partnerschaft, in: Stillen und Muttermilchernährung: Ein Ratgeber für Kinderkrankenschwestern, Hebammen, Kinderärzte, Gynäkologen und Geburtshelfer …; von Hubertus von Voss, Angelika Grützmacher, Birgit Pfahl, hrsg. vom Bundesministerium für Gesundheit/ Referat Öffentlichkeitsarbeit, Neuauflg., S. 58–68, hier: S. 58.
214 Ebenda, S. 62 f.
215 Vgl. Stacherl, Sonja: Nähe und Geborgenheit: durch Körperkontakt Säuglinge fördern, Walter Verlag, Zürich–Düsseldorf 1997, S. 93.
216 Vgl. Pechstein, Johannes: Kinderärzte diskutieren über massiven Krippenausbau, in: „Mitwissen Mittun", Infobrief Nr. 17, 9. November 2007, S. 30–35.
217 Vgl. Maaz, Hans-Joachim: Der Lilithkomplex, Deutscher Taschenbuchverlag, München 2006, S. 171.
218 Vgl. Behncke, Burghard: Anmerkungen zu Interviews von Frau Lieselotte Ahnert zur Krippenerziehung, in: http://www.familie-ist-zukunft.de/AnmerkungAhnert.htm (16. Mai 2007), S. 1.

219 Kurth, Elisabeth: Der Erschöpfung keine Chance geben. Vortrag, gehalten auf der 14. Radebeuler Tagung: Stillen, Bindung und psychische Probleme vom 24.–25. Jänner 2009.
220 Vgl.: Was Mütter verdienen: Britinnen rechnen nach, in: „Mitwissen Mittun", 18/2008, S. 20.
221 Gustafson, Jan-Olaf: Wie Kindertagesstätten eine Nation zerstören können, in: Human Life International 4/2001.
222 www.suedkurier.de/news/brennpunkte/Eu-Parlament-Soziales
223 Thomas, Hans: „Gender-Perspektive" – ein Bedarf? Oder dürfen Frauen froh sein, Frau zu sein? In: www.erziehungstrends.de/gender/menschinnen (27. Oktober 2010)
224 Idea 52/2008.
225 http://www.bmfsfj/generatorBMFSFJ/Presse/Pressemitteilung,did=129910.html
226 Familienreport 2009 v. Bundesministerium für Familie, Senioren, Frauen und Jugend, S. 14.
227 Ebenda, S. 14.
228 Ebenda, S. 14.
229 Studie: Besuch einer Kinderkrippe führt zu größeren Bildungschancen und erhöht das Lebenseinkommen, Bertelsmann Stiftung, Pressemitteilung v. 3. März 2008, in: http://www.bertelsmann-stiftung.de/cps/rde/xchg/bst/hs.xsl/nachrichten_85558.htm
230 Vgl. Familienreport 2009. Bundesministerium für Familie, Senioren, Frauen und Jugend, S. 23.
231 Ebenda, S. 23.
232 http://www.frauen.cdu.de/page/127.htm (23. September 2009).
233 Vgl. Schweder, Barbara: Mutterliebe: Warum sie uns stark macht. Weshalb sie bedroht ist, Verlag Carl Ueberreuter, Wien 2008, S. 117 ff.
234 Ebenda, S. 119.
235 Vgl. Betreuungsgeld bleibt eine Zitterpartie – Bundeskanzlerin kündigt Gutscheine statt direkter Zahlungen an! In: www. familyfair.de/thema-des-monats/tagesthema/betreuungsgeld –bleibt ... (22. September 2009).
236 Mayer, Kurt-Martin: So isst Deutschland: Eine der größten Studien zum Thema Ernährung. in: Focus 3/2009 S. 54–59, hier: S. 56.
237 Vgl. Ludwig, Thomas: Schul- und KITA-Verpflegung, in: Handelsblatt v. 29. August 2007.
238 Vgl. Kleines Wörterbuch der marxistisch-leninistischen Philosophie, Stichwort „Arbeit", Berlin 1974.
239 Ebenda, Stichwort „Entfremdung".
240 www.az-web.de (11. Juni 2009).
241 Vgl. Stacherl, Sonja: Nähe und Geborgenheit: Durch Körperkontakt Säuglinge fördern, Walter Verlag, Zürich–Düsseldorf 1997, S. 213.
242 Vgl. Vinken, Barbara: Die deutsche Mutter: Der lange Schatten eines Mythos, Piper Verlag, München 2001.
243 Ebenda, S. 109 ff.
244 Ebenda, S. 185 ff.
245 Ebenda, S. 260 ff.
246 Tacitus, Publius Cornelius: Germania, in: Publius Cornelius Tacitus: Sämtliche erhaltene Werke, Essen 2004, S. 79.
247 Vgl. Fuchs, Stefan: Einstellung zu Familie und Erwerbstätigkeit in Europa – Ostdeutschland als Avantgarde der „Moderne"? www.erziehungstrends.de/Familie/Ostdeutschland (9. Oktober 2007).
248 Vgl. Behncke, Burghard: Zur Erhöhung der Zahl der Kinderkrippenplätze in Deutschland, in: Mama, Papa oder Krippe?: Erziehungsexperten über die Risiken der Fremdbetreuung. Herman, Eva, und Steuer, Maria (Hrsg.), SCM Hänssler, Holzgerlingen, 2010, S. 118, zitiert Dornes, Martin: Bindungstheorie und Psychoanalyse, in: Psyche – Zeitschrift für Psychoanalyse 52, S. 299–348.

249 Vgl. Fuchs, Stefan: „Qualitätszeit" – regierungsamtlich definiert und von einer „Zeitsparkasse" ausbezahlt? „Memorandum Familie leben" in: erziehunggstrends.de, 18. Juni 2009. Vgl. weiter: Memorandum Familie leben: Impulse für eine familienbewusste Zeitpolitik, hrsg. v. Bundesministerium für Familie, Senioren, Frauen und Jugend, Mai 2009.
250 Vgl. Schröder, Klaus: Die veränderte Republik. Deutschland nach der Wiedervereinigung, in: Peter März/Klaus Schröder (Hrsg.): Studien zu Politik und Geschichte, Bd. 4, München 2006, S. 427.
251 Studie: Besuch einer Kinderkrippe führt zu größeren Bildungschancen und erhöht das Lebenseinkommen, Bertelsmann Stiftung, Pressemitteilung v. 3. März 2008, in: http://www.bertelsmann-stiftung.de/cps/rde/xchg/SID-525AEAB1-6...
252 Armand, Monika: Undurchsichtige Bertelsmann-Studie zum angeblichen Nutzen des Krippenbesuches, in: http://schulpaedagogik.blogspot.com/2008/03/ Vgl. weiter: Wikipedia, Stichwort „Krippen".
253 Schulabgängerinnen und Schulabgänger nach Abschlussarten seit dem Schuljahr 1991/92, in: http://www.stala.sachsen-anhalt.de/Internet/HomeDaten_und_Fakten...
254 Vgl. Interview mit Constanze Schneider, Deutsches Jugendinstitut München, im MDR am 16. Jänner 2001.
255 Vgl. Bünnagel, Vera, und Eekhoff, Johann: Zur Diskussion um die Einführung eines Betreuungsgeldes, in: Otto-Wolff-Institut, Diskussionspapier 2/2008, S. 6.
256 Vgl. Behncke, Burghard: Zur Erhöhung der Zahl der Kinderkrippenplätze in Deutschland, in: Herman, Eva, u. Steuer, Maria (Hrsg.): Mama, Papa oder Krippe?: Erziehungsexperten über die Risiken der Fremdbetreuung, Holzgerlingen 2010, S. 110 bezugnehmend auf: Ahnert, Lieselotte u. Rickert, H. Bindungsbeziehungen außerhalb der Familie: Tagesbetreuung und Erzieherinnen-Kind-Bindung, in: Frühe Bindung – Entstehung und Entwicklung, Ahnert, L. (Hrsg.), Reinhard Verlag, München, 2004, S. 267.
257 Vgl. Grossmann, Karin: Praktische Anwendung der Bindungstheorie, in: Enders, M., u. Hauser, S. (Hrsg.): Bindungstheorie in der Psychotherapie, München 2002, S. 58.
258 Vgl. OTZ v. 30. August 2008.
259 Wahlgren, Anna: Das Kinderbuch, Beltz Verlag, Weinheim 2004, S. 95 ff.
260 Gustafson, Jan-Ole: Wie Kindertagesstätten eine Nation zerstören können, in: Human Life International 4/ 2001, deutsche Übersetzung: www.der-fels.de/2002/02-2002.pdf
261 Vgl. Gill, Melanie: Mutterschaft: Abgewertet und verleugnet: Vortrag, gehalten auf dem Symposium „Familie unter Druck" am 9. Mai 2009 in Erfurt.
262 ZDF-Reporter am 23. Juli 2009.
263 Gorbatschow, Michail: Perestroika, München 1987, in: Pechstein, Johannes: Das „Ja zum Kind" durch Kinderbewahranstalten? In: Sozialpädiatrie 11/1993/4, S. 34.
264 Vgl. Fuchs, Stefan: Elternhaus oder Staat, Vortrag, gehalten auf dem Symposium „Familie unter Druck" am 9. Mai 2009in Erfurt.
265 Behncke, Burkhard: Kritische Glosse: Kleinkindsozialisation und gegenwärtige gesellschaftliche Tendenzen, in: Psyche 60/2006/6, S. 250.
266 Vgl. Israel, Agathe/Kerz-Rühling, Ingrid (Hrsg.): Krippen-Kinder in der DDR: Frühe Kindheitserfahrungen und ihre Folgen für die Persönlichkeitsentwicklung und Gesundheit, Brandes & Apsel, Frankfurt/M. 2008, S. 17.
267 Vgl. Wingen, Max: Das Kinderbetreuungsurteil und seine Folgen, in: Die neue Ordnung, 53/1999, Nr. 6, S. 10–16.
268 Vgl. Bünnagel, Vera, u. Eekhoff, Johann: Zur Diskussion um die Einführung eines Betreuungsgeldes: Otto-Wolff-Institut Diskussionspapier 2/2008 S. 12.
269 Vgl. www.familie-ist-zukunft.de; Familiennetzwerk ermittelt realen Krippenbedarf, März 2007.
270 Vgl. Steuer, Maria: Sofortiger Stopp der erfolglosen Familienpolitik, in: Die Freie Welt www.freiewelt.net (24. September 2009).

271 Vgl. Krippen-Kinder in der DDR: Frühe Kindheitserfahrungen und ihre Folgen für die Persönlichkeitsentwicklung und Gesundheit, hrsg. v. Israel, Agathe/Kerz-Rühling, Ingrid (Hrsg.), Brandes & Apsel, Frankfurt a. M. 2008, S. 17.
272 Vgl.: www.vfa-ev.de (21. September 2009).
273 Jacoby, Anne; Florian Vollmers: Vorsicht Opferfalle! FAZ- Hochschulanzeiger Nr. 84, S. 27.
274 Brisch, Karl-Heinz: Sichere Bindung als Basis für gute Entwicklung: Was brauchen Mutter und Kind, und wie hilfreich ist das Stillen dabei? Vortrag auf der 14. Radebeuler Tagung „Bindung, Stillen und psychische Probleme" am 24./25. Jänner 2009.

Weiterführende Literatur zum Thema Stillen

Friedrich, Christiane: Biochemie der Muttermilch, in: Stillförderung und Stillmanagement/Infos für Multiplikatoren, IBCLC 1995–1997.
Guoth-Gumberger, Marta, u. Hormann, Elizabeth: Stillen: Rat und praktische Hilfe für alle Phasen der Stillzeit, Gräfe und Unzer, München 2004.
Handbuch für die stillende Mutter, La Leche League International, 1986.
Lothrop, Hannah: Das Stillbuch, Kösel Verlag, 25., erw. u. vollst. überarb. Aufl., München 2000.
Voss, Hubertus v.; Grützmacher, Angelika; Pfahl, Birgit (Hrsg.): Stillen und Muttermilchernährung: Ein Ratgeber für Kinderkrankenschwestern, Hebammen, Kinderärzte, Gynäkologen und Geburtshelfer. Bundesministerium für Gesundheit/Referat Öffentlichkeitsarbeit, Neuauflage, Bonn 1997.

Abbildungen

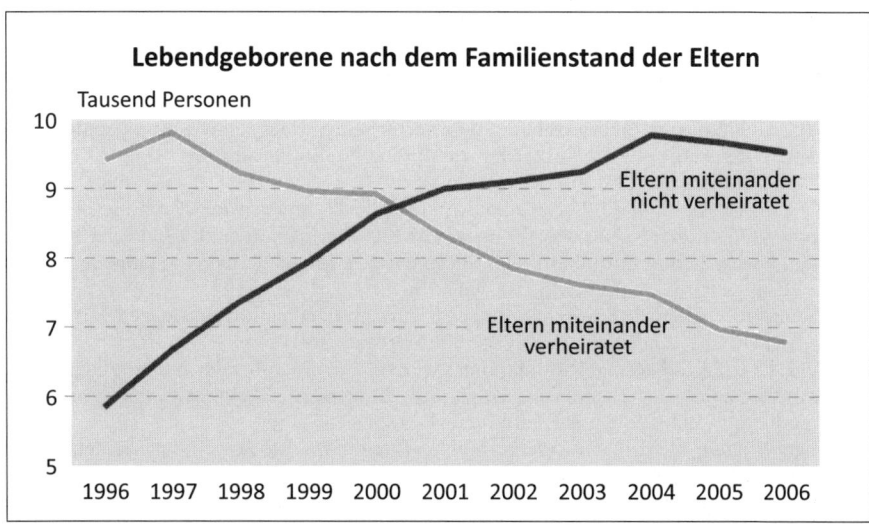

Zahlen aus: „Familien in Thüringen" des Thüringer Landesamtes für Statistik, Ausgabe 2007.

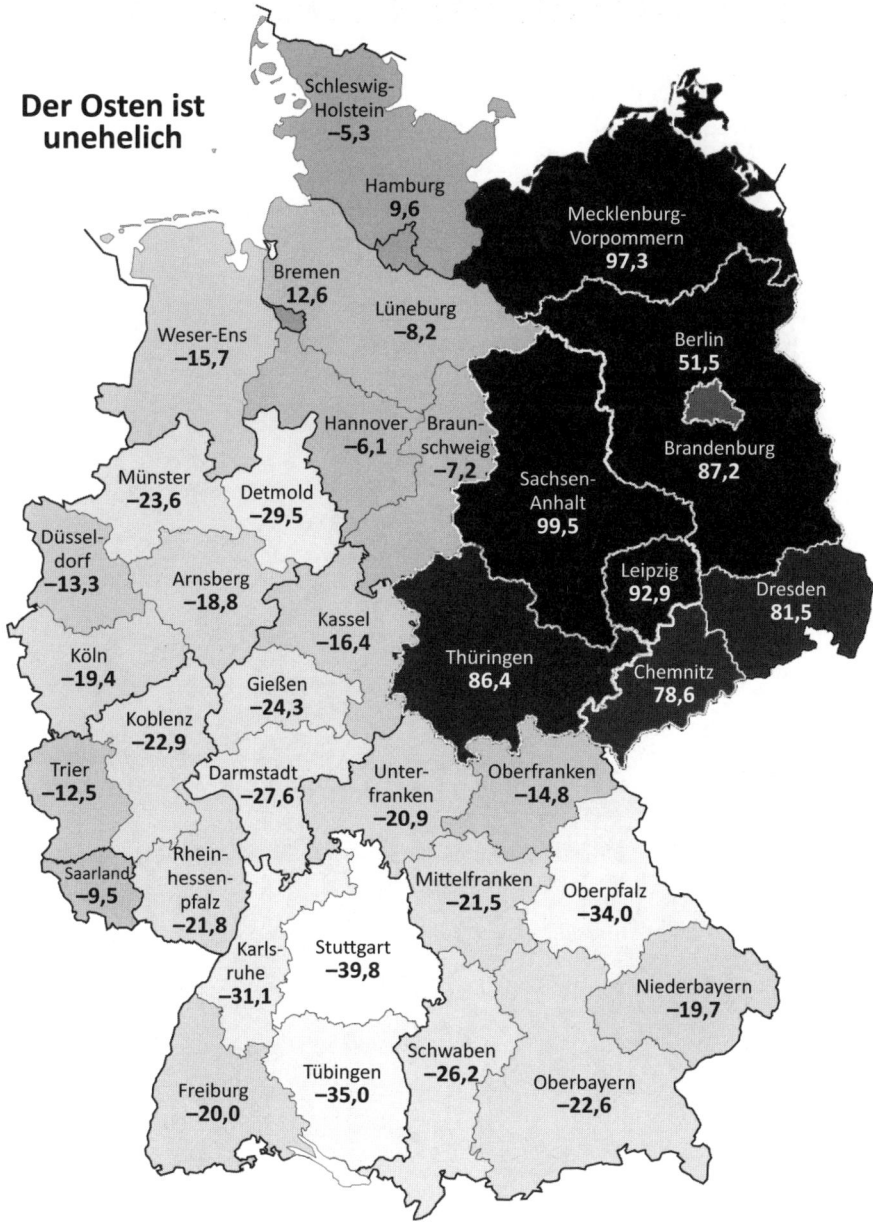

Nichteheliche Geburten 2008 nach Regierungsbezirken: Die Abbildung verdeutlicht die Unterschiede zwischen dem heutigen Ost- und Westdeutschland. Der Westteil Deutschlands liegt deutlich unter, der östliche Teil deutlich über dem Durchschnitt nichtehelicher Geburten. Zahlen: Focus 8/2010, S. 110/Statistisches Bundesamt.

Aus unserem Programm

ISBN 978-3-902475-53-4

ARES VERLAG

Aus unserem Programm

ISBN 978-3-902475-84-8

ARES VERLAG

Aus unserem Programm

ISBN 978-3-902475-58-9

ARES VERLAG